「大衆」と「市民」の戦後思想

藤田省三と松下圭一

「大衆」と「市民」の戦後思想

藤田省三と松下圭一

Masses and Citizenry in Postwar Japanese Thought: A Study of Fujita Shōzō and Matsushita Keiichi

Cho Sungeun

趙星銀

岩波書店

（左）藤田省三　（右）松下圭一

自分を超えた絶対的他者としての物事に対面して、苦痛を伴うそれとの交渉を厭わない精神は、支配性や領略感や侵略性とは逆の「自由」をしっかりと基礎づける。

——藤 田 省 三

自由は、「哲学」としてではなく、現代社会がうみだしていく「人間型」として成熟し、疎外と対決する主体的可能性がそこにあるというのが、私の今日の発想の出発点となっている。

——松 下 圭 一

プロローグ　「大衆民主主義」再考

人類最大の危機の日

人類がその歴史上、もっとも滅亡に近づいた日はいつだったろうか。
一つの候補として、一九六二年一〇月二七日がある。[1]
一九六二年一〇月の出来事はこうである。ソ連がキューバに中距離弾道ミサイルとその発射台を建設していることが、アメリカの偵察飛行機によって発覚した。二二日、ケネディ政府はキューバ周辺の海上を封鎖してミサイル基地の撤去を要求しながら、もし中南米のいずれに対してもミサイルが発射されれば、ソ連によるアメリカ本土への攻撃とみなして全面報復することを宣言した。アメリカ軍部の中では、空爆によるミサイル基地破壊を含め、全面的な侵攻作戦でカストロ政権を打倒することを推奨する声が高まった。米ソ間の緊張が戦争寸前の危機にまで高まった二七日、カストロは七二時間以内にアメリカが攻撃を始めると判断し、敵に先制核攻撃を許してはならないという書簡をフルシチョフに送った。キューバ東部ではアメリカのU2偵察機が撃墜され、またもう一機のU2機が軌道を離脱しソ連領空に侵入する事件もあった。同じ日、アメリカ海軍はキューバ近海で爆雷を投下しながらソ連の核潜水艦を強制浮上させた。ケネディ政府は後にこの日を「暗黒の土曜日(Black Saturday)」と呼んだ。
　この事態は二八日、アメリカのトルコでのミサイル撤去を条件として、ソ連がキューバのミサイル基地建設を取りやめることを宣言したことで決着に向かった。だが米ソ両国はそこで核兵器時代における戦争の危機に直面し、ともに恐怖を味わった。

ケネディとフルシチョフが核兵器使用を含む戦争について、開戦の可能性をどの程度と考えていたかを究明することは容易ではない。例えば歴史家ジョン・ルイス・ギャディスは、アメリカ国家安全保障会議執行委員会での討議の録音テープに基づいて、ケネディはある時点からソ連との妥協を想定していたと解釈する。(2) だが同時にギャディスは、極度に緊張した危機の中で巨大な軍事機構の諸組織が上手く連動せず、危機一髪の事件が続出したことを指摘する。操縦ミスでアメリカ偵察機がソ連領空を侵犯したり、空軍施設に侵入した熊をソ連の破壊工作と誤認し、核兵器を搭載した戦闘機が緊急発進態勢に入ったりすることもあった。つまり政策決定者の意図にかかわらず、高度防衛準備態勢の下で起こった偶発的な事故や瞬間的な誤判が最悪の事態を招来する可能性は無視できなかったのである。こうした状況は、核兵器の指揮を担う立場の人々が、実は彼らが思うほどの統制能力を持っていなかったことを語ってくれる。(3)

その後訪れた冷戦の中の「永い平和」、さらにはソ連崩壊による冷戦体制の終結以降の世界に馴染んでいる人々にとって、キューバミサイル危機における凄まじい緊張と恐怖は想像し難いものであろう。加えて、このような危機が発生した一九六〇年代初頭は、ちょうど日本国内で安保闘争に象徴されるような激しい政治対立が静まり、高度経済成長が順調に進んでいた時期でもある。終戦直後の窮乏から脱皮して行きつつ、まだあたたかい人情に溢れていた〝古き良き時代〟として昭和三〇年代を記憶する今日の歴史感覚からすると、その中に〝人類最大の危機の日〟が存在したという見方には違和感を覚えるだろう。しかし、核戦争の寸前まで迫ったキューバミサイル危機の経験があったからこそ、今では当然のように見えるその後の勢力均衡の時代がありえたのである。

冷戦期最大の危機、あるいは人類最大の危機とも呼ばれるキューバミサイル危機は、逆に核兵器の戦争抑止力を示す事件でもあった。(4) そしてここで核兵器の使用を〝選択しないことを選択〟した以上、お互いを破壊することなく共存する道を模索しなければならなかった。外交において、相手に対する不合理な認識やコミュニケーション上の不必要な誤解が、相互にとってもっとも避けたい結末を招来するかも知れないという共通した理解が、そこで得られた。その経験から、一九六三年にはクレムリンとホワイトハウスの間に無線電話の「ホットライン」が敷かれるなど、両国の協調関係が積極的に模索されることになった。[5]

一九五五年、ジュネーヴ会談で自由主義と社会主義の両陣営の共存が唱えられて以来、「平和共存」の指針は名目上、持続していた。一九五六年に開かれたソ連共産党第二〇回党大会は、そこでフルシチョフによる「スターリン批判」が行われたことで有名だが、それだけでなく両体制間の「平和共存」の方針が再確認された場でもあった。一九五九年にはフルシチョフがアメリカを訪問するなど、和解のジェスチャーを見せることもあった。しかし両陣営の間に実践的な協調関係が実現したのは、リアルな選択肢としての核戦争の恐怖を味わった、一九六二年の危機を経た後のことである。

一九六四年の「現代」

一九六三年から六四年にかけて刊行された岩波講座『現代』(全一四巻、別巻二冊)は、こうした冷戦体制の質的な変容をその背景としている。かつてレイモン・アロンは冷戦を「平和は不可能であるのに、戦争も起こりえない」状態と描写した。対立するが破壊しない両陣営の関係が前提になった以上、資本主義の〝次の段階〟として社会主義を想定する歴史理論もまた修正されなければならない。岩波講座『現代』の問題意識の一つはそこにあった。それは、どちらかの勝利による冷戦構造の終結ではなく、その共存状態を全面的に受け止めるための、冷戦構造の解剖であった。ここにおいて米ソ対立は、いずれ解決されるはずの一時的な異常状態ではなく、安定性を保ちながら持続する秩序の前提として再照明される。[6]　一九六〇年代半ばの時代において「現代」性が問われた理由、言い換えれば、それが過去のどの時代とも異なる性質のものであるという自覚は、そこから出発している。

この講座は、「西欧民主主義世界」と「共産主義世界」との「競争的共存」という枠組みの中で、両陣営の形成と再編、各国の経済事情および民衆の生活実像など、多岐にわたる分析で構成されている。ここでとりわけ注目したいのは、『競争的共存と民主主義』と題されたこの講座の第一二巻である。

「競争的共存」の時代

本書の主要な対象である藤田省三(一九二七―二〇〇三)と松下圭一(一九二九―二〇一五)は、ともに一九二〇年代後半の生まれで、昭和一桁世代に属する。松下は一九四九年、藤田は一九五〇年に東京大学法学部に入学し、卒業後は二人とも法政大学法学部の助手となった。彼らはまた一九五〇年代半ば、ほぼ同じ時期に論壇にデビューし、その後、数十年にわたって著作活動を続けた。だが、この二人が同じ書物に論文を発表したのは、この岩波講座の第一二巻、『競争的共存と民主主義』だけである。

冷戦構造が民主主義の理論と実状にどのような影響を与え、そこからどのような課題が発生しているかを分析したこの巻で、藤田は「プロレタリア民主主義の原型」を、松下は「民主主義の現代的状況と課題」を書いている。その具体的な内容については第三章でふれることにして、ここでは両論文に示されている両者の「民主主義」観を簡略にスケッチしておきたい。

まず藤田論文である。その骨子は、民主主義における治者―被治者関係の矛盾にある。民主主義の根本理念は「治者と被治者の一致」にある。人民が全員治者となり、また自らの命令に従う被治者となる「自律的秩序」が、民主主義における理想的な統合形態である。しかし現実の政治過程において、両者の間には「必ず」不一致の側面が発生する。そうである以上、民主主義の「実現の過程は自律的秩序の統合の過程であると同時に「不一致」に対する反抗

（或は批判）の過程」[7]でなければならない。民主主義が統合の過程としてのみ存在する場合、それは虚偽の擬制と化する。逆にそれが反抗の過程としてのみ存在する場合、それは単なる騒動に留まる。統合と反抗の過程が結合している状況、即ち「「反抗」を通して「新たな秩序の自主的統合」を行なわんとした時」にのみ、民主主義の理念は実現可能なものの〝ように〟思われると藤田は述べる[8]。

治者と被治者の不一致が必ず発生する民主主義社会において、その不一致の側面に対する修正の要求、即ち「反抗」が運動として存在しなければ、民主主義は停止する。このような民主主義観を、藤田はレーニンに投影する。「仮令それが何処で行なわれたものであろうと、又仮令如何なる階級又は層に関係したことであろうとも、恣意と圧制の如何なる現れにも直ちに反応することが出来、〔中略〕万人にプロレタリアートの解放闘争の世界史的意義を解説することの出来る護民官たること」[9]が、レーニンにおける「社会民主主義者の理想」である。つまりコミュニズムの本質は、階級間の支配関係の転覆にあるのではない。それは「万人」、即ち〝人間一般〟の解放のプログラムである。藤田論文は人間に対するすべての恣意と圧制に敏感に反応する精神として「プロレタリア民主主義」を理解し、その普遍性を強調するものである。

それでは松下の捉える民主主義はどうか。興味深いことに、松下もまた論文の冒頭でレーニンを引いている。だが松下の注目するレーニンは、人間解放のための護民官たらんとする革命家レーニンではない。「共産主義とは、ソヴェト権力プラス全国の電化である」と言う、一国の指導者としてのレーニンである。

松下が強調するのは、「民主化」をもたらす原動力としての「工業化」の力である。産業革命によって可能になった工場生産様式こそ、大量の労働者を出現・蓄積させ参政権要求の基盤を造出した民主主義の条件である。そして現代民主主義の物的な基盤が工業化にある以上、その進展はまた民主主義の発展と密接にかかわるものである。「現代における民主主義の問題は工業との連関においてもっとも鋭くあらわれる。今日の資本主義・社会主義という体制の対決・選択は、民主主義と工業の政治的結合の方法、あるいは工業化の民主的イニシアティヴの組織方法にあるといって過言ではないであろう」[10]。このように、松下の主眼は民主主義の理念的な普遍性ではなく、その物理的な、そして現代的な特殊性にある。

工業は「富と自由時間をうみだす」[11]。それによってより多くの人間の、より多くの自由が可能になる。現代において工業と民主主義は、もはや〝体制の如何を問わず〟共通の条件となっている。だからこそ松下はここで「ブルジョア民主主義とプロレタリア民主主義、形式的民主主義と社会的民主主義という機械的対置を克服する」ために、「一般民主主義」という考え方を提案する[12]。米ソ間の体制対立の本質は、〝いかにして民主的に工業化を進めるか〟という共通の問題に対する答えの違いにあると見ているのである。

藤田も松下も、冷戦構造の中で、相互を歪められた民主主義と非難するイデオロギー対立には批判的であった。そして両者とも、自由主義世界と社会主義世界との間に存在する、ある共通の方向性を強調する。藤田において、それは民主主義を構成する統合と反抗の永久の拮抗関係であり、松下において、それは工業化と民主化の宿命的な前進である[13]。

このように、両者の捉える「民主主義」の内容には、明らかな違いがある。藤田は、治者と被治者の不一致から発生する「治者」の圧制に対し、「被治者」が敏感に反応し反抗する社会を民主的であると考える。松下は、すべての人間が富と自由時間を所有し、各々の可能性を最大限に開花させる社会を民主的であると考える。こうした両者の異なる民主主義観は、彼らが一九六四年の日本社会の中から見出した異なる問題意識を反映している。そしてその中心には、高度経済成長という、日本史上未曽有の社会的な経験があった。

「戦後の終わり」をめぐる議論

第二次世界大戦の終戦以後を指す意味での「戦後」は、今日も続いている一つの歴史の流れである。だが同時に「戦後」は、敗戦直後の不安定な窮乏の時代と、経済成長後の豊かな時代という二つの顔を持っている。その二つの時代の断絶ないし転換が行われた時期が高度成長期である。

通常、高度成長期は一九五〇年代半ばから一九七〇年代半ばまでの時期を指す。経済学において、その出発点については概ね二つの学説がある。一つは一九五〇年代初頭の朝鮮戦争による特需景気からとする見解であり、もう一つは一九五五年前後のいわゆる「神武景気[14]」の頃から高度成長期に入るとする見解である。終了時点については、国際通貨危機(一九七一—七三年)と第一次石油危機(一九七三年[15])までの時期を挙げる見解が一般的であり、一九七四年に成長率が初めてマイナスとなったことが高度成長終了の象徴とされている。[16]一九五六年から一九七〇年の間の経済指標は一〇%内外の実質GDP伸び率を記録しており、その一五年の中、伸び率が一〇%を超えた年は八年に達する。当時としては戦後最大の不況と呼ばれた一九六五年の伸び率も、五・七%の安定値を記録している。[17]

高度成長期は経済学の分野だけでなく、歴史学や社会学においても、戦後日本の政治、文化、生活様式を含む総合的なターニング・ポイントとして位置づけられている。ただ、その転機における決定的瞬間を高度成長期のどの時点に認めるかについては論者による見解の違いがある。ここでは、その代表的な例として以下の三つを紹介することにする。

第一に、五五年体制の成立と「神武景気」を高度成長期の胎動期と見、それと同時に起こった時代の変化に注目する見解である。この視座はたとえば小熊英二の『〈民主〉と〈愛国〉』(二〇〇二年)において展開されている。小熊はその中で一九五六年の「経済白書」に登場した「もはや「戦後」ではない」の語を引き、「その「戦後」が終わったとき、「五五年体制」と高度経済成長に象徴される、もう一つの「戦後」が始まった[18]」と書いている。そして前者の戦後を「第一の戦後」、後者の戦後を「第二の戦後」と呼び、これらの二つの戦後の間に、日本のナショナル・アイデンティティをめぐる議論に質的な変化が起こったと見る。彼において「高度成長期」は、「第一の戦後」と「第二の戦後」の言説が交差する時代として位置付けられている。

第二に、高度成長の終了以降、即ち一九七〇年代半ばに大きな転換を見出す視座がある。この視座の代表例として、見田宗介の『現代日本の感覚と思想』(一九九五年)を挙げることができよう。ここで見田は一九四五年から一九六〇年までを「理想の時代」、一九六〇年から一九七〇年までを「夢の時代」と規定し、その後を「虚構の時代」として前の二つの時期と区別している。吉見俊哉はこの視座を引き継ぎ、「戦後」を一九四五年から一九七〇年代前半までに限定し、一九七〇年代後半以降の時代を「ポスト戦後」と呼ぶ方法を提示している。[19]

また安丸良夫(一九三四—二〇一六)の議論にも以上と同様の視座が見える。安丸は一九九五年に発表した「現代の思想状況」[20]の中で、戦後五〇年間の日本人の精神史が一九七〇年代半ばを境に大きく変化したと述べている。つまり、「日本社会の前近代性・封建性に認識と批判の焦点をおいて民主化・近代化をめざした第一期、日本経済の高度成長という現実に認識と評価の焦点をおきかえて、日本の伝統や日本人の行動様式が再認識・再評価されるようになった第二期」[21]という区分である。第一期においてはマルクス主義と近代主義が思想的な主流を形成し、両者が相補うことで戦後民主主義を支えていたが、第二期においてはマルクス主義と近代主義が影響力を失い、その代わりに構造主義とポスト構造主義が時代の思潮として注目されることになったと安丸は説明する。[22]

以上の二つの視座の間に、一九六〇年の日米安保条約反対運動(以下、「六〇年安保」と略す)以降現れた政治と社会の変化に注目する見解を位置づけることができよう。萩原延壽(一九二六—二〇〇一)は一九六四年に発表した「首相池田勇人論」の中で、新安保条約の締結によって戦後処理に関する主要案件がほぼ解決を見たとし、そこで新しく登場した池田勇人内閣の「革新的保守」としての特質に注目する。加えて、この時期に国民の間に消費社会の新しい倫理が定着し始めた点を挙げ、萩原は池田内閣の登場とともに「戦後」が終わったと書いている。[23]

以上の三つの視座は、戦後史の転換点を高度成長期に認める点において共通している。だがその際、転換の端緒に重点を置くか、それともその完成と社会への定着に重点を置くかによる強調点の違いがあるといえよう。本書の立場は、転換の端緒の重要性を強調する点において、小熊の視座に近い。特に一九五五―五六年の時代状況と思想状況における変化は、その後の新しい言説と理論の構築に決定的な役割を果たしたと思われる。

それでは一九五〇年代半ばに何が起こったのか。その主要な出来事を詳しく検討してみよう。

「第一の戦後」と「第二の戦後」の間

一九五五年は日本政治の保守と革新の両勢力にとって、ともに分水嶺となった年である。まず一九五五年七月二七日から二九日にかけて開かれた日本共産党の第六回全国協議会（以下「六全協」と略す）の席上で、党の全面的な路線変更が宣言された。「山村工作隊」に代表されるようなかつての武装革命路線は、ここで「極左冒険主義」と批判されることになる。以後、日本共産党は議席確保と議会内活動を通して政治的ヘゲモニーを掌握して行くことを目標として掲げ、穏健路線に転換した。

ここで確認したい史料は、一九五六年日本共産党が発表した「党活動の総括と当面の任務」である。そこにはまず「民族解放民主統一戦線」を作り上げるための明白な意識の欠如、そしてそれを実現するための段階的な戦略的思考の欠如が、かつての党の方針における二つの誤りとされている。そして第三の誤りとして挙げられているのが、「極左冒険主義」の戦術である。

第三の誤りは、極左冒険主義の戦術をとったことである。この戦術上の誤りは統一戦線運動に重大な損害をあたえた。［中略］大衆の思想をたかめ、大衆を思想的に党の側に引きよせる活動は、大衆のおかれている状態と大衆の政治的経験を土台としなければならない。したがって党は大衆のなかに深く入り、大衆の身じか《ママ》な問題、切実な関心と要求をもとにして、その行動を組織し、そのなかで、綱領の立場からの政治的説得によって一歩一歩思想的にたかめ、前進と統一の方向に発展させなければならない[24]。

このように日本共産党の自己批判と路線変更が行われた「六全協」から約三ヶ月後、一九五五年一〇月一三日には、社会党の統一大会が開かれた。これによって四年間にわたる左右分裂を克服して統一日本社会党が発足する。同日に発表された「日本社会党綱領」は、「党の任務と性格」についてこう結論づけている。

わが党の任務の規定は、わが党の性格と構成を明らかにする。日本社会党は民主的平和的に社会主義革命を遂行する立場から必然に階級的大衆政党である。云いかえれば、わが党は、労働者階級を中核とし、農民、漁民、中小工業者、知識層その他国民の大多数を組織する勤労者階層の結合体である。わが党が労働者階級を中核とすることは、社会主義が本来、労働者階級の歴史的使命である当然の結果であるが、同時に広く農民、漁民、中小商工業者、知識層その他国民の大多数も資本主義によって共通に苦しめられている仲間として、すべてわが党に実際に参加し得るし、またわれわれは、その参加を得て、党の十分な発展を期さなければならない[25]。

なお、この綱領は「敗戦後の現実として、日本が重大な制約を受け独立の実を失っている」と指摘し[26]、そのような事態から脱却して完全な独立を回復するための「民族独立闘争」の課題を繰り返して強調している。このように「民族」「階級」「大衆」が混在する綱領とともに再出発した日本社会党は、選挙においては日本労働組合総評議会（以下「総評」と略す）の支持を確保していた。

総評とブロックを組む統一社会党の誕生が実現して行く中で、財界は保守政党の合同を強く要求してきた。社会党統一大会が開かれた一九五五年一〇月一三日、経済団体連合会は臨時総会を開き、保守合同に関する決議を採択する。[27] このような財界の圧力とアメリカの要請を受け、約一ヶ月後の一一月一五日、民主・自由両党は結党大会を開く。新しい政綱は平和外交の積極的展開、福祉社会の建設、経済自立の達成の目標と並んで、憲法の自主的改正の可能性、そして軍備の増強によるアメリカ駐留軍の撤退への準備を唱えていた。[28]

こうして、自由民主党が議会内多数を占めながら、統一社会党を中心に三分の一の議席を持つ革新政党によって憲法改正が阻止され、さらに、武装革命路線を放棄した日本共産党が議会政治のルールに同意したことによる「五五年体制」が成立する。[29] ここにおいて戦後政治は比較的に高い予測可能性を持つ、安定的な政党政治の構造を構築する。[30]

ところがここに、ソ連と東欧諸国から発する衝撃が加わる。一九五六年二月に開かれたソ連共産党第二〇回党大会で、「個人崇拝とその結果について」と題する秘密報告、いわゆる「スターリン批判」が行われたのである。同月二四日、フルシチョフ書記長はレーニンの遺書を紹介しながら、スターリンの粗暴な性格や党規範の無視、個人崇拝と専横の様相、そして政敵の暗殺や大粛清の経過を暴露した。社会主義体制下における専制政治の惨状を明らかにしたこの批判の影響で、欧州共産党の国際情報局として一九四七年に創設されたコミンフォルムは一九五六年四月に解散することになる。この事件は、無誤謬の指導者としてのスターリン像に深刻な打撃を与えた。さらに同年一〇月、ハンガリーで起こった民衆の反政府運動をソ連軍が武力で鎮圧する事態が発生し、社会主義者の理想郷としてのソ連像に、再び大きな亀裂が生じた。[31]

「スターリン批判」と「ハンガリー事件」の間の時期である一九五六年七月、日本では前年度の経済指標が戦前の水準を回復したことを報告する「経済白書」が発表される。その中に登場する「もはや「戦後」ではない」という表現は流行語となった。この表現はもともと英文学者中野好夫（一九〇三―一九八五）が『文藝春秋』一九五六年二月号に発表した文章のタイトルであったが[32]、「経済白書」の「結語」にそのまま用いられ世間に広く知られることになった。

この「もはや「戦後」ではない」という表現は、順調に進んで行く経済成長とともに、焼け跡・闇市の暗い戦後に訣別を告げ、来たるべき明るい未来を展望するものとして往々誤解される。しかし当時のニュアンスはむしろその逆の意味に近かった。それを理解するためには、「経済白書」の「結語」の全文を確認する必要がある(傍線は引用者による)。

戦後日本経済の回復の速やかさには誠に万人の意表外にでるものがあった。それは日本国民の勤勉な努力によって培われ、世界情勢の好都合な発展によって育まれた。しかし敗戦によって落ち込んだ谷が深かったという事実そのものが、その谷からはい上がるスピードを速やからしめたという事情も忘れることはできない。経済の浮揚力には事欠かなかった。経済政策としては、ただ浮き揚がる過程で国際収支の悪化やインフレの壁に突き当たるのを避けることに努めれば良かった。消費者は常にもっと多く物を買おうと心掛け、企業者は常にもっと多くを投資しようと待ち構えていた。いまや経済の回復による浮揚力はほぼ使い尽くされた。なるほど、貧乏な日本のこと故、世界の他の国々に比べれば、消費や投資の潜在需要はまだ高いかもしれないが、戦後の一時期に比べれば、その欲望の熾烈さは明らかに減少した。もはや「戦後」ではない。我々はいまや異なった事態に当面しようとしている。回復を通じての成長は終わった。今後の成長は近代化によって支えられる。そして近代化の進歩も速やかにしてかつ安定的な経済の成長によって初めて可能となるのである。

新しきものの摂取は常に抵抗を伴う。経済社会の遅れた部面は、一時的には近代化によってかえってその矛盾が激成されるごとくに感ずるかもしれない。しかし長期的には中小企業、労働、農業などの各部面が抱く諸矛盾は経済の発展によってのみ吸収される。近代化が国民経済の進むべき唯一の方向とするならば、その遂行に伴う負担は国民相互にその力に応じて分け合わねばならない。

近代化――トランスフォーメーション――とは、自らを改造する過程である。その手術は苦痛なしにはすまされない。明治の初年我々の先人は、この手術を行って、遅れた農業日本をともかくアジアでは進んだ工業国に改造した。その後の日本経済はこれに匹敵するような大きな構造変革を経験しなかった。そして自らを改造する苦痛を避け、自らの条件に合わせて外界を改造(トランスフォーム)しようという試みは、結局軍事的膨張につながったのである。

世界の二つの体制の間の対立も、原子兵器の競争から平和的競存に移った。平和的競存とは、経済成長率の闘いであり、生産性向上のせり合いである。戦後一〇年我々が主として生産量の回復に努めていた間に、先進国の復興の目標は生産性の向上にあった。フランスの復興計画は近代化のための計画と銘うっていた。

我々は日々に進みゆく世界の技術とそれが変えてゆく世界の環境に一日も早く自らを適応せしめねばならない。もしそれを怠るならば、先進工業国との間に質的な技術水準においてますます大きな差がつけられるばかりではなく、長期計画によって自国の工業化を進展している後進国との間の工業生産の量的な開きも次第に狭められるであろう。

このような世界の動向に照らしてみるならば、幸運のめぐり合わせによる数量景気の成果に酔うことなく、世界技術革新の波に乗って、日本の新しい国造りに出発することが当面喫緊の必要事ではないであろうか。(33)

戦後の一時期に見えたような「欲望の熾烈さ」の減少から、「いまや経済の回復による浮揚力はほぼ使い尽くされた」こと、つまり消費需要の上昇がほぼ限界に達したのではないかというのが、官庁エコノミストの認識であった。(34) そうした診断の上で、今後の課題を「明治初年」に匹敵する大々的な「改造」=「トランスフォーメーション」=「近代化」の推進に設定するのが、この報告の骨子である。過去の「軍事的膨張」の原因を「自らを改造する苦痛を避け、自らの条件に合わせて外界を改造しようという試み」に探っている点も興味深いが、ここで注目したいのは、先進国と後進国の間に挟まれた日本経済の位置付け、そして技術競争に国家経済の運命がかかっているとする状況判断の的確さである。「もはや「戦後」ではない」は、復興の終わった後の時代における自己「改造」の覚悟を、危機感を伴って表現したものであった。

藤田と松下が論壇にデビューし、活発な著述活動を開始したのは、まさにこの時期であった。

「大衆」と「市民」

藤田の最初の著述は『政治学事典』(平凡社、一九五四年)の「天皇制」項目である。その中で藤田は、大衆社会への迎合に成功した戦後の天皇制とその裏面に持続している戦前型の官僚制の温存に、戦後の支配構造の核心を見出している。一方、松下の論壇デビュー作は岩波書店の『思想』一九五六年一一月号の論文「大衆国家の成立とその問題性」である。松下はその中で、国家に〝対する〟革命ではなく、国家に〝よる〟福祉の拡充を求める労働者たちを「大衆」と名付け、彼らの出現が古典的な社会主義理論への転換を要求していると主張した。

デビュー当初、二〇代後半の気鋭の新人であった二人は、こうして一九五〇年代半ばの日本社会における「大衆」の問題を指摘しながら登場した。これは、日本の「封建性」を主な問題関心としていた、その前の世代の戦後知識人たちと大きく異なる点である。戦後の日本に前近代的な問題群が温存されていることは確かである。しかし藤田と松下にとってより深刻な問題は、近代化が進めばすべての問題が解決するのではないという認識にあった。近代の先には、「封建対近代」の枠組みでは捉えることのできない「現代」的な問題が待ち構えているのではないか。そのような視座を、彼らは「第一の戦後」と「第二の戦後」の間で手に入れたのである。

一九五〇年代半ば、両者がともに「大衆」を問題にしながら各自の思想を構築しはじめたのは、偶然ではない。「大衆」、そしてその反対語として語られることの多かった「市民」は、実は「第一の戦後」と「第二の戦後」の亀裂を鮮明にあらわす政治的語彙でもある。本書の問題関心は、「大衆」と「市民」、そしてそれらの持つ「民主主義」との関係が、戦後思想史の中でどのように語られたかを解明することである。

今日において、政治的語彙としての「市民」は、公共生活に自発的に参加する人間、民主主義の政治体制に相応しい人間を指す場合が多い。この語は著しい規範性を帯びているが、それは敗戦後、連合軍から与えられたものとして出発した「戦後民主主義」の特殊性と関連している。与えられた民主主義を真に我々のものに変えるために、主権を握る人々がそれに相応しい規範を身につけることが強く要求されたからである。そうした問題意識の上で規範概念としての「市民」が構想され、語られてきた。

そして「市民」という語がもっとも理想的な民主政治の主権者の姿を指すとすれば、「大衆」は、おそらくそのもっとも危険な担い手を指す言葉であろう。「大衆」をめぐる言説を支えるのは、民主主義そのものに対する根強い懐疑である。古代ギリシャにおける衆愚政治への危惧からトクヴィルの「多数の専制」への警戒まで、〝デモスの支配〟の否定面への憂慮は長い歴史を持っている。つまり、民主主義の歴史は民主主義に対する不信と警戒の歴史と表裏をなしているのである。現代語における「大衆」は、いわば民主主義の影のような存在であるといえるかも知れない。

以上は、今日における「市民」と「大衆」のイメージを簡略にスケッチしたものである。ところがこれらの概念を近代以降の日本思想史の文脈の中で論じるためには、もう一つの決定的な思想潮流を考慮する必要がある。それは社会主義の言語としての「大衆」と「市民」の文脈である。そこにおいて、「大衆」はプロレタリアートと、「市民」はブルジョアジーと重なり合っており、それにまた「マス」や「群衆」、「小市民」や「中間層」などの語が混入しながら戦後の言説空間を作り上げたのである。

こうした概念の混在状況の中で、「第一の戦後」と「第二の戦後」は、それぞれ「大衆」と「市民」が社会変革の主人公として語られ、その可能性と問題性に注目が集まった時代でもある。その境目にあった六〇年安保において、社会主義の説く「大衆」と大衆社会論の説く「大衆」との緊張関係を意識しながら、新しく「市民」が語られ始めた経緯については、後で検討する。

戦後のある時期まで、民主主義の主人公は「市民」ではなく「大衆」であった。特に一九五〇年代にはしばしば、今は忘れかけられている「大衆民主主義」という枠組みで現代の民主主義が考えられ、語られた。その中で行われた議論の多層性と多様性は、今日において再考する価値のあるものである。戦後日本の「市民」がいかに「大衆」を意識しながら形成されたかを確認することを通じて、平面的な「市民」の戦後思想史に「大衆」の影を落とし、立体感を与えることができればと思う。

資料の引用に際しては原則として新字体・新かなづかいとし、ルビ・傍点は原文通りとした。また、引用者による補足を［　］に示した。

「大衆」と「市民」の戦後思想
藤田省三と松下圭一

目次

プロローグ　「大衆民主主義」再考
人類最大の危機の日／一九六四年の「現代」／「競争的共存」の時代／「戦後の終わり」をめぐる議論／「第一の戦後」と「第二の戦後」の間／「大衆」と「市民」

序　章　「大衆」と「市民」の概念史 …… 1
第一節　「大衆」と「大衆社会」 …… 2
1　欧米の場合　2
2　高畠素之と「大衆」　6
第二節　「市民社会」と「市民」 …… 14
1　「civil society」と「bürgerliche Gesellschaft」　14
2　福沢諭吉の「独立市民」とマルクスの「市民的社会」　16
第三節　『政治学事典』(一九五四年)における「大衆」と「市民」 …… 20

第一章　敗戦と自由 …… 27
第一節　藤田省三――内面の命令への服従 …… 29
1　敗戦の衝撃　29
混沌と喜び／頂点と底辺の間

2　普遍者の生産とマルクス主義　34
「普遍者」不在の日本思想／大正コミュニズム
3　「谷《きわ》まれる自我」　48
第二節　松下圭一――文明の中の習慣の蓄積……55
1　日常性の崩壊　55
「習慣について」（一九四九年）／自由の技術
2　原点としてのロック　61
ロックにおける「自然」と「作為」／社会と政治の分離
3　「シビル」と「ポリチカル」　71
ロック著作の翻訳事情／訳語の問題
4　多元主義政治理論　79
市民国家と大衆国家／「巨大社会」観念とその継承
第二章　天皇制と現代……93
第一節　藤田省三――未完の近代……94
1　「天皇制」とは何か　94
天皇と天皇制／ヨーロッパの絶対主義と天皇制／「相対的な絶対者」の問題／「天皇制国家」と「天皇制社会」

2　権力の集中と水平化　109
明治の「ステイツメン」／日本ファシズムの構造
3　政治的人間　118
伊藤博文とレーニン／「護民官」の独裁
第二節　松下圭一――民主化と大衆化……124
1　大衆社会論争　124
戦後一〇年／「大衆国家」論／批判／反論／論争の意義
2　大衆、天皇、民主主義　149
「天皇制」から「皇室」へ／世代間の断層／権益保守としての「戦後民主主義」
第三章　市民と政治……161
第一節　藤田省三――原人的市民……162
1　知識人と大衆　162
ハンガリー事件と藤田／倫理の再建／「大衆崇拝主義批判の批判」
2　六〇年安保と「市民革命」　174
戦後民主主義の矛盾／様々な「市民」像
(1)久野収――「職業人」としての市民
(2)鶴見俊輔――「私」の根元への回帰
(3)丸山眞男――「私」と「滅私奉公」の間
(4)清水幾太郎――「大衆社会論の勝利」

（5）吉本隆明――「擬制の終焉」
「原人」としての市民／反対運動の内部における自然承認／帰郷運動をめぐって
3　「反動化」の季節　205
二つのテロ／道徳を説く権力
4　六〇年代半ばの変容　211
「イデオロギーの終焉」をめぐって／「政治思想家」の失業時代／「管理」される社会／自分を離す独立、自分を縛る独立
第二節　松下圭一――市民の条件……225
1　二重の「二重構造」　225
合理化する保守／東京のムラ／二重の二重構造
2　六〇年安保に対する冷静さ　241
一九五八年以来の一貫性／「ミッチー・ブーム」と六〇年安保をつなぐもの／「大衆社会論の破産」？
3　技術と政治　252
ニューライト、池田勇人／政策インテリ論／「シビル」なるものの構築
第四章　先進産業社会の二つの顔……269
第一節　藤田省三――合理的なものと理性的なもの……270
1　藤田とフランクフルト学派　272
啓蒙の自己破壊／理性の回復と「経験」／「時代経験」の可能性／

大衆消費社会における「経験」の変質
2　柔らかい全体主義の誕生　292
「保育器化」する社会
第二節　松下圭一――「政治ぎらい」の政治学……297
1　富と美徳　297
市民たりうる「余裕」／一九七〇年代の「公共性」
2　政治学と政治科学　309
技術としての政治／「市民」と「政治家」／ポリティクスと党派性／政治の文明化
終章　「国家に抗する社会」の夢……327
新たな問題の台頭／「国家に抗する社会」の夢
注　335
あとがき　381
人名索引

序章

「大衆」と「市民」の概念史

本章では、藤田と松下の政治思想の本格的な分析に先立って、その鍵概念となる「大衆」と「市民」に関する用語の整理を行う。まず「大衆」と「大衆社会」、そして「市民」と「市民社会」の思想史的な系譜を簡略に検討した上で、『政治学事典』(平凡社、一九五四年)におけるそれぞれの項目を比較し、両者の置かれた一九五〇年代半ばの思想状況を確認することにしたい。

第一節　「大衆」と「大衆社会」

1　欧米の場合

西洋において「大衆(mass)」はもともと「大麦のパン」を意味するギリシャ語 Maza に由来しており、「大きな塊」を意味する語であった。[1] 現代の政治学において、この語は「社会生活への普通の自発的な参加から退いている、未分化で階層化されていない人々」、または「階級をも含めて、広範ないかなる社会集団にも統合されていない大勢の人間」を指すものとして捉えられている。[2] つまり「大衆」は、共同体の崩壊後、集団への帰属意識を有しない人々を意味する語であり、そのような特質を持つ大勢の人々が政治、経済、文化を規定する社会を「大衆社会」と呼ぶことができよう。

本書の問題関心にとって有意義な「大衆」と「大衆社会」への考察は、一九世紀から進展する社会の変化に対する二〇世紀の特殊な問題意識から登場する。その系譜を大きく二つに分けると、一九世紀末から二〇世紀初頭の一群の著作と、第二次世界大戦前後の著作に区分することができる。前者の代表例としては、ギュスターヴ・ル・ボンの『群衆心理(*Psychologie des foules*)』(一八九五年)、グレーアム・ウォーラスの『大社会(*The Great Society*)』(一九一四年)、ウォルター・リップマンの『世論(*Public Opinion*)』(一九二二年)、ホセ・オルテガ＝イ＝ガセットの『大衆の反逆(*La Rebelión de las Masas*)』(一九三〇年)、カール・マンハイムの『変革期における人間と社会(*Mensch und Gesellschaft im Zeitalter des Umbaus*)』(一九三五年)などを挙げることができる。そして後者の例としては、エーリヒ・フロムの『自由からの逃走(*Escape from Freedom*)』(一九四一年)、デイヴィッド・リースマンの『孤独な群衆(*The Lonely Crowd*)』(一九五〇年)、チャールズ・ライト・ミルズの『ホワイト・カラー(*White Collar*)』(一九五一年)、『パワー・エリート(*The Power Elite*)』(一九五六年)などがある。

前者の場合、大量生産と大量伝達が可能になった二〇世紀初頭、経済と政治の主役として大量に登場した人々を捉えるために「大衆」が論じられた。後者では、第二次世界大戦を経過しながら、特にファシズムの支持基盤となった「大衆」の政治的危険性を強調する視座が中心となっている。論者によって多様な意味で用いられているこの語を一義的に定義することは困難であるため、ここでは本書にとって有意義な二つの論点を中心にその特質を整理することにする。

第一に注目したい点は、「大衆」や「大衆社会」をめぐる議論が、民主主義に対する古典的な批判と緊密に関連していることである。山田竜作は、「大衆」が否定的な意味で用いられる場合、それが「デモクラシー」の語源である「デーモス(人民)」の含意と重なり合っていることを指摘する。(3) 一九世紀以降、「デモクラシー」が急速に肯定的な意味で用いられるようになった時、かつて批判されてきた「デモクラシー」の負の側面を表すものとして「大衆」の語が用いられたのである。この点について山田はレイモンド・ウィリアムズの一九七六年の著作『キーワード辞典(*Keywords: A Vocabulary of Culture and Society*)』を参照している。その記述は以下の通りである。

mass society(大衆社会)、mass suggestion(大衆提案〔暗示〕)、mass taste(大衆趣味)〔中略〕このような造語の大半は「民主主義」批判として比較的手の込んだものである。というのも、「民主主義」という語は一九世紀初めより立派な言葉としての度合いを増してきたために、ある種の思想においてはこのように効果的に言い換える必要が出てきたのだろう。mass-democracy(大衆民主主義)という表現は操作を受けた政治システムをさすこともあるが、この語はむしろ教養のない、あるいは無知な好みや意見に牛耳られたシステムをさすことのほうが多い。要するにこれは、「民主主義」そのものに対する古典的な不満なのである。(4)

つまり「大衆」の語は、量的な多数を指すと同時に質的に〝劣っている〟という意味を含んでいる。この点において「大衆」は政治学におけるデモクラシー批判の古い伝統と連続面を持つ。大衆社会論が皮相的な状況論や一時期の流行ではなく、民主主義をめぐる議論全体に対して広い含意を持ち得る理由もここにある。

第二に注目したい点は、「大衆」や「大衆社会」に関する価値判断の問題とは別の次元で、それを構造的な問題として捉える視座の有用性である。それはたとえば一九五九年、二〇世紀半ばまでの大衆社会論を体系的に整理した研究『大衆社会の政治(*The Politics of Mass Society*)』において、ウィリアム・コーンハウザーが提示した視座である。

コーンハウザーはここで大衆社会論を「貴族的批判」と「民主的批判」の二つの視座に分けて説明する。まず貴族的批判の立場から見れば、大衆社会は伝統的権威の喪失による平等主義の増大、反貴族主義的でポピュラーな権威への追求、そして擬似的な権威による支配といった特徴を有する社会である。したがってそのような社会の問題点は、

表　コーンハウザーの社会類型

		AVAILABILITY OF NON-ELITES （非エリートの操作可能性）	
		Low （低い）	High （高い）
ACCESSIBILITY OF ELITES （エリートの接近可能性）	Low （低い）	Communal society （共同体的社会）	Totalitarian society （全体主義社会）
	High （高い）	Pluralist society （多元的社会）	Mass society （大衆社会）

出所：William Kornhauser, *The Politics of Mass Society*, The Free Press of Glencoe, 1959, p. 40.［辻村明訳『大衆社会の政治』東京創元社，1961年，42頁］

大衆がエリートの意思決定過程を圧迫することによって、エリートが創造的で価値保存的な機能を果たし得なくなることにある。このような社会は、雄大さ、差異、スタイルが否定される同質社会(equalitarian society)に帰結するとともに、政治的な英雄主義(Caesarism)に抵抗するための道徳的防御を備えていないため、結局政治的な専制と文化的な退廃に陥ることになる。

他方、民主的批判の立場から見ると、大衆社会は共同体の喪失による原子化の増大、失われた共同体に取って代わるべき新しいイデオロギーへの追求、そして擬似的な共同体による全体主義的な支配によって構成される。要するにこれは原子化した社会(atomized society)であり、集団に属していない個々人がエリートの提示する擬似的なシンボルに対して過剰な忠誠を示す社会である。そのような過剰な忠誠は、いかなる社会的連帯をも持たない孤立した人間、すなわち「大衆」のみに期待できるものである。

このように、貴族的批判と民主的批判の視座は、「大衆社会」をまったく対照的な社会として描写する。コーンハウザーはこの点を指摘し、二つの相反する視座からは、現代社会の特定の傾向を有効に概念化することができないと批判する。そこから彼は「エリートの接近可能性」と「非エリートの操作可能性」を基準として、「共同体的社会」「全体主義社会」「多元的社会」「大衆社会」の四つの社会形態の区分を提示する[5](表)。

コーンハウザーによると、中間団体の社会的構築が弱く、エリートが個人に接近して彼らを容易に操作し得る社会が「大衆社会」であり、それは一つの強い中間団体が個人を拘束する「共同体的社会」の対極に位置づけられる。なおコーンハウザーは、エリートとの接近性は高いが、個々人がそれに操作され難い「多元的社会」を理想の社会形態と想定しながら、しかし「大衆社会」を、最悪の社会形態である「全体主義社会」とは区分している。このように社会形態を動態的に捉える見方は、「大衆社会」の問題性と可能性を明らかにするために有用である。つまりこの視座は個人が多様な集団に所属することを通じて操作の可能性を軽減させると同時に、その集団的な圧力をエリートにかけることを、「大衆社会」の条件の中でも可能なものとして提示する。コーンハウザーは、中間団体の拘束力の弱化を現代社会の特質として受け止めつつ、ある社会を「大衆社会」と呼ぶか否かの問題を中間団体の活性〝程度〟の問題に転換したのである。⑥

そもそもコーンハウザーの問題関心は、一九五〇年代、アメリカとソ連がともに「大衆社会」の典型(protorypes)として語られたことへの着目から出発した。つまり「大衆社会」の中にはアメリカ型の「多元的社会」とソ連型の「全体主義社会」の両方への可能性が混在していると見たのである。「大衆社会」を規定する客観的な条件を認めながら、それが中間団体の活性程度によって「多元的社会」にも「全体主義社会」にも転化し得るというのが、コーンハウザーの主張であった。このような視座は、生産力が一定の水準に達すると〝体制の如何を問わず〟必ず「大衆社会」が到来すると唱えた松下の議論と共通するところがある。

以上、欧米における「大衆」と「大衆社会」をめぐる議論を簡略に確認した。続いては日本におけるそれを検討することにする。

2　高畠素之と「大衆」

日本語における漢語「大衆」は、元来仏教の用語「大衆《だいしゅ》」から由来した。漢訳仏典で「大衆《だいしゅ》」は「出家者たちの集い」(sangha、僧伽《そうぎゃ》)または「説法の会座に集まった人びと」(parisad、会衆《えじゅ》)を意味し、日本では「大勢の僧」を意味する言葉として使われた。[7] 仏教語としての「大衆《だいしゅ》」の早い用例は七世紀初の『法華義疏』から発見することができる。

仏教語「大衆《だいしゅ》」を、意識的に英語の「mass」に該当する翻訳語「大衆《たいしゅう》」に転用して使い始めた人は、高畠素之(一八八六―一九二八)である。一九二〇年、高畠は「大衆社」を設立し、同年一一月一八日に初の刊行物『社会主義的諸研究』を出版する。その奥付には発行所「大衆社」の名前と住所(東京市本郷区千駄木町五十五番地)が表記されているが、それは高畠の自宅の住所であった。

そしてこの書物の結論部にあたる「組合、議会、大衆運動」の中に、「大衆」という言葉が政治・経済的に有意味な概念として初めて登場する。そこで高畠はこう述べている。

> 私の見る所に依れば、国家社会主義実現のための闘争は先ず第一に政治的でなければならぬ。×××《〔伏字〕》更に具体的に云うならば、日本国民×××《〔伏字〕》の意思を代表する政府の成立を主眼とするものでなくてはならぬ。其目的の為に、私は先ず普通選挙獲得のための×××《〔伏字〕》運動を急務と信ずる。
>
> 私は次に経済的方面に於て、消費者としてのプロレタリヤの大衆運動を主張する。労働組合は有り難くない。労働組合の欠点はプロレタリヤを一括的に網羅することの出来ぬ点にある。生産者としての組織的運動は、何うしても職業に縛られる傾きがある。〔中略〕労働組合が如何に発達しても、資本主義のもとに於て組合に包括されるプロレタリヤの数は知れたものである。〔中略〕プロレタリヤは国民の大多数であると云う以上、プロレタリヤの運動は国民の大多数を網羅するものでなくてはならぬ。〔中略〕されば労働組合の努力を、斯くの如く無益有害に了らしめない為にも、一面に於て絶えず消費本位の×××《〔伏字〕》を激発する必要がある。[8]

日本における『資本論』の最初の完訳者として名を知られる高畠だが、彼は生産者としての無産者の階級意識形成の可能性については懐疑的であった。むしろ彼は国民の大多数を網羅する運動として、生産者ではなく「消費者としてのプロレターリャの大衆運動」を考えていた。

『社会主義的諸研究』出版の翌一九二一年、高畠は週刊新聞「大衆運動」の刊行に着手する。その創刊号に寄せた「消費者本位の大衆運動——国家社会主義の一側面」の中で、彼は「消費者」としての「大衆」の内容をより詳しく説明する。その要旨はこうである。

生産者としての人間は、その職種によって相互に衝突する利害を持たざるを得ない。たとえば電車の従業員組合の賃金上げ闘争は電車料金の上昇をもたらし、それを利用して通勤する他の勤労者たちの利害に反する。異なる職種は、いわば利益団体のような利害衝突の関係にあり、それが統一した一つの階級意識の生成を阻害する。むしろ彼らに共通しているのは、誰もが「消費」をしたがるという、否定することのできない欲望である。高畠はこう述べる。

然らば、労働者をば階級それ自体として結合せしむるには如何にすれば宜しいか。我々は消費者本位の運動以外に血路はないと信ずる。勿論消費する者は、労働階級のみではない。資本家も消費する。地主も、坊主も、総理大臣も、女郎も、藝者も、猫も、杓子もみな消費する。随って消費者たることは、労働階級に特殊の性質ではない。

所が茲に問題となることは消費するには金が要る。誰れも消費するが、然し誰れもが銭を持っているとは限らぬ。而して労働階級の最も著しい特徴は無産者、無資力者、無銭者たる点に存する。換言すれば、労働階級は一の消費階級ではあるが、実は消費不能階級だと云うことになる。労働階級を斯く消費不能的消費者として見る時、

始めて其階級的利害は直接総合的に一致するを得るのである。(9)

消費したいという欲望を抱えているにもかかわらず「消費不能的消費者」でしかないという欲求不満こそ、労働者たちに共通の階級意識をもたらす契機となると、高畠は考える。彼の「国家社会主義」の中心には、このように利害の細分化と相互衝突が行われる爛熟した資本主義の生産段階を前提としながら、そこから生じる歪みを国家の強力な統制を通じて修正しようという要求があった。(10)

このような考え方の根柢に「人間性悪説」に基づいた社会観があったことを、有馬学は指摘する。(11) たとえば一九二五年の「性悪観」の中で、高畠は「人性が悪であればこそ、制度といふものが必要になつて来るのだ。制度の目的は悪と悪との調節を計るにある。人の性は変へられない。ただ制度の力で調節するだけのことだ(12)」と述べている。統制機能と権力的基盤との複合物として想定される高畠の「国家」には、観念的なものが排除されている。その「徹底して機能主義的な立場」を、有馬は高畠の国家論の最も重要な特徴として挙げる。そうした高畠の考えでは、「消費不能的消費者」としての大衆の欲求不満を解消するためには、資本家の利潤追求を強制的に制限することのできる強力な国家の統制が不可欠であった。

このような人間観・制度観とともに高畠が目撃したのは、大量の人間が動かされ、お互いぶつかり合う一九二〇年代初頭の人間群像であった。前述した一九二一年の「消費者本位の大衆運動」の中で、彼は電車罷業をめぐる光景をこのように描写する。「私は過般の電車罷業の際、早暁割引で仕事に通う人足連が停留場に寄り集って車掌運転手等の「不埒」を口汚く罵っている光景を目撃して、なるほど之では「市民の敵」も無理からぬ次第とうなずかれた。朝早く割引で千住から品川へ通わねばならぬ労働者に取って、罷業が如何ばかり憎々しく感ぜられるかは我々の充分に想像し得る所である(13)」。ここに描かれているのは、大量生産と大量伝達が可能になった、いわば〝大量の時代〟がもたらすストレスと、その中で衝突する人々の激しい情念である。

そして「大衆社」の設立から二年後、週刊新聞「大衆運動」の出版の翌年である一九二二年、「大衆」が前面に登場する一つの文献が発表される。日本の社会主義運動における決定的な転換をもたらした、山川均(一八八〇―一九五八)の「無産階級運動の方向転換」がそれである。そこで山川は、純化した思想と明確な目標意識を持つ「前衛」が、それらを備えていない「大衆」の中へ戻り、彼らを動かさなければならないと主張する。山川はこう述べる。

日本の無産階級運動――社会主義運動と労働組合運動――の第一歩は、まず無産階級の前衛たる少数者が、進むべき目標を、はっきりと見ることであった。われわれはたしかにこの目標を見た。そこで次の第二歩においては、われわれはこの目標にむかって、無産階級の大衆を動かすことを学ばねばならぬ。〔中略〕そこで無産階級運動の第二歩は、これらの前衛たる少数者が、徹底し、純化した思想をたずさえて、はるかの後方にのこされている大衆の中に、ふたたび、ひきかえしてくることでなければならぬ。〔中略〕『大衆の中へ!』は、日本の無産階級運動の新しい標語でなければならぬ。[14]

大量の人間が政治・経済的に有意味な存在として認識され、また「大衆」という名前を与えられることによって、逆に「前衛」の概念と役割が鮮明に浮上する。それ以前の、特に自然発生的に革命が起こることを期待した社会主義運動においては、大衆の要求と前衛の理念との差異が明確に認識されていなかった。実際の大衆のあり方は、社会主義理論の想定するそれとは異なるものであるという認識は、関東大震災の経験、特にその中で行われた大衆による自警団の行動を目撃しながら強まって行く。[15]

こうして一九二三年の関東大震災、一九二五年の(成人男子)普通選挙法の制定、そして一九二八年の最初の普通選挙の実施を経ながら、新しい造語「大衆」は速やかに日本社会に定着したように見える。最初の普通選挙が行われた時、「普選大衆」という表現が有権者を指す言葉として使われた[16]。大量生産と大量消費の主役、さらには大量化した選挙権の持ち主が、「大衆」であったのである。高畠においては生産者ではなく消費者として、山川においては動かされるべきものとして把握された大衆の受動性は、それを規範的で理想的なアクターとして語ることを困難にさせた。しかし、大衆が経済・政治・文化の全領域の方向を決定づける存在として定着しつつある以上、その問題含みの存在の重要性は明白であった。

最初の普選実施から約一ヶ月半後に出版された『中央公論』一九二八年四月号は、特集「大衆観」を組んだ。収録論文は、長谷川如是閑(一八七五—一九六九)の「政治的概念としての大衆」、高畠の「大衆主義と資本主義」、青野季吉(一八九〇—一九六一)の「大衆の現実について」、鶴見祐輔(一八八五—一九七三)の「壇上から観た現代の大衆」、木村毅(一八九四—一九七九)の「文士の応援演説と大衆の反響」である。ここでは、高畠と如是閑の論文に現れている対照的な大衆観について簡略に触れることにする。

「大衆主義と資本主義」の中で、高畠は「大衆社」設立の頃から関東大震災、そして普選実施に至るまでの時期における「大衆」の普及について、このように回想する。

考えて見れば、大衆という文字も平俗化したものである。七八年前、斯くいう筆者などが『大衆運動』という週刊新聞を発行し、陋屋を名附けて『大衆社』と呼んでいた頃は、それがハシリだったせいもあろうが、恐ろしくギゴチないものに印象されていた。ところが、どうした風の吹きまわしか、急に震災前後から流行的に濫用され出し、大衆文藝や大衆興業などはまだしも、汁粉屋の廉売に『大衆デー』を敢て命名する時勢となってしまった。こうと知ったら、逸早く『大衆—』の特許権でも出願して置いたものを、今となっては後の祭りで何んとも致し方がない。などと、これは戯談だが、それほど『大衆』は時代の寵児となり、硬軟両面から珍重がられている[17]。

「大衆」の正体は明瞭ではなく、使う人によってその語義は様々である。「無産党的論客」にとってそれはプロレタリアートを意味し、「有産党的弁士」の演説でそれは漠然たる国民的多数を指す。文藝の方面で「大衆」は「通俗的安易的な娯楽」という意味であり、汁粉屋に至っては「価格的低廉」を意味するのである。「斯くの如く、大衆の意味内容に関しては十人十色の解釈を下し、お互いに自分勝手な理屈を求め、彼等自身の正当性を是認する口実たらしめている[18]」と高畠は述べる。意味内容における混沌は続いているが、ともかく誰もがそれを語らずにはいられなくなったということに、一九二八年における「大衆」の意義があったといえよう。

それでは高畠はどのように「大衆」を説明するのか。彼はこう述べる。今の世は「資本主義の世」であり、それは大資本による大経営の時代＝大量生産の時代を意味する。それは「薄利多売」が商売原則として通用する時代であり、その商売の顧客となるのが「大衆」である。普選の実現は政治における「大衆顧客」の登場を意味し、したがって政治家は大衆の味方であることを誇示する必要がある。だがその裏面には「先ず大衆を持ち上げ、その機嫌を取り結ぶことに依って利益する「小衆」」があり、彼らは「斯くすることに依って彼等自身が利益し得るから」そう見せかけているにすぎない。「要するに、大衆主義と資本主義とは楯の両面である[19]」というのが、高畠の結論であった[20]。

一方、長谷川如是閑は「政治的概念としての大衆」の中で、高畠と対照的な大衆観を示している。如是閑によると、「今日の意味の大衆」は古来における「奴隷としての生産労働者」にあたり、彼らはかつて「政治的勢力としての量をも質をも持たないもの[21]」であった。往々「古代又は近代の政治に於ける、「公衆」又は「輿論」というようなものを所謂大衆的現象であると解釈する[22]」ような考え方が見えるが、それは誤りである。「公衆」や「輿論」は、大衆と対比される支配階級としての「市民」のものであった。かつての大衆は、「公衆」や「輿論」とは程遠い存在、むしろ「家畜」のような存在であった[23]。しかし彼らは今日、「産業組織に於ける生産者の地位が、産業支配者の地位を経済的に左右する機構の発達」に基づいて政治的な存在として生まれ変わっており、「それには資本主義組織の崩壊という根本的事実が存在せねばならない」と如是閑は主張する[24]。

要するに、如是閑の大衆は「生産労働者」である。彼らは経済領域における重要性の伸張を原動力として政治的支配者の地位に上昇していくはずの存在、やがては資本主義の崩壊をもたらす存在である。高畠は逆に、資本主義の枠組みの中における「薄利多売」の顧客として、いわば政治的・経済的な消費者として大衆を捉える。生産者であると同時に消費者でもある、こうした「大衆」の両面性は、戦後の議論にも受け継がれることになる。

以上で見た通り、一九二〇年代における「大衆」の語は経済領域での重要性に基づいて政治的な権利を認められ始めた大量の人々を捉えるために使われた。そして多様な政治的立場から、彼らを積極的に包摂する戦略が立てられた。それを象徴的に示すのが昭和初期の無産政党の政党名である。そこには「平民」、「民衆」と並んで「大衆」の語が頻繁に登場している。たとえば一九二八年に結党した「無産大衆党」は、「日本労農党」を中心に諸中間派無産政党と合同して「日本大衆党」を結成する。「日本大衆党」は清党運動の後一九三〇年「全国大衆党」へ発展、一九三一年の「全国労農大衆党」を経て一九三二年「社会大衆党」を形成する。

このような流れの中心には、高畠らとともに一九二六年雑誌『大衆』を創刊した一人であり、「無産大衆党」の組織に深くかかわった鈴木茂三郎（一八九三―一九七〇）がいた。鈴木は「社会大衆党」から除名された後に「日本無産党」に参加し、戦後は「日本社会党」を結成、社会党左派の中心となった人物である。もう一人の中心人物は麻生久（一八九一―一九四〇）である。彼は「労働農民党」「日本労農党」を経て「社会民衆党」と合同し「社会大衆党」を組織したが、満洲事変以降には軍部に接近、人民戦線運動を求める労農無産協議会（後の「日本無産党」）の要求を拒否した。結局「社会大衆党」は一九四〇年大政翼賛会に参加し、解党する。

一方、一九三一年に結成した右翼団体「国粋大衆党」も「大衆」を名乗っており、「大衆」の語そのものが特定の思想的潮流を独占的に表したとはいえない。むしろ普通選挙の実現によって登場した大量の有権者を「大衆」と呼びながら、彼らの性格規定と支持獲得をめぐる競争が行われたと見るべきであろう。さらに以上で挙げた無産政党は、労働者には職業、農民には土地を保障することを主張し、富豪層への重課税実施と貧困層への減税を要求したが、同時に日本共産党の急進的な革命路線には反対した。(25) 大正デモクラシーの枠組みの上で、より穏健な方法で無産階級の権益保障を推進しようとしたのが、「大衆」を前面に掲げたこれらの政党の方針であったといえよう。

第二節　「市民社会」と「市民」

1　「civil society」と「bürgerliche Gesellschaft」

前節で見た「大衆」と「大衆社会」の語の関係については、「大衆」の持つイメージが先行し、それを中心に「大衆社会」論が提起されたといえよう。しかし「市民」と「市民社会」論の関係、特に二〇世紀以降の日本におけるそれは、むしろ逆の方向性を持っている。「大衆」も「市民」も外来語の翻訳であるには違いないが、「大衆」は「大衆社会」の介在を必ずしも要する概念ではないのに反して、「市民」はむしろ「市民社会」という特殊用語との関連から、近代以降の思想史において問題となる。

まず、ヨーロッパの思想的伝統における「市民社会」の概念を確認しておこう。それはアリストテレスの『政治学』におけるギリシャ語「koinōnía politiké(κοινωνία πολιτική)」にまで遡る。[26] ポリスとしての国家共同体を意味するこの言葉は、一五世紀ヨーロッパにおいてラテン語「societas civilis」に翻訳される。そこにはギリシャのポリスとローマのキヴィタスを一つの伝統のもとに連結し、それをフィレンツェ都市国家にまでつなげようとする意図があった。一六世紀以降、このラテン語はイタリアの共和主義的人文主義の言説とともにイギリスに受容され、国家共同体を意味する言葉として使われた。ホッブズは一六四二年のラテン語の著書『市民論』で「civitas」もしくは「societas civilis」という言葉で国家人格を指したが、一六五一年の『リヴァイアサン』においては国家を「common-wealth」と呼んでおり、「civil society」の語は教会権力と区分される世俗の世界を指すものとして限定的に用いている。またロックにおける「civil society」は国家を含む政治社会を指すとともに、未開社会としてのアメリカ新大陸との対比において、文明社会を指す意味が重ねられた。[27] またルソーにおいてこの語は文明社会を意味しながらも、その中における人為的な不平等の側面を含むものとなる。

また一八世紀イギリスのファーガスンにおいて、「civil society」は法と商業が進んだ洗練化した社会を指すと同時に、常備軍を持つ君主制の支配に代わって民兵制を伴う古代の共和主義的な政治共同体への志向を含む語であった。その後、ヒュームとスミスは、君主制の下でよく統治されている現存国家を認めることでファーガスンにおける後者の意味を切り捨て、豊かな文明化した社会を指す前者の意味を、「商業社会(a commercial society)」という語で継承した。

そして一七九四年から九六年にかけてガルヴェによってドイツ語に翻訳されたスミスの『国富論』(一七七六年)には、原文の「社会(society)」の語が一貫して「市民社会(bürgerliche Gesellschaft)」と訳された。そこから影響を受けたヘーゲルは、欲求の体系と司法による所有の保護、そして行政と職業団体による生活保護の機能を構成要素とするものとして「bürgerliche Gesellschaft」の概念を構想し、そこに実際の労働者の困窮の問題を重ねた。それは諸個人の利己的利害の闘争が行われる社会であるが、しかし諸個人は職業団体への帰属を通じて個人を超える精神を発見し、その精神を媒介として倫理的共同体である「国家」に統合され得るものとして考えられた。マルクスはヘーゲルの「bürgerliche Gesellschaft」の概念を継承しながら、問題解決者としての「国家」の機能を否定すると同時に、「bürgerliche Gesellschaft」を一八世紀の分業的生産様式の出現以降のものとして受け止め、特にフランス革命以後の「ブルジョア社会(la société bourgeoise)」と重ねて考えた。こうして、分裂し対立する利己的個人によって形成される「bürgerliche Gesellschaft」は、同時にブルジョアジーとプロレタリアートの敵対的関係を含んだ経済社会として考えられることになる。そのような意味は一八六七年の『資本論』において、労働力が売買される「資本主義的生産様式が支配的に行われている社会」即ち「資本主義社会(die kapitalistische Gesellschaft)」の語に継承される。

そして日本では、一九二三年、マルクスの『経済学批判』の翻訳(佐野学訳)[28]において「bürgerliche Gesellschaft」の訳語として「市民的社会」が使われたことから、「市民(的)社会」の語が登場することになる。

2　福沢諭吉の「独立市民」とマルクスの「市民的社会」

マルクス主義から決定的な影響を受けた語である「市民社会」に比べて、日本語における「市民」は、少し異なる前史を持っている。福沢諭吉は『文明論之概略』(一八七五年)の中で「市民」の語を数個所において使っているが、たとえば中世ヨーロッパにおける自治都市の成立を説明する巻之四第八章「西洋文明の由来」の中に「市民」が登場する[29]。ここでの福沢の記述はフランソワ・ギゾーの『ヨーロッパ文明史』の英訳版を参照したものであり、「burgess」と訳されている箇所に「市民」という用語を使ったのである。丸山眞男はこの箇所について、ここでギゾーが論じているのは中世ヨーロッパにおける階級の発生であり、その意図は、中世自由都市の「市民」の後継者として近代のブルジョアジーを位置づけることにあったと解釈する(30)。

ところが『文明論之概略』におけるより注目すべき「市民」の用例は、巻之五第九章「日本文明の由来」の中に登場する以下の箇所であろう。ここで福沢は日本との対比において、ヨーロッパの「独立市民」の特質を次のように説明する。

けだし欧羅巴にて千二、三百年代の頃、盛に行われたる独立市民の如きは、［中略］決して他に依頼するにあらず、その本業には商売を勉め、その商売を保護するために兵備をも設けて、自からその地位を固くしたる者なり。近世に至り英仏その他の国々に於て、中等の人民、次第に富を致して、随てまたその品行を高くし、議院等にありて論説の喧しきものあるも、ただ政府の権を争うて小民を圧制するの力を貪らんとするにあらず、自から自分の地位の利を全うして、他人の圧制を圧制せんがために勉強するの趣意のみ。その地位の利とは、地方に就てはロカルインテレストあり、職業に就てはカラッスインテレストあり、各その人の住居する地方、またはその営業を共にする等の交情に由て、各自家の説を主張し、自家の利益を保護し、これがためにはあるいは一命をも棄る者なきにあらず。［中略］我国にても古来英雄豪傑と称する者少なからずといえども、その事跡を見れば、項羽にあらざれば漢祖なり。開闢の初より今日に至るまで、全日本国中に於て、独立市民等の事は、夢中の幻に妄想したることもあるべからず。(国民その地位を重んぜず)(31)

丸山はこの箇所に注目し、福沢は「「市民」という用語を今日とほぼ同じ意味に使用した(32)」と述べながら、それを単なる用語の問題だけでなく「ヨーロッパの市民階級の政治参加が、あるいは広くいえば、立憲制や議会政治の発達が、商工業というビジネスの「場」からの政治権力批判であり、また、それが参政権の要求の歴史的過程でもある、ということを福沢は鋭く見抜いていた」証として評価する。この箇所に登場する「市民」は、中世ヨーロッパにおける階級の分化、そしてそのような経済的条件に基づいて涵養された自治の精神を明らかに記した、極めて初期の用例である。[33]

二〇世紀になると、「市」の住人を意味する「市民」の語が集団行動との関連において使われる頻度が増える。[34] たとえば一九〇六年の「東京市電値上げ反対市民大会」や一九一一年の「東京市内電車の市営反対市民大会」、一九一四年の「名古屋電気鉄道運賃値下げ市民大会」などに見える「市民大会」の語がそれである。行政区域上の「市」の住人たちが「市民」という名で集団利益を要求してきたのである。また一九一九年の「普通選挙市民大会」の場合のように、「市民大会」が集団的な利益の要求以上の政治的な意味を帯びる場合もあった。だがこの場合、「市民」は主に「市」の住人を指す意味で使われたと思われ、「市民」の言葉が特定の政治的な理想型を表していたと解釈することは難しい。

前述の通り、「市民」が特定の政治思想の潮流を鮮明に表すようになるのは、マルクス主義の影響からである。繰り返しになるが、一九二三年、佐野学によるマルクスの『経済学批判』の翻訳の中で「bürgeliche Gesellschaft」が「市民的社会」と翻訳されたことが、日本における最初の「市民(的)社会」の用例である。そこで名詞「市民(Bürger)」は事実上、資本家を指すものとなっており、一九二〇年代から資本家もしくはブルジョアジーの訳語として「市民」が使われることになる。

しかし、講座派マルクス主義の歴史家羽仁五郎(一九〇一―一九八三)は一九三九年の著作『ミケルアンヂェロ』(岩波新書)で、自治都市の住民を指す言葉として「市民」を用いたことがあり、自治の精神の持主を指す言葉としての「市民」の用例も、非主流ではあったが存在した。これは前述した福沢の『文明論之概略』における「独立市民」と同様の系列に属する用例であるといえよう。

また本書の問題関心、特に松下圭一の思想との関連で注目したいのは、哲学者山崎正一（一九一二―一九九七）の戦後初期の仕事である。一九四八年の「市民社会の倫理――ヒュームの道徳論について」や一九四九年の「市民社会の哲学と経済学――ヒュームの場合」において、山崎はアトミックな人間関係と「有用性（utility）」を骨子とするヒュームの哲学を、特に封建的な社会が崩壊した後の近代性の哲学として理解し、それを「市民社会」の哲学として位置づけた。たとえば「市民社会の哲学と経済学」の冒頭はこう書き起こされている。

市民社会の哲学といった場合、一般的には、近代哲学の全般を意味するものといってよいのであるが、市民の意義を、特に近代的な産業的市民の意に解するならば、何よりもまずそれは十八世紀の哲学に焦点がおかれなくてはならぬ。とりわけ封建社会の解体が順調に行われたイギリスに於いてはテュダー朝エリザベスの治世に於ける下院の擡頭のうちに、すでにかかる近代的産業市民による発言権の行使が見られ次いでそれは十七世紀のほぼ全般を通じて、前期的商業市民及びこれと結托せる絶対王権との精力的な闘争を経て、遂に一六八八年、近代化せられたる地主階層との結合の上に、かの栄誉革命を成就するに至っている。［中略］ロックに始まる十八世紀のイギリス哲学はかくてヨーロパの先頭に立った。［中略］新しき市民社会の各成員が、それぞれ自己の行為と生活の指針を求めて、世界の新たなる方向付けを行ったものにほかならぬのである。問題の重点は、すでにして、神よりも、市民社会の現実へ移行し［中略］イギリス哲学は、神学的道徳学より、社会科学の形成への転回をなしとげるに至ったのである。(35)

ただ山崎は、ヒュームの哲学が「国民経済学」を可能にする「高次の知性」の真相を捉えることができなかったと、その〝限界〟を認めている。そしてその哲学は「ドイツ観念論の諸体系［中略］の迂路を通ずることによって、はじめて革新的な社会科学が、科学として自己を形成し得た」[36]と述べ、マルクス主義の意義を評価している。しかしなお、「その科学としての系譜をたどればその出発点は、明瞭にヒュームに於いてはじめられていた」[37]とし、マルクス主義を生み出したものとしてイギリスの経験論哲学を位置づけている。このような視座は、西洋思想史におけるマルクス主義の位置づけに関する松下の理解に、決定的な影響を与えたと思われる[38]。

こうして、終戦直後までの日本語の「市民」には、都市の住人、あるいは偏狭な自己利益を追求する有産階級の意味とともに、中世ヨーロッパの自治都市民の独立した精神、または前近代的な秩序観との対比において、近代産業の発生以降の価値観を有する人々という多様な意味が混在していた。以上の検討を踏まえて、次節では一九五〇年代半ばの政治学分野における「大衆」と「市民」の位置を確認することにする。

第三節　『政治学事典』(一九五四年)における「大衆」と「市民」

本書の主要な関心である一九五〇年代半ば以降の日本における「大衆」と「市民」の意味を考察するために有用な資料として、一九五四年に出版された平凡社の『政治学事典』がある。中村哲(一九一二—二〇〇三)、丸山眞男(一九一四—一九九六)、辻清明(一九一三—一九九一)が編集委員をつとめたこの事典の編纂には、当時の著名な政治学者がそろって参加した。そこで藤田は「天皇制」項目の執筆を担当し、松下は事典の企画と編集の全般に深く関わった[39]。したがってこの『政治学事典』は、両者を囲んでいた当時の政治学の基本概念や思想状況を確認するために最適の資料である。

具体的にその内容を見ると、まず「大衆」に関する項目としては、「大衆」「大衆運動」「大衆国家」「大衆娯楽」「大衆集会」「大衆政党」「大衆組織」「大衆デモクラシー」が選定されている。「大衆」と「大衆運動」、そして「大衆デモクラシー」の項目は政治学者升味準之輔(一九二六―二〇一〇)が、「大衆娯楽」の項目は社会学者南博(一九一四―二〇〇一)が執筆しているが、残りの項目には執筆者の記名がない。だが、特に「大衆国家」という独特な項目選定とその内容から考えると、これらは松下の手によるものではないかと推測される[40]。

「市民」に関する項目としては「市民」「市民階級」「市民権」「市民社会」「市民的自由」「市民法」が選定されており、執筆者の記名があるのは社会学者日高六郎(一九一七―)が執筆した「市民社会」、政治学者石上良平(一九一三―一九八二)が執筆した「市民的自由」、そして法学者山中康雄(一九〇八―一九九八)が執筆した「市民法」のみである。残りの項目の執筆者を推定することは困難であるが、ここで一つ指摘できるのは、「大衆」やそれに関連する項目に比べ、「市民」に関する項目の占める量的・質的な比重が少ないことである。事典の凡例には「簡単な項目については執筆者名を省略した[41]」となっているので、この基準に従えば執筆者の記名のない「市民」は『政治学事典』において「簡単な項目」にあたることになる。

それでは、「大衆」と「市民」および「市民階級」の項目の記述を比較してみよう。

大衆〔英〕mass〔独〕Masse 日本語における大衆はピープル people とマス mass との二つの意味をもっているが、現在大衆として提起されている問題はマスとしての大衆で、それはピープル(人民)に比してより受動的、非合理的要素をふくんでおり、しかもそのマスとしての大衆の問題性は市民的デモクラシーの危機と不可分に結びついている。すなわちデモクラシーの基礎である理性と討論を不可能にする政治における非合理的要素を思想家は〝群集〟の中に発見した。資本家は経営に不満をもち反撥する労働者を、政治家はあらたに選挙権を獲得した有権者を大衆と考え、革命家はプロレタリアートの中に未来を形成するエネルギーを発見した。このように大衆は判然とした内容をもっていないが、ともかくそれまでの政治の回転に動揺をきたすある社会的政治的変容をさすのである。〔中略〕ル・ボンはかつて〝群集〟の爆発的な非合理性妄動性軽信性を指摘し、デモクラシーの敵となしたが、現代では一時的部分的自然発生的ではなく国家大の形で、計画的持続的に群集が生産される。いわば大衆は群集の機構的な大量生産ということができる。(42)

市民　〔英〕citizen〔独〕Bürger〔仏〕citoyen　市民は、1)都市の自由民をさすが、さらに、2)歴史的概念としては、貴族および僧侶の支配する封建社会をたおして、あたらしい資本主義的生産様式にもとずく《ママ》近代社会をうみだした近代民主主義革命のにない手たる市民階級の意味にもちいられる。これは近代市民国家のトレーガーであるが、国家公民ないし国民よりはむしろ国家権力から自由な市民的自由を享受しているという側面からとらえられた場合におおくもちいられる。またさらに市民権を享有しているものをさして用いられることもある。

市民階級　〔英〕bourgeoisie　ふつうにはブルジョアジーの訳語として中産階級と同義語にもちいられるが、中産階級が経済的側面からとらえられ、市民階級は政治的側面を強調する。すなわち前者は近代資本主義のにない手として、後者は近代デモクラシー形成の主導的役割をになったものとしてとらえられる。(43)

以上で判断できる点は、第一に、「市民」は「中産階級」と、「大衆」は「労働者」や「プロレタリアート」の概念と密接な関連において捉えられていることである。この点は、「市民権」の項目の中に「実定法がさだめた権利」や「公民権」と並んで「勤労者の権利と対比される」「ブルジョア的人格者」の階級的権利(44)が挙げられていることからも確認できる。

第二に、政治的な側面のみに注目してこれらの概念を考えると、「大衆」は国家によって機構的に大量生産される受動的な概念として、そして「市民」は近代国家の担い手であり、そこで獲得した権利を享受するものとして捉えられている。「大衆」は現代政治における人々の受動性を、「市民」は近代政治建設をになった積極性を中心に描かれているのである。この点は、日高の執筆した「市民社会」の項目において、市民を僧侶と貴族に次ぐ「第三階級」としてのブルジョアジーと説明しながら、この階級が封建国家を打倒した「市民革命」の担い手であったことを評価する記述からも確認できる。

しかし第三に、そこから「市民」的なものの歴史的な限界、および「大衆」的なものの可能性への注目が見えている点を指摘すべきであろう。「市民社会」の項目の中で、日高は、市民社会の構成原理である自由な人間関係は「実質的自由をふくまぬ形式的自由にすぎない」とし、また国家が「階級支配を合法化する権力装置となった」以上、市民社会の唱える自由な人間関係は「市民社会のイデオロギー」に過ぎないと述べている[45]。そして資本主義の発展とともに市民層はブルジョアジーとプロレタリアートに分解して行き、その過程で封建主義を克服しきれなかった(日本を含む)後進国家において、ブルジョアジーはプロレタリアートと敵対し封建的な支配階級と癒着することになったと説明する。その過程で、本来市民階級の価値であった自由と人権の尊重の原理が弱化してしまったと日高は見ている。

続いて「市民的自由」の項目を見ると、石上はそれを「個人が身体的行動、財産の所持および使用、宗教的信仰および礼拝、また意見の発表において有する自由」と規定している。言い換えればそれは封建的な専制の束縛から逃れて獲得した諸権利を指す。だがここで石上は、財産の保持と行使という市民的自由が、たとえば「労働者階級の団結の自由が抑圧されたとき」の論拠ともなり得る点を指摘する。そして個人主義的な自由である市民的自由を超えて経済上の不平等の訂正までを要求する運動の登場によって、「財産の保持および行使の自由を制限、または廃棄」することもできる「実質的社会的自由」が主張されることに言及する[46]。

以上に対して、たとえば「大衆デモクラシー」の項目を見ると、升味はそこで、理性と討論によって回転する一九世紀の議会政治、即ち「市民的デモクラシー」は、「市民社会を生みだした資本主義の発展と政治的自由の拡大[47]」によってみずからの崩壊を招いたと書いている。そして二〇世紀には生活水準の一般的な向上と教育の普及を背景にして普通平等選挙を骨子とする大衆デモクラシーが出現したのであり、したがって「いわば市民社会はデモクラシーによって裏切られた[48]」と述べているのである。続いて升味は「原子化とコミュニケィションの拡大は大衆操作の可能性を増大する一面、政治的社会的運動の可能性も生ずる」と「大衆デモクラシー」の可能性を評価しながら、その具現によって「議会制度には存在しなかった政治的統合の機能」が発揮され得るという予測を付け加えている[49]。

以上を整理すると、一九五四年の日本の思想状況において、「市民」「市民社会」「市民的自由」は中産階級の利益と密接な関係を持つもの、したがって労働者階級と衝突するものとして考えられていたといえる。その反面、「大衆」は労働者階級を中心とする多数の民衆を連想させ、「市民」的自由の修正あるいは廃棄を要求する新しい政治主体として捉えられていた。なお「大衆」は「人民(people)」と「マス(mass)」としての二つの顔を持っており、一方ではそれを完全に「マス」化しようとする国家に対抗するものとして、他方では「市民」階級に取って代わるべき政治的主人公として期待されていたといえよう。

しかし、その「大衆デモクラシー」が究極的に体制の変革、即ち社会主義革命までを要求するものとして考えられていたかは、判然としない。升味は、大衆デモクラシーの政治体制を肯定する以外の勢力は権力によって排除され、独自の組織を持ち政治的自由を標榜すると述べている。そして「大衆デモクラシーにおける政治的自由がもはや市民的自由でないと同じように、この自由も市民的でないことは明らかである[50]」と迂回的に表現する。つまり、体制の変革を要求する勢力と「大衆デモクラシー」とを区分しているようにも見える。しかし執筆者が明確でない「大衆組織」の項目は、体制的危機の時期においてそれは支配権力の外郭団体と化するか、「あるいは反体制的運動に前衛党を中核として組織化されてゆくことになる[51]」かの二つの進路を持つと書いている。したがって大衆組織は通常の「圧力団体」より広い含意を持つもの、体制変革の担い手ともなり得るものとして説明されている。この事典における記述に限って言えば、「大衆デモクラシー」の枠組みをも突破する「大衆組織」の可能性も、想定可能なものであったといえよう。

第一章

敗戦と自由

藤田は一九二七年、松下は一九二九年に生まれた。藤田は愛媛県今治市、松下は福井県福井市出身であり、両者とも東京出身ではない。そして松下は一九四九年、藤田は一九五〇年、それぞれ旧制大学の最後、新制大学の最初の年に東京大学法学部に入学した。両者とも学部時代に丸山眞男のゼミに参加し、彼に助手論文の指導を受け(1)、学部卒業後には法政大学法学部の助手となった。年齢、学歴、そしていわゆる「革新」派知識人としての政治的スタンスにおいても両者は非常に似ている。

しかし、両者の思想的内容はむしろ多くの点において極めて対照的である。それはまず、両者の考える知識や知識人、広くいえば思想の営みに対する考え方の違いに起因している。つまり、彼ら〝の〟思想を問う前に、彼ら〝が〟思想という営みに何を求めたかを考える必要がある。何が彼らをして「思想」を問題とする知識人の道を歩ませたのか。端的に答えると、それは「自由」への希求であったといえよう。ただその際、彼らの考える「自由」の内容は、同じではなかった。

本章では、藤田と松下の青年期および戦後初期の著作を中心に、敗戦の衝撃の中で彼らが形成した「自由」観を検討することにしたい。

第一節　藤田省三――内面の命令への服従

1　敗戦の衝撃

混沌と喜び

青年期の藤田を論じるためには、まず彼の陸軍士官学校の経歴に言及せざるを得ない。一九四五年、藤田は陸軍士官学校予科に乙種生徒として入学した。当時は戦況の悪化によって生徒が増員され、終戦時点では約五〇〇〇人の在校者がいたが[2]、藤田はその中の一人であった。同年五月と七月には、彼の二人の兄がそれぞれフィリピンと沖縄で戦死していた[3]。

おそらく藤田は二重の感情で敗戦を迎えたと思われる。一つは、死の恐怖から逃れたという安堵感、そして「これでまた初恋の人に会える[4]」といった喜びであろう。愛媛県今治市にあった実家が空襲で全焼したため、藤田は敗戦後、両親の郷里である同県大三島に戻り、そこで耕作を手伝いながら二年間を過ごしたという。そのため大都市を中心に深刻だった終戦直後の食糧難からは、ある程度自由でありえたと推測される。

しかしこのような安心感の裏面には、絶望感と敗北感が共存していたであろう。「模範的な軍国主義家庭[5]」に育ち、戦場での死を覚悟していた青年藤田にとって、敗戦とその後の政局の変化は大きな失望感をもたらしたと思われる。敗戦当時、満一八歳であった藤田は、戦時体制という非日常的な状況の中で自我を形成しながら育った世代に属する。また彼は将校の教育を受けたが、実際の軍隊の兵営生活や戦闘に参加した経験はなかった。戦時状況における教育と宣伝を完全には信頼しなかったにせよ、それに対する鋭い対抗意識を形成するための、思想的、経験的な材料を備えていたわけではなかったと思われる。

敗戦がもたらした衝撃について、藤田は一九六七年、石田雄(一九二三―)と丸山とともに加わった「正統と異端」研究会でこう述べている。

例えば先生たちの世代は、〔中略〕解放として敗戦を迎えた。僕なんかはそうじゃないんです。解放として戦後を迎えたのではなくて、一大ショッキングな事件として迎えたわけです。ほんとうにガーンと頭をぶんなぐられて脳震盪を起こしちゃって、一度「心の旅路」で記憶喪失して、そして改めて周囲を見渡したときに見開かれた世界の、その広大さと豊かさに仰天しながら一生懸命やった。そこを、仮に戦後の精神史の出発点ということができるでしょう。⑥

年齢から見ると、藤田は「戦中派」と「戦後派」の間に属する。青年期の経験を基準にする世代区分法には、無論、個々の経験の差を無視しがちな危険がある。しかしながら、戦時動員対象の年齢を基準に「第一次戦後派=戦中派」と「第二次戦後派」を区分した鶴見俊輔(一九二二―二〇一五)の方法は、時代経験を共有する一つの世代に共通する特定の感覚を捉えるために、有用であると思われる。鶴見は一九五六年、久野収(一九一〇―一九九九)との共著『現代日本の思想』(岩波新書)の中で、戦争時代に動員可能の年齢にあり、満洲事変に先立つ軍国主義以前の社会体制の記憶のない世代、つまり一九四五年に一七歳から二六歳までの人々(一九一九年から二八年生まれ)を、「第一次戦後派(戦中派)」と捉えることを提案する。そして、動員可能性はなかったものの、戦時中に小学校教育を終え、ある程度、社会的自覚を持つようになったもの、つまり一九四五年に一二歳から一六歳までの世代(一九二九年から一九三三年生まれ)を「第二次戦後派(純粋アプレゲール)」と呼んだ。⑦

その他にも、多様な世代区分の方法がある。たとえば都築勉は、戦後の知識人を市民社会青年(一九〇五年―一五年生まれ)、戦中派(一九一五年―二五年生まれ)、戦後派(一九二五年―三五年生まれ)に区分する方法を提示した。この分類によると藤田は戦後派に属するが、しかしその思想的な特質からすると、むしろ都築のいう「戦中派」の性格に近い。「戦中派」知識人の特質について、都築はこう説明する。

「戦中派」と「戦後派」はほぼ同時期に踵を接して現れただけでなく、どちらかというと「戦中派」は「戦後派」の出現に刺激され、さらに上下二つの世代との違いを自覚する中で初めて独自の世代意識を築きあげたようにも思われる。(8)

だが、藤田の自己認識に従えば、彼はむしろ「戦中派」から距離を置いた地点に自らを位置づけようとしたと見える。一九五九年に行われた丸山との対話の記録の中で、彼は石田雄(一九二三年生まれ)や橋川文三(一九二二年生まれ)を「乱世にそだった」「戦中派」の人々と呼ぶ丸山の発言を受けて、同様に彼らを相対化するような発言をしている。(9) つまり藤田は、自身より少し年上の橋川や石田らを「戦中派」の典型と考え、その世代の中に積極的に自らを同一化してはいなかったように思われる。藤田は晩年、「戦後文化世代(10)」という表現で自身の世代的アイデンティティを表したことがあるが、このような自己認識は、彼の個人史の特殊性に起因するところがある。戦中の陸士経験と復員後の二年間の時間を経て、藤田は一九四七年になって松山高校に進学することが出来た。要するに、藤田が本格的に知的な営みに興味を持つようになったのは、戦争が終った後のことである。戦中に形成されたはずの気質的・情緒的な部分と、戦後に本格化した知的訓練との結合、あるいはそれらのズレが、結果的に知識人としての藤田の個性を生み出したともいえよう。(11)

そして敗戦直後の崩壊状況の中から、藤田は新たな創世記の可能性を経験する。戦後文化の復興の中で、かつて禁じられていた世界文化が「まさに怒濤のごとく」押し寄せてきた。その中で彼は、例えば司馬遷の『史記』とサルトルの「嘔吐」に、「ほとんど等価」的に接したと回想する。[12] また終戦直後、爆発的に創刊された総合雑誌の波の中で、『新生』(一九四五年創刊)一九四六年一月号に掲載された羽仁五郎の「明治維新における革命と反革命」を印象深く読みながら、文藝雑誌『人間』(一九四六年創刊)も同時に読んだと言う。[13] そしてそのような状況の中で、藤田は丸山の「超国家主義の論理と心理」(『世界』一九四六年五月号)と「軍国支配者の精神形態」(『潮流』一九四九年五月号)の両論文に出会った。

松山高校時代、改造文庫版のレーニンの著作に接し、彼が論敵にしていたマッハの著作も語学勉強を兼ねて読んだ[14]という藤田にとって、もっとも大きな影響を受けた論文が丸山の「軍国支配者の精神形態」であったことは意味深い。この論文はドイツと日本の戦犯裁判記録を比較しながら、「自己の行動の意味と結果をどこまでも自覚しつつ遂行するナチ指導者と、自己の現実の行動が絶えず主観的意図を裏切って行く我が軍国指導者との対比」[15]を鮮明に描いたものである。その中で丸山は、日本ファシズムの指導者における主体性の欠如、つまり自己の断固とした意志によって決断し、国民に対する責任を引き受ける精神の欠如を厳しく批判する。とりわけ軍部のエリートたちに対する痛烈な批判は、戦争の惨めな結末に茫然自失していた青年藤田を深く共鳴させたろう。[16]

事実、藤田は終始、日本ファシズムの〝曖昧さ〟や〝矮小さ〟を問題視した。たとえば一九五六年の「天皇制国家の支配原理」[17]において、彼は日本の「天皇制国家」をヨーロッパの「絶対君主制」と比較しながら、明治国家が情緒的な共同態から機構として完全に分離・独立せず、権力機構が絶えず共同態に依存する支配構造が出来上がり、絶対的な権力者の生産に失敗した点を、日本の近代化における致命的な弱点として分析した。

内面の意志からの命令に従って行動する独立的な人格の不在に対する批判意識とともに、そのような環境の中で民主主義を推進して行かなければならないという課題が、藤田の問題意識の中心にあった。晩年の藤田は、前に挙げた「超国家主義の論理と心理」と「軍国支配者の精神形態」の他に「福沢に於ける「実学」の転回」(一九四七年)、「福沢諭吉の哲学」(一九四七年)、「近世儒教の発展に於ける徂徠学の特質並びにその国学との関連」(一九四〇年)といった日中戦争期から戦後初期にかけての論文を、丸山のもっとも優れた著作として挙げた。[18] この選定からは、後の時代に明確になる藤田の丸山に対する競争意識や距離感とともに、終戦直後の混乱期における丸山経験が藤田に与えた甚大な影響がうかがえる。

頂点と底辺の間

前述した終戦直後の大三島での生活は、知識人としての藤田に一つの重要な影響を与えたように思われる。終戦直後の経験について藤田自身が言及したことは非常に少ないが、たとえば一九五九年の「大衆崇拝主義批判の批判」には次のような発言が見える。

私も戦後二年間ばかり百姓したとき、それでずいぶん村の人に信用されたことがあったけど、「ペンより重いものを持ったことのない人が肥たごや俵をかついでよくそれだけ働くもんだ」というわけですよ。ところがそれは実は非常に簡単なんで朝働きはじめたら惰性的に夜まで働いちゃうんですよ。一度決断したらいいんで仕事自体の中では決断はいらないんです。苅田さんはその点を衝いているんです。つまり日本の勤勉主義は惰性に過ぎないものなんで、その意味ではだからそれは「働き」ではないんだ。だから逆に「暇を見つける」ことに努力すべきであるというんです。[19]

この発言は、一九五八年に出版された溝上泰子(一九〇三―一九九〇)の『日本の底辺』(未来社)に収録されている主婦苅田とし子の手紙に関する藤田のコメントの一部分である。ここで藤田の示す、いわゆる「底辺」の生に対する見方は、それを美化する浪漫的なものではない。同時にまた、底辺を見下すか、あるいは底辺的なものを嫌悪し拒否するような態度でもない。ここに現れているのは、彼自身が「底辺」の実情を〝知っている〟という自信である。都市インテリとは違った生い立ちを持つ藤田は、知識人層と労働者や農民の両側をともに相対化する視座を示そうとする。「底辺」と「頂点」を自在に往復することの出来る知識人像を、彼は構想していたかも知れない。

藤田の知識人像についてもう一つ指摘すべき点は、著しい対決意識である。彼の言説には、対決、決闘、友敵意識、または軍事的な用語の使用が多い。政治運動と言論活動が密接に関係していた戦後初期の知的状況が、その一つの理由であろう。しかし藤田においてこの問題は、政治運動のためのレトリックとは異なる次元での、認識論の問題にも関わっている。つまり彼にとって〝認識する〟という行為は、いわば認識対象との決闘である。そのような〝決闘的な知性〟への追求から、藤田は当時、天皇制の諸問題を徹底的に認識することによって克服しようとした丸山とマルクス主義の両者に接近したと考えられる。

2　普遍者の生産とマルクス主義

「普遍者」不在の日本思想

敗戦の衝撃とそれからの回生のための旺盛な知的探求を行った終戦直後の時期について、藤田は一つの興味深い告白をしている。当時の彼にとっては、大塚久雄(一九〇七―一九九六)、丸山眞男、歴史家石母田正(一九一二―一九八六)たちが「正直言って、区別がつかなかった[20]」というのである。

僕には大塚先生も丸山先生も、それから石母田先生も区別が付かなかった。正直言って、ほんとうに同じものだと見えたんです。[21]

終戦直後の藤田が、丸山と大塚のいわゆる近代主義とともに、マルクス主義歴史学の石母田に同時に魅力を感じたこと、さらにそれらの区別が付かないまま彼らに惹かれたということは、藤田がそもそも知性や思想、より広くいって〝認識行為〟に何を求めたかという問題に関わってくる。一九五八年、久野収、鶴見俊輔とともに雑誌『中央公論』に連載した共同討論「戦後日本の思想の再検討[22]」において、藤田はこの問題に対して自ら答えを出している。そこで藤田は「民主主義科学者協会(以下、民科と略す)」と「社会科学者の思想」を取り上げた二回の報告を行ったが、前者の民科に関する報告の中で彼はマルクス主義の思想としての特徴を日本思想の問題と関連づけてこのように説明している。

マルクス主義は、格率的原理(マクシムとしての原理)と客観的原理、あるいは普遍法則と経験法則、イデー(理念)とダーザイン(存在)、論理と歴史というようなものを一致させて行くところに、マルクス主義の思想の一番大きい特徴があって、そこから、運動のエネルギーを引出しているものです。本来論理の中にのみ存在する、必然性というものを、それとは矛盾する面を多く含む現実世界の中に持ちこむことによって、運動のエネルギーを作り出して行くということが特色だったんですけれども、そういう特徴が十分に生かされてくる条件としては、その両者が乖離している、徹底的に区分されているということを前提にしている。〔中略〕日本では昔からイデーとダーザインがくっついている。天皇現人神。この二つを区別しない場合には、どんなに革命的なプログラムを実践運動の場に持っていても、民科のように落着くところは結局日本的な共同主義になってくると思う。[23]

理念(「イデー」)と存在(「ダーザイン」)を「徹底的に区分」した上で、「必然性」の範疇を媒介として両者をつなげ直そうとすることから起因するエネルギー、それが藤田の見るマルクス主義の特徴である。マルクス主義におけるこのような「イデー」と「ダーザイン」の関係は、「経験的世界をこえた一つの普遍者を作り出し、その普遍者に基づいて世界を構築[24]」する思考様式を現す。たとえば普遍者としての「人民」の観念を作り上げた羽仁五郎の仕事に、藤田はその具現を見出し、次のように述べている。

超歴史的な「人民」の観念を作った、量としての人民の集合体じゃなくて、質としての「人民」の観念です。それで歴史を切って行くといういわゆる人民史観。これで始めてマルクス主義が日本で果した役割の一番大きな面である、普遍者の生産という仕事が具体化されたと思うんです。[25]

ここで藤田の主眼は「人民史観」の内容の正当性如何ではなく、個々の事象を超越した普遍的な理念を発見し、そこに思考の原点を置く方法そのものにあった。一九五九年に出版される『共同研究 転向(上)』(平凡社)の冒頭論文「「昭和八年」を中心とする転向の状況」における福本和夫(一八九四―一九八三)への評価にも、同様の視座が現れている。そこで藤田は、あるがままの物事をそのまま肯定する日本的伝統への巨大なアンティテーゼとして、「福本イズム」による「理論人の形成」を位置づける。福本イズムは山川均の提唱した大衆路線への方向転換を「折衷主義」と批判し、マルクス主義の「原理」をもって「状況」に対立させるものであったと藤田は見る。それは日本の思想風土に蔓延する「「ズルズルベッタリ」の状況追随主義からの切断[26]」を意味する、本質的な「転向」であった。この論考の核心は、状況に対する人間の主体的な態度への転換を意味するものとして「転向」を捉えるところにあった。

理念と存在が混在している日本においては、まず純粋な理念を抽出しようとする意志が先行しなければならない。藤田の見る丸山と大塚の意義はそこにあった。前述した『中央公論』の連載討論における報告「社会科学者の思想」の中で、藤田は宗教的教義（ドグマ）への対抗として生まれた近代科学の成立過程を次のように説明する。

> ヨーロッパの近代科学の場合ですと、まず学問は教義の体系に関するものとして存在して、そのドグマに対抗するところに、ポステュレート（要求）からハイポセシス（仮説）に至る、仮説の二段階があり、この二段階においてそれぞれの仮説が自己の構造を自覚するとき、科学が、思想運動となって展開されたと思う。絶対者が実体となって現実に存在しているドグマに対して絶対者は存在すべきだ。そうでないと世界の偶然的な事象の中に法則性がなくても良いことになるから、執念深い法則追求のエネルギーは生まれなくなる。つまり、学問推進のエネルギーが出て来ない。そこで神の仮定を要求するのが、近代科学のはじまり。この場合は論理と価値と現実が比較的近い関係にある。仮説性がもっと進むと「絶対者」という価値を含む言葉の代りに「矛盾を含まぬもの」という純論理的な言葉で示される仮定が時宜に応じつくられる。ここで価値と論理と現実の三次元がそれぞれ独自の領域をもつようになる。[27]

日本思想史における「イデー」と「ダーザイン」の混在現象の原因が普遍者の不在にあるのならば、まずその普遍者の存在が「要求」されなければならない。それを科学の立場から「矛盾を含まぬもの」即ち普遍法則に読みかえ、その普遍法則の存在を「要求」し、それを「仮定」して構造化することが「社会科学」の任務である。丸山と大塚において、彼らが「「近代」を目標にする場合その近代というのは一種のポステュレートだと思う。ある要求としての仮定につけた名前[28]」であると藤田は解釈する。そしてこの〝要求としての近代〟の目的は、「自由なる知性と、自由なる行動人を生む社会構造[29]」への探求にあるとし、「それを実現する社会条件を近代の中に探し出して構造化[30]」することに、彼らの仕事の意味を見出している。

理念と存在が混在する日本という混沌の中から、両者を切断して普遍的なものをつかみ出そうとする点において、藤田はマルクス主義と近代主義の認識における共通性を見た。普遍者の内容においては、羽仁は「人民」を、丸山と大塚は「近代」を掲げ、お互い明らかに異質的なヴィジョンを持っているにもかかわらず、その思考様式における同型性の側面に藤田は注目したのである。

日本におけるマルクス主義の意義、そしてそれと近代主義との同型性についての藤田の理解に比べると、マルクス主義に対する丸山の評価はより両義的である。まず、日本思想史におけるマルクス主義の意義そのものについては、丸山は藤田と近い見解を示したことがある。マルクス主義が日本において「観念論」として働いたという評価である。たとえば前述した一九六七年の「正統と異端」研究会において、丸山は次のように述べている。

僕は、例えば、世界観というか哲学レベルでいうと、唯物論は、近代の日本では、観念論の役割を果したと思うんです。［中略］観念論というのは、つまり自然主義から切れるということなんです。［中略］日本社会では、自然の社会はズルズルベッタリに続いているから、自然と自己を切断するということは、また社会からも孤立する。また観念家族からも孤立する。［中略］そのパラドクス、つまり日本ではマルクス主義が最良の観念論だという、また観念論の中に於ける最良のものを日本のコンテクストではマルクス主義がもっていたというパラドクスの自覚が、戦後薄かったのではないかと思うんです[31]。

マルクス主義が日本の思想風土においてはむしろ「観念論」的な役割を果たしたという認識は、藤田の一九五七年の論文「天皇制とファシズム」[32]にも現れている。

日本では、自己の精神風土の中からマルクス主義が生れたのではなく、逆に一度日本的風土を離れた「理論」の世界に入るという行為を経て始めてマルクシストたり得たし、そのことによって始めて日本社会のトータルな批判者となりえたのであるから、如何にその理論が日本の現実によって実証されても、日本的風土から見れば、その実証自体が上からの演繹論なのである。マルクス主義は日本では、ヨーロッパにおける近代観念論の思想史的位置とパラレルなのであった。[33]

つまりマルクス主義は日本の思想風土との断絶であり、その意味において「観念論」的な意義を持つという認識を、丸山と藤田は共有していた。しかしその一方において、丸山はマルクス主義の方法に対する尖鋭な対立意識を示した。特に彼が問題視するのは、歴史が段階を追って発展し、思想や社会制度はその変化に規定されるとする歴史主義である。

一九五六年、『現代政治の思想と行動』の刊行を準備しながら、その「追記及び補注」の執筆のため、丸山は石田・藤田との鼎談を要請した。一九五六年一〇月一九日に行われたこの鼎談について、後年石田は「五六年という過渡期の流動的な状況そのものを反映している[34]」と述べている。五五年体制が出来上がってから約一年後、「経済白書」が「もはや「戦後」ではない」と宣言し、太陽族が話題になる時代状況であった。そしてまた、後に「大衆社会論争」のきっかけとなる『思想』一九五六年一一月号の刊行直前の時期でもあった。それを念頭において見ると、この鼎談では参加者全員が「大衆社会」の到来を共通認識として前提しており、そうした文脈の中で封建的な地方秩序の崩壊と再編をめぐる問題が一つの論点となっている。

そしてもう一つの論点は、『現代政治の思想と行動』に収録される論文が「非歴史的」であるという批判に対する、丸山の反論であった。特にそのような批判が論文「人間と政治」(一九四六年)に向けられた点について、丸山はこう述べている。

しからば歴史とは何ぞやということになると、それは僕に言わせれば曖昧である。歴史段階論というのは無限に細分化されるので、Aという段階、Bという段階と、幾つにも細分化される。その場合において歴史というものをどういうカテゴリーで切り取るか。ある場合には、封建制社会と資本主義社会ですね。その二つに共通した問題を出すと、非歴史的であると言われる。また、古代社会と封建社会とが共通して持つ要素があるわけですね。封建社会と古代社会に共通した問題を提示すると非歴史的であると言われる。また例えば、日本ファシズムならファシズムについて、満州事変から太平洋戦争まではいくつか段階があって、それを一緒にすると非歴史的だと言われる㉟。

ここからは逆に、歴史上の異なる時代の間に「共通した問題」が存在するという丸山の確信が読み取れる。その確信は、たとえばアリストテレスの時代から現代に至るまで共通するものとしての「人間性」、そしてその人間性と深く関連している「政治」を取り上げる「政治学」の特殊性に関する議論につながる。

政治について言えば、また非常に大きな問題になるけれども、層がたくさんある。なぜならば政治というものは、ヒューマン・ネーチャー(人間性)に関係する。なぜアリストテレスが今日まで読まれているかというと、今日まで変わらないという要素がある。〔中略〕ホッブスの体系をとれば、彼の個々の分析そのものはともかく、ヒューマン・ネーチャーは彼の時代と今日と変わらない。そういうものが、他方で政治的状況に規定されて、今日と明日と違う人間の行動様式が現れるわけですね。そういう厚みを持ってみるのが政治学の特徴である。それは言うほどやさしくはない、ということを言いたいのです[36]。

歴史主義では解明し切れない「政治学」固有の領域についての丸山の認識は、逆に経済学におけるマルクス主義、特に労農派の意義に対する高い評価をもたらす。つまり彼は経済学を〝学〟として独立的に成立させることを可能にした面において、「労農派のもつ「経済学主義」自体に積極的な意味[37]」があると述べているのである。そのような経済学の〝学〟としての独自性は、「社会政策派」に対して学問的自立性を確保しようとする対抗過程を通じて得られたものであると丸山は述べる。

元来、経済学は、少なくとも市民社会の中では一番いわば客観的な法則性を摑みやすい学問であるはずです。にもかかわらず日本の学問の歴史からいうと、これはまさに社会政策学派とくっついてきた。だからそれから解放して経済学の学問的自立性を確立するというときに、マルクス主義がその道具になるという逆説的役割が成立した。同じことが外の領域で可能かというと、それはできない。例えば、政治学の自立性を確保しようと思っても、できないんですよ、マルクス主義では。これは非常に偶然的なことなんだけれど、僕が政治学をやりながらマルクス主義に賛成できなかったのはそこなんです[38]。

マルクス主義に基づいて、経済学は純粋経済学として成立することができた。しかし政治学はそうでない。政治学を固有の自立した〝学〟として捉えることは、マルクス主義に依存しては不可能である。ケルゼンの「純粋法学」のような「純粋政治学」の存在可能性について、丸山はたとえば一九八五年の自主ゼミナールの記録の中でこう述べている。

ケルゼンは、法とは何かというときに、メタ・ユーリィスティッシュ、つまり、「超法学的」概念を全部排除する。例えば、倫理的な概念とか、超法的な要素を全部排除する。そこで、純粋法学ってのは成立するんです。一世を風靡したやつです、僕の学生時代に。それがちょっとこう、頭のなかにあったわけですね。純粋法学に対して、僕は批判的だったけれど、しかし、そういう意味で純粋政治学みたいなものを考えて、政治学の市民権を樹立しようと思った時期が確かにありました。(39)

ここに、藤田が評価した「社会科学者」としての丸山の意義とは別の次元における〝政治学者〟丸山の自己認識を見ることができる。そうした自己認識が、マルクス主義の方法論に対する尖鋭な対抗意識を丸山に持たせたのである。丸山に比べると、藤田には、マルクス主義の歴史観を無批判的に吸収した時期があったように思われる。特に東大入学直後の五〇年代初頭の諸著作にこのような特徴が顕著であり、それらをたとえば一九五六年の「天皇制国家の支配原理」と比較してみると、その違いは明白である。以下では藤田の五〇年代の著作を検討しながらそのような変化を確認することにする。

大正コミュニズム

「東京大学学生新聞」一九五〇年一一月一六日号には、同年東大に入学した法学部一年生藤田と、当時文学部に在学していた歴史学者犬丸義一（一九二八―二〇一五）の共同執筆による「護憲運動の本質――現代政治史における権力の問題」が載せられている。共同執筆の形をとっているが、これは初めて公刊された藤田の著述であり、彼の青年期の問題関心をうかがわせる史料である。その初の著述が、明治末期から大正時代に至る二〇世紀初頭の政治史を取り扱っていることは、松下との比較においても興味深い。この時代に対する藤田の関心は一九五〇―五二年頃の著述活動において著しく現れている。

「護憲運動の本質」の中で、犬丸・藤田は、護憲運動をめぐる諸運動のもっとも根本的な要素として、独占資本の形成に伴って激化する資本と労働、地主と小作との階級的敵対関係と、その中で展開された労働運動の発展を挙げている。憲政会・政友会などの憲政擁護派が貴族院内閣の打倒のための口実として「貴族院内閣は階級闘争を激成し思想悪化を誘致する」と主張したのに対して、貴族院側はむしろ憲政擁護運動が「資本家と労働者、地主と小作人の反目を助成する結果となる」と主張し、互いに対抗し合っていた点に両者は注目するのである。[40] その意味を、犬丸・藤田は次のように解釈する。

正に支配階級各派の標語は階級闘争をそらせよう！　という点では一致していたのである。護憲運動はこの上で「階級闘争を緩和防止する安全弁として普選即行に賛成」したのである。[41]

激化する大衆の下からの圧力が地主勢力と貴族院、軍部の間の緊密な結合を促したため、護憲三派内閣は支配層の下級における内部競合を含みつつ、一応成立することができた。そしてその結果、労働運動に対する「絶対主義勢力の統一戦線」としての治安維持法が作り出された。犬丸・藤田はそこに憲政擁護運動の本質と限界を発見する。同様の見解を、藤田は翌年の一九五一年一〇月一八日に発表した「行動力としての軍部――日本ファシズムの構造」の中で繰り返している。ここで彼は、宮廷貴族＝重臣勢力が農村の没落を背景として噴出した極右団体を統合することによって天皇制ファシズムが機能し得たとし、その重臣勢力に欠如していた「行動力」を担当したのが軍部であったと指摘する。そうして日本ファシズムを形成して行く第一段階として「大正期を通ずるブルジョア勢力の浸透＝デモクラシー！」[42]を位置づけているのである。

つまり、藤田にとって大正デモクラシーはブルジョアジーの支配体制の成立を意味するものであり、またファシズムを準備する歴史の段階でもあった。このような視座は、翌年に発表した信夫清三郎の『大正政治史』(河出書房、一九五一―五二年)への書評において、さらに展開される。再び犬丸と共同で執筆したこの書評の中で、犬丸・藤田は信夫の大正史観における「民衆」の不在を問題視する。

信夫氏が「大正政治史を特徴付ける最大の政治的事実として」(第一巻序文)デモクラシー運動を挙げられる時、既に氏の歴史的舞台の上にある「政治」は、天皇制政治家の政見を回《めぐ》る諸事情にしかすぎなくなっているのである。大正期を特徴付ける最大の歴史的事件は、労働者農民の闘争の飛躍的発展と、その階級的結晶たる政治的組織・前衛党の成立であり、これに対する資本家＝地主のブロックとの階級闘争の激化である。[43]

信夫の『大正政治史』の一つの焦点は、たとえば「憲政擁護運動に表明された平民主義(民主主義)」と、官僚や軍閥、そして(大正政変以降も残された)「絶対主義勢力のアルファでありオメガであった」元老勢力との対立構図を究明することを通じて、絶対主義勢力とブルジョアジー勢力の間における対立構図を説明することにあった。[44]しかし犬丸・藤田はそのような視点を、「民衆、人民を問題とせず、絶対主義とブルジョアジーの対立、矛盾を過大評価する」[45]ものであると批判する。両者から見れば、絶対主義勢力とブルジョアジーの対立は「異った二つの体系の対立ではなく、絶対主義権力者の間における戦術的な見とおしの相違にすぎない[46]」。大正時代の政治変革を主導したのは支配勢力内部の権力闘争ではなく、そうした支配構造全体に対する人民の反抗であった。「あの大正期に於て広汎に起った「デモクラシー」の叫び声は、社会運動の影響なしには考えられない所であるし、下からの人民の動きに押された小ブルジョアジーの運動であった[47]」と両者は述べる。要するに、表面的に可視化したデモクラシーではなく、それをより下から押し進めた民衆の圧力、即ちコミュニズムの開花に大正時代の歴史的な意義を求めているのである。

たとえば、信夫に対する両者の批判の一つは、支配階級中心の信夫の歴史叙述では、米騒動を正当に評価することができないという点である。犬丸・藤田にとって米騒動は、「江戸時代の打こわし、自由民権の大衆行動、そして日比谷焼打事件、大正政変、シーメンス事件と示された民衆の大衆的実力行動の伝統が、茲《ここ》に全国的規模を以て内地人口の三分の一、一千万以上をまき込んで行われた日本史上未曽有《みぞう》の出来事[48]」である。またそれは過去の民衆運動の結集であるのみならず、後の新しい運動家を培養する契機ともなった。それは徳田球一（一八九四―一九五三）が「大衆運動に参加した初めての経験」であり、志賀義雄（一九〇一―一九八九）、山本懸蔵（一八九五―一九三九）などの後の日本共産党の活動家たちが「社会運動に足を踏み込んだ第一歩」であった。このように「無名の大衆的指導者」、将来の前衛たちを生み出した米騒動の歴史的意義を、両者は強調する[49]。大正期の歴史叙述の焦点をコミュニズムの展開過程に合わせているのである。

ここでもう一つ確認しておきたいことは、以上の文献の中に登場する「大衆」と「市民」の言葉の使い方である。五〇年代半ばまでの藤田の著作において、「大衆」は無産者階級を指す言葉として使われ、「市民」はそもそも殆ど登場しておらず、まれに（小）ブルジョアジーを指す意味で用いられている。具体的な例を挙げると、まず「大衆」の場合、一九五〇年の「護憲運動の本質」には「ますます激化する大衆の下からの圧力[50]」という表現が見える。そして一九五二年の書評では「労働者を始めとする人民大衆の闘い[51]」、「戦争によるより一層の大衆収奪[52]」、「血を流して闘った民衆の大衆的実力行動[53]」、「大衆行動の偉大さ[54]」、「無産市民の大衆行動[55]」、「大衆行動[56]」、「大衆的指導者[57]」、「大衆闘争の指導[58]」、「「米を安くせよ」という大衆の叫び声[59]」など、「民衆」や「人民」との同義語として、または彼らの集団的な行動を指す意味として「大衆」は頻繁に登場している[60]。

一方、「市民」の場合はどうか。同書評では、米騒動に関する記述の中で「無産市民の大衆行動」という表現が登場する。この場合の「無産市民」はおそらく米騒動の中で米価問題をめぐって開かれた「市民大会」を意識した表現であると思われる。五〇年代初頭の他の著作においても「市民」という語はほとんど使われていない。ただ、「労働者農民都市小ブル大衆の下からの運動[61]」という表現における「都市小ブル」が、市民階層を指す意味で使われた可能性が考えられる。

しかし一九五六年の「天皇制国家の支配原理」には、たとえば「イギリスに典型的な近代的地方自治が市民社会の一般的価値体系としての法の具体的執行＝行政を担当するものとして展開した[62]」という箇所や、「絶対国家」と対比される「市民国家[63]」という表現が見え、またその意味は「絶対主義によって形成された政治国家を純化するのみで些も破壊するのではない[64]」と説明されている。また「第一義的に経済社会である市民社会[65]」という記述の示すように、ここでの「市民社会」の意味は明らかにヘーゲル的な「市民社会」の概念に基づいている。しかし同時に、「自律的市民[66]」や「一般的人格価値としての実体的個人の観念は［中略］「市民」の普遍的成立を俟たねばならない[67]」という箇所もあり、自律性という普遍的価値の担い手としての「市民」用法も混在している。だが、いずれにせよ、この論文の中で「市民」は近代商業社会の成立を説明するために、特にイギリスの歴史と強い関連性を持つ学術的な概念として使われている。

このように階級対立の深化を中心とする大正史観は、一九五〇年代半ば以降、藤田の主な問題関心から離れて行ったように見える。その理由として、大学三年の時から参加し始めた丸山ゼミ[68]と、それによる丸山の影響を推測することができよう。そして一九五六年の「天皇制国家の支配原理」において藤田が問題とするのは、もはや経済決定的な階級対立の構造ではない。その代りに彼は、支配層が忠・孝という徳目を利用し、ムラの秩序を通路として人民の意識を国体中心に統合して行く心理支配のメカニズムの解明に取り組むことになる。

前述の通り、藤田は理念と存在を徹底的に区分し、論理の領域において両者を再結合することで現実領域における運動に働きかける衝動的なエネルギーを汲み上げる思想として、マルクス主義の意義を高く評価した。おそらく助手論文の執筆時期、彼は現実領域への運動力の発揮より、思考における理念と存在との徹底的な分離に、日本の思想史におけるマルクス主義の重大な任務を認めるようになったのではないか。そしてこのように藤田の問題関心が人間の心理や精神の働き、またはそれへの操作の方法に移行すると、そのような変化は逆にマルクス主義に対する視座にも影響を及ぼす。つまり藤田の関心はマルクス主義の問題よりマルクス主義〝者〟の問題に移行し、後の転向研究においては日本のマルクス主義者の思考様式の解明にその主眼がおかれるのである。マルクス主義と丸山とを「区別が付かない」まま情熱的に吸収した藤田が、本格的に丸山の知的影響圏内に入るにつれてマルクス主義の歴史観からは離れると同時に、マルクス主義そのものを思想史の中で捉え直す視座を手に入れたのである。

そしてしばらく藤田の関心から遠ざかっていたように見える二〇世紀初頭の日本に対する関心は、一九六五年に出版された『世界大百科事典』(平凡社)の中で一つの結実を見せる。その中で藤田は大正時代に関する一連の項目(「護憲運動」「護憲三派内閣」「大正政変」「大正デモクラシー運動」)を執筆し、たとえば「大正デモクラシー運動」の性格について次のように説明する。

天皇の政治権力機関として特定の身分のものにより形成されている枢密院・元老などが支配を行うことに反対し、明治憲法の定めるルールに従って支配を行わせようとした運動。[中略]もちろん明治憲法自体が天皇の支配手段とされていたのであるから、この運動が要求するルールによる支配というのも、けっしてすべての人格を越えた客観的法規範にもとづくものとはならず、また権力の主体が〈民〉になることもなく、たんに〈民のために〉現存政治権力を運用しようとするものであった(69)。

つまり藤田は、基本的に大正デモクラシーの限界を強調しながら、なお「その中および周囲に労働運動・社会主義運動が混在ないし併存」した点を挙げ、運動の構成要素の多層性に注目している。五〇年代初頭の大正史観から、根本的には変わっていないといえよう。しかし大正デモクラシーを、ルールによる支配(法治原理)への変革運動として部分的にせよ認めている点を含め叙述の仕方を緩和しており、初期の露骨な階級対立の歴史観からは距離をおいていると見るべきであろう。

3 「谷《きわ》まれる自我」

前述した『中央公論』の共同討論での報告は、戦後の知識人集団「民主主義科学者協会」への批判を意図したものであった。藤田はこの報告の冒頭で「戦後の民科の歴史というものは、〔中略〕マルクス主義の思想としての堕落の歴史だと思う(70)」と辛辣な評価を下している。ここでいう思想の「堕落」とは、思想の持ち主がその思想を懐疑せず「自己の立場を実体化すること」を意味する。つまり思想のドグマ化による形骸化である。ところが藤田は同時に、この「堕落」が日本の思想風土において一つの独特な可能性を提示していると述べる。

自分の考えと他人の考えを公然と区別しない傾向を持っている日本の精神風土には、思想の堕落が起り得ない。

始めから堕落しているから堕落しようがない。マルクス主義は、それとは違う。堕落を問題に出来るんです。そうして自分で自分の内面的堕落を問題にするとき「下降の上昇」とも呼ばれるような思想形成の道が開けると思います。[71]

マルクス主義の堕落を通じて、逆説的にも堕落を堕落として認識することが可能になる。つまり藤田は、思想あるいは運動の過程で起こる病理現象に接し、その現象を「堕落」として認識する自我の誕生を語っているのである。彼が注目するのは、たとえば理性を通じて考える主体として自我を発見することとは違う、屈折した道である。それは堕落、変節、転向のような試練を経験しながら、それに敗けることによって得られる自我の認識、いわば敗北を通じて自我を獲得する道である。

このように屈折した契機を通じて自我を発見する道は、近代日本においてとりわけ重要であると藤田は考えたのであろう。一九五九年の「喜劇的状況の問題性」はこのような考え方をより詳しく示している。その中で藤田は戦後の日本に「大変コミカル」な状況が出現していると述べる。一方では、戦後になって北一輝の全著作を読み、これは「アカではないか」と激怒した戦前右翼の人がいる。他方では、「スターリン批判の後に聖者の顔が悪魔の顔に変って見えたという左翼人」がいる。[72] このような喜劇的な状況は、特定の人物や思潮に限ることではない。それは戦中から戦後へ移行して行く中で発生した、戦後日本の全体を抱えている一般的な状況である。つまり戦中から戦後にかけて「精神の基底に存在して強い規制力を発揮する過去の意識と現在感覚との間に大きなギャップが生れている」[73]のである。藤田はこう続ける。

「生き続けて来た人間」としての我は「生きている人間」としての我に何かそぐわないもの、軽薄なものを感じ取り、逆に現在人としての我は在来人たる我の感覚上のアナクロニズムを目してスムースな行動を防げる何か鈍い障碍物であるように感じ取っている。(74)

一人の人間の中に、「生き続けて来た人間」と「生きている人間」が、居心地の悪い共存を続けている。だがこうした内面の両極分解の状況こそが、近代日本における自我の発生の場ではなかろうか。より厳密にいえば、個人が属している各集団に対する忠誠心が分裂を迫られる時、そこで得られるある意識こそを、日本の自我として受け止めるべきではないか。

われと我が身が我にそぐわないという喜劇的状況が近代日本において自我を発生させる場であった。社会的行動の中で現われる場合には、忠誠心の分裂によってであった。家族と愛人、家族と友人、家族と同志的集団、家族と国家、友人と党、友人と国家、党と……、という風に集団や人間に対する忠誠が全く等価な形で分裂して「進退谷《きわ》まった」時に自我は意識されたのである。両側の二つの山に同時に同じ力で登らねばならなくなったその時に谷間で感じとる意識、それが日本の自我であった。土俵際一杯の「谷《きわ》まれる自我」である。日本の自我は「谷間の灯」なのである。(75)

ヨーロッパにおける自我が、それ以上分けることのできない単位(individuality)として出現したことに対して、日本の場合、人間は初めからある集団の一部分として存在することが前提となっていると藤田は考える。そうした条件の中で一人の人間の意味が問題として浮上するのは、彼が属している各々の集団の倫理が衝突する時である。そこで行われる内面の葛藤と対立が自我を意識させるのではないか。藤田はそう考えたのである。

転向研究の中で藤田が注目する党や同志への「忠」と老父母への「孝」の衝突は、その代表的な例である[76]。一九五九年の「「昭和八年」を中心とする転向の状況」の中で、藤田は満洲事変への感激を表現する保田與重郎(一九一〇—一九八二)の感覚的世界観の本質を日本社会への加入と捉え、こう説明する。

内部に対立を含むものではなく、共同体としての国家の状況によって志向づけられている一枚感情なのである。そこでもし、近代精神とは「分裂せる意識」であって、したがってエネルギーの自家発電装置をもっているものだとしたら、この共感の構造は近代精神を支える感性構造ではあり得ない。むしろそれを潰すものに他ならない[77]。

近代精神の本質を「分裂」と捉えるのはヘーゲル哲学の特徴である。ヘーゲルによると、近代の精神は古代の全体的な統一から分離した自我の絶対性に基づいており、それは現存する対象世界を絶対的な主観によって規定し直そうとするものである。この精神は社会秩序として国家に対立する市民社会を誕生させるが、それは利己心によって動く社会であると同時に、またその中で自らを止揚する要素を含むものである。そこから行われる形成(Bildung)としての統一は、古代における美しい調和としての全体ではなく、主観的なものと客観的なもの、内的なものと外的なものとの対立と分裂を前提にするものである。

しかし藤田がここで強調するのは、ヘーゲル哲学においてはすでに出現したものとされ、これから克服しなければならない対象である近代精神が、日本においてはいまだ獲得されていないという点である。したがってそのような分裂の契機を歴史における屈折の場面から見出そうとしているのである。さらにそのような分裂意識を組織化することができるならば、そこには自我意識を吸い上げた強い連帯が生まれるのであり、逆にそれが出来ない場合には「組織は魂の抜けた殻になってしまう[78]」。日本の自我は、「目的意識的に国家・教会・組合・家族……など複数の集団に積極的に参加」しながら、ついには目的意識をも少しずつ変えて行く中で発見される「西欧の古典的市民における自我と正反対である(79)」とし、藤田はこう述べる。

この「谷《きわ》まれる自我」は、したがって、いつも自虐性を帯びて現われる。忠誠心の分裂によって行動不能に陥し入れられ、そこで忠誠を現実に実証して見せることが出来ないのだから、「駄目な人間」なのである。俺は駄目だ駄目だと思うときそのときだけ自我に目覚めている。これは外から見れば全く喜劇的なものである。しかしこれしか強力な自我意識がないとすれば、内面的に強力な文化や自我を吸い上げて強力な魂をもつことの出来る組織はこの状況の上に存在しなければならない(80)。

限界状況における自我の発見という藤田の考え方は、戦後の実存主義の理解、特に鶴見俊輔の議論と関連しているように思われる。戦後の犯罪の分析を通じて戦後派の特質を究明しようとした『「戦後派」の研究』(一九五一年)もそうだが、より直接に藤田に影響を及ぼしたのはおそらく一九五六年の『現代日本の思想』ではないかと思われる。『現代日本の思想』の中で鶴見が分析した戦後派の実存主義の第一の特徴は、それが天皇制の神話も唯物史観の法則も拒否している点である。「実存は本質にさきだつ」という実存主義の主張を、鶴見はこのように説明する。

あらゆる本質規定はこりごりなのだ。むしろ、自分をまさにその中に見いだす混乱状態のほうがはるかに親しみやすい。この混乱状態の中から、人に相談することなく、自分で行動コースをつくって出てゆく。〔中略〕選択がゆきあたりばったりであるにしても、とにかく自分で選んだことにたいしては自分で全責任を負う。〔中略〕大人から見ると実に気軽すぎるくらいに、口笛ふいて決断し、自分の決断した行動コースに自分の全身をかけてしまう。[81]

生の混乱状態に対して、それを整理する秩序像を提供してくれる「本質」規定を、戦後派は拒否する。天皇制も、マルクス主義も、彼らには重すぎる。本質を求めず、自分の実存の問題を自分で決定して行く、こうした戦後派の軽快な能動性を、鶴見は歓迎する。そして彼は、「自由のかわりに安定があたえられつつある[82]」五〇年代半ばにおいて、そうした精神の継承が問題になるのではないかという憂慮を示している。

一九五七年、藤田は『現代日本の思想』に対する非常に好意的な書評を『思想』三月号に発表した。特に彼はこの書物が「理論を超えた生活契機すなわち信念《ビリーフ》や情緒や衝動や処世智」に着目している点、「換言すれば、思想における合理的要素と非合理的要素の関連が一貫した問題となっている」点を高く評価し、そのような試みによって「大衆の体験と非合理的要素を組織化することができるようになるであろう」と述べている[83]。だが、鶴見の執筆した「戦後の実存主義」論文に関しては、そこに「人間論」が欠如しているとし、鶴見が論じているのは実存主義ではなく「実存感覚」ではないかと問いかけている。

> 実存主義人間論が生れたとき、実存主義は実存を超えている。それが、実存主義そのものの矛盾なのである。そうして実存主義は、自己の実存を出発点としながら、それを超えることによって、思想体系においては多元化し分化するのである。そこに、思想の世界での論争や交流も可能となる。〔中略〕しかし実存感覚には、それ自体の内部に矛盾はない。「今の私」そのものである。実存を「超越」する力をもたないのである。[84]

つまり藤田は、ありのままを肯定する実存感覚に依存しては、人間と社会の変革を導くことができないと考えたのである。「本質」を拒否し、哲学的な無内容をその出発点とするのが実存主義の特徴であるとしても、そこに安住せず、実存を超えようとする矛盾を藤田は要求する。自分で決断して自分で責任を負うとしても、その決断が行われる自分の内面において何らかの価値の基準がなければ、それは欲望や瞬間的な感情に左右される衝動に過ぎないからである。

藤田の「谷まれる自我」論も、二つの欲望に対する抑制を必要とするものであった。一つは、「在来人」と「現在人」の不都合な関係を、一方の勝利や敗北によって解決づけようとする欲望である。在来人と現在人との分裂、そして相互に対する〝恥ずかしさ〟や〝当惑感〟を受け止め内面的な対決を維持して行くこと、いわば自己内抗争こそ、現存する自我を絶えず超越させる契機である。

しかしここには一つの大きな困難があると藤田は述べる。人々は、もはやそのような苦しい自我を欲しない。代りに、自己内部の分裂を無視して平穏な日常生活を享受しようとする願望が強まっている。それが「谷まれる自我」の形成を阻害するもう一つの欲望である。

> 現代日本の都市民・農村民の一般はこのような自我を欲しない。自我を喪失してもよいから技術的にスムースな日常生活を送りたい、と願っている。自我意識と「近代生活」意識との分離状況はこのように組織力を自閉的なものに止める。拡がらせない。技術の組織化と魂の組織化を結びつける紐は何か。「経済」と「精神」を結合するものは何か。それこそが現代日本社会の基本的問題ではないだろうか。(85)

「技術の組織化」と「魂の組織化」、「経済」と「精神」を結合する道への探求という一九五九年の問題設定は、以降の藤田の思考過程を決定的に規定することになる。

第二節　松下圭一――文明の中の習慣の蓄積

1　日常性の崩壊

「習慣について」（一九四九年）

一九五九年、ロック研究をまとめた単行本『市民政治理論の形成』（岩波書店）を出版した際、松下はその「序言」においてロック研究を始めた経緯について語っている。それによると、彼がイギリスの「市民思想」に関心を持ったのは敗戦直後の金沢での高校時代であったという。そしてその関心の背後には、「日常性の崩壊」という状況があった。

空襲、敗戦、震災(86)さらに戦後の政治的諸変革という一つながりの事件は私に日常性の崩壊という問題を考えさせる機因をあたえた。当時私が『習慣について』という一文をかいたのはこのような問題設定からであった。このときデュルケーム、ベルグソン、デューイなどとともに、ヒュームの思想にふれる機会をもったのであるが、このヒュームへの接近は、また当然ロック、ホッブズへとイギリス市民思想の源流にさかのぼることを必要とさせていた。(87)

『市民政治理論の形成』の出版から九年後に出版された『世界の名著　第二七巻　ロック・ヒューム』（中央公論社）には、ロックやヒューム著作の翻訳者である大槻春彦（一九〇三―一九九四）と松下との対談の記録が付録として挟まっている。

そこで松下は高校時代の経験についてより詳しく述べている。

大槻　［前略］ところで、松下さんがロックと取り組んだのは……。

松下　私は敗戦の翌年、四高に入りましたが、そのころ、兼六公園の坂を下りた、四高の前あたりに、個人蔵書を開放した学術本の貸本屋、「市民文庫」ができ、そこの本を読んで日を送りました。パチンコもマージャンもなく、食糧難で腹を減らしていましたから、本を読むしかなかったんですね。「市民文庫」の方には感謝しています。当時、戦争のメカニズムが敗戦によって覆った衝撃と、高校三年の時の福井の大地震とで、日常性の崩壊について考えこんでしまったわけです。そして、「慣習」の問題に惹かれ、ラヴェソン、ベルグソン、デュルケーム、ヒュームなどを読み漁り、イギリス経験論に近づいていったわけです(88)。

こうした高校時代の松下の知的な関心を鮮やかに現しているのが、一九四九年に刊行された第四高等学校文藝部の論集『北辰』に収録された「習慣について」である。その冒頭で松下は小説「ロビンソン・クルーソー」に触れて、ロビンソンが無人島での生活においても依然として本国イギリスの生活習慣を守ったことを想起する。「彼にとって日々の課題は、如何にヨーロッパの生活様式をこの異土の上に再現するか、にすぎなかったであろうと思われる(89)」。生活様式としての習慣は、その人間の生き方、言い換えれば、彼が誰なのかを規定するものである。ロビンソンは無人島においても本国での生活様式を守ることによって、イギリス人として生き続けることができたのである。

「習慣」は根本的に「環境」への「適応」から始まる。一定の環境の内部でしか生存できない人間にとって、生きることにおける実際の問題は、常にある環境に対する適応であるしかない。重要なのは、人間の適応の方式が動物のそれとは異なるという点である。

人間の適応は作業的、技術的であり、道具を媒介している。即ち他の生物の場合、適応は判明な意志や意識を伴わぬ暗黒の自発的傾向であるが、人間においては理知の光に指導されている。(90)

「理知の光」に指導される作業的、技術的、道具的な行動様式、それが人間の生き方を動物と区別し、人間を人間らしくするものである。だとすると、理知による技術的な適応方式、即ち「習慣」は、実は人間性の規定にかかわる特別な意味を持つものである。松下は続けてこう述べる。

かくの如き人間の適応形式に沈澱してゆくことによって形成されるものが習慣である。人間の適応過程の裡に習慣は凝聚してゆく。習慣は高次の生命の機能として、呼吸や消化と等価的序列に属し、それは深く人間に浸透し、人間の行為に循環している。さらに飛翔する鳥の翅が鳥の環境への適応の結果であると共に、鳥の活動を規定している如く、習慣は人間の活動形態を制約し、人間にとってそれは物理的「生理的」なものを構造的に意味している。それ故習慣は人間的存在の条件であり、人間の行為構造の形式である。本能が生命の先天的機能を意味するならば、習慣は後天的機能として人間の構造に決定的といい得、それは獲得された自然、アリストテレスに従えば第二の天性である。(91)

習慣は人間が環境に適応した結果であると同時に、また人間の行為を制約するものでもある。習慣は反復の結果であるが、しかしそれは単なる反復ではなく、生命をより良く維持するための、「可能的変化」としての進歩(進化)の契機を含むものである。つまり習慣は、所与的なものを「課題」として捉え、より自由に生きるための「実験」的な努力を重ねた結果、発明された適応様式である。あらゆる「言語、制度、道徳、道義、機械の総体」はそのような習慣の産物であり、またそれらによって構成された「第二の自然」としての環境の中を、人間は生きている。つまり松下のいう「習慣」は、決まった行動様式の無条件的な反復ではなく、〝より良い〟生き方のために考案され、実験され、定着され、また進化を重ねる発展の過程である。

自由の技術

さらに個人の習慣は、個人に先行して存在する「社会」との関連の中で形成される。「社会」と「個人」の習慣形成の関係を、松下は、「社会の要求を伴う慣習への模倣即ち教育の過程と彼自らの試行錯誤の過程との科学的融合」[92]として説明する。社会は自らを永続させようとする保守性を持っており、個人は自らの習慣、即ち生き方を「彼の属する社会の慣習の型に同化せしめる事」を「彼ら生存の、更に社会への参加の必要必須の条件」としている。すでにできあがった過去の習慣の結果物としての「社会」は、「個人」に先行しているため、それはその個人の生き方や考え方のすべてに影響を及ぼす。「習慣によって汚されていない」「純粋な理性」は虚偽であると松下は断言する[93]。そもそも、思考の道具である言語そのものが、過去の習慣の結果物に他ならないのである。このように社会、つまり時代的・空間的な環境は、常に個人の思考を制約している。

だが同時に、社会の習慣を媒介してのみ、人は個人をはるかに超える「文明」を築き上げることができる。言語、道徳、科学、藝術を一個人が生み出すことはできない。松下は、それらをすべて「擬制(fiction)」と称したヴァレリーを引きながら、しかしそのような擬制こそが動物と人間を区分するものである以上、「擬制」からの脱却は人間の条件を放棄することであると反論する。

この擬制を脱却せんとする事は人間の条件を——人間の権利を棄却することを自己に強いるのであり、それは人間的生存の停止を意味するに他ならない。それ故広義に我々が習慣であり、フィクションであるといえよう。[94]

人間はフィクションの中、つまり作られた環境としての社会の中に生きる時にのみ、人間的な生を維持することができる。我々はこの事実を受け止めなければならない。そのような環境は確かに「飼養箱」であるかも知れない。しかしそれは「素晴しい飼養箱」ではないかと、松下は続けて述べている。

> 即ち我々は想像以上の素晴しい飼養箱に生きており、この機構を肉肢として生活しているのである。けだしこの故にこそ文明は人間の能力を支持し拡張し、そこに労働と技術が尊重され、未来を保証している。［中略］我々は客観的機構、制度に働きかけることなく、愛と平和の情操を説教しても無駄であり、人間の良心にのみ働きかけるのではなく、人間の精神と相関的な且つ人間の精神の現実態としての環境にこそ鎚を揮うべきでる《ママ》。或る成果を期待する場合、それを可能とする客観的条件を準備しないならば、道なき山巓に自動車が登上しうると想像することとなり、魔術或は奇蹟のない限り不可能である。我々に可能なことは山を拓くことのみ——斯様な努力なくては如何程善良な意図もヒラケ、ゴマと化してしまう。[95]

より高い地点に登るために必要なのは、より高い山岳への要求ではなく、山に道を拓くことである。技術的な操作が行われない限り、「イデー」は「渾沌であり暗黒の万能性に止る」のみである。したがって文明社会の進歩にとって有意義な問いは、「なぜ」生きるかではなく、「どう」生きるかにならなければならない。良い作品を制作するためには、想像力だけではなく「作家の技術様式」の練磨が必要である。したがって「我々はアルチストであると同時にアルチザンでなければならない[96]」と松下は述べる。そして彼はここに「思想」の役割を見出すのである。

思想が思想である為には事物を統御し事態を指導する形相的能力を持ち、何等かの現実的効果が期待されねばならず、そこに習慣の介在を根源的前提としている。習慣の裡に存在せぬ思想は実践の手段を欠くのみならず検証的規準にも欠け、シニカルな観念の王国の禁欲生活に身を隠す。思想は羞恥心に富む一輪挿しの薔薇ではなくして、現実生活を実験的に貫いている我々の生活の可能性或いは個性の条件の図式である[97]。

このように、松下の捉える「思想」の居場所は、「観念の王国」から遠く離れている。そもそも松下は、「習慣によって汚されていない」純粋な理性を否定することから、思想の問題に接近している。彼にとって思想を評価する基準は、事物に働きかけるその「現実的効果」にある。「事物を統御し事態を指導する形相的能力」としての思想は、奇抜である必要も、天才的である必要もない。むしろ奇抜な思想はその実現手段を伴わない場合、モラリズムやロマンティシズムに陥りやすいため、かえって危険である。松下は、より素晴らしいユートピアを描きだすことではなく、ユートピアと現在の距離を縮めるための道具の設計に、思想の任務を設定する。そのための材料であり、また改善の対象でもあるのが、かつての習慣の蓄積としての現在の「文明」である。

後年、松下は「政治」を「可能性の技術」と呼んだビスマルクの言葉を好んで引用する。おそらくその際、松下が重みをおくのは「可能性」よりも「技術」の方であろう。与えられた環境の中でより良い適応方式を考案するために、人間は技術を身につけ良質の「アルチザン」となる必要がある。良き「アルチザン」は習慣の積み重ねによって形成される。そして「習慣」は、一定の安定性を維持する状態の持続、即ち「日常性」を条件として成立する。一九四九年、敗戦と震災の〝異常時〟の混乱のただ中で、一九歳の青年松下は自らの思考の基盤を〝日常〟的なものへの追求に設定したのである。

2　原点としてのロック

ロックにおける「自然」と「作為」

青年期の松下の思想への関心が「日常性」への追求から始まったことは、以降の彼の思想的軌跡に照らしてみても興味深い。後述するように、松下は政治を日常に密着させる道を一貫して模索した思想家である。しかもそのような課題が、後の安定した豊かな時代において構想されたものではなく、むしろ終戦直後の混沌の最中において希求されたものであった点に注目すべきであろう。戦争と震災という非常時を生きながら、松下は激動期に相応しいラディカルな革命思想に惹かれたのではなく、かえって失われた日常性の大事さを痛感したのである。以後の彼の思想の方向を決定づけた一つの重要な瞬間が、そこにあったと思われる。

松下のロック研究もまた、日常性を前提とする習慣の蓄積を政治の根本として捉えるヒュームへの関心から始まった。一九六八年、松下はロック研究において影響を受けたものとして、丸山眞男の研究や山崎正一のイギリス経験論の紹介、そして歴史学研究会における水田洋（一九一九―）のイギリス研究を挙げている[98]。思想家としてのロックの偉大さに惹かれたというよりは、イギリス経験論の潮流への関心からロックに接近したと見た方が妥当であろう。

そうして松下は一九五一年、初のロック論を完成する。その一部が一九五二年から五四年の間、複数にわたって活字化されている。一九五一年の初稿の第一章は「ロックにおける近代政治思想の成立とその展開――近代市民国家構造論への思想史的アプローチ」の題名で『法学志林』一九五二年一〇月号と一二月号に分載され、また初稿の第三章は「名誉革命のイデオロギー構造とロック――政治機構論成立の社会的・論理的背景」と題され、一九五四年『一橋論叢』のロック没後二五〇年記念号に掲載された。そして一連のロック論が単行本として出版されたのは前述の通り一九五九年である。この一九五一年＝五二年、一九五四年、そして一九五九年の各時点において、松下のロック論における焦点の移動が見える。特に一九五九年の単行本には大幅な修正・加筆が行われ、一九五一年の初稿とは異質な著作になっている。ロック思想の理解の面では大きい変化はないが、それを眺める松下の視点の位置が変わったのである。一七世紀末の思想、およびそれ以前の中世思想との関連の中でロック思想の持つ継承と革新の側面を分析した一九五一年＝五二年の論文に比べ、一九五九年の単行本ではむしろロック以降の一八・一九世紀の思想史におけるロック思想の位置づけが重要視されている。

まず、一九五二年『法学志林』に発表した「ロックにおける近代政治思想の成立とその展開(一)」論文では、ロックにおける「自然」観念が中心問題である。ロックにおける「自然状態」は、自然法によって各個人が調和的に生存する状態として想定されており、その中で個人は「自然の下において、自己の権利を判定しうる自由を持ち、自己の身体および所有物の絶対的主人であるところの自己完結的な self-enclosed ミクロコスモスとして考察されている[99]」。

このようなロックの「自然状態」のイメージは、一方では一七世紀に新しく発見されたアメリカ大陸をモデルとしたものであった。「未だ私的に分割されぬ無限の曠野を持ち、近代的主権国家の出現をみていないアメリカ大陸」にロックは「最初の世界」のイメージを見出した[100]。「最初の世界」としての歴史性(過去のもの)にアメリカ大陸の空間性が重なり、またそこにおける文明の欠如が意識され、「自然状態」が構想されたのである。

だが、自然状態を規定するもっとも重要な条件は、その社会構造の次元における質的な特性である。つまり「訴えるべき何らそうした裁決権力を持たぬところにおいては、彼等は未だ自然状態に止っている[101]」のである。自然状態におけるミクロコスモスとしての個人の間には、紛争を裁くことのできる権威が存在しない。そもそも豊かな資源に恵まれているロックの自然状態においては、個々人のミクロコスモスの間に紛争が起こる可能性自体が低い。このような穏和な自然状態の構想に、松下は、ロックの時代に実際に現れつつあった新しい現実としての「市民社会」の反映を見出す[102]。

その「市民社会」の核心として、松下は、生産技術の変革によって一七世紀から胎動し始めた新しい生産様式である「マニュファクチャ」を挙げる。つまり工場大量生産以前の小規模手工業の生産様式と、そのような経済活動の思想的動力となった経験論の哲学が「市民社会」を特徴づける。言い換えれば、独立小生産者を中心とする新興中産階級の人々がロックの想定する人間の原形であり、そのような人々が新大陸のような豊かな環境の中に生きることを仮定することによって、穏和(シヴィル)な自然状態論が成立するのだと松下は理解する。ロビンソンが無人島においてもなおイギリス人であり続けたように、ロックの観念する自然状態の住民は、原始人ではなくイギリスの文明人であったのである。

こうしたロックの思考を規定するものが経験論であり、それが彼の「自然」観念の形成を支えているとすれば、まず経験論の出現以前の自然観の推移を確認する必要がある。松下の整理によると、スコラ哲学の伝統における「自然」は宇宙の価値秩序の中に属するものであった。そのような「自然」観はコペルニクス以降、ルネッサンスを経過しながら変化したが、まだ完全に自然科学的な意味での自然は出現していなかった。ロック以前の「自然」は、天文学と占星術が、科学と錬金術が分別されていない状態にあったと松下は見る[103]。

これに対してロックの経験論は、まず客体を「実体」ではなく「対象」として限定的に捉えることから始まる。その限りにおいて、感覚的な認識の彼岸に存在する「本質」あるいは「実体」の究明ではなく、「《経験》を場とした外界の観念による意識内部への着実な飜訳が問題となってくる[104]」というのが、松下の理解である。つまりロックにおける「自然」は、感覚器官によって知覚可能な「対象」として「限定」されることにその最大の特徴を持つ。それを松下は次のように説明する。

ロックにおける自然とは、ストア的意味においてロゴスと等値され、《本質》とみなされた自然、スピノザにおける自然 natura naturans あるいはカントのいわゆる「偉大な芸術家としての自然」等のような Meta-Physical な存在では決してないのであって、それは《経験》されうる限りにおける自然、カント風に表現するならば「我々の感官の対象であり、従って経験の対象であるところの一切の事物の総体」という意味における自然に他ならなかったのである。[105]

しかし同時に「自然」は、〝自然法則は正しい〟という意味において、事物の基礎的な規則を指す意味をも持っていた。言い換えれば、「自然」は自然科学的な「対象」でありながら「価値」としても機能したのである。松下はそこにロックの自然状態論のイデオロギー性、つまり自己正当化の契機を見出す。現に在るものとしての「市民社会」の構造を「自然状態」として想定することによって、その構造を〝正しいもの〟と価値づけたと見ているのである。松下の言葉を借りると、自然は「ザイン Sein でありながらも〔中略〕ゾレン Sollen として[106]」、つまり自明な事実でありながら同時に当為として、市民階級の自己正当化のイデオロギーとして機能したのである。知覚において〝自明なもの〟を〝真なるもの〟に、経験的な事実を価値的な真理に転換する道具として、「自然」が用いられたという理解である。

さらにこのような自然観は「人間の自然(human nature)」即ち人間本性の理解にも反映される。松下はこう述べる。

ロックにとって人間とは第一に《経験》によって意識に反映してくる限りにおける人間即ち感性的存在としての人間を意味していた。即ち人間とは霊魂によって神に媒介されている彼岸的存在ではなくして、それは感性的に与えられる諸々の単純観念の複合から構成される複雑観念として、対象的に成立している存在である。[107]

ここでいう「感性的存在としての人間」は、霊魂や彼岸の領域にその本質を持つものではなく、知覚可能な〝この世のもの〟に限定されている人間を指す。こうした認識を踏まえてこそ、人間における第一の原理を、神に対する奉仕ではなく、自己の保存、そして労働による自己の延長物である私有財産の保存に規定することができる。さらにこの現世的な人間観から、そのような人間に相応しい実践的・機能的な「自由」観念が成立する。

理性や意志が人間の《自然》に根ざす能力とされていたのと同様に、自由もかかるものとして人間の《自然》に基礎づけられたのである。しかもこの自由が客観的条件の考量即ち理性にもとづく態度決定であるかぎりにおいて、自己規制的、自己立法的な心理的能力としての自由を意味していた。[108]

ここでいう「客観的条件の考量即ち理性にもとづく態度決定」としての自由は、ロックの原文では次のように説明される。

自由とは自己の身体、行為、所有物および自己の全財産を自己が従属している法の許容する範囲内において、自己の欲するままに as he lists 処分し整理することであり、その法の許容する範囲内においては専横な意志に服従せしめられることはなく自分自身に自由に従うことである。(Gov. II §57)[109]

松下はこれを「現実的な能力としての自由」[110]と解釈する。つまり、自由とは理性に基づく「能力」なのである。それは「具体的には自己の身体およびその身体の外化としての所有物を自己の合理的配慮にもとづいて現実的に処理しうる可能性に依存している」[111]。このような自由観と人間観は「排他的な所有としての私有財産を基体とした近代市民社会的人間の、意識における現象型態に他ならなかった」と松下は述べる[112]。つまりロックを取り囲んでいた「第二の自然」としての一七世紀の社会における人間の特質が、人間とは何か、自由とは何かを考察する観念的行為にも反映されたのである。そうした考察から松下は〝機能的〟と呼ぶことのできる、特定の傾向性を読み取っている。

ロックにおける理性が自己保存のための道具に限定されている限り、その理性に求められるのは「整合性を誇る体系的完結性」ではなく、ただ「われわれの行為に関係していることを知ること」である[113]。つまりそれは「《経験》を場として現実の具体的な事物に関係づけられた役に立つ serve to 理性」[114]である。したがってロックは理性の仕事として「実際的知識」を重視しており、それは何よりもまず「商業勘定の知識」を意味すると松下は見る。「簿記的な計量的理性こそ生活に予測性あるいは合理性を与える鍵」であり、またそれは貨幣制度の定着によって生活の各要素の数量化が可能になった時代における、「生活の可計量性」を基礎とした思考様式である[115]。計量する理性によって、より多くの機能(できること)が確保される時、自由は増進する。このような松下のロック理解は、後の七〇年代、市民の自由を確保するために自治体が数量的な公準を設定することを唱えた「シビル・ミニマム」論につながる一つの伏線である。

社会と政治の分離

以上で確認したのは、現象的な自然、世俗的な人間、機能的な自由の理解である。それらに基づく以上、国家の出現もまた機能的な有効性にその最大の存在理由を持たなければならない。そうしてロックの「《国家》commonwealth とは、《自然状態》state of nature の不便 inconveniences の各個人の合意にもとづく止揚として構成される」[116]と松下は述べる。国家は人間の本性から、つまり「人間の《必要》《便益》及び《性向》から導き出される[117]」ものであり、言い換えればそれは自然状態の不便を改善するための巨大な機械[118]として構想されるものである。

ここで松下は、ロックの想定する人間は、アリストテレス的な意味における政治的動物ではなく、本質的に「非社交的存在ないし政治ぎらい Staatsfeindlichkeit である」[119]と述べている。「政治ぎらい」である商業的・合理的な個々人たちが、不便を改善する機構を作ることを水平的に合意すること、それが近代契約説の意味であると松下は見ている。「契約説」そのものは、古代や中世のほとんどの時代に見出すことができる。たとえば神とユダヤ民族のテスタメントを原型とする古代モデル、モナルコマキを経てマグナ・カルタを典型とする中世モデルがその例である。しかし古代や中世的契約説と近代契約説はその質において異なっていると松下は考える。前者の契約が君主と人民全体との間の契約を意味するのに対して、後者の契約は権利主体としての個々の人民の〝間で〟行われるものだからである。そうして「ここにはじめて人民相互間の横の関係としての《社会》が理論的に登場しえた[120]」と松下は述べる。契約を結ぶ平等な個々人の総体を「社会」と呼ぶのである。

したがって近代契約説は「社会」と「国家」をともに生み出す理論である。一方では平等な契約主体である個々人の集合として「社会」が登場する。そしてこの「社会」が行った契約行為によって「国家」が生まれる。その時、あらゆる個人と団体は自発的に武装解除を行い、物理的強制力を国家に独占させ、その正統性を下から根拠づけることになる。そうして「ここにおいて身分的に忠誠 Treu の関係で結ばれていた多元的な中世国家像は完全に否定され、一元的国民的な近代国家像が完成[121]」する。

以上が一九五二年の「自然」を中心とするロック論の要旨である。二年後の一九五四年に発表した「名誉革命のイデオロギー構造とロック」は、以上の「自然」観念に依拠して構成されたロックの政治正統性論が、イギリスの名誉革命の中で占めた位置とその意義を説明している。その中で松下は、名誉革命における「一次革命[122]」と「二次革命」

の間の理論の変化に注目する。前者は君主に対して封建貴族が持っていた「旧来の特権」に基づいて行われたが、後者では「自然権」による革命の正統化が主張されたのである。当時、爆発的に展開されたパンフレット戦の内容は、そうした革命の正統化をめぐる論争であった。松下はその過程を総合したものとしてロックの政治機構論を位置づける[123]。ロックの思想内容のほとんどの材料が、そのパンフレット戦の中で登場したと見ているのである[124]。

「社会契約によって構成せられた自律的な市民社会の権力の国家機構への信託[125]」が、ロックの国家を構成する。同時にそこには「国家機構と区別された《社会》」が出現する。そしてこの両者の区別によって「国家ないし権力の《機構論》が可能となりえた[126]」と松下は考える。要するに、社会と国家の分離によって権力の論理を単独に抽出することができ、また権力固有の論理の発展も可能になったと見ているのである。こうして政治正統性論とは別のものとして、目的合理性に基づく政治の「技術」論、即ち国家「機構論」が成立する。松下によると、ロックにおけるこのような正統論と機構論の区別は「市民政府論」の段階ではまだはっきり現れていないが、たとえば一七〇三年の「紳士の読書と学問についての考察(Some Thoughts concerning Reading and Study for a Gentleman)」には次のように述べられている。

政治学 Politics は相互にまったく異った二つの部分をもっている。一つは国家の起源 original あるいは政治権力の始源 rise と能力 extent の問題であり、他は国家における統治の技術 art の問題である[127]。

このような「技術」としての政治、即ち政府機構の組織と運用に関する考察は、近代の産物である。それは、神的秩序の反映として共同体秩序を受け止める中世的な思考の中からは登場しない。「いわゆる《作為》Machen の論理の形成はマニュファクチュアの展開と他方における絶対主義国家権力のダイナミックな登場を背景として可能[128]」となるのである。政治における組織論・機構論が成熟するためには、「《市民社会》の展開にともなう国家＝社会の二元論の貫徹」、そして「作為的思考方法」の成立が必要であるとし、松下はそこにイギリス経験論の果たした思想史的な役割を見出している[129]。

そして「統治の技術」論の一つとして、松下はヒュームの一七四二年の文章「政治学を科学たらしめるために(That Politics may be reduced to a Science)」に触れる。そこでヒュームは「「特定の人間の偶然的な気質や性格」に左右されない政治組織の安定性、恒常性の問題[130]」を取り上げているのであり、それは政治形態に関する思考が「数学的」な諸科学と同様に、一般的で確実であり得るという考え方を現すものであった。つまりそれは、経験論によって可能になった〝科学としての政治学〟の登場であった。政治学を技術の学に「限定させる(reduced to)」ものとしての「政治科学(political science)」に対するこうした注目は、後述するように、特に六〇年代の議論において、既存の革新勢力の観念主義に対する批判として重要な位置を占める。だが、さらに後の七〇年代以降、松下は「未来像」の構想を含む総合的な「政治学(politics)」の意義を強調することになる[131]。

以上で見た通り、一九五二年の論文はロックにおける「自然」を、一九五四年の論文はロックにおける「作為」を重点的に論じている。両者を総合すると、ロックにおける経験論的な「自然」観に基づく「政治正統性」論が、結果的に「政治機構論」の構築を導いたという理解が現れる。ロックにおける「自然」と「作為」の問題を究明している両論文は、おそらく近世日本の思想における「自然」と「作為」の問題を通じて近代の発見を論じた丸山の「近世日本政治思想における「自然」と「作為」」(一九四一年)から影響を受けたと思われる。ただ、「作為」を「自然」に対抗するものとして捉えた丸山の議論とは異なって、松下のロック論は「自然」そのものがすでに特定の社会の現実を反映しており、そのような特殊な「自然」の内容が「作為」の深化を導き出した点を強調している。言い換えれば、松下の主眼は〝自然から作為へ〟の変革ではなく、〝自然観念そのものにおける〟変革にあった。自然観念そのものが、コペルニクス以来の「科学」の執拗な挑戦によって、神的秩序や精霊の世界から分離され、知覚可能な物質世界に接近して行ったことが、松下にとっては重要であったのである。

ところでこの一九五四年の論文には、ロックの「作為」論としてのみならず、もう一つ重要な意味がある。注目すべきは、この論文の註一四における次のような記述である。

> 古典的市民政治学は、この意味で歴史的に形成された国家と社会の分離を背景として成立するのであるが、現在におけるいわゆる「近代政治学」の問題は、非政治的と定式化された《市民社会》の内部における《政治》の発見にある。このことは(I)アトミックな等質的個人のグループ関係への帰属――グループ(集団)の登場と(II)他方アトミックで合理的な人間像の崩壊――政治行動における非合理的なものの発見という二つの相関的問題性として意識されたが、さらに現在このことはコミュニケイションの技術の発達を背景とする《マス化》の現象と同時に処理されなければならないものとなっている。そしてここにいわゆる社会外的な政治は社会のなかに還流したのである。[132]

ここに初めて、松下の「《マス化》」に関する問題意識が登場する。ここでの問題は、政治機械として国家機構を設立し、それに「市民社会」から抽出した政治権力を委譲することによって、一旦社会から政治を分離したとする「古典的市民政治学」が、現代においては現実説明力を失っていることである。理性的で独立した原子的な人間像は、財産と教養のある独立小生産者をモデルとしたものであり、ロックの政治理論はそうした特定階級の人間性を材料として構想されたものである。そうした人間のみが政治的に有意義な存在であった時代においては、政治を論じるためにはそれで十分であった。

問題はその後、産業革命によって始まった工場生産様式と、それに伴う大量の労働者の出現、さらには彼らの集団化によって、〝教養と財産を持たぬ〟人々が、政治的に無視してよい存在でなくなった時代に起こる。一九世紀以降の労働者の大量出現は、かつての市民階級をモデルとして構築された人間性そのものへの挑戦であったのである。その挑戦によって、古典的な市民政治理論の基盤をなしていた個人の生命と財産の絶対性、そして個人の合理性への確信が脅かされると同時に、またそうした既存の政治理論を階級的な立場から相対化し批判する視座が登場する。

一九五四年の論文において「《マス化》の問題は、以上の注記以上には展開されていない。しかしそこにはすでに「集団」、「《マス》」、さらに「ここでは省略する」と記した「これらの問題についてのマルクス主義的アプローチ」など、以後、松下の鍵概念となる主要語彙が揃って登場している。そしてこの箇所は、一九五四年頃から大衆社会的観点から古典的市民政治理論の再評価作業に着手したという松下自身の自己理解を裏付ける一つの証拠でもある。(133)

3　「シビル」と「ポリチカル」

松下にとって大きな転機となる一九五六年の議論に移る前に、ここでまず五二年から五四年の間に行われた彼のロック研究の意義を、同時代の文脈の中で考察してみたい。具体的には、戦後初期に「市民政府論」というテクストを取り上げ、ロックの〝政治思想〟を研究したことの意味についての検討である。

ロック著作の翻訳事情

日本におけるロックの受容は、一八九四―九五年の『教育に関する考察(*Some Thoughts Concerning Education*, 1693)』の邦訳に始まる。そして『人間知性論(*An Essay Concerning Human Understanding*, 1689)』の部分訳は一九四〇年岩波文庫で出版された。哲学者としてのロックは一九世紀から日本に紹介されていたのである。しかしロックの政治思想に

おける主著である *Two Treatises of Government*(1689)が初めて邦訳されたのは戦後になってからである。それも二つの訳がほとんど同時に、それぞれ異なる邦訳名で出版されたのである。一つは『政治論』(松浦嘉一訳、東西出版社、一九四八年)であり、もう一つは『デモクラシイの本質』(鳥井博郎訳、若草書房、一九四八年)である。続いて翌一九四九年には『民主政治論――国家に関する第二論文』(服部弁之助訳、霞書房、一九四九年)の題名でもう一つの翻訳が出され、二年間に三種の邦訳がそれぞれ異なる題名で出版されたことになる。

松下の論文執筆以降においては、「統治論・第二篇――政府について」(鈴木秀勇訳、『世界大思想全集 第八巻 哲学・文芸思想篇』河出書房、一九五五年所収)、「統治論」(浜林正夫訳、『世界思想教養全集 第六巻』河出書房新社、一九六四年所収)、そしてまた「統治論」(宮川透訳、『世界の名著 第二七巻 ロック・ヒューム』中央公論社、一九六八年所収)と『市民政府論――国政二論後編――市民政府の真の起源、範囲および目的について』(鵜飼信成訳、岩波文庫、一九六八年)、『全訳統治論』(伊藤宏之訳、柏書房、一九九七年)が出版され、近年では『統治二論』(加藤節訳、岩波書店、二〇〇七年)とその文庫版『完訳統治二論』(岩波文庫、二〇一〇年)、『市民政府論』(角田安正訳、光文社古典新訳文庫、二〇一一年)の出版に至っている。*Two Treatises of Government* という著作は、戦後約七〇年の間に多様な訳者と多様な題名をもって、絶えず新訳が出されているのである。

以上で確認できることは、戦前におけるロックの政治思想の空白、そしてそれと対照をなす戦後の活発な翻訳状況である。一九四八年の『デモクラシイの本質』の「訳者後記」を見ると、そこで訳者の鳥井博郎は「ジョン・ロックの名は今日我国に於ても、経験論の最も代表的な哲学者として周知である」が、「然し政治理論に於ける彼の業績の重大な意義に就ては」あまり知られていないと述べている。[134]

一九四九年の早い時期にロック研究を発表した丸山も、鳥井と同様の認識を表したことがある。回顧「戦中戦後の自由主義」の中で、丸山は「ロックは哲学史では馴染が深いのです。『人間悟性論』のほうが『トゥー・トゥリーティーズ[135]』より馴染が深い。ちょっと不思議なのだけれど[136]」と述べている。日本で「市民政府論」がロックの主著として受け止められるようになったのは戦後のことなのである。

その理由の一つは、鳥井の翻訳版の題名『デモクラシイの本質』が語ってくれるように、戦後の民主化による要請にあった。「我国に於て民主々義という言葉が叫ばれだしてから二年になるが、未だその本質も、その歴史的形成の過程も人民の知識の中に渡透《ママ》していない[137]」と鳥井は述べる。日本におけるロックの意義は、戦前の「経験論の最も代表的な哲学者」から戦後の「民主々義」の政治思想家に変わる必要があったのである。また一九六八年版の訳者である鵜飼信成（一九〇六―一九八七）の「解説」からは、戦中にロック政治理論を研究し紹介することの難しさがうかがえる。それによると、鵜飼は一九三八年、京城帝国大学在職中に法学者の清宮四郎（一八九八―一九八九）と尾高朝雄（一八九九―一九五六）などの指導を受けて翻訳を進め、訳稿を完成したという。しかし「種々の事情から刊行の運びにいたら」ず、一九四三年の京城帝大での演習でそれを教材として使ったと回想している[138]。鵜飼の翻訳を指導した一人である尾高朝雄は、丸山に一九四九年の論文「ジョン・ロックと近代政治原理」の執筆を薦めた人でもある。

思想検閲が厳しくなった戦中の時代に、革命の正当性を説くこの書物を紹介することが困難であったことは容易に想像できよう。しかし、それ以前の時代、とりわけ自由民権運動の時代におけるロック政治思想の空白は、また別の問題である。前述した「戦中戦後の自由主義」の中で、丸山は「自由民権の時代に、どうしてルソーは読まれて、ロックは出てこないのだろう[139]」という疑問を表した。

このような疑問に対して、松下はどう答えるだろうか。興味深いことに、前述した一九六八年の大槻との対談の中で、大槻は丸山と同じ疑問を提起している。

大槻　明治時代の日本が吸収したヨーロッパの近代思想は、ミル、ベンサム、スペンサー、ルソーという系列で、ロックは、明治二十七、八年に『教育論』が翻訳されるまで、ほとんど知られなかったようです。福沢諭吉にしても、私が八方手を尽くして調べた限りでは、全くふれていません。アダム・スミスは、名前はないが、『富国論』という書名を記しているんですがね。自由民権運動の連中にしても、圧倒的にルソーの影響を受けながら、ロックまでさかのぼることはしていませんね。[140]

大槻の発言を受けて、松下はこう述べる。

松下　たとえば、民権壮士の歌に「よしやシビルは不自由でも、ポリチカルさえ自由なら」というのがありますね。つまり、自由民権運動は、政治への参加、議会開設という政治機構の問題が中心で、日常生活における市民的自由の問題は、論理的に十分理解されていないのです。これが日本で理解され始めるのは、戦後もずっと後のことで、それもマイホーム主義とか、デートもできない警職法という形でようやく定着し始めます。[141]

明治時代の「民権」は政治に参加する権利、つまり「ポリチカル」な自由への要求であった。そこでは政治からの干渉を拒否する自由、つまり「政治ぎらい」の「シビル」な自由の価値は理解されなかったと松下は説明するのである。自由民権運動期において、手に入れるべき自由は政治への自由、参加の自由であって、「日常生活における市民的自由」の価値は理解されていなかったと見ているのである。

ここで松下が引いている「よしや武士」(武志、フシ・節のしゃれ)は明治一〇年前後から一二年頃にかけて、自由民権運動最盛期に盛んに歌われた歌謡を指す。民権運動家でありジャーナリストであった安岡道太郎(一八四七―一八八六)が積極的に展開したこの歌謡の運動は、一八八〇年政府が集会条例を発布し、政談演説会などの活動に対する取り締まりを始めたことに対する対抗手段の一つであった。(142) この歌に注目したのは松下だけではない。たとえば石田雄は、松下の対談と同年である一九六八年の論文の中で、「シビル」と「ポリチカル」を「人権」と「民権」の問題として取り扱っている。石田によると、「民権伸張」を要求した自由民権運動において、「民権」は「人民」全体の権利として捉えられ、集団の全体的意志が前面に出されたため、集団を構成する個人の側面が軽視される傾向があった。そして「「民権」という語によって、「基本的人権」の問題よりも、参政権または政権奪取(「専制政府打倒」)のほうにより関心がむけられたという点」を示す一例として、石田は松下と同様に「よしや武士」の一節を引いている。(143)

日本におけるロック政治思想の空白に対する松下のもう一つの解釈は、一九八五年、岩波書店の主催で行われたセミナーの記録、『ロック「市民政府論」を読む』に現れている。そこで松下は戦前におけるその空白について次のように説明している。

私には、ロックの『市民政府論』は誰にもわかりやすく、しかも天皇制倫理の中核をなす〈孝〉の基盤であるイエを直接批判し、また〈忠〉をめぐっては暴君放伐の革命権の理論をくりひろげているためではないか、とみております。ロックの『市民政府論』は誰にもわかりやすい忠・孝の批判の書です。[中略]このロック理論は『帝国憲法』・『教育勅語』批判の弾薬庫となっていたでしょう。[中略]革命理論でも、直接危険度のすくない一般理論については邦訳ができたのではないでしょうか。(144)

ルソーはもとより、マルクスの全集まで出版されていた日本においても、父権と神の権威とを結合した王権神授説を正面から反駁するロックの政治思想は、イエ制に依拠する天皇制国家の正統性に対する直接的な批判として、もっとも危険な思想であったのではないか。さらに、誰にもわかりやすく書かれているロックの著作は、インテリのみが理解できる難しい革命理論よりはるかに危険度が高いものである。ここで松下が言わんとすることは、ブルジョアジーの政治理論として書かれた(とマルクス主義者から批判される)「市民政府論」が、その平明さゆえに、むしろプロレタリアートの政治理論よりも容易に人民の武器になり得るという逆説である。

要するに、ロックの政治思想は二重の意味において日本に定着することができなかったといえる。一方では、明治の民権壮士にとって馴染のない「シビル」な自由を説いたため、ロックはルソーより理解し難い思想家であった。そして他方では、王権神授説(天照大御神による「天壌無窮の詔勅」)や家父長としての王権(家族国家観)を否定する思想を分かりやすく説いたため、ロックは天皇制国家にとってマルクスよりも危険な思想家であった。この分かりやすさと分かりにくさの両面性に、日本におけるロック政治思想の空白の原因があると、松下は考えたのである。

訳語の問題

次に、松下の用いる「市民政府論」という訳語の問題について考える必要がある。前述の通り、*Two Treatises of Government* の邦訳は実に多様な題名の下で出版されている。松下は一九五二年の論文では題名を翻訳しないまま「ロックの政治論(Treatises of civil government)[145]」と記しているが、一九五四年の論文からは「「市民政府論」(Two Treatises of Civil Government, 1690)[146]」と書いている。元来、二編の論文で構成されているこの著作の全体の題名は、*Two Treatises of Government: In the Former, The False Principles, and Foundation of Sir Robert Filmer, and His Followers, Are Detected and Overthrown. The Latter Is an Essay Concerning The True Original, Extent, and End of Civil Government* であり、その主題には「civil」の語が使われていない。おそらく松下はこの著作の全体の題名「Two Treatises of Government」と、第二論文の題目「An Essay Concerning The True Original, Extent, and End of Civil Government」を混同して「Treatises of civil government」と記したのであろう。面白いことに、この著作を『統治

論』と訳している政治学者福田歓一（一九二三―二〇〇七）も、その英文名を記す際に、松下と同様に「『統治論』Two Treatises of Civil Government」と書いている。[147]

一九五四年の時点において、邦訳では『政治論』『デモクラシイの本質』『民主政治論――国家に関する第二論文』の三種類の題名が出ていた。しかし松下はそのいずれをも用いず、この著作を「市民政府論」と訳した。この訳語は、civilを「市民(的)」に、governmentを「政府」と訳するという二つの問題を抱えている。

まず前者の「civil」についてである。すでに序章で見たように、「civil society」はアリストテレスの「koinōnia politikḗ」とそのラテン語訳「societas civilis」の英語訳であり、その元来の語意は政治共同体としての国家を意味するもの、しかもギリシャのpolisとローマのcivitasを連続的に把握するものであった。この点を考えると、ロックにおいて「civil」と「political」は「政治的なもの」を意味する同義語であるという理解を一九七〇年代から示した福田歓一の解釈[148]が妥当であろう。この点について、福田は一九九八年の「最近のcivil society論と政治学史の視点」の中で次のように述べている。

civil society, société civileは、言うまでもなくアリストテレスのkoinonia politikē、キケロのsocietas civilisの近代語化である。〔中略〕それは所与としての政治社会、近代主権国家を前提とし、それを論理的に組み替えようとする強烈な意図をもった作業であった〔中略〕自由民の共同体としてのpolisやcivitasに対して、元来権力、権力者、権力機構を意味したstatoに由来する新語state, Ėtat, Staatがアルプスの北の中規模の政治社会を指すようになった〔中略〕〔それに対して〕所与の現実を人的団体に組み替えようとした社会契約説が、武器として用いたのが古典語系の用語であり、とりわけロックの『統治二論』がstateを避けて用いたpolitical or civil societyはもとより古典古代における個人に先立つ実在としての共同体ではなく、個人がその共存のために相互に組織する団体にほかならない[149]。

また後者の「government」を「政府」と訳する問題に関しては、「一八世紀以降に一般化する統治機構の意味」を指摘する最近の研究によれば[150]、「政府」より「統治」と訳する方法が、説得力を持っているだろう。しかし松下の思想を理解するためには、その解釈のバイアスこそが重要である。彼はロックの思想を「市民」階級、つまり財産と教養のある階級の政治思想として理解している。ロックは彼らの人間性、思考様式、人間関係の特徴を「自然」と規定することによって、そうした政治理論に正当性を与えた思想家である。そのような松下の解釈に従うと、「市民」はロック思想の歴史的、階級的特殊性を表す核心的な概念である。

さらに松下のロック観は、彼が市民「社会」の理論家であると同時に、市民「政府」の理論家であることを強調するものである。ロックにおいて、「政治ぎらい」の人々の自由と平等な関係の総体として「社会」が理論的に誕生したことは重要だが、しかし市民「社会」だけではそのような自由を安定的に維持することができない。作為の論理を高度に展開し、より安全な政治の装置を設計する政治機構論をロック思想のもう一つの決定的な貢献と見る松下にとっては、市民「政府」論という訳語が適合したのではないかと思われる。ロック思想の根柢に機能的な自由観を見出した松下にとっては、より多くの自由を保障する安全装置としての制度の重要性、つまり「government」の道具的な側面が核心的なものだったかも知れない。そうしたロック理解を踏まえて、松下は抽象的な「統治」ではなくより具体的で物理的な「政府」という訳語を用いたと考えられる。

4　多元主義政治理論

市民国家と大衆国家

一九五〇年代の松下の思想は、以上で見たロック論を中心とする「市民」政治理論から「大衆」論へと急旋回したように見えるかも知れない。両者をつなぐ論理上のミッシング・リンクを解明するためには、一九五六年三月に発表した「集団観念の形成と市民政治理論の構造転換（一）」に注目しなければならない。もともとこの論文は封建制の崩壊から二〇世紀に至る政治理論の変遷を辿る、全五章の大作として構想された。その具体的な構成は次の通りである。

序章
第一章　多元的政治理論における理論構造の転換
　第一節　市民政治理論の理論構造
　　一　市民政治理論の価値観念
　　二　市民政治理論の嚮導観念
　　三　「市民社会」理論の展開
　　四　「国家有機体」説の展開
　　五　市民政治理論における中間団体
　第二節　多元的政治理論の理論構造
第二章　大衆国家の形成と集団観念の問題性
第三章　集団観念の思想史的系譜

第四章　集団観念の政治機構論的展開

第五章　多元的政治理論のイデオロギー性とその崩壊[151]

一九五六年三月『法学志林』に発表した「集団観念(一)」論文は、序章と第一章の第一節の一までを論じ、また翌年同雑誌一九五七年一一月号に発表した「集団観念(二)」論文は第一節の三「「市民社会」理論の展開」までをカバーしている。この論文はそこで止まり、元来の構想の五分の一も論じられていない未完の大作となった。一九五九年の時点で、松下はロック論をまとめた『市民政治理論の形成』の後続作として『市民政治理論の転回』という書物を構想していると述べたことがあるが、おそらくこの「集団観念」論文の完成版として『転回』を構想したと考えられる[152]。一九五六年、『思想』一一月号に発表され大きな反響を呼んだ論文「大衆国家の成立とその問題性」は、実はこの企画の一部分(第二章)として執筆されたものであった。したがって論文全体を概観している「序章」には、「大衆国家」論文の問題意識および概念規定が、すでにほぼ完全な形で現れている[153]。以上の意味において、「集団観念」論文は同年一一月の「大衆国家」論文の前身、より厳密にいうと、むしろその完全版として書かれたものと見るべきであろう。

この論文は第一に、ロックに代表される市民政治理論の現代における崩壊を論じている点で重要である。つまり「国家対個人」のアンチノミーからなる近代的市民政治の理論が資本主義の発展につれて登場した大量の労働者の出現によって存立不能になり、その代わりに「集団(association)」を政治的単位とする多元主義政治理論が台頭したというのがこの論文の要旨である。

ちなみにこの論文の英文名はMass Society and Political Pluralismとなっている。古典的市民政治理論の成立への注目から出発した松下が、一七―一九世紀にわたるその理論の興亡盛衰を経て、そこからの転回として登場した一九世紀末―二〇世紀初頭の多元主義政治理論を媒介として、現代の大衆社会論の問題設定に到達したことを、この題名は示している。ロック論文を完成してから「その後この古典的市民政治思想が現代においていかなる変容をこうむるかが私の課題となった[154]」という一九五九年の記述が示す通り、彼において多元主義政治理論は「古典」と「現代」の分岐点に位置するものである。

「集団観念(一)」論文の冒頭は、次のように書き起こされている。

> 二〇世紀における資本主義の独占段階への移行は、《経済》における資本構造上の高度化のみならず、この高度化の前提をなす生産の社会化 Vergesellschaftung を基礎として、《社会》の形態転化をもたらした。すなわち特殊二〇世紀問題性をになった「大衆社会」、「機械社会」の観念の形成が、これをしめしている[155]。

続いて松下は、以降の彼の政治思想における基本認識となる大衆社会の基礎条件、即ち人口のプロレタリアート化、テクノロジーの発展、大衆デモクラシーの出現という三つの特質を説明する。

> 換言すれば、資本制内部における生産の社会化を起動因として、Ⅰ　人口量の圧倒的部分の労働者階級を中核とする《プロレタリア化》を基礎に、Ⅱ　テクノロジーの社会化にともなう大量生産 mass-production・大量伝達 mass-communication の飛躍的な発達を媒介とする、伝統的社会層別の平準化 levelling を推進しつつ、Ⅲ　政治的デモクラシーを制度的前提として、社会の形態転化が必然化され、ここに社会は機械化された《大衆社会》として位置ずけ《ママ》られてきたのである。ここに神から君主へ、君主から理性へ、理性から市民へと歴史的に移行していった社会像の形象核は《大衆》へと下降せしめられてゆく。かくしてまたデカルト的理性の明晰性とロック的経験

の直接性を基礎とする市民的人間像の原型も崩壊してゆくことになった[156]。

この論文において、「個人」性の原理は、工場生産様式の発生以前の初期資本主義における生産の個別性を前提として構成されたものとされている。またロック思想は「初期資本主義段階の特殊性」を現すものとして、その歴史性がとりわけ強調されている。ロックの市民像がマニュファクチュア時代の独立小生産者をモデルとしているという理解はすでに一九五二年の論文でも指摘されたことである。しかし一九五六年の「集団観念(一)」論文においては、独立小生産者をモデルとするロックの市民像という同様の命題が、政治理論に対する無味乾燥な解説ではなく、〝問題〟として扱われることになる。そのような人間像に当てはまらない人々が政治の行為者として登場する時代が到来したからである。

その変化は逆説的にも、《市民》社会そのものの成立を可能にさせた諸条件、即ち生産力の増進と初期資本の蓄積という動機のさらなる発展によってもたらされる。ロック的な《市民》社会においては非存在であった下層階級が、工場生産様式の定着によって賃金労働者として大量に可視化し、次第に政治的にも有意味な存在として自己を主張することになったのである。

このような賃金労働者の大量出現によって、二〇世紀においては「《大衆》が時代の運命となった[157]」。その新しい時代の運命には二つの問題がつきまとっていた。一つは、《市民》的な個人性を原理とする自由理念における危機、つまり伝統的な自由主義における危機である。もう一つは、プロレタリアートの理論として登場した社会主義における、一九世紀的な形態からの構造的転換の要求である。特に後者についてとりわけ注意を払う必要がある。一九世紀の労働者と二〇世紀の労働者をはっきり区分し両者の異質性を強調するのが、松下の議論の特徴だからである。つまり彼にとって《大衆》の登場は、古典的な《市民》政治理論の危機であると同時に、古典的なプロレタリアート政治理論の危機でもあった。

まず前者の古典的な《市民》政治理論の危機について検討してみよう。この理論にとって、大量に登場した労働者たちの支配は「多数の専制」を意味した。それは偏見と先入見に左右されやすい大衆の手による、同一な思考様式を持つ巨大な一つの階層の支配として、文明そのものへの脅威として受け止められた。ここで松下は、そのような傾向を「社会的専制(social tyranny)」と呼んだJ・S・ミルの『自由論』を引用する。

私の判断によれば、ヨーロッパの進歩的多角的発展は、まったくそのコースの多様性によっている。しかしヨーロッパはすでに、わずかの程度においてのみしか、この利点をもたなくなりはじめている。ヨーロッパはすべてのひとびとを一様化してゆくシナの理想の方向に決定的にむかっている。[158]

つまりミルは、大衆の登場によってヨーロッパ文明が個性を喪失して「シナ」のような画一的世界と化することを恐れた。しかし松下は、実際の大衆の登場は、ヨーロッパの「シナ」化とは異なる形で現れたと反論する。それは静的な画一化の拡散ではなく、ダイナミックな対決として出現したのである。資本主義の独占段階への移行は、労働組合を通路として労働者階級の政治的活性化を導き、普通選挙の成立へ連なるデモクラシーの勝利をもたらした。しかしその過程の中で労働者たちは、一方で組合などの集団を通じて組織化しながら、他方では大量生産と大量伝達による生活様式の規格化と画一化を経験する。大衆の登場に伴うこの両方向のダイナミックスを、松下は停滞的「シナ」化ではなく、「《階級》という革命の論理と《大衆》という体制の論理との対決[159]」として把握する。

さらに松下は、《市民》政治理論が構築したデモクラシーの理想に対する危機の本質は、愚昧な群集による下からの反逆ではなく、上からの操作にあると唱える。

すなわち「デモクラシーの病気」は、ミルにおけるような意味における大衆の愚昧性によってではなく、むしろ人民を、〔中略〕上から《大衆》化せしめてゆく体制そのものの運動によって惹起されている。[160]

制度的なデモクラシーの中における実質的自由の空洞化、あるいはデモクラシーへの幻滅、そして危機時におけるデモクラシーのファシズム化による自己破産は、愚昧な大衆の占領によるものではない。それらは独占資本を中核とする「上から」の操作の結果である。ここでは、コーンハウザーが分析した大衆社会論の「民主的批判」の視座、あるいはC・W・ミルズの『パワー・エリート』に見える、上から作られるものとしての「大衆」観との共通点を発見することができる。そして何よりも、この視座は《大衆》の問題を階級対立の構造の中に位置づけるものである。

だが同時に、松下はなお《大衆》の定義において、それが社会主義文献における用法とは異なる意味である点を強調する。つまり彼は「大衆 the masses という言葉は　1　大量的人民一般 common people あるいは　2　群集 crowd、愚衆 mob という意味[161]」で用いられていると述べ、特に社会主義の文献では前者の「人民一般」を意味すると指摘する。そしてここで、それらとは異なる括弧付きの「《大衆》」を次のように定義する。

> ここでもちいられている大衆という言葉は、二〇世紀にいたって欧米的状況において現実化してきた大衆社会、大衆文化、大衆デモクラシーという問題連関においてとらえられた歴史的形象 Gestalt としての《大衆》である。すなわち十九世紀における古典的な市民社会・リベラリズム・議会主義の崩壊にともなって形象化されてきた大衆をさしている。したがって1、2の大衆と、3特殊歴史的問題状況の内部において支配的な形象として定着してきた《大衆》とはカテゴリッシュに区別されなければならない。[162]

この「特殊歴史的」な「《大衆》」は、「絶対主義《君主》」が「君主一般」と異なるように、また「市民社会的《市民》」が、「古代都市国家、中世自由都市の市民」と区別されなければならないことと同様に、他の大衆の意味から区別しなければならない。[163] そしてそれが一九世紀末から二〇世紀初頭において初めて登場した「歴史的」な現象であることを、松下は繰り返して強調する。要するに松下の《大衆》は選挙権を持つ大量の勤労者という二〇世紀の新しい歴史現象を指すのである。

注意すべき点は、松下の大衆への関心が、群集心理などの大衆の〝中身〟にあるのではなく、その〝外的〟な条件、つまり産業構造や政治構造の変化への着目から出発していることである。そのような意味における《大衆》をイギリスの選挙法改定の過程に照らして説明すると、一八三二年全人口の五％であった有権者が一九一八年には四六％まで伸びた時における、新しく登場した四一％の人々を指しているといえよう。抽象的な概念ではなく歴史的な実体を捉えるために、松下はこの語を使ったのである。

一九五六年のこの論文において、《大衆》はアンビバレントな存在であった。古典的な《市民》政治理論の想定する自由・平等・独立的な名望家による秩序の体系を崩壊させた《大衆》を、松下はミルのように自由に対する脅威とは考えない。しかし同時に、抑圧と搾取の対象として、やがては解放を求める革命の主人公となるプロレタリアートとしての大衆像にも、松下は同意しない。

止めることのできない工業化の発達による賃金労働者の大量出現、そして彼らに依拠している経済と社会の構造上、彼らの要求を政治的に吸収するチャンネルが必要となったこと、そしてその結果、労働組合と労働政党の結成を通じて普通選挙が実現したことを、松下は所与として受け止める。そして、政治的には解放されたがまだ経済的には資本家の支配下にあるこの人々を、今度は経済的にまで解放しようとするプログラムとして、マルクスの「共産党宣言」

（一八四八年）を位置づける。
しかしより複雑な問題がその〝後〟に発生する。マルクスの時代以降、工業テクノロジーは更なる発展を遂げ、生産様式と社会様式を劇的に変えてしまったのである。繰り返しになるが、松下が注目するのはマルクス〝以降〟の時代における労働者と労働様式の変化である。そうした変化を踏まえて構築された理論群が、「集団」を政治的主体とする多元主義政治理論である。その理論の出現は二〇世紀初頭のイギリスに端を発する。

「巨大社会」観念とその継承

一九世紀末から二〇世紀初頭にかけて、イギリスは不況と物価暴騰、非熟練労働者の大量登場と貧困問題など、多岐にわたる危機に直面した。[164] これらの諸問題に対処すべく多様な社会政策の拡充が行われ、それは一九〇五年に成立したロイド・ジョージの「人民予算(People's Budget)」に一つの結晶を見る。そうした政治・経済的な変革の意義を解明した先駆的な業績として、松下は一九一四年に出版されたグレーアム・ウォーラスの『大社会』を挙げ、次のように説明する。

このような《大衆》の問題性を提起している社会の形態転化については、すでに第一次世界大戦の直前のイギリスにおいて、グレアム・ウォラスが「巨大社会」(Great Society)という観念の形成を中心に理論化し、独占段階における政治的問題状況の包括的究明への基本的視座が構築された。[165]

一九世紀に行われた発明は文明生活の外面的条件を一変させ、世界史上未曽有の規模における総体的な変革を起こした。その変革の全過程を、ウォーラスは経済領域における「巨大産業(Great Industry)」という言葉に倣って「巨大社会 Great Society」[166]と呼ぶ。ウォーラスの問題関心は、このような巨大社会において、一九世紀の原子的個人主義に基づく自由主義理論を再検討することであった。だが松下の意図は「大社会」の核心を資本の独占化に位置づけ、それとの連関において以後の思想、特にハロルド・ラスキの多元主義政治理論における継承の側面を分析することにある。したがって彼は、ウォーラスの思想の綿密な検討や、ラスキ理論との違いについては注目していない。たとえば杉田敦によると、ウォーラスは当時のダーウィニズムに代表される決定論、フェビアン社会主義に代表されるエリート理論、サンディカリスムに代表される集団理論との対抗において、二〇世紀の新しい政治経済の環境の中でなお個人の復権を意図した思想家であり、国民国家に対する彼の見解は、ラスキに見えるような国家主権への正面からの敵対とは無縁であった。ウォーラスはまた無政府主義的な集団理論であるサンディカリスムではなく、国家の調節環としての意義を認めたG・D・H・コールらの「ギルド社会主義」に好意的であった[167]。

集団理論におけるこうした多様性に、松下はあまり関心を示さない。彼にとっては諸理論の厳密な区別ではなく、多様な理論家を含む広範な理論圏を設定し、そこから二〇世紀の理論としての共通分母を発見することが重要であったと思われる。

ウォーラス理解に関しても、松下は「巨大社会」概念の精密な分析よりは、その問題意識が後の諸理論に与えた影響を論じようとする。そして「集団観念(一)」論文の中で、彼はウォーラスの「巨大社会」観念を継承・展開した四人の名前を挙げる。第一の継承者はウォーラスの弟子であるウォルター・リップマンである。リップマンは、コミュニケーションの形態変化が人間を囲む環境を直接的環境から不可視的な間接的環境へと転換させたことを究明した『世論』(一九二二年)で知られている。第二の継承者は『政治学の新展開』(一九二五年)の著者であるアメリカの政治学者チャールズ・メリアムである。ただ松下は、アメリカでは社会心理学的な側面への注目が強く、元来ウォーラスの持っていた階級問題に対する認識が見失われていると付け加えている。

第三の継承者はカール・マンハイムである。マンハイムが考案した「大衆社会 Massengesellschaft」の観念は「巨大社会」をその原型にしており、一九三五年の『変革期における人間と社会』の中ではマンハイム自身が「巨大社会 Grossgesellschaft という言葉をもちいている」[168]ことを松下は指摘する。マンハイムは基本的な民主化と相互依存性の増進を大衆社会の特質と分析し、それによる「社会的権力位置の集中」を問題視した。

そして最後の第四の継承者として、松下はレーニンを挙げる。レーニンは帝国主義を独占資本主義との関連において把握し、それが生産と技術の社会化をもたらす「新しい資本主義」であることを明らかにした。このように帝国主義段階＝独占資本主義の問題性を規定した点を、松下は「マルクス主義におけるレーニンの決定的位置」と評価する。[169]労農同盟論や前衛党理論など、レーニンの社会主義革命における戦術論ではなく、「巨大社会」観念を継承し、資本主義の発展段階と国際紛争との関連を的確に把握した点において、レーニンの意義を認めているのである。

このように一九世紀末から二〇世紀にかけての大転換を理論化したのが多元主義政治理論である。松下は、「多元政治理論は、一九一〇年代から二〇年代にかけてイギリスを中心に展開された《集団》を嚮導観念とする政治理論」[170]と定義する。そしてその理論家として「第一圏としてE・バーカー、G・D・H・コール、H・J・ラスキ」を、「第二圏としてF・W・メートランド、F・J・フィギス、あるいはL・R・M・マッキヴァア」、そして「多元的政治理論の間接圏としてS・ウェッブ、G・ウォラス、R・H・トーニー、L・デュギー」を挙げている。[171]

これらの思想圏における共通の課題は、「十九世紀的市民政治理論の嚮導構成をなす国家対個人の媒介図式の批判」であり、また「巨大社会内部における労働運動の組織化・集団化を基礎とする集団観念の定位」である。[172]要するに、個人の代わりに集団を単位とする政治学を設計することが、彼らの課題であったのである。

しかし、前述の通り「集団観念」論文が未完に終わったため、以上の問題意識は「序章」と「第一章」の冒頭部分での叙述に止まっている。続く「第一節」の一では、封建制の崩壊による絶対主義国家の成立と、それに伴う「権力対自由」の問題の台頭を取り上げながら一九五六年の「集団観念(一)」論文は終わる。続いて翌年に発表した「集団観念(二)」論文は、イギリス革命におけるイデオロギー対立、そしてその中におけるロック理論の位置を説明し、さらにロック以降の合理主義対歴史主義の系譜とJ・S・ミルによる両者の統合を描くものである。この「集団観念(二)」論文は一九五九年の単行本『市民政治理論の形成』の最終章の原型であると思われる。

結局、「集団観念」論文は公刊された形では「市民政治理論」の説明に終わっており、肝心の多元政治理論についての体系的な分析は行われていない。それはおそらく、もともと「集団観念」論文の全体構想(＝『市民政治理論の転回』)の第二章「大衆国家の形成と集団観念の問題性」の一部として構想されたはずの「大衆国家の成立とその問題性」論文が、予想外の反響を呼ぶことになったからであろう。一九五六年末以降の「論争」を経過しながら、「市民政治理論」から「大衆社会論」への過渡的な媒介として想定された多元主義政治理論そのものへの関心が、松下の中で薄まったのではないか。結果的に、「集団観念」論文で取り扱われなかった残りの部分は、一九五七年の一連の論文で散発的に議論され、それら諸論文は一九五九年の単行本『市民政治理論の形成』と『現代政治の条件』に分解され収録されている。

またもう一つの理由は、多元主義政治理論の政治的な有効性に対する疑問にあったと思われる。結論を先に言うと、多元主義政治理論が市民政治理論を継承した側面を理論史的に評価しながらも、松下はそれが結局、階級構造の産物としての国家の性格を的確に把握するには失敗したと判断したのである。

より詳しくその内容を見ると、一九五七年の論文「「巨大社会」における集団理論」において、松下はラスキの政治理論に注目しながら、多元主義政治理論における「集団」観念と古典的な市民政治理論における「社会」観念との類似性を指摘する。二〇世紀の巨大社会の中では個々人の声が無力になっており、また一人一人の人間は「孤立すると同時に定形なき操作対象となっている」[173]。このような個々人を集団へと組織することを通じて個人の自由を救い、また集団の複数性によって社会の自由を多元化するというのがラスキの意図であった。ラスキにおいては国家に対する個人の自由を根幹にして「目的団体《アソシエーション》」の概念が成立しており、なお、多様な目的団体の連立する共同体全体は個々人の自由と予定調和をなしている。松下はそこに「市民社会」から継承した要素を発見する。

一方、一九五六年の論文「国家的利益と階級・集団」においては「集団」の政治的性格と「国家的利益」との関係が論点となっている。「国家的利益」の観念は、一九世紀末、外に対する帝国主義と内における労働者階級の台頭を条件として形成されたと松下は述べる。それは民族的繁栄、安全、権威をその内容としており、意識形態においてはナショナリズムを生成する。このような「国家的利益」の中身を政策的に形成して行く過程、つまり下からの集団利益の調和として国家的利益を導出することが、多元主義政治理論の目標であると松下は分析する。そこでとりわけ強調されるのが集団＝特殊利益の調節環としての政党の性格である。政党は諸集団から資金、政策、組織票を吸収し、集団は政党を通じて利益要求を表出するのが、そこで提示される政治過程である。

しかし問題は、このような政治モデルが政策決定過程における独占資本と官僚組織の優位性に対して無力である点にある。

> このような下からの集団利益による国家的利益の調和的実現という統合過程は、しかしながら独占資本の地位の圧倒的優越と行政・軍事機構の比重の質的増大という現実によって裏切られている。頂点レヴェルにおける独占資本の優位とさらに行政的軍事的指導者すなわち官僚・軍人の擡頭はむしろ上からの国家政策・国家的利益の実体を決定し、下からの集団による統合という過程を仮象に終らしめている。(174)

資本と行政的軍事的指導者による上からの圧力は、マス・コミュニケイションと資金撒布を駆使して集団を馴化する。

集団そのものが国家の世論の下受けに転化すると、そこにおける圧力の方向は上から下へと転倒する。そしてそれが「独占資本段階におけるデモクラティックな政治過程の内部[175]」で作動する場合、それは体制に馴化した「大衆」の民主主義、即ち「大衆デモクラシー」に帰結する。松下は問題をこう整理する。

　大衆デモクラシーとはかかる民主的外見による独裁への可能性とそれにともなう政治的自由の空洞化という状況をいうのである。[176]

要するに松下は、集団馴化の手段として「福祉国家」のイデオロギーが利用されるとき、労働組合そのものが体制の論理の伝導体に転化してしまうことをもっとも危険な脅威と見た。そしてそれへの対抗策として、彼は労働者階級を中核とする国民意識の形成を通じて、国家的利益を再編成することを提起している。

　それはラスキ政治理論の限界を認めながら、なおそこから「社会化された所有形態のもとにおける産業管理への効果的参加という観念」をその遺産として再生しようとする試みである。[177] 歴史的に見れば、一九二六年のゼネストの失敗と世界大恐慌の発生、さらにはファシズムの台頭によってイギリスの労働運動は退潮し、ラスキ理論にも失敗という評価が下される。ラスキはその後、次第に階級国家論に移行し、一九三五年以降にはマルクス主義へ傾斜した。ただ松下はここで、ラスキの「問題提起とそれへの倫理的衝迫は、その解答の失敗にもかかわらず、充分に理解されなければならない[178]」と、その遺産を生産的に活かす方法を模索しようとする。

　ここで注目すべき点は、松下が「階級」のみならず「国家」の意味を繰り返して強調していることである。現代の支配権力の核心を独占資本と規定している彼にとって階級意識の強調はおそらく論理的に不可欠なものである。しかし同時に松下は「国家的利益ないし民族的利益はけっして階級的利益へと還元・解消することはできない[179]」と断言する。国家的利益は各国の不均等性によって、民族伝統の特殊性によって、民族的な特殊性を持つものだからである。換言すれば、ソ連の労働者の利益は日本の労働者の利益と直結するものではない。そして社会主義陣営における「国家」意識の問題は、次章で分析する論文「大衆国家の成立とその問題性」と「マルクス主義理論の二十世紀的転換」の中心テーマとなる。

第二章

天皇制と現代

第一節　藤田省三——未完の近代

1　「天皇制」とは何か

天皇と天皇制

一九五四年、当時病床にあった丸山の要請によって、藤田は平凡社『政治学事典』における「天皇制」項目の執筆を担当する[1]。この項目は、一九五〇年代半ばにおいて項目そのものの持つ重みとともに、後の助手論文「天皇制国家の支配原理」の原形となった点においても重要である。

本項目の説明の中で、藤田は「天皇制」という言葉の使い方を三つに分けている。それは第一に、単に君主として天皇が存在する状態を指す言葉として、第二に、支配「構造」あるいは政治的「機能」に注目して近代日本の政治構造や体制を意味する用語として、第三に、特定の社会的現象が天皇制支配様式の特徴を備える場合における比喩的な用法において用いられる。一般に「天皇制」の語を使う場合には以上の三つの性格が混合しており、それを解きほぐし、全体的な理解を得るためには、歴史的な特質と支配様式の特殊性をそれぞれ究明しなければならないと藤田は述べる。前者についての説明がこの項目の小見出し「成立とその特質」の部分、そして後者が「イデオロギー機能」の部分にあたる。

その具体的な内容を検討する前に、まず「天皇制」という用語そのものをめぐる問題を指摘する必要があろう。

「天皇制」の語は、一九三二年、世界労働者政党の指導組織であったコミンテルンで決定された、「日本における情勢と日本共産党の任務に関するテーゼ」(いわゆる「三二年テーゼ」)の日本語訳において日本の支配体制を説明するために作られた言葉である。「三二年テーゼ」は、日本の支配体制の構成を絶対主義的な天皇制、地主的な土地所有、そして独占資本主義の三つの要素で説明しており、したがって当面目指すべき革命は絶対主義的な天皇制に対するブルジョア民主主義革命と規定した。つまり「天皇制」は、ロシアにおける絶対主義王政(ツァーリズム)に対応する形で考案された用語であった。

石田雄は一九五七年の論文「天皇制の問題(のち改題して「戦後の天皇制」)」の冒頭で、「今日では何のこだわりもなしに使われる「天皇制」という言葉が、一般国民のヴォキャブラリーの中に現れたのは、わずか一二年前の敗戦を契機としてであった」[2]ことを指摘する。彼は続いて、「「天皇制」という語を用いることには、皇室の存立に反対し、それを顚覆し「打倒」しようとする共産党の意向が含まれている［中略］この意味での「天皇制」というものは事実として存在したのではなく、共産党の恣に構造した架空のもの虚偽のものにすぎない」といった歴史学者津田左右吉(一八七三—一九六一)の一九四八年の発言を引き、「天皇制」の語を用いること自体がそれへの反対の意味を含むという問題に注意を払っている[3]。この点に関して、評論家菅孝行(一九三九—)は一九七三年の論説「天皇制の最高形態とは何か——戦後天皇制の存在様式をめぐって」においてこう述べている。

「天皇制」とはまさに廃止論者が作り出したことばであり、非合法下では勿論のこと合法下においても、それは「天皇」という名の世襲の首長を頂点とする日本独特の君主制を廃絶の対象として措定する立場の登場とともに姿をあらわしたのであった[4]。

以上の問題を念頭において『政治学事典』における「天皇制」項目を見ると、いくつかの特徴を指摘することができる。まず第一に、藤田にとって「天皇制」は、「絶対主義」とは異なる支配様式である。天皇制は「西ヨーロッパの古典的絶対主義と二つのコントラストをもって成立した」と藤田は明快に述べている。第一に、ヨーロッパの「絶対王制」は政治的権力の宗教的権威からの分離独立を通じて成立し、そこに独自の「政治」をうみおとした。しかし、天皇制はかつての権威を利用する「権威的権力」として成立した。第二に、封建領主が他の領主を征服する過程を通じて王権を成立してきた西欧の絶対主義とは異なって、天皇は政治的諸要素の状況変化によって「権力の主体に転化せしめられ」た存在である。そこには政治的闘争をへて陶冶されるべき政治力が欠けていると藤田は見る。[5] 天皇制は、西欧の絶対主義のように強力な政治力を持つ帝王の支配ではなく、受動的な形で成立した点において問題である。

「天皇制」項目の第二の特徴として、記述の中に見える労農派マルクス主義への批判を挙げることができる。藤田は、「三二年テーゼ」によって「天皇制の階級的意義と歴史的本質にかんするかぎり明瞭な位置ず《ママ》けがおこなわれた」とし、また「天皇制の物質的基礎や社会的基礎が、マルクス主義者によって、ほぼあきらかにされた」と、天皇制に対する理論的分析におけるマルクス主義の意義を一応認めている。[6]

しかしながら彼は続いて、革命勢力に対する凶暴な弾圧への反射として、マルクス主義者は天皇制における暴力性に過敏に反応し、体制における官僚、軍隊、警察といった暴力装置の「機構」的な分析に偏った点を指摘する。そして「そのうえ労農派と一般にいわれるマルクス主義者グループが、日本社会の半封建的諸関係を否認し、したがってまた天皇制の支配諸階級にたいする絶対主義的独自性をあくまで肯定しなかったために、天皇制にかんする論点は論争の過程をつうじて、その社会経済的基礎とその上部構造としての機構の二点にかぎられるにいたった[7]」と批判している。要するに、暴力機構と経済構造のみで天皇制を把握してきたため、結果的に天皇制に対する認識そのものが歪められているという批判である。したがって藤田自身の天皇制分析における目標は、そうした視座からは摑まれていない部分、即ち「天皇制が国民の行動様式、生活内容、思惟形式をいかにとらえているかという問題⑧」に設定される。

第三の特徴は、「天皇」と「天皇制」の語の使用における混乱である。藤田は一九六六年、この項目を単行本『天皇制国家の支配原理』(未来社)に収録する際に、微細な修正を加えている。特に注目すべきは、一九五四年の「天皇制」項目の「戦後の天皇制」に関する部分において「天皇」と表記されていた二箇所が、単行本においては「天皇制」に書き換えられていることである。また、逆に一九五四年版における「天皇制」が、一九六六年版においては「天皇」に書き換えられている箇所も発見される(傍線は引用者による)。

一九五四年版　家と郷土を発条としていた天皇への献身⑨
一九六六年版　家と郷土を発条としていた天皇制への献身⑩
一九五四年版　上部天皇制の復活⑪
一九六六年版　上部天皇の復活⑫
一九五四年版　天皇復活の現方式に内在するところの、アメリカニズムとナショナリズムの抱合⑬
一九六六年版　天皇制復活の現方式に内在するところの、アメリカニズムとナショナリズムの抱合⑭

このような変化から読み取れるのは、第一に、少なくとも一九五四年、事典の項目を執筆した時の藤田にとっては「天皇制」の問題が「天皇」という人格と密接な関連の中で考えられていたということである。特に一番目の箇所の「家と郷土を発条としていた天皇への献身」には、彼自身の戦中経験の実感が込められていたであろう。支配構造と支配者とを同一視する傾向は、その体制への順応者のみならず、体制への批判者の思考様式においても現れているのである。そして第二に、藤田の天皇「制」への視座は、君主制から共和制への推移を歴史の必然とするものとは異なっているという点である。藤田の主眼は、天皇制が歴史発展の真理に反する悪であることを証明するのではなく、むしろ君主として天皇がどのような特質を持つかを解明することにある。言い換えれば、支配者としての天皇と支配構造としての天皇制における、その支配の質を問うているのである。

ヨーロッパの絶対主義と天皇制

前述の通り、藤田の天皇制論における最大の特徴は、彼が終始、日本の天皇制をヨーロッパの絶対主義(藤田は「絶対王制」ともいう)との比較において考えていた点である。天皇制も絶対主義も、それぞれ封建社会の危機に接し、その克服を課題として生まれた支配構造である。しかし、政治権力の質的な独立を通じて成立したヨーロッパの絶対主義と日本の天皇制とは異なる性質を持っていると藤田は考える。封建時代において天皇は幕府によって権威づけられ、また幕府による制限を受ける「消極的権威」であった。幕府末期の国内外の危機状況の中で、将軍が自ら絶対君主と化することに失敗したため、天皇は受動的に権力主体に代替されたのだと藤田は見る。古代において天皇が権威と権力を兼備した専制君主であった伝統は、それを剝奪した幕府の崩壊による復権という形で、幕末における天皇制成立を円滑にする一つの要因となった。

そのように成立した天皇制の支配様式の特徴として、藤田は二つを挙げている。一つは「専制君主制が君主専制でない⑮」ため、諸情勢への極端な順応によって維持される支配形態という点である。もう一つは、それが権力の本質を伝統的な権威に置きつつ、近代的な政治テクノロジーとしての官僚制を最大限に使わなければならなかったという点である。「天皇親政」のスローガンと官僚支配の現実との矛盾は、実際の政治抗争の中で各派が自己美化のために「天皇」のシンボルを利用する形で機構の派閥化をもたらす。結果的に、国内外の危機に効率的に対処するために成立した支配構造が、逆に権力作用の効率的な集中を妨げるという逆説をもたらしたのである。

以上の「成立とその特質」の後に、「イデオロギー機能」に関する分析が続く。藤田は天皇制の正統性を支えるものとして、「家」の延長と拡大として「国家」を理解し、天皇を家父長、臣民を天皇の赤子と考える家族国家観の思考様式を挙げる。社会有機体説と儒教政治論とが結合したこの国家観は、しかし国家的な要請が「家」を圧迫して行く過程、即ち総力戦体制の中で崩れて行ったと藤田は見る。総力戦体制の中で衝突する前近代性と近代性への着目は、後述するように、彼の天皇制国家の理解の核心的な部分である。だが、そうした「総力戦」(藤田は total war をこう訳する)の失敗の後にも「戦後の天皇制」は続いている。敗戦による「君主」の地位の変化にもかかわらず、その実質的な機能を担う官僚の温存と増殖を通じて、支配様式は戦前と連続しているのである。ただ戦後の天皇制の機能は、戦前・戦中のように政治的統合の頂点としてではなく、日常の生活様式を円滑にすることに集中していると藤田は述べる。

そしてあたかもこれに見合って、上部天皇制の復活は〝生物学者〟天皇の巡幸と、戦争責任に個人として無関係な皇太子の世界〝漫遊〟との大大的な宣伝をつうじて〝スター〟的名声を国民のあいだに喚起するという途をとって進行している。こうして天皇制は現在のところでは以前とことなって、政治的権威や政治的要請を国民にもちこむのではなくて、ひたすら非政治的名声を博することにあらゆる努力を集中している。⑯

ここでいう「上部天皇制」は、生産様式を中心とする経済(＝下部構造)によって規定される上部構造としての天皇制を言い表すものと理解できよう。つまり一九五四年における藤田の診断は「巡幸」などの宣伝によって天皇の「スター」化が進んでおり、その裏には戦前から実質的な支配を担当し、大きな失敗をおかした官僚機構の支配が依然として連続しているということであった。

ここで描かれている「スター」としての戦後天皇像は、五年後の一九五九年、松下が展開した「大衆天皇制論」への予告としても読める。後述するように、松下にとってその執筆の直接的なきっかけとなったのは、一九五八年の御成婚ブーム、いわゆる「ミッチー・ブーム」であった。ただ、実は松下も「大衆天皇制論」の中で終戦直後から行われた「巡幸」に触れて、そこに「大衆天皇制」の前期的な形成を認めている。

戦後、「現人神」から「人間」になった天皇の地位変化は、天皇との接し方における大きな混乱をもたらした。そもそも、「象徴」としての君主のあり方は何かという問いへの明白な答えを、少なくとも終戦直後の時期においては、誰も持っていなかった。

終戦直後の混乱期において、日本国民の「象徴」となった天皇と、逆に政治的主権者となった人民の間のあり方を決定づけた過程が、「[昭和]二一年から二九年にかけて、総日数一六五日、全コース三三、〇〇〇キロにわたる戦後の天皇巡幸」[17]であったと松下は見る。この過程で一般大衆と天皇が親しく交歓し、大衆が君主をスターのように受け止める形で、新しい天皇制が定着して行ったのである。

興味深いのは、巡幸に対する大衆の反応の変化である。松下はここで、ジャーナリスト藤樫準二(一八九七―一九八五)が『千代田城』の中で描写した巡幸初期の様子を引用している。

> 焦土の焼野原に鉄骨の残骸がゴロゴロしていたときは、旗や万歳どころか、沿道の群衆もポカンと立ちすくんでいた。[中略]いったい象徴天皇をどうお迎えしていいのか、官民ともに民主主義に対するとまどいが見られた。[18]

一方、戦後初の侍従長に就任し、巡幸の企画・実行を担当した大金益次郎(一八九四―一九七九)は一九五五年の『巡幸余芳』の中で巡幸初期の様子をこのように表現している。

巡幸の際における陛下と民衆との精神的交渉には顕著な発展成長が認められる。［中略］要するに、初期から中期の初めにかけては、陛下は飽くまで積極的であり、民衆は絶対的に受身の地位にあった。［中略］彼等には答うべき言葉の用意は素よりない。瞬間茫然として為す所を知らない。[19]

さらに『巡幸余芳』には、新聞記者たちの天皇に対する不遜な態度についての言及が多数登場する。たとえば、「新聞記者および写真班員諸君の無作法振りは終始渝《かわ》る所がなかった［中略］天皇に対する礼儀などは蹂躙することが民主的だとでも心得ているらしい[20]」という憤慨である。より厳密にいうと、これはそのような不満を感じながらも、彼らを積極的に制止することのできないことから発生する不満であろう。まだ天皇退位の可能性や戦犯裁判への起訴をめぐる議論が定まっていなかった時期において、巡幸の実施と報道は「人間天皇の素顔を内外に見せるという、GHQの作戦とピッタリ符合した[21]」ものであった。宮内庁にとってマスメディアとの協業は、皇室の存続に関わる決定的に重要な問題であったのである。巡幸の記録には、様々な試行錯誤を経て、オープン・カーの積極的な活用、舞台装置としての奉迎場の設置、観衆の配置などに関する、演出者としての宮内庁の工夫がうかがえる。演出者たちは、「国民の多くは、天皇に「人間天皇」を求めながら「人間ならざるあるもの」(神とは云わぬ)を求めている[22]」ことを、正確に把握していたのである。

「相対的な絶対者」の問題

以上で見た「天皇制」項目は、論文「天皇制国家の支配原理」の見事な要約になっている。おそらく同じ時期に執筆を始めたと思われる「天皇制国家の支配原理」は、「天皇制」項目の基本認識を踏まえて、それを「近代国家」の問題として取り扱ったものである。もともと全三章の構想であったが、完成された部分は「序章」と第一章のみである。未完の部分の内容について、藤田は後の一九六六年、こう述べている。

「天皇制国家」の論文は、第三章まで書き終えられ、その上、「近代」以前の天皇制、つまり日本の伝統的政治様式の「組み立て」が書き足された上で本になる筈であった。もともと「天皇制国家」の論文自体が、「第三章」(明治後半の転換)の部分を書こうとして、その「前史」へ「前史」へと、書き出しを遡らせた結果なのである。したがって、皮肉なことに、かつてもっともよく勉強し、もっともよく資料を集めたところは書かず了いとなり、その部分も、また「古い時代」の天皇制の分析も、将来の機会に委ねられることとなった。(23)

おそらく「古い時代」の天皇制の分析というのは、一九六〇年代以降の藤田の新しい関心を反映した発言ではないかと推測される。だが、少なくとも一九五〇年代半ばの時点で、この論文が日本型「近代国家」の生成期としての明治時代全体をカバーするものとして構想されたことは、論文の「序章」に明確に現れている。

その「序章」の中で藤田は、倫理的には神を、情緒的には家父長を、政治的には君主を一身に体現したものとして、明治以来の近代日本における「天皇」の特徴を説明する。問題は、前者の倫理や情緒の領域と後者の政治の領域との分離にこそ近代国家の誕生を認める視座から発生する。この視座は、丸山のカール・シュミット理解から受け継いだものであろう。たとえば一九四六年の論文「超国家主義の論理と心理」において、丸山はシュミットの「中性国家」の概念を明治国家との対比において次のように説明している。

ヨーロッパ近代国家はカール・シュミットがいうように、中性国家(Ein neutraler Staat)たることに一つの大きな特

> 色がある。換言すれば、それは真理とか道徳とかの内容的価値に関して中立的立場をとり、そうした価値の選択と判断はもっぱら他の社会的集団(例えば教会)乃至は個人の良心に委ね、国家主権の基礎をば、かかる内容的価値から捨象された純粋に形式的な法機構の上に置いているのである。［中略］ところが日本は明治以後の近代国家の形成過程に於て嘗てこのような国家主権の技術的、中立的性格を表明しようとしなかった。その結果、日本の国家主義は内容的価値の実体たることにどこまでも自己の支配根拠を置こうとした。[24]

道徳と権力とが混合し、国家が「内容的価値の実体」として存在するところに、権力は「権力としての存在理由」を主張することができない。こうした問題を、藤田は次のように説明する。

> そうしてこうしたもろもろの体制観念が同一化して行ったことによって、赤裸々な権力行使は、一方で神の命令として至上化されながら、他方で「涙の折檻、愛の鞭」として温情と仁慈の所産とされ、権力は権力として自己の存在理由を主張する近代的国家理性を失い、被治者に対する権力の陰蔽は支配者の理性と責任意識をも自己陰蔽して、そこに権力の無制約な拡延を生み落したのである。[25]

権力が道徳や情緒の世界に自らを基礎づけることは、同時に、権力が客観的な制約(例えば、法律)に拘束されず、主観的な神聖化によって拡大して行く放恣化を許容する点で危険である。だからこそ、国家は徹底的に法制的なもの、「機械的」な領域に限定されなければならない。藤田はこう続ける。

> もし支配が機械的制度に専ら依拠するものとなるときには、必然にそうした制度外の非機械的有機的生活領域と

りわけ人間の内面生活は支配すべからざるものとして国家から解放されねばならないのである。[26]

しかし明治国家は逆に、「装置」としての機械的な国家と「生活共同体」としての情緒的な国家を統合することによって誕生した。藤田は特に、帝国憲法が発布された「一八八九年を中心とする前後三年」を「天皇制国家成立の劃期と見做」している。[27]ただその際、制度の成立そのものより、「むしろ制度化(institutionalization)の原理」[28]にその劃期の意義を認める。つまり、明治国家建設の特徴は「体制の底辺に存在する村落共同体(Gemeinde)秩序が国家支配に不可欠のものとしてとりあげられ、その秩序原理が国家に制度化された」[29]ことにあるのである。

言い換えれば、機械装置としての国家を設計する過程において、その設計者たちは、情緒的な村落共同体の秩序原理をその作動における核心的な部品として組み入れたのである。そのような設計者を代表する人物として、藤田は「維新以来のこのくにで、最大の近代国家主義者《エタティスト》であった伊藤博文」[30]を挙げる。元来、「「帝王」によって「運転」される「一大器械」[31]」を模範国家として構想した伊藤にとって、「「情義」にもとづく全人格的結合を構成原理とする「郷党社会」[32]」は原理的に拒否されるべきものであった。

しかし、「にもかかわらず」[33]、伊藤は郷党社会の秩序原理を、意図的に国家設計の中に持ち込んだ。その理由は、第一に、伊藤が郷党社会の存続を「社会主義思想の浸潤に対し、将来健剛なる障壁となるべきもの」[34]と考えたからである。

彼によれば、(Ⅰ)「郷党社会」における「道徳的義侠的元素」は、例えば恐慌に際して「互に相憐み、相救ふの情」を喚起して「我国商業界」の全体組織の「大動揺」を免かれさせ、「工業界」においては、「我労働者」を「他国に於けるが如く精神死滅の動物たるに至らず」に止め、「資本家と労働者との間には保護者、被保護者の温情ある関係」を保たせて、〝日本資本主義の精神《ガイスト》〟の酵素としての機能を営むからであった。[35]
階級の対立に起因する矛盾の激化を防止する機能の他にも、伊藤は郷党社会が「社会一般のあらゆる対立を調和する」[36]緩衝装置としても機能することを期待した。しかし、このように郷党社会に基盤をおく国家建設は、政治領域における三つの否定的な結果をもたらしたと藤田は分析する。第一に、利害対立の解消を郷党社会の情誼的機能に委ねたため、利害を合理的に調停する方式が考案されなかった。第二に、日本の郷党社会の道徳から国家の原理が求められたため、対外政治において日本国の道徳的な性格の主張が肥大化した。第三に、にもかかわらず、資本主義の発達によって利害の分化が必然的に進むにつれて、緩和されることのできない利害対立が生じる時には、逆に共同体の情誼的秩序そのものが分裂の危機にさらされることになった。

なお、伊藤らの設計の通り、政治社会全体を郷党社会に基礎づけるためには、実質的な作業の手段が必要であった。地方自治制度の実施と教育勅語の制定がその役割を果たしたと藤田は見る。前者は古来の自治精神を近代国家の「法案」の形式を通じて国家原理として基礎づけたことを、後者は国家主義者と儒教主義者との対立を含む結合によって、儒学における「道徳的義侠的元素を核とする共同体秩序原理」が「日本国の一般的原理」として定着したことを意味する。[37]

しかしこのような道徳的な国家原理は、国家を支配機構として作り上げようとする原理と矛盾する。国家の構成原理そのものにおけるこうした両面性は、実際の支配過程においても可視化した。能率的な支配のために設計された近代的官僚制が、その実際の運用においては、それを担当する〝人〟の郷里での影響力や資質に依存しなければならなかったのである。それを示す史料として、藤田は山県有朋が一八八九年一二月、地方官たちに送った訓令の一部を引用している。

治道の要は、平易にして民に近き、上下阻隔する所なく、法律規則の外に藹然として親和する所あらん事を欲す。処務手数の繁細、及、延滞なるにより、小民をして徒に其時を失はしむるは、最も厭苦を招くの道なり。是れ宜しく及ぶべく、簡易敏速を主とし力めて煩苛の弊を除くべし[38]。

ここに、人間の支配ではなく規則の支配として考案された官僚制における「見事な逆転」が現れる。つまり、官僚制によって社会の底辺まで貫通する通路が設置された時、その社会の底辺において、実は規則による支配が不可能であることを、規則の制定者たちが認めているのである。このような現象を、藤田は「支配における規則の疎外化[39]」と呼ぶ。

厳しい権限の帰一的体系に支配機能を組織化することによって権力運用の能率化を企図した絶対主義は、その制度的完成と同時に、ほかならぬ「治道の簡易敏速」すなわち能率化を理由として底辺における支配の規則化を排除するという奇怪なパラドクスを生み落したのである[40]。

さらに、こうした政治的二元性は経済構造の二元性に照応するものであった。前近代的な農業生産関係の上に資本主義の育成が行われ、両者を寄生地主が媒介するという藤田の理解は、「三二年テーゼ」を反映している。だが同時に、この寄生地主層は郷党社会における名望家層でもあり、政治的にも二つの構成原理を媒介する中間層として働く。つまり地主層は、封建的な地代に寄生しながら経済の流通回路の中で初期資本の蓄積を担うと同時に、政治的側面においては名望家として、選挙資格を付与され、村落を支配しながら同時に全国規模の政治の流通回路にも参加していたのである。この層こそが官僚制と郷党社会の間における、政治的、経済的な媒介者であったことを、藤田は強調する。しかし日露戦争の前後から、巨大寄生地主たちは都市に進出し、農村との人格的な結合を失って行く。また、政治的にも、彼らの利益は村落より国家と直接的に結合することになる。村落における地主層のこうした空白を埋めるために、自作農民の上層が新しい媒介項として育成される。「篤農」と呼ばれるこうした媒介項の育成によって中間層は拡大再生産される。こうして、一方では中間層の拡大再生産が行われ、他方では道徳的な絶対者である天皇が情緒的な統合を司る体系を、藤田は「天皇制社会」と呼ぶ。

ここに天皇制国家のミクロコスモスの階層秩序として社会が編成され、かくして大小無数の天皇によって、生活秩序そのものが天皇制化されることになってゆく。われわれが天皇制社会の成立と呼ぼうとするものがこれである[41]。

中間層の拡大再生産、そして頂点における道徳的権威による統合は、国家と社会の癒着を意味する。それは道徳の領域に権力が介入することとともに、支配の様式もまた道徳化することを意味する。つまり、官僚組織の内部においても「被治者にたいしては道徳的価値の独占者＝「お上」として倫理的暴君となり、上級官僚にたいしては身分的下層＝「子分」乃至「弟分」[42]化する傾向が現れる。機構上の上下関係が人格的なものに変質して行くと、機構内部の分派主義(セクショナリズム)も進展する。そしてそこにおける抗争はまた、究極的な道徳的絶対者である天皇の意思解釈をめぐって行われる。しかし天皇が具体的な意思表明を行わない「相対的絶対者」であるため、この抗争は各々の恣意を絶対化する方向に進み、それゆえまた激化する。

ここでは、絶対者の相対化は相対的絶対者の普遍化である。かくして天皇制絶対主義は権力絶対主義を貫徹しないことによって、恣意と絶対的行動様式を体制の隅々にまで浸透させ、したがってあまりにパラドクシカルにも無類の鞏固な絶対主義体系を形成したのである(43)。

「天皇制国家」と「天皇制社会」

「天皇制国家の支配原理」の「序章」で提起された「天皇制社会」の概念について、藤田は後の一九九五年、「新編へのあとがき」の中でより具体的な説明を加えている。彼はそこで、日露戦争以降を「天皇制社会」の時代と規定し、明治憲法発布前後の「天皇制国家」形成期とはっきり区分している。前述の通り、藤田の見る天皇制国家の成立時期は一八八九年を中心とする前後の三年間であり、それは、官僚制の整備と村落共同体秩序の温存という支配原理の二元性が、伊藤らの国家設計者たちに自覚的に認識され、制度化された時期である。それに対する「天皇制社会」は、そうした「天皇制国家」をモデルとした小宇宙の階層秩序として社会が編成され、各種の「中間層」(地主層、後には篤農層)の拡大再生産によって国家規模の経済回路と政治回路、さらには国家中心の道徳回路(上からは表彰の対象、下からは模範あるいは教化者)の循環が成立することを指す。そしてその「天皇制社会」の循環構造から、藤田は「各種・各レベルの集団における、それぞれの一体感が割れて個別性がその中から分出することへの恐怖(44)」を見出している。

つまり藤田は一八八九年頃に成立した天皇制「国家」と、一九〇五年頃(日露戦争後)に成立した天皇制「社会」との区分を、ほぼ四〇年にわたって考え続けていたということになる。その意味は何か。

「天皇制国家」と「天皇制社会」に共通する特質は、そこにおいて国家と社会が完全に癒着している点である。「国家」は郷党社会の秩序の温存の上で、「社会」は「忠孝一致」のように単純化した国家中心の倫理の教化によって支えられる。このような状態においては、国家に対する社会、社会に対する国家の区分と独立、さらに対立は起こり得ない。国家に対する批判者は、社会からも孤立し、疎外されなければならない。社会における異議申し立ては容易に不忠者や非国民という批判にさらされる。元来、天皇制「国家」は、純粋な権力の自己主張として建設されず、互いに矛盾する二つの原理の結合の上に建てられた。その中における人間は、国家からも社会からも、内面の自由を保つことができないのではないか[45]。

以上、「天皇制国家」論文の「序章」を中心に、本論文全体の趣意を検討した。その後を継ぐ第一章は、明治維新の前後から一八七〇年に至る時期に限定して、支配原理の二元性を具体的に論じている。そこにおける核心的な論点は、「権力の集中と水平化」である。

2　権力の集中と水平化

明治の「ステイツメン」

「絶対主義の最大の歴史的役割は国家の建設にあった[46]」と藤田は述べる。それは封建社会の解体危機に際する、君主による再統合を意味する。日本の明治維新も同様の意図で行われた。それはあらゆる権力と権威を君主に集中させ、それによって封建的な割拠を粉砕し、平等な「臣下」として政治社会を水平化しようとする政治的変革であった。

しかしその変革は「特殊日本的形態[47]」で行われた。それは強力な君主の征服過程でも、中央政府による収奪でもなく、木戸孝允、大久保利通らの「藩士」たちによる自発的な権限の返還運動として行われたのである。彼らの政治的行動の背後には、社会混乱による民の反乱への恐れがあったと藤田は見る。

なお、彼らにとって「建国とは、君主たる天皇によるそれでもなければ、また「神武創業」の歴史的連続でもなく」、「「有司」の「事業」」として認識されていたと藤田は評価する。「国家」に対しても「天皇」に対しても醒めた認識を保つことができた彼らは、「国家建築を司る政治技術家すなわち》State《smen」であった[48]。

こうした「ステイツメン」は、多様な「棟梁の寄せ集め[49]」であった。それは倒幕運動の社会的構成に由来する多元性、質的な複数性を意味した。しかしこの質的な複数性は、統一的な絶対主義の建国においては克服すべき課題となる。「名目的主権者たる天皇が無主権的であり、主権の実質的担い手としてのステイツメンが質的に複数的であってその間にセクショナリズムが横行[50]」する状況において、さらに外国からの圧迫が加わり、内外に対する緊急な対応が要求されてきたからである。ここで、強力な君主の権力集中による他の全勢力の水平化が不可能であれば、全勢力の水平化を通じて、その結果として権力集中を期待する選択肢しか残らない。つまり、人民を封建領主の支配から解放することによって、領主たちの権力を解除して行く方法である。

その実行のためには単一機構の早急な創出が必要であった。藤田は岩倉具視の言葉を借りて、彼らが「明天子賢宰相ノ出ツルヲ待タストモ自ラ国家ヲ保持スルニ足ルノ制度ヲ確立スル[51]」ことを目標とした点を指摘する。西欧の絶対君主は、教会や封建諸侯に対する、自らの権力の勝利のために国家の機構化を推進したが、日本の場合は逆に「明天子賢宰相ノ出ツルヲ待タストモ」維持できる国家を建設するために、機構化が進められたのである。

こうして、人民と国家との直接的な交通機関として官僚機構が設置され、「民籍」あるいは「戸籍」の整備が行われた。これによって脱籍者などの法外者への取り締まりが行われるとともに、窮乏する人民の救済や教化も可能になる。つまり、日常生活における秩序の定着と政治社会の水平化のための通路が出来上がったのである。

しかしこのような「壬申戸籍」の急進性は、実際の支配様式とは距離があった。この機構の社会的底辺における定着を担ったのは、「小役人、大年寄、村役人、庄屋、名主」など、旧来の村落秩序を担当した人々であったのである。内乱以降の物価の飛騰、凶作による窮乏と相まって、これら村落支配層を中心とする家父長的な村落共同体の秩序はむしろ強まっていた。戸籍の実施によって人民として同型化されたはずの村落支配層の人々が、体制の底辺において相変わらず教導者として積極的に機能していたのである。

近代的な支配機構の建設と前近代的な支配形態との衝突は、一方では官僚制支配を貫徹しようとする主張を呼び起こし、他方では旧来の秩序を回復しようとする主張をもたらした。しかし、ここで藤田が注目するのは、こうした両極の立場の共通点である。

近代国家原理としての集中における「前近代的なもの」の利用は、こうして当然に両極からの批判を蒙らなければならなかったのである。彼らを自らの価値判断から解放せしめるとき両者に共通なものは何か。あまりに明白にも、それは権力的集中と政治社会水平化との正対応関係であり、支配の機構化のそれへの照応である。(52)

ここで藤田は、リシュリューとルイ一四世の絶対主義は、ルソーのいう普遍意思（一般意思）の成立と裏返しによって連結されるといったエルンスト・カッシーラーの言葉を注記し、権力における集中と水平化について「前者の完成が後者の成立の不可欠の前提」であると述べている。(53) つまり、天皇制国家が権力の強力な集中＝絶対君主の支配力による建国を達成し得なかったため、人民の同型化＝政治的水平化も徹底的に行われなかったと見ているのである。絶対君主による強力な一元的政治権力の誕生を見ることができなかった不十分な権力の集中化が、人民を原子化する政治的水平化の失敗をもたらしたのである。

そして日本において人民の完全な水平化が行われたのは、人間を同質的な資源と捉え、それを動員することが要求された総力戦体制においてであったと藤田は見る。続いてはこの問題を藤田の日本ファシズム論との関連において検討する。

日本ファシズムの構造

一九五六年に発表した「天皇制国家の支配原理」が、日本の近代国家形成過程における権力集中の不在と、それによる政治的水平化の失敗を分析しているとすれば、一九五七—五八年の一連の天皇制研究は、そうした支配様式の特殊性が日本ファシズムに与えた影響に焦点を合わせている。たとえば、一九五七年の論文「天皇制とファシズム」は、その冒頭で日本ファシズムの「矮小性」を指摘しながらこう説き起こされている。

日本ファシズムが、イタリー・ファシォやナチズムと比較して、著しい「矮小性」をもっていることは、すでにすぐれた作品によって知られている。［中略］すべての特徴が示すことは、「反動」化と呼ばれる過程においてもまた、いかに日本社会の歴史的経過が明確なキレ目を持たないか、そうしてこのことに対応して、その経過を営む人間が、いかに歴史的連続を遮断するだけの主体的行動性を欠いていたか、ということである。［中略］「ダラダラ」反動がどのような形態で、いかなる状況のもとで、そうであったのか。本稿で探ろうとするのは専らこれである。[54]

ここでいう「すぐれた作品」とは、無論丸山の「日本ファシズムの思想と運動」（一九四八年）や「軍国支配者の精神形態」（一九四九年）を指している。藤田のファシズム研究は丸山から甚大な影響を受けており、第一に日本ファシズムの核心的な要素を郷土主義に見出す視座が丸山と共通している。

明治以来、一村一家の延長として国家が想定されたため、郷土は個人と国家をつなげる接合部であったと藤田は見る。「郷土を離れた個人もなければ、郷土を離れた国家もなかった[55]」のである。しかし、日本を取り囲む国際社会の圧力は、それに対処するために物質文明、技術の発達、都市化といった機械化を要求してきた。機械化と都市化は生活様式全般における万国共通の規格化をもたらし、一村一家の延長として想定された日本の国家観を危うくするものであった。機械化によって郷里社会との連結を失うことは、祖国とのつながりを失うことを意味したのである。

さらに日本における機械化は、西欧の文明、またはその病弊として受け止められた点において、二重の意味で日本国に反するものであった。「機械化は「西欧的唯物論化」であり、国家の心情に反するのである。人間一般と「精神の危機」の自覚(P・ヴァレリー)ではなくて、自然と伝統によって生活している「一村一家」の郷土とその心情が、機械への反抗のトレーガーである[56]」。したがって対外的な緊張が高まり、農村の経済危機が深刻化すると、郷土主義は祖国＝郷土の敵を攻撃する形で浮上することになる。

しかし郷土主義がその理想とする古来からの「村」の自治は、〃おのずから治まる〃共同体をその原形としている以上、具体的な政治の内容や計画の構想を欠くものであった。郷土主義の思想的内容は、普遍的な規範精神とは無関係な「具体的な生活」の重視にあった点に、藤田は注目する。郷土における具体的な生活体験に根ざすことへの強調は、「感激的」な右傾化や「理論的」な左傾化という、左右の急進化への防壁でもあった。

こうした左右の急進化の抽象性を批判する郷土主義の理想を、藤田は農本主義者山崎延吉(一八七三―一九五四)のいう「天地自然の法則にのみ従って、何らの人為的規則や物理的権力に拘束されることのない、「自由自営」の状態[57]」に見出す。ここでいう「自由」は、生理的条件を拘束するもの(山崎によれば、病気、暗愚、犯罪、借金)の排除を意味していたため、ある程度の生活技術の合理化と改良を論理的に容認するものであった。したがって郷土主義は改良主義と問題なく接合する。だが同時に、郷土主義の思想は郷土を乗り越えた地点のものを拒否しており、改良の対象は郷土の接触範囲に限定されていた。たとえば官吏やサラリーマンを良いものとする間違った観念を改めて、郷土に定着し、生活を建設する勤労の価値を発見することが、郷土主義における「革新」の内容であった。これは明治末期、寄生地主層が農村との人格的な結合を失った時、その空白を埋めるために育成された、在地中間層（篤農）の思想でもあった。

しかし昭和大恐慌以降、巨大寄生地主—中小地主—自作農上層の連鎖体系を担っていた系統農会[58]の機能が弱化し、国家が直接的に自作農の上層を掌握する傾向が強まった。恐慌によって負債が増加した状況の中で、もし景気が回復したら債権者が一気に債権を整理するだろうという予測から、重大な社会危機が予想されたからである。在地中間層の村長、実行組合長などが、国家に対して救済補助を請願した時、その要請に積極的に対応したのが革新官僚であった。革新官僚は、農村を組合化し、それを商業や工業組合と連携させ、直接掌握しようとする職能国家観を構想していたからである。その結果、組合による農村の全面的な組織化が推進された。

しかしそのような村落共同体の組合化は、共同体そのものの分解をもたらす危険を孕んでいた。

共同体の組合化とは、共同体そのものの分解に他ならない。「負債整理組合」「出荷組合」「信用組合」「購買組合」「農家共同経営組合」等々の組合が、一部落に作り上げられる傾向は、極限的には、一つ一つの生産目的、一つ一つの消費目的毎につまり生活領域の区別可能なすべての側面について組合組織が生れることを意味する〔中略〕全生活において一体化している共同体は、ここにおいて完全に分解する。[59]

郷土の情誼的な秩序によって隠されていたが、農村の組合化はこのような分解への傾向を抱えていた。藤田の見る日本ファシズムの「起動構造」の解体はこの点に関わっている。つまり日本ファシズムは、農村在地中間層という特定の階層を運動の基礎として出発しながら体制編成の単位を作り、それを原形として国家の全体的な組織化を進める形で展開されたのである。藤田はここに、資本主義社会の危機状況から生まれた社会全般の不安定を組織しながら行われたナチズムとの対比を見る。ナチズムは社会の流動化を前提とし、日本ファシズムは郷土への定着を前提とする。ナチズムはユダヤ人などの異民族の排撃を通じて「ドイツ人の収斂」をもたらし、日本ファシズムは郷土への復帰としての転向と、日本的な価値の拡散による八紘一宇の秩序を意図するのである。

　こうして、全体制を合目的的に編成しようとする職能国家の構想と、その構想の対象であった村落共同体の秩序の間の矛盾は、やがて総力戦体制によって爆発し、崩壊することになる。このように、総力戦体制と天皇制が矛盾し、爆発するという見方は、丸山が一九五一年の論文「日本におけるナショナリズム」において提示したものであった。丸山はそれを「日本帝国の支配層がナショナリズムの合理化を怠り、むしろその非合理的起源の利用に熱中したことによってやがて支払わねばならぬ代償であった[60]」と評価する。

　小熊英二は、この視座が藤田によってさらに深化されたと述べながら、「総力戦体制それ自身のなかにこそ、超国家主義を瓦解させる「内在的な必然性」が含まれているという発想が、丸山にとって「救い」となっていた」と分析し、戦争を革命に転化させるというレーニンの思想との親近性を指摘する[61]。しかし、藤田の見る総力戦体制における政治的可能性は、むしろ戦争を遂行するために要求された国家の合理化という、治者の論理の方にあったように思われる。つまり藤田は、総力戦体制における「人的資源の動員・配置」に近代国家の端緒を発見しているのである。

> 「人的資源」という言葉[中略]の登場は、日本において漸く近代国家(社会ではない)の原理が完全に貫き始めたことを意味していたのである。いうまでもなく、マキャベルリ以来の近代政治の原則は、C・シュミットの言葉をかりれば、人間を「人的物資」(Menschenmaterial)として把えることから始った(*Die Diktatur*, 1921)。そうすることによってはじめて大量人を一定方向に組織づけ統合する、人間処理の技術が生れえたのである[62]。

「総力戦」の状況が要求してきたのは、人間を原子化し、動員の対象とする「逞しい政治観念」の貫徹であった。彼はこう続ける。

「転廃業」、「徴用」は、「人的資源」の合理的再編成の具体的手段であった。そうしてこの原理は、人間をその物理的単位量において取扱うのであるから、云うまでもなくその現実単位は労働力としての「個人」である。だからして、この原理の貫徹するところ、日本の郷土は完全にバラバラに分解されねばならない。[63]

問題は、そのような貫徹が政治支配者によって能動的に行われなかった点にある。日本には「断乎として冷酷な支配を敢行する強烈な支配者は存在しなかった」とし、藤田はその「情ない侵略者の集り」を批判する。彼にとっては、「戦争を主体的に行うのではなくて戦争という事実に引張られてやっと戦争体制を作」った戦争指導者の受動性が問題なのである。[64]

日本ファシズムにおける決断者の欠如の問題は、翌一九五九年の論文「天皇制のファシズム化とその論理構造」においても繰り返して指摘されている。そこで藤田は、満洲事変から始まり、二・二六事件後広田内閣の時に中心的に議論された「高度国防国家論」の展開に言及しながら、その発想の起源を、大正末期に帝国大学で教育を受けた革新官僚におけるマルクス主義の教養に探っている。

これらの中心グループではマルクス主義は学生時代の周囲の状況からかなり自然に大した意図的努力なしに頭に入り込んだ[中略]頭に入り込んで定着したものは、マルクス主義の社会の把え方、つまり全機構的把握の仕方であり[中略]それは日本では実にザン新な考え方であった。明治時代の善意の役人のように、牧民官として被治者を一人々教導して最後のところで郡全体県全体国全体を良く治めようとするのでは駄目なのであって、社会は結局具体的人間から独立した人間の関係そのものなのだから、その関係の構造つまりメカニズムを把え、それを動かすことで社会問題を解決するのが政治である、という考え方が「全[65]機構的把握主義」から生れてくるのである。これが、実践的には満洲経営を行い、理論的にはゴットルやシュパンなどを読むという経過を通じて、前に見た高度国防国家論の中にある考え方につながって行くと考えられる[66]。

つまり藤田は、高度国防国家論における目的合理的な政治の原形をマルクス主義に探りながら、なおそのような論理が、国防の目的のために国家の全領域を冷酷に再編成し、戦争を指導すべき強力な決断者を要求した点を指摘する。しかし現実の政治において、そのような決断者は不在であった。その代わりに行動力を担ったのが、東条首相の「自殺的」心情による決断であったと藤田は見る。

> 東条首相が「清水の塔から飛び降りる気持で」戦争を始めた、その自殺的心情は、決断能力のない者が最大の決断者らしく振舞わねばならぬ時の苦渋をただよわせている。その頃の軍部指導者［中略］は「止むを得ず」体面上決断のように見える所作をして見せなければ収まりのつかない場面になったから開戦しただけなのである。［中略］ここにわが国の精神構造の中にある「決断」の型が浮彫りにされている。決断とは体面を動機とするところの自殺行為、それに他ならない。合理的推論をギリギリまで行った結果、当面する状況のもとで見透せない部分を最小限にまで縮め、その上で行動に乗り出すために行う能動的な決断ではない[67]。

このように藤田は、人間をその内容を問わず均一な物資と見做し、ある目標のためにそれを動かすことを近代的な文配の本質と捉えている。絶対主義やファシズムに対しても、倫理の基準からではなく、権力運用の質においてそれを分析しようとしているのである。そうした中で、革新官僚を近代的な政治観に接近させたものとしてマルクス主義の役割を認め、治者の論理としてのマルクス主義の側面を評価しようとしたと見える。[68] 後述するように、松下においては近代以降の大衆社会における問題として扱われる「動員」の契機が、藤田の「ステイツメン」中心の視座からは、むしろ近代の特質として理解されている。そして人間を均一な資源と見做す「逞しい政治観念」を持ち「断固として冷酷な支配を敢行する強烈な支配者」の日本における稀な例として、藤田は再び、伊藤博文の名前を挙げる。

3　政治的人間

伊藤博文とレーニン

合目的的な権力の運用者としての「政治的人間」伊藤博文に対する藤田の評価は、一九五六年の初の論文から晩年に至るまでほとんど変わらない。一九七三年、萩原延壽との対談「支配の構造」の中で、藤田は伊藤や井上毅、陸奥宗光らを指して「ああいう「強い敵」と取り組んで戦えるようにならなくちゃ駄目だ〔中略〕あの連中を敵としたい。少なくとも知的にはね[69]」と述べている。そして彼らの「権力の中身をできるだけえぐり出してみたいという青年客気[70]」が自身にあったと告白し、とりわけ明治における伊藤の「オルグ」(＝組織者)としての力量を高く評価している。[71]
一九七八年の「或る歴史的変質の時代」においても、伊藤と井上らについて、憲政制度の創設者の内側における政治的精神の存在を指摘しながら、彼らを「私たちの「尊敬すべき敵」」と呼び、彼らが「「敵を尊敬する」公正な対立精神を私たちに教える」と高く評価した。[72]
「オルグ」伊藤博文の評価からうかがえる藤田の政治的人間観、そして近代化のための権力集中の必然性への主張との関連で、ここで再び一九六四年の論文「プロレタリア民主主義の原型」を読むことができる。この論文から読み取れる藤田の民主主義観については、本書のプロローグで簡略に触れた。だがその中でさらに詳しく展開されているのは、ロシア革命前後の緊迫した状況の中で、レーニンがいかに政治的人間として行動し、独裁を通じて民主主義の発展をリードしたかの問題である。

前述の通り、この論文は民主主義における理念と実態の間の矛盾、つまり理念における治者と被治者の一致と実態におけるその不一致を問題にしている。したがって民主主義は常にその不一致に対する抵抗として、「運動」の要素を含まなければならない。そうした「反抗」を通しての「自主的統合」、言い換えれば「民主主義の理念を現実過程に投入した最大の運動」の二〇世紀における代表的な例として、藤田は「防衛的な反ファシズム闘争」と「積極的な共産主義運動」、つまりリベラリズムとコミュニズムの二つの運動を挙げている(73)。そしてこの論文は後者のコミュニズムの運動を指導したレーニンについての分析に入る。

藤田によれば、レーニンの第一の特徴はその鋭い認識眼にあった。それはまずヨーロッパとアジアの両世界の反動の総本山としてのツァーリズム、そして西欧に比べて遅れていたロシアの労働運動の状況との両者からなるロシアの特殊性への認識であった。そこでレーニンが直面したのは、「現存政治体制が継続するよりはむしろ自国全体の敗戦の方が望ましい様な厳しい状況《イントレラブル》(74)」であり、したがって彼は第一次世界大戦において自国の敗戦を祈ったのである。

しかし同時にレーニンは、自国のツァーリズムのみならず、交戦諸国における反動、即ち帝国主義の本質をも的確に見抜いた。その理由について、藤田は「彼が、自己を同化して他に誇るべき祖国を何処にも持たない「プロレタリアート」として現実に立ち向かったからであった(75)」と述べる。レーニンは「自国を客観的に認識することによって世界の「プロレタリアート」となり、逆にまた「プロレタリアート」となることによって一切の情緒的同一化《エモーショナル・アイデンティフィケイション》から解放された即物的現実把握者(76)」となったのである。

しかしこのような冷徹な認識眼だけでは、「世界の反動の総本山」であるツァーリズムを打倒することはできない。その巨大な敵を倒すためには、それが「全てのマイナスを集中しているが故に自らの手でそれを克服する時には世界の負を一挙に清算して全的なプラスを集約的に所有するに至るという逆転的「救済」の希望(77)」が必要である。このような「終末」と「再生」への希望と衝動がレーニンの理論と行動を支えたのであり、その終末到来に対する確信を彼に与えた源がマルクス主義の歴史意識であった(78)。

それは一方において、ヘーゲルの「必然性」の範疇に基づくものであった。現実を「在るもの」と「在るべきもの」とに分ける考え方を超えて、「在らざるをえざるもの」という必然性の範疇を導入することによって、ヘーゲルは「現存するもの」自体を批判する視座を得ることができた。マルクスはそれを継承したと藤田は見る。しかしマルクスはそこに止まらず、対象の終末に至らないとその法則への完全な認識は不可能であるとするヘーゲルの哲学を逆転させる、「宣言的」態度を持っている。つまり、マルクスの資本主義社会に対する認識は、資本主義社会に向かって「宣言」した「終末預言」から生まれたものであり、「あたかも逆捩じを喰わせるようにヘーゲルの認識論を「逆用」して、現代の終末を基礎付けるためにマルクスの「内的批判」は始まった(79)」と藤田は述べる。資本制社会の運動法則(内的矛盾)を内在的に説明し尽すことは、その社会に向けられた終末宣言に他ならないのである。

「護民官」の独裁

藤田に言わせれば、レーニンはロシア社会からマルクス主義の理論世界に「内面移住(80)」した者である。だからこそ彼は、マルクスにおいては「殆ど無意識な肉体的感覚の中に持っていたどろどろしたデモーニッシュな「終末預言」の弁証法」を、「明晰な論理的作業を通して」獲得することができた(81)。端的にいって、レーニンは「マルクス以上にマルクス主義的である(82)」。ツァーリズムが世界反動の総本山として存在する以上、それを打倒することができれば、ロシア人民の意義もラディカル（徹底的）に変わるであろう。つまり彼らが「伝統的「ロシア国民」」ではなく「「万国のプロレタリアート」の「前衛」」となることを、レーニンは想定したと藤田は述べる[83]。ここでいう「プロレタリアート」は、「自覚的規律」、「自律的規範」を「持ちうる」者を意味する規範的な概念である[84]。藤田が注目するのは『何をなすべきか』における以下の箇所である。

社会民主主義者の理想は［中略］仮令それが何処で行なわれたものであろうと、又仮令如何なる階級又は層に関係したことであろうとも、恣意と圧制の如何なる現れにも直ちに反応することが出来、［中略］万人にプロレタリアートの解放闘争の世界史的意義を解説することの出来る護民官たることでなければならないということは如何程強調するも尚足りぬのである[85]。

いかなる階級が強行するいかなる恣意と圧制に対しても敏感に反応することが社会民主主義者の理想であるとすれば、それはキリスト教や啓蒙主義における「普遍的価値に対する献身の精神態度[86]」とも通ずるものであろう。レーニンにおける「プロレタリアート」は、こうした普遍的価値を内面化し得る人間として想定されていると藤田は見る。

しかしこのような普遍的価値への献身を実現することは至難の課題である。

それは所与の「階級的利害」に任せて成るものではない。逆に社会の遥か高みに立つことによって、社会展望力において「官憲に勝るとも劣らぬ練達」を獲得することを必要とする。それには専心「職業的に訓練」することが必要である。人民主権は主権者たる技量を自ら習得することによって始めて具体化する[87]。

プロレタリアートの独裁を成立させるためには、まず自律的規範を実現することのできるプロレタリアートが生成されなければならない。その生成過程で必要なのは、「「高度に訓練された」・「秘密を保持できる」少数革命家による「指導[88]」」、あるいは「最もプリミティヴな形態[89]」の一元的リーダーシップとして「「護民官」の独裁[90]」である。

「護民官」の独裁は屢々民主主義推進の権力的テコであった。放恣なる独裁が民権の全面的な扼殺であったのと全く対照的に、「人民」の理念のもとにその理念に縛られながら逆にその理念を断固として誰に対しても強制し社会的に実現して行く独裁は、民主化の決定的飛躍の歴史的瞬間にはほとんど必ず出現したものであった[91]。

独裁、即ち機能と権限の一人への集中は、必ずしも政治的な悪を意味するのではない。真の問題の所在は、その集中された権力とそれを握る人間の関係、言い換えれば独裁権力と独裁者との関係にある。

独裁とは人間世界の最善のものをも最悪のものにつなげて行くかも知れぬ魔物のようにさえ見えるのである。何故なら、普遍的理念の体現者となっている独裁者が権力に酔い痴れて逆に放恣の独裁者にならぬという保証は殆どその独裁者個人にかかっているからである[92]。

このように、全人類の完全な解放のための革命を推進する「護民官」の独裁であれば、「独裁は必ずしも民主主義と反するものではない[93]」。独裁権力が民主主義的か反民主主義的かの問題は、独裁者がその権力をいかに運用するかにかかっていると藤田は見るのである。

この論文が、ロシア革命をめぐる政治的な非常状況と、その中におけるレーニンという政治的人間の偉大さを説いた以上の意味を持つ理由は、次の二点にある。第一に、治者と被治者の同一化を理念とする民主主義のジレンマに対する一つの答えとしてである。民主主義が治者と被治者の同一化、したがって万人が治者たることをその原理としている以上、それは「主権者たる技量を自ら習得すること」を絶えず要求する。民主主義そのものは、自律に近づけて行く〝過程〟として存在しなければならないのである。しかしそれは永久の課題である。実際に機能する少数の決断者がなければ社会は停止してしまう。ここで理想的に描かれるのが、主権者である人民の自律化を指導しながら、政治的瞬間に決断を行う「護民官」的なリーダー像である。藤田はここで、パリ・コミューンが徹底的な民主制を施行したため、ファシズムに対抗すべき決定的瞬間に迅速に対応することに失敗し、結局、民主主義を守ったが故に「政治的リアリズムを失って敗北した(94)」ことを想起する。つまり政治において決定的に重要なのは、「革命独裁」に極端的に現れる〝良き少数〟の役割である。

第二に、藤田がマルクス主義を西洋文明における人間解放の普遍的価値の系譜の中で捉えている点である。その目標がすべて人間に対するあらゆる圧制への対抗としての人間解放にある限り、マルクス主義はキリスト教や啓蒙主義の普遍的価値を継承しているものである。一九九五年、この論文に付け加えた「補註」において、藤田はハンナ・アレントの言葉を借りて、マルクスがいかに「西洋文明の伝統的枠を「眩ゆい程身につけていた(95)」」かについて言及している。このように西洋文明の伝統の継承者としてマルクスを位置づける視座は、後述するように、松下と共通している。

だが両者の違いもまた明瞭である。藤田において「プロレタリアート」はすべての圧制に対抗する規範性を持ち得る人間を指す、規範概念である。しかし松下のそれは、工場生産様式がもたらした特殊な人間性を持つ歴史概念である。後で見るように、松下はマルクス主義を「society-ism」と解釈し、「市民社会」の秩序観念を継承したものとして社会主義の理想郷を位置づける。松下の理解に従えば、マルクスの思想は「プロレタリアート」による「市民社会」の具現であるといえるかも知れない。藤田は、あくまで人間全体の解放のプログラムとして、脱階級的なもの、普遍的なものとしてマルクスやレーニンの思想を評価する。それに対して松下は、むしろ「市民社会」という理想の有する普遍性、マルクス主義にまで共通する「市民」政治理論の広い射程の価値を強調するのである。

第二節　松下圭一――民主化と大衆化

1　大衆社会論争

戦後一〇年

都築勉は、終戦から一〇年を経過した一九五六年頃から論壇において「戦後」を対象化する試みが集中的に行われたことを指摘する。一九五五年、多くのジャーナリズムが「あれから一〇年」の特集を組み、戦後史の区切りが意識されつつあることを指摘した中野好夫の文章「もはや「戦後」ではない」が、『文藝春秋』一九五六年二月号に発表されたことは象徴的である。また丸山の『現代政治の思想と行動』の上巻が出版され、その中で戦中ファシズムに対する分析と理解が提示されたのは、一九五六年一二月(下巻は一九五七年三月)であった。都築はそのほかに、一九五七年一一月に出版された『岩波講座現代思想　第一一巻　現代日本の思想』における戦後史の対象化の試み、そして『中央公論』一九五八年一月号から始まった久野収、鶴見俊輔、そして藤田による討論「戦後日本の思想の再検討」の連載、また一九五八年一月、日本政治学会メンバーによる『現代日本の政治過程』の刊行などを挙げ、社会科学分野において「戦後」に関する研究が、一応の総合的な完結を見せたと書いている[96]。

一九五八年は、座談会「戦争と同時代」において、丸山が自ら課題としてきた「マルクス主義」と「天皇制」との格闘が、次第に風化しているような感覚について述べた時期でもある[97]。マルクス主義と天皇制という二つの絶対的なものとの闘いが、敵の形骸化によって空しくなって行くという感覚が、「戦後」を歴史化する試みの中で生じたと見てよいであろう。五〇年代半ばを経過しながら社会科学者たちが直面したのは、天皇制の暴力性でも、マルクス主義の歴史的な真理性でもなくなりつつあった。そしてこの時期に、新しい問題設定のための理論的な枠として注目されたのが「大衆社会論」であった。

五〇年代中後半の日本の出版状況からも大衆社会論への注目を観察することができる。いわゆる「大衆社会論争」を呼び起こした直接的なきっかけとしては、『思想』一九五六年一一月号に組まれた小特集「大衆社会論」が挙げられる。だが、雑誌『思想』に関して言えば、それ以前に、一九五〇年八月号の小特集「機械時代」、一九五一年六月号の特集「現代新聞論」、同年八月号の特集「大衆娯楽」、一九五五年二月号の特集「マス・メディアとしての新聞」などを通じて、マスメディア(大衆媒体)研究と機械論(文明論)研究の両系列で大衆社会論が論じられてきた。一九五六年の時点において、理論としての大衆社会論は決して目新しいものではなかった。

一九五〇年代半ばの論争の主舞台となったのは、『思想』一九五六年一一月号、『中央公論』一九五七年三・六・八月号であったが、この論点を巡る議論はその後にも続く。『思想』に即していえば、一九五八年一一月号の特集「マス・メディアとしてのテレビジョン」、一九六〇年五月号の特集「大衆娯楽」を経て、六〇年安保直後に出版された一〇月号の特集「大衆社会論の再検討」に至る。

研究書では、一九五七年に『岩波講座現代思想　第八巻　機械時代』(岩波書店)と『講座社会学　第七巻　大衆社会』(東京大学出版会)が、また一九五八年には、五〇年代初頭からマスコミを中心に大衆社会論を研究してきた社会学者西村勝彦(一九一三―一九七九)の『大衆社会論』(誠信書房)が出版され、一九六〇年には筑摩書房の『近代日本思想史講座 第五巻 指導者と大衆』がこの論争を意識した形で刊行されている。

この時期、海外の大衆社会論の翻訳も活発に行われた。フロムの『自由からの逃走』(創元社)が日高六郎の訳で一九五一年に出版されて以来、オルテガ゠イ゠ガセットの『大衆の叛逆』が一九五三年に筑摩書房から、リースマンの『孤独なる群衆』が一九五五年にみすず書房から出ており、論争期の一九五七年と五八年にはミルズの『ホワイト・カラー』(東京創元社)と『パワー・エリート』(東京大学出版会)が出版された。一九五九年アメリカで出版されたコーンハウザーの *The Politics of Mass Society* は、一九六一年、『大衆社会の政治』(東京創元社)の題名で日本語訳が出ている。

戦後一〇年間の知的な課題が一つの区切りを迎えた後、新しい社会分析の視座を模索する過程で、いわば「戦後」後の「第二の戦後」の理論として、大衆社会論が集中的に照明されるようになったといえよう。「戦後」の代わりに、あるいはそれとの併用で「現代」という語が頻出するのも、この時期の特徴である。

「大衆国家」論

一九五〇年代半ばのいわゆる「大衆社会論争」に触れる前に、論争のきっかけとなった松下の論文「大衆国家の成立とその問題性」の具体的な内容を検討してみよう。『思想』一九五六年一一月号に掲載されたこの論文の根幹をなすのは、一九世紀と二〇世紀とは根本的に異質な世界であるという認識である。一九五六年の「集団観念(一)」論文を基礎として、松下は、一九世紀、初期資本主義の段階で構想された古典的な意味での〈市民社会〉の理想と、それが前提にしていた「自由で理性的な〈市民〉」の観念が、二〇世紀における資本主義の発展によって崩壊していると述べる。そして一九世紀の〈市民〉に取って代わる二〇世紀の歴史的主人公として、〈大衆〉を挙げる。

松下はここで、「集団観念(一)」論文に若干の修正を加えた、独自の〈大衆〉概念を提示する。〈大衆〉を、人民一般

(People)、多数者(Multitude)、群衆や暴徒(Crowd, Mob)のいずれとも「カテゴリッシュ」に区別しなければならないと述べている点は「集団観念(一)」論文と同様である。だが、ここで新しく登場するのは、「福祉国家」の出現に伴って、そのような体制に順応したものとしての〈大衆〉観念である。松下はこう述べる。

〈大衆〉の完成は、資本主義社会における基本的階級としての労働者階級の政治主体化を動因として、体制によって強行される労働者階級の体制内部への受動化による体制への編成化(regimentation)の亢進によって、政治的に実現される。[98]

要するに、ここで松下の提示する〈大衆〉は、独占資本段階において新しく登場した、福祉国家の出現を望む大量の勤労有権者を指す。

自由・平等・独立な個人による一九世紀〈市民社会〉の理想は、多数の小規模生産者たちの自由競争を基礎とする経済構造を反映したものであった。しかしそのような経済構造は、初期資本段階から産業資本段階へ、そして独占資本の段階への進展によって存立不可能となり、したがって〈市民社会〉の理想も崩壊することになる。資本の集積と集中、さらに銀行資本との癒着が行われるのが、独占資本段階の特質である。このような資本形態の変化を的確に捉えたものとして、松下はレーニンの『帝国主義論』(一九一七年)を挙げる。

同時に松下は一九世紀半ばと世紀末との間における生産力の圧倒的な差について、エンゲルスが一八九二年、『イギリスにおける労働者階級の状態』のドイツ語版第二版に付けた序文に注目することを力説する。そこでエンゲルスは、「一八四四年の状態などは、こんにちのわれわれには些末なもの、ほとんど森林住民時代の原始状態にちかいものに思われる[99]」と述べたのである。一八四八年の『共産党宣言』において賞賛された産業革命の偉大さは、その後、独占段階で行われた技術の発達に比べると「原始状態」に近いものとなっていたのである。こうした第二次産業革命の重大さへの評価は、松下の「近代・現代二段階」論を支える根拠でもある。

資本段階の移行に伴い、一方ではかつての名望家支配層の分解が進み、もう一方では労働者階級が量的に増大して行く。また生産過程における機械化の進展は、熟練工と未熟練工の同質化をもたらし、労働者の質的な変化を促す。彼らは労働組合と労働政党を通じて政治的な要求を貫徹することになり、やがて普通選挙権を獲得する。このように大量のプロレタリアートが経済、政治領域の前面に進出することによって、彼らの存在を前提としていない〈市民社会〉の理論は崩壊せざるをえない。

しかしここで登場した大量のプロレタリアートがそのまま〈大衆〉を意味するのではない。〈大衆〉の決定的な意義は、彼らが「政治」領域にもたらした結果にあることを松下は強調する。つまり、労働者階級は選挙権の獲得を通じて政治的な主体となったが、選挙権を獲得した彼らが要求するのは「国家」主導の「福祉政策」の拡充なのである。問題は、社会主義の目標である経済的な解放を福祉「国家」の実現を通じて獲得しようとする、〈大衆〉の国家に対する受動性である。

ここにおいて、一方では国家を主体とする国家社会主義＝社会民主主義が、他方では労働者階級を主体とするボルシェヴィズムが成立し、社会主義は「国家」の意義づけをめぐって二つに分裂する。その分裂の中心に「国家」の位相がある以上、社会主義における「国民意識」の問題もまた重要な論点として浮上する。一九五七年『中央公論』三月号に発表した論文「マルクス主義理論の二十世紀的転換」はこの問題を論じている。

一九一九年、世界の共産党を指導する単一の組織として出現したコミンテルンは、祖国を持たない世界労働者の政党を目指した。コミンテルンは国家と議会政治の枠組みの内で行われる各種の改革を修正主義と批判しながら、社会民主主義を「買収された労働貴族の裏切り」あるいは「社会愛国主義」と軽蔑した。事実、コミンテルンは具体的な革命の形態としてはソヴェト型を前提しており、実際上ソ連の経験を普遍化しようとするものであったが、あくまで国民意識に対してインターナショナリズムを標榜し、世界革命を目標としていた。

しかし、そのような路線は、ファシズムの登場によって大きな失敗を経験する。コミンテルンの指導下にあったドイツ共産党はナチズムに対して無力であったが、フランスでは社会党と急進党との連合による反ファシズム人民戦線が組織され、右翼勢力への対抗に成功したのである。その運動は、祖国を持たないプロレタリアートとしてではなく、「ラ・マルセイエーズ」と三色旗、ジャンヌ・ダルクといったナショナルなシンボルの下で進められた。このようなフランスの経験はボルシェヴィズム勢力に大きな教訓を与え、一九三五年コミンテルン第七回大会における「戦術方針の再検討」をもたらした。松下が強調するのは、ここで行われた二つの重要な転換である。

第一に、「実践的戦術」としての国民意識の再評価である。元来、社会民主主義に対抗する形で誕生したコミンテルンが、かつてファシスト以上の敵としていた社会民主主義者たちのものである、「祖国」観念の有用性を認め始めたのである。

第二に、そのような「祖国」観念の有用性が、特にフランスの経験から提起されたため、これまで「形式的自由」と批判されてきた〈市民〉的自由に対する再評価をもたらした。こうして〈市民〉議会民主主義とプロレタリアート独裁との単純な対置から、コミュニズムとその他の進歩的勢力との統一が日程にのぼることになったと松下は見る。つまり第七回大会において、社会主義陣営は「レーニンによって定礎された旧コミンテルン型コミュニズムから決定的転換の一歩をふみだし、国民統一戦線型人民デモクラシーへの展望を獲得した[100]」のである。松下はそこに現代社会主義における決定的な転換を見出す。

しかしその後、第二次世界大戦を経過しながら、逆にソ連にはスターリンを頂点とする「ソヴエト・ナショナリズム」が出現する。戦後に結成された共産党の国際組織コミンフォルムは、一応各国の革命コースの複数性を理論上承認していたが、それはスターリンへの個人崇拝と結びついて硬化してしまった。

さらに深刻な問題を、松下はソ連共産党第二〇回大会で行われた「スターリン批判」の方式に発見する。そこでは議会方式を含む革命コースの複数性が再び認められたが、同時にそれが「レーニンへの回帰」として提起された点を松下は問題視するのである。彼にとって、現代社会主義の決定的な方向転換として強調されるべきは、むしろ一九三五年のコミンテルン第七回大会で行われたレーニン主義からの脱却である。つまり現代社会主義の課題は国民意識を中核とする統一戦線の結成にあると松下は見る。さらにそれは各国に特殊的な国民的伝統をうけつぎながら、国民的伝統の正統な継承者として行われなければならない。

> たとえば「イギリス議会」の、「フランス革命」の、「ドイツ古典文化」の、さらに「アメリカ独立革命」の継承がこれである。［中略］十九世紀におけるような疎外された階級という意識ではなくして、全体としての国民という意識が抵抗の条件となる［中略］虐げられしものの黙示録的意識ではなく、国民の正統性の意識が支配的となる。[101]

ここで述べられている、国民意識に基づいた労働者運動は、「経済の論理を基礎とはするけれども、それから相対的独自性をもった政治の論理[102]」の発見を意味する。ファシズムに対して、それを「独占資本のもっとも暴力的な支配」と経済の論理から規定することと、実際にそれに有効に抵抗し、反ファシズムの指導という政治的責任を負うこととは別の問題である。「政治とは、経済をいわゆる「下部構造」としてその基礎とはするが、それと次元を異にする政治的ダイナミクス――政治過程の状況を操作する「可能性の技術[103]」であり、国民意識の意味を通じてそれを再認識しなければならない。「自由で、強く、幸福な祖国[104]」こそが現代コミュニズムのヴィジョンになるべきであり、それは実際にフランス共産党や中国共産党によって実現されていると松下は診断する。

このように、社会主義における「国民意識」＝ナショナリズムの再評価は、下部構造の分析のみでは解決されない「政治」の発見を意味する。だが同時に考えなければならないことは、このような二〇世紀における国民意識が、〈大衆〉の登場を前提としているという問題である。したがってそれは一九世紀における〈市民〉ナショナリズムとは質を異にしている。一九世紀の〈市民〉ナショナリズムが、フランス革命で唱われたような、自由・平等・友愛の普遍理念を具現する共同体の一員としての意識からなるものであったのに対して、二〇世紀の〈大衆〉ナショナリズムは、義務教育、国旗、国民的英雄などのシンボルによって、「すみなれた山川」に対する情緒に潜在していた感覚を特定の方向に向かって動員するものである。さらに、国家が社会政策の恩恵を配分する福祉国家をシンボルとして利用する場合、労働者階級は国家によって生活を保障されんとする意識を持つようになり、やがて「福祉国家は大衆国家として実現する」[105]と松下は述べる。〈市民〉ナショナリズムは基本的に共同体（＝「WeGroup」）の構成員としてのメンバーシップ意識であり、個人の自由という最優先の価値によってチェックされるものであるが、〈大衆〉ナショナリズムは逆にそうした個人の自由を破壊しながら権威への擬似自発的な服従を通じて高揚するものである。

だが、フランス人民戦線の経験から分かるように、ナショナリズムは経済の論理に解消されない強力なエネルギーを持っている。問うべき問題はいかにしてその方向を政治的に指導するかである。この観点から松下は、〈市民〉的な自由に対する保守的な姿勢が国民の歴史の一部となっているフランスと異なって、日本にはそのような健全なナショナリズムの材料となる歴史的な基盤が弱いことを問題視する。戦後の日本においては、反米意識はジェームス・ディーンへの憧れによって、反ソ意識は中国人民共和国の建設によって希薄化しており、さらにデモクラシーだけでは現実感が薄く、結局説得力を持つナショナリズムは郷土への愛着心のような情緒に傾斜している。そこから松下は、より普遍的な価値とつながりうる積極的な国民的シンボルの必要性を主張する。

このように、「伝統」の「正統な継承者」としての階級闘争を唱える松下においては、マルクス主義そのものを西欧の伝統の中に位置づける作業が必要となる。論文「マルクス主義理論の二十世紀的転換」から二ヶ月後、『思想』一九五七年五月号に発表した「史的唯物論と大衆社会」は、この点を論じている。

そこで松下は「史的唯物論」の意味について、それは「資本主義」として成立した近代の〈産業〉を歴史形成力として把握し、その歴史的帰結を「共産主義」と捉えるものであると説明する。[106] したがってそれは機械産業という技術発展の「完成」として共産主義を位置づけるものである。言い換えれば、史的唯物論は自然史的観点に近い産業史論の認識に支えられたものであって、単にプロレタリアートに対する倫理的反省ではない。松下によると、史的唯物論は、第一にイギリス経済学における「法則」の必然性、第二に人為的に作られた貧困のもとで人間性を喪失している労働者を発見したフランスの「社会主義」、第三に普遍的人間の観念を提起したドイツ哲学の複合物である。つまり史的唯物論はヨーロッパの啓蒙哲学以来の伝統の総合的な継承者なのである。

> 史的唯物論としてマルクスの提起した問題は、これまでの人類の共通の遺産を継承してヨーロッパ啓蒙哲学が形成した「普遍的人間」という哲学的理念を、資本主義から折出されてくる「プロレタリアート」を主体に経済的「必然性」にまで追求するその仕方の特殊性にあった。〔中略〕史的唯物論はまさに人間主義《ヒューマニズム》の継承であると同時に、その内容におけるブルジョア性と実現方法における啓蒙性にたいする克服として成立する。[107]

同時にマルクスはその人間像と社会像において、一九世紀の〈市民社会〉の観念をも継承したと松下は考える。個人の自由と社会的結合の予定調和を説く社会主義の理想世界から、「合理的個人の自由な結合体」としての〈市民社会〉との同型性を指摘するのである。そうして「実に一九世紀の社会主義《ソーシャリズム》は社会・主義《ソサイエティズム》の嫡子であり、社会主義社会は、合理的個人の自由な結合体としての「市民社会」でなければならなかった[108]」と松下は述べている。

このような理解は、一九五九年の『市民政治理論の形成』において、より詳しく展開される。つまり、ロック以来の〈市民〉政治理論の説く「個人」が実質上「ブルジョア階級」であったことが明確に認識された時、その階級的な疎外を再び普遍的な「個人」に転化させることが、社会主義の意味であった。その意味において社会主義思想は「国家対個人」の対立を通して自由の問題を追求した〈市民社会〉の観点を継承しており、「すなわち《国家》対《個人》の中間に《階級》という媒介項を挿入することによって〔中略〕ブルジョア《国家》対プロレタリア《個人》という対立」を提起したのである。さらにその中で「〈個人〉の自由な結合体としての「市民社会」という観念を継承」しており、それは『共産党宣言』における「各人の自由な発展がすべての人の自由な発展となるような人間関係」の予定調和に現れている[109]。

前述の通り、「自由な個人の自発的結合体」としての「人間関係」の理念は、ラスキの多元主義政治理論における「目的団体」にも受け継がれている。イギリスの多元主義政治理論は、サンディカリスムの「闘争」を「共同社会」の内部における目的団体間の「競争」に読み替えようとしたものであった。しかし、そこには資本主義的な構造矛盾に対する厳しい認識が欠如しており、その結果、ラスキ自身が階級国家論に転向して行くことになったと松下は見る。残された課題は、二〇世紀の巨大社会の問題に対抗しようとした多元主義政治理論の遺産を、資本主義の問題解決とどう接合するかである。

このように、現代世界は〈大衆〉の問題と階級の問題を同時に抱えているというのが、松下の提起した問題の要点である。圧縮していえば、古典的〈市民〉政治理論は大量の労働者の誕生によって転換を要求され、またそこから誕生した社会主義の古典的理想は〈大衆〉国家の登場によって転換を要求されているということである。それに対応しようとしたラスキ政治理論の限界を、再び社会主義の視座を借りて克服しようとしながら、同時に古典的社会主義の理論的転換を要求すること、そしてその地点に「現代政治の条件」を位置づけること。それが五〇年代半ばの松下の議論の核心であった。

批判

以上で見たように、松下の問題関心は、いわば〝アカデミック〟なものから出発した。それを当時のマルクス主義者は過度に現実レベルの問題として受け止めた。前述の通り、一九五〇年代半ばの社会主義陣営は「スターリン批判」と「ハンガリー事件」によって大きな打撃を受けていた。現実政治の次元における危機に悩んでいたマルクス主義者の眼には、松下論文はそのような時代の流れに便乗した攻撃と映った。これは、実際の論争が『思想』一九五六年一一月号の出版直後ではなく、松下がより直接的に既存のマルクス主義理論の現実適応性を問題とし、社会民主主義を含む民主主義一般の価値を見直すことを提起した「マルクス主義理論の二十世紀的転換」論文の発表後に激化した理由でもあろう。後述するように、松下の論文は社会主義のヴィジョンを守るために、理論の転換を通じて資本主義の新しい段階に適応することを要求したものであったが、当時のマルクス主義者にはそのような批判を生産的に受け止める余裕はおそらくなかったのである。

彼らにとって重要な課題は、「スターリン批判」と「ハンガリー事件」の危機から、マルクス主義本来の正当性を弁護することであった。たとえば政治学者嶋崎譲(一九二五―二〇一二)は『中央公論』一九五七年四月号に発表した「マルクス主義政治学の再出発」において、ソ連で行われた恐怖政治の諸悪を本来のマルクス主義からの歪曲と捉えながら、それへの批判がなされたソ連共産党第二〇回大会を「マルクス主義の理念の普遍性を世界に示した」[110]事件と位置づけた。また「ハンガリー事件」に関して、それは「社会主義的世界の内部にあったスターリン的体制の矛盾」[111]の顕在化であり、マルクス主義の理論に内在する問題ではないと述べる。ソ連共産党第二〇会大会は「実はレーニン主義的な考え方を現代の段階において確認したことを意味する」とし、嶋崎は、「スターリン批判」を「レーニン主義にかえれ」という命題として受け止めている。[112] このように、間違ったのはスターリンであって、マルクス・レーニンは正しいという一種の〝古典〟への回帰が、社会主義国家の危機に対する一つの答えとして提示された時期であった。古典的マルクス・レーニン主義からの転換こそを要求してきた松下の議論は、二重の意味で受け容れ難いものであったろう。

しかしこのような現実的な危機状況の特殊性とは別に、松下の提示した論点が正しく理解されなかった根本的な理由は、そもそも「大衆」という語の問題にあったように思われる。ここでは、松下に対して積極的な反論を展開した共産党系の社会学者芝田進午(一九三〇―二〇〇一)[113]の議論を読みながら、この点について考察してみたい。

芝田は『中央公論』一九五七年六月号に「「大衆社会」理論への疑問」を発表し、反論を提起した。まず指摘すべき点は、この論文が非マルクス主義的な諸理論をすべて「大衆社会論」と見做している点である。たとえば芝田は、清水幾太郎(一九〇七―一九八八)、丸山眞男、鶴見俊輔、松下、藤田の諸議論を一括して〝プラグマティズムあるいは近代政治学〟＝〝大衆社会論〟＝〝大衆蔑視、エリート主義〟に還元させている。[114] これは近代〈市民〉政治理論の崩壊から自らの立論を試みた松下にとっては、むしろ論敵たちに味方されるような処置であったろう。芝田の包括的で、また固定的な「大衆社会論」の理解は、こう提示されている。

この理論の提唱者は、ヤスパース、ハイデッガー、フロイト、マンハイム、レーデラー、フロム、チャコチン、[115] マルセル、カー、ウォーラス、リップマン、デューイ、ヤング、バーナム、ラスウェル、リースマン、ミルス等々、哲学的には実存主義者からプラグマティストにいたるまで、また政治的にはファシストに近い人から社会主義者にいたるまで非常に広範囲におよんでおり、また内容的にはいろいろニュアンスの相違がある。私はそれにはくわしく立ちいらない。一言でいえば、それらはマルクスの階級闘争の理論を否定し、現代社会をば無力で無定形な「大衆」の社会、あるいは同じことだが全能の権力をもつ「エリート」の社会とみなす。大衆にたいする不信とペシミズム、エリートの物神化という点で軌を一にしているのである[116]。

このように多様な理論を大衆に対するペシミズムに還元しているその理解の妥当性は別として、芝田がそれらを〝階級闘争の理論の否定〟と〝無力な大衆と全能のエリート〟という形で受け止めていたということは、当時「大衆社会論」が語られた言説空間の雰囲気を伝えてくれる。松下は自らの論敵たちと向き合うと同時に、そのような大衆社会論の固定的なイメージとも対置しなければならなかったのである。

もう一つ注目したいのは、芝田がここで「わが国のほこるべきマルクス主義者戸坂潤もすでに二十年前、エリート主義を批判して「大衆」の弁証法的性格をあきらかにしたが、今日の「大衆社会」理論の主張者のうちで、誰か戸坂の大衆論の水準をこえている者があろうか[117]」と述べている点である。松下が繰り返して新しい〈大衆〉の概念を提示しようとしても、それはかつて「大衆」が語られてきた歴史的な文脈の中で希薄化され、結果的に戸坂の説いた「大衆」に対する侮辱として受け止められたのである。

では、芝田のいう日本最良の大衆論はどのようなものであったのか。一九三六年の「大衆の再考察」の中で、戸坂はまず大衆についての観念を二つに区分し、こう説明する。

ここに大衆に就いて二様の、或いは寧ろ二段階の、観念が発生する。一つは大衆を単に社会の多数者と見る観念であり、一つは之を更に経済上の無産者乃至政治上の被治者として、見抜く処の観念である[118]。

戸坂は前者を「社会学的」大衆、後者を「社会科学的」大衆と呼び、これらをめぐってファシズム、デモクラシー、そして「社会科学的」(＝社会主義的)な視座が、それぞれ異なる大衆観を示していると述べる。まず、ファシズムは「大衆即ち、愚衆」としてそれを捉える。「群衆がその心理と行動とに於て、軽薄であり原始人と類し附和雷同性に富んでいる」とする「愚衆的大衆の特色」は、「結局その無組織性に存する」と戸坂は見る(119)。そのような無組織の大衆を、エリートとしての「党首」ムッソリーニや「指導者」ヒットラー」が巧みに利用して作り上げたのが、ファシズムの構造である。

　大衆に秩序と組織とを与えるこの指導者は、だから一見大衆のためのものであり、大衆自身のものであるかのように取られ得る可能性を有っている。[中略]或いは大衆の組織化であるかのように、見えることがファッシズムを単なる強力絶対政治から区別する一つの特徴なのである(120)。

「絶対政治」(専制政治)と異なるファシズムの特徴は、それが大衆を組織したもの、あるいはそのように見せかけている点にあるとする戸坂の指摘は鋭い。大衆を非合理的な存在として捉え、その非合理性を刺戟することで彼らを外から組織し、動員するものがファシズムであると戸坂は見る。したがってファシズムは大衆の人間性について、「血液や信念や肚や人物の類だけが、凡そこうした大衆の内に見出される一切のヒューマニティー(121)」として捉える。

　このようなファシズムにおける大衆観念に比べて、デモクラシーにおけるそれは、相対的にその人間としての可能性を認めている。それは「近代自由主義とデモクラシーとの哲学的原理となった」「近世イギリスの人間論」に基づいており、「フランス大ブルジョアジーのモットーたる自由平等」もこの「悟性(レーゾン)」に由来するものであると戸坂は述べる(122)。

　しかし、デモクラシーの大衆観念は、悟性を持つ自由な個人という理想と、実際の人間が現す衆愚性の間の矛盾に直面する時、無力である。松下の言葉を借りて言うと、それは教養と財産ある〈市民〉階級をモデルとして構想された近代の人間観と政治理論が、大量の労働者階級の政治的登場、即ち〈大衆〉と直面する時に発生する無力感である。戸坂はそれを次のように描写する。

> デモクラシー的大衆の観念は、その各個人の悟性の啓蒙を想定した上でなければなり立たないのであるが、実際問題としては、最大多数の大衆が最もよく啓蒙されるというわけではないから、前に触れた愚衆乃至モップの性質が、ここにもまだ残っていることを見落すべきではない。ファッシズムは従来のデモクラシー乃至自由主義に支配されていた大衆の内から、その愚衆的乃至モップ的残滓を誇張すると同時に、事実之を愚衆乃至モップとして利用したのであるが、デモクラシー乃至自由主義は之に反して、この愚衆性乃至モップ性の漸次的な減退に希望をつなぐものだ。之が自由主義の用語として［中略］進歩の概念である。[123]

衆愚性の改善を、文明の進歩に委ねることしかできない無力なデモクラシーの視座とは異なって、「社会科学的な」大衆概念は積極的な組織論を備えている。その組織化は、大衆が「単に多数なのではなくて、無産者であり被支配者であるが故に多数であり、又逆に多数であるが故に無産者で被支配者だ[124]」という階級意識を自覚する時に可能である。

> この多数という量は、経済的・政治的又社会的・文化的な質を有っている。この質とは大衆そのものの自分自身による組織の力のことに他ならない。ここに初めて大衆の凡ゆる意味に於ける積極性・自発性が横わる。［中略］この意味での大衆は同時に大衆組織の他ではない。大衆は単にのべて一様な機械的な多数でもなければ、まして無組織なケオスたるモップの類でもない。夫は組織だ。[125]

ここでいう「大衆」は、いかなる集団にも所属しない砂のような人々ではない。階級的アイデンティティを自覚し、「大衆組織」の一員となった人間である。それを戸坂は「社会科学的」な大衆と呼ぶ。一九二〇年代、山川均が提唱した「大衆」への方向転換によって、逆に「大衆」に対する「前衛」の操作を含む組織論が生まれた点については、すでに触れた。戸坂の大衆論はその延長線上で、組織によって発現する大衆の積極性を強調するものであった。

このように「大衆」を「大衆行動」や「大衆組織」との連想において捉えることは、一九二〇年代以来の日本の社会主義における一つの特徴であった。「マス」がほぼ否定的な意味で使われた反面、「大衆」は「マス」より豊富なニュアンスを有する言葉であったことについては、序章で見た通りである。

戦後の日本において先駆的な大衆社会論を展開した社会学者清水幾太郎の議論は、この点においても興味深い。清水は一九五一年、日本初の本格的な大衆社会論の研究書、『社会心理学』(岩波全書)を発表する。その中で彼は人間の非合理性を助長する現代の状況を「マス・ソサイティ」と捉え、「群集」から「公衆」へ、そして再び「群集」へと回帰しつつある現代の環境を問題視した。

だが、清水は非合理的な「群集」を指す言葉としては主に「マス」を用いており、「大衆」の語の使用は避けていた。彼は「マス・ソサイティ」を資本主義の問題と受け止め、それへの処方として世界全体を包む合理的組織(126)、おそらくコミンテルン型の社会主義組織の確立を考えていたと思われる。そのような清水にとって、社会主義の言語として馴染んでいる「大衆」を直接「マス」の同義語として用いることには違和感があったろう。

さらにその後、一九五九年の「大衆の日本的前提」において、清水は戦後日本における「大衆化」現象を、新憲法成立以降の「個人化」として受け止め、むしろ積極的に評価しようとした。そこで清水は「一口に大衆といっても、ヨーロッパの場合、アジアやアフリカの場合、アメリカの場合、前提されている生活形式が異なるのに応じて、大衆そのものの意味が異なって来る[127]」と述べ、西洋では「正面から相手を見つめて、イエスにせよ、ノーにせよ、ハッキリと話すことの出来る個人、孤独に堪えて生きて行くのに必要な神と金とを持つ個人……そういう個人が前提された上で大衆が問題になり、個性の喪失が問題になっている[128]」と指摘する。では、日本の場合はどうか。

けれども、日本はひどく事情が違っている。更《あらた》めて指摘するまでもないことだが、明治以来の資本主義はそういう個人を広範に生み出しはしなかった。多くの場合、向き合った二人の人間のうちの甲は乙を見下していて、威丈高に物を言い、乙は眼を伏せて、いつでも言い抜けの余地を残す曖昧な仕方でしか物を言わない。〔中略〕そして、絶対の高所に天皇が立っていて、すべての人間関係は、一々、天皇との距離によって規定されていた[129]。

一九世紀ヨーロッパにおいて、個性を保持した「個人」(実際には、教養と財産を持つ一部階級の人間型)の自由に対する脅威として、「大衆」の出現は群集的なものによる「多数の専制」として受け止められた。だが、日本ではそもそもそのような「大衆」に対抗すべき概念、守るべき「個人」が形成されていないのではないか。そうした上で、清水はむしろ戦後日本の「大衆の発展によって個人らしい個人が生まれかけているのだと思う[130]」とまで述べる。戦後の「大衆の運動」から、「正面から相手を見つめて、イエスにせよ、ノーにせよ、ハッキリと話すことの出来る個人」が誕生していると見たのである。

ここで清水は、日本においては「個性」の観念を重視するドイツのロマンティシズムより、フランス革命を貫いた「万人共通の、一定量の、非個性的な」人権観念をまず獲得しなければならないと述べる。「私たちにとっては、意味ありげな個性などよりは、万人共通のドライな人権の方が大切である[131]」と清水は断言する。ここでいう「大衆」は、たとえば平和運動や基地反対デモなどの「大衆行動」に参加する人間を指すのであろう。だからこそそれは、個人を抑圧するものではなく、むしろそれを生み出す地盤として考えられたのである。

反論

マルクス主義の言語としての「大衆」が、現実における存在と理想像とを区分せず使われたことは、不必要な誤解と議論の浪費を招来した一原因であった。芝田が「歴史の創造者は人民大衆である。この命題はマルクス・レーニン主義の生命である」[132]と述べる時、それは松下があれほど強調した一九世紀と二〇世紀の間の経済、政治、国民意識の変化によるプロレタリアートそのものの質的変化の意味とは無関係な、戸坂の古典的な大衆論の繰り返しであった。論争がほとんど非生産的に終わったのは、両者が理解し駆使する言語の語義そのものが異なっていたことに起因するであろう。「大衆」の語の持つ意味範囲の広さは、逆に通常のマルクス主義における政治的な語彙の貧弱さを語っている。そしてその貧弱な語彙の使用は、逆に政治的思考にも影響を及ぼす。芝田が、大衆社会論はマルクス主義に取って代わるものではないと主張する時、「大衆」の定義をめぐって、彼と松下はいわば異なる種類の辞書を参照していたともいえよう。

ところで、この〝大衆社会論はマルクス主義に取って代わるものではない〟という芝田の主張には、まったく異なる理由から、松下も同意するであろう。芝田の場合、それはマルクス主義の現実説明力が健在であるため、他の理論の挑戦を許すものではないという意味である。しかし松下の場合、大衆社会の出現は歴史的な現実であり、それはその現実を正確に捉えて説明する理論とは異なる次元の所与であることを意味する。既存の理論で捉えることのできない現実が現れれば、理論の限界を認め、それを修正・転換しなければならない。松下にとってはあくまでも現実が先であり、理論はそれを説明するもの、そしてあるヴィジョンに向かって現実を誘導するための道具でなければならない。マルクス主義を含む多様な立場から大衆社会の現実を説明する多様な理論が提起されることを松下は要求したのであり、実際、彼の大衆社会論自体がそのような試みであった。

つまり松下は既存の大衆社会論が群集心理の分析や状況論に止まっていることを問題視し、マルクス主義の視座に立脚して、大衆社会の出現を資本段階の移行という経済構造の中に位置づけようとした。それは無論、大衆社会の現実の方から提起されたマルクス主義の硬直性に対する批判でもあった。しかしこれを相手に理解してもらうために、松下はさらなる再反論を書かなければならなかった。芝田の反論から二ヶ月後、『中央公論』八月号に発表した「日本における大衆社会論の意義」がそれである。

ここで松下は、芝田の大衆社会論に関する理解を批判するために、「社会主義とは何か」という問いを立て、次のようなパロディーで応答している。

これをいいかえたら次のようになる。「現代の社会主義の提唱者はレーニン、トロツキー、ルカーチ、ローザ、ヒトラー(なぜなら彼は国民社会主義者だ)、トリアッチ、ウェッブ、コール等々であり、哲学的には観念論から唯物論にいたるまで、また政治的にはブルジョア民主主義者にちかい人からファシストにいたるまで非常に広範囲におよんでおり、また内容的にはいろいろニュアンスの相違がある。私はそれにくわしく立ちいらない。一言でいえばそれらは……」[中略]一体このような「広範囲」の人々を列挙してそれを「一言」で定義することはいかなることを意味するのか。(133)

松下の提起した独自的な〈大衆〉概念とそれをめぐる多様な論点、つまり、国家に対して強い帰属感を持つ体制内在化した勤労有権者の大量出現、労働者階級を中心として創出すべき健全なナショナリズムの必要性、〈市民〉政治理論が〈大衆〉時代において、なお有している価値の意味などの問題提起は、〝エリートの大衆蔑視〟といった固定的な印象論の中で曖昧に解体してしまう。芝田は〝ファシズム化するデモクラシー〟を防ぐために大衆の社会主義的な組織が必要であると述べた戸坂の一九三〇年代の理解を踏襲しているのではないか。それに対して、松下は自らの議論を再び整理してこう示している。

では大衆社会とは何か。それは「労働者階級を中心とするこれまで忘れられていた名もなき人々が、政治生活、社会生活の前面に大量的に進出してきた二〇世紀独占段階の社会形態」である〔中略〕大衆投票、義務教育や社会保障、あるいは新聞、映画、ラジオ、テレビ等のマス・メディアの氾濫、デパートや遊覧地の人の群れ、何百万を組織したマンモスのような労働者組織による大衆闘争〔中略〕労働者階級の存在形態がここで変ったのである。私たちが日常「人生」とはこのようなものだときめこんでいることも、実は一世紀前と比較するならば、そこには大変な革命的変革がみられるのだ。[134]

そして松下はここで初めて、日本の歴史に即した大衆社会の展開に触れる。一九五六年の「集団観念(一)」論文が《大衆》をめぐる特殊イギリス的な状況と解答についての分析であったのに対して、この論文はいわばその〝特殊日本的な形態〟を論じているのである。この点について、松下は前年度の「大衆国家」論文の中で次のように簡略に述べていた。

ついで、日本においても、その特殊性をもちながらも、独占段階における社会の形態転化という一般的状況が進行しているのであり、「封建」対「近代」のみならず、さらに鋭く「近代」自体の問題が提起されなければならない。そしてこの「近代」自体が内部にはらんだ問題を欧米において追求するのが本稿のモティフでもあったわけである。[135]

この言及の射程範囲は広く、また重要である。しかしそれはまだ抽象的な問題提起に止まっていた。松下が本格的に「日本」を論じるようになるのは、一九五七年以降である。おそらく「大衆社会論争」を経過しながら、彼の理論が日本の現実と合わないという批判を受けたからであろうと思われる。松下は単行本『現代政治の条件』に付けた「後記」の中で、「大衆社会論のいわゆる「外来性」が問題とされて日本にたいする不適応性が論ぜられるならば、マルクス主義自体の「外来性」をも問題にしてよい。マルクス主義がなぜ日本においても有効であるかは、日本も資本主義社会であるからにほかならない。マルクスの『資本論』を日本で問題にすることはイギリスへの「国外逃亡」なのであろうか[136]」と反問している。大衆社会の出現を独占資本段階における普遍的な現象として主張する以上、その日本における展開を説明することは必要な作業であった。

松下によると、日本における独占資本の成立はすでに明治時代から始まり、人口のプロレタリアート化、交通網、大衆新聞、ラジオ、映画、円本の普及、一九二五年の普通選挙法の成立など、大衆化の過程もまた戦前から持続している。そうして大衆社会の初期的条件が整ったからこそ、太平洋戦争を「全体戦争[137]」として遂行することができたのであり、またその「全体戦争」の遺産の上で、戦後の大衆社会化が行われている。つまり彼にとって、太平洋戦争は歴史の時代区分において決定的なものではない。注目すべきは、その前後を貫く独占資本段階における社会変動の流れである。

焼跡と戦時心理は戦争の一時的遺産であった。しかし人口のプロレタリア化とテクノロジーの高度化という大衆社会的条件は、むしろ独占段階にとって基本的な全体戦争の遺産である。したがって太平洋戦争を帝国主義戦争という「本質」規定のみでは、この戦争の戦後日本にたいする意味を十分に把握することができない[138]。

このような戦前と戦後の連続性への認識は、両者間の断絶を強調する多くの戦後知識人たちと異なる松下の特徴である。それは、基本的に一九世紀対二〇世紀として歴史を考える、彼の巨視的な視座に基因するものである。その上でもう一つ指摘すべき点は、松下の見る日本の大衆社会化が、神武景気から始まった戦後の社会現象を指すものではなかったということである。独占資本段階における帝国主義の出現を究明したレーニンの歴史観に基づいて、松下はその上に普通選挙、労働運動の台頭、大正デモクラシーと初期大衆社会化の進行を位置づけている。つまり大衆社会化は戦前と戦後を貫く二〇世紀の歴史の進行である。

だが日本における大衆社会論の意義は、日本史における資本主義の発展段階を説明することにあるのではない。その意義は第一に、現代社会を的確に把握するために、マルクス主義は硬直した理論から脱却し、新しい労働者の特質を直視しなければならないという批判にあった。この点についてはこれまで見てきた通りである。

だが、松下にはもう一つの狙いがあった。ここで彼は「「大衆社会論」は戦後日本で支配的となっていた封建対近代という近代一段階論への批判」であると述べ、その意味をこのように説明している。

川島武宜氏やあるいは大塚久雄氏の画期的業績にみられる「市民社会」論は、また、まさにこの近代一段階論を前提とするものであった。大衆社会論は市民社会から大衆社会へ、市民デモクラシーから大衆デモクラシーへというかたちで近代二段階論を提起しているのである。〔中略〕この近代二段階論こそが大衆社会論の額面通りの本質的意義であり、マルクス主義者による誤読も、この近代二段階論の問題にかかっている[139]。

近代的な〈市民〉政治理論の有効期限は一九世紀末に終わっており、二〇世紀においては新しい「現代」の条件の下で諸政治理論を再検討しなければならない。それが、松下のいう「近代二段階論」の意味であろう。つまりここにおいて「封建対近代」という戦後十年間の啓蒙思想の再検討の時期がきている[140]」と松下は述べる。「現代」という環境に適応するためには、その特殊な条件を改めて鋭く意識しなければならないのである。このような松下の「近代(一段階)論」に対する批判について、都築勉はこのように評価する。

当面する状況を見ずに、ただある理論のテーゼにのみ執着することは、ダイナミックな政治認識の喪失をもたらし、ときにはその主張を単なるモラリズムに終わらせる。川島武宜や大塚久雄による「市民社会」の普遍化は学問的には綿密な構成を持っていたにもかかわらず、ひとたびそれが彼らの著す啓蒙的な文章の中に置かれると、そうしたモラリズムの示す限界をなかなか突破できなかったことも事実であった[141]。

だが、後で触れるように、論争から一〇年後の一九六〇年代半ばにおいて、松下はもう一度ロック的な〈市民〉論に回帰し、今度は〈市民〉を「エートス」として再定義することになる。そこにおいて「大衆社会」の到来は、むしろ〈市民〉の大量生産を可能にさせる条件として位置づけられ、五〇年代半ばに鋭く意識された階級対立の視座は姿を消す。その変化の背後には、高度成長による国民経済規模の増大と雇用率の上昇、そして社会保障の拡充が実現し、福祉国家が階級支配を陰蔽する虚偽の装置としてではなく、実際に「一億総中流[142]」の時代をもたらした現実があったのである。

論争の意義

以上の論争の意義を検討してみよう。

まず指摘すべきは、松下の大衆への関心はイギリスの政治理論史の研究から出発しており、五〇年代半ばの「論争期」に始まったものではないということである。それは神武景気や「太陽族」の登場など、新しい日本社会の現象に触発されたものではなかった。彼の関心は、一七世紀のロックから始まるイギリスの〈市民〉政治理論の系譜をたどりながら、一九世紀―二〇世紀の国家理論の変遷に接して導出されたものである。この点については、『現代政治の条件』の「後記」で述べられている彼の自己理解、即ち一九五四―五五年頃から「古典的市民政治思想が現代においていかなる変容をこうむるかが私の課題となった[143]」という説明を信用してよいと思われる。なおこの「後記」の冒頭で、「私が本書をまとめることにした第一の理由は、[中略]今後直接日本の問題を考えてゆきたいため[144]」と述べたことにも注意したい。彼の主眼は、五〇年代初頭の〝古い〟イギリスへの理論的関心から、大衆社会論争を経て、五〇年代後半には〝新しい〟日本の現実に到達したのである。

この点を考えると、松下の大衆社会論は同時代の二つの潮流と異なっているように見える。つまり一方では第二次世界大戦前後に活発に論じられたファシズム分析を中心とした社会心理学的な大衆社会論があった。そして他方では、かつての高級文化と下層文化の間に新しく出現した大衆文化を取り上げる「中間文化論[145]」などがあった。しかし松下の理論的な関心はイギリスの政治理論史における「国家」観念の変容から始まったのであり、この点は、彼の議論が他の論者と異なって大衆「国家」を問題として出発したことを理解するために決定的に重要である[146]。それは「個人対国家」の政治学から「集団対国家」の政治学への転換、つまり多元主義政治理論の国家観の批判的な継承を意図するものであり、その際の関心の焦点は「社会」よりも「国家」にあった。「階級」が出現した後も、「国家」は崩壊するものではない。だとすると、どうすれば「階級」の問題を解決しつつ、それと「国家」が健全に両立することができるか。松下はそれを問うているのである。

つまり松下の意図は階級構造論とナショナリズムの結合にあった。この点は既存の大衆社会論に対する批判と関連している。現代を理論化するためには、状況論に止まっている大衆社会論を独占資本主義という経済構造との関連で捉え直す必要があると松下は考えた。彼が「私自身の大衆社会論自体が、じつはこれまでの「大衆」化理論への批判であった[147]」と述べる理由もここにあった。前述した論文「史的唯物論と大衆社会」において、松下はこう述べている。

たしかに「大衆社会」の観念はマルクス主義者が提起したものではない。〔中略〕しかし、大衆社会的状況をあたらしい現実として承認するかぎり、理論はこれに対応しなければならないのであり、また近代産業の運命を予見しえたマルクスの理論的視角は、この大衆社会的状況への理論的対応を可能としている。ここからむしろ大衆社会の実証主義的記述あるいは病理学的分析とは異った、より構造的な理論化が可能となるであろう[148]。

そもそも松下の議論は、レーニンの帝国主義＝独占資本主義段階＝新しい資本主義論の理解に基づいてこそ可能であった。また彼はこの時期、ラスキ政治理論の到達点と限界点に大きく影響されており、皮肉にもこの論争期は彼の理論史上、もっとも社会主義に近づいていた時期であった。この点は、一九五九年『現代政治の条件』の「はしがき」において、松下が「資本主義的経済構造と大衆社会的社会形態という二重の〈鉄鎖〉を社会主義へむけて突破すべく、〈自由〉の現代的条件の理論化をこころみた[149]」と書いていることからも発見できる。

だが、階級論的視座のみに依存しては、政治固有のものとしてのナショナリズムの威力を正当に評価することができない。階級意識の出現後の二〇世紀においても、国家と議会政治は存続しており、さらにファシズムとの対抗においてそれらは祖国の自由を守る形で威力を証明した。したがって、かつてレーニンによって「おしゃべりの機関にすぎない」と非難された議会主義と社会民主主義は再評価される。二〇世紀的な労働者の登場からマルクスの限界を指摘し、さらにファシズムへの対抗の経験からレーニンの限界を指摘した松下の議論は、「スターリン批判」以降、〝マルクス・レーニンに帰れ〟の傾向が強まっていた当時の知的状況においては際立って独特なものであった[150]。

要するに、現代においても階級構造は健在である。しかし同時に国家も健在である。そのような条件の中で「自由」を追求するためにもっとも問題となるのは、「福祉国家」の仮面の裏で、資本家と官僚の利益が「国家利益」として包装されていることではないか。それに対抗するためには、ナショナル・アイデンティティを有する〝日本の〟労働者が、組織を通じて国益の構成に参加すべきであると松下は判断した。多元主義政治理論が、実際の政策決定過程における資本家と官僚の影響を過小評価する限界を持っていたと判断しながらも、松下はその生産管理組織への自主的参加という発想を発展させる必要を認めていた。労働組合による生産管理の自主化を目標としたギルド社会主義の理想は、その後、居住組織における自主管理のモデルに継承されることになる。このように、マルクス主義の視座から既存の大衆社会論を捉え直そうとした松下の試みが正当に理解されず、それに対する激しい反論がマルクス主義者からなされたことは、松下の表現通り、「大衆社会論にとって不幸なことであった[151]」。

2　大衆、天皇、民主主義

「天皇制」から「皇室」へ

一九五八年一一月二七日、当時の皇太子明仁親王と日清製粉社長の長女正田美智子との婚約が正式に発表された。それから翌年の四月一〇日の結婚までの約四ヶ月間、日本を覆った歓迎ムードは「御成婚ブーム」または「ミッチー・ブーム」と呼ばれた。

石田あゆうの研究は、これを「単におめでたいニュースとして一時的なブームだったのではなく、戦後の象徴天皇制を国民が実感するきっかけとなったイベントだった」[152]と評している。それが一一月二七日午前一一時から宮内庁で行われた「記者会見」から始まったということにも注目すべきであろう。マスメディアが終始、国民的興奮を主導したのである。

このブームの原因としては、まずそれが「平民」皇太子妃とのテニス・コートでの「恋愛」を通じての結婚であった点が挙げられる[153]。かつての重い権威に反するこのモダンでロマンティックな恋愛話に、国民は歓呼した。だが、新聞と週刊誌を中心に報じられ、日本社会を騒がせた「ミッチー・ブーム」とは対照的に、総合雑誌は冷静な表情を維持していた。総合雑誌における中心話題は、一九五八年一一月から展開された警察官職務執行法(警職法)改正案をめぐる闘争、そして条約改定が近づいてきた日米安保の問題であった。

そのような状況の中で、松下は『中央公論』一九五九年四月号に「大衆天皇制論」を発表する。週刊誌の話題を総合雑誌に持ち込んだのみならず、さらにその中で論じられた新憲法と天皇制の結合という視座は、挑発的なものであった。

この中で松下は、まず日本全体を包み込んだ「一億総祝賀」ムードの中で、実は世代によって異なる反応が現れていることを指摘する。若い世代、特に女性を中心に作り上げられた熱狂的な歓迎ムードともっとも対照的なのは、「戦中派」の反応であった。松下は「戦中派村上兵衛[154]」の論説を引用し、彼らの憤慨の様子を紹介している。

私[村上]は、天皇やその家族の写真を、生理的な嫌悪感なしにみることができないと書いた。この感じを言葉で伝えることはむつかしいが、たとえば犯罪写真のような後味とでもいおうか。その原因は、断るまでもなく、天皇の名によって始められた戦争と、同じ名によって終った戦争、そしてその間に無数の人間の死が挟まっていることだ。[中略]天皇が象徴であるとするなら、それは私にとって、国民の悲しみの象徴、憎しみの象徴、といった方がふさわしいように思われる。[155]

天皇や皇族に対する「生理的な嫌悪感」をおさえきれないという「戦中派」村上の論説には、皇太子妃ブームに対する「判断停止、全面降伏」という見出しが付けられている。この世代にとって、天皇は戦争のメタファーと直結していたのである。戦中派は常に天皇制との精神的戦争状態にあり、感覚においては戦中や終戦直後の衝撃の中を生きながら、そこから戦後の思想と行動のエネルギーを汲み上げていたといえよう。

松下は、村上の表す戦中派の「実感」は理解できるが、しかし「ミッチー・ブーム」を「新しい粉黛をよそおったもろもろの旧きもの[156]」の復活と見る見解は誤っているとする。松下の診断はその逆であった。

むしろ「新しい粉黛」によって「もろもろの旧きもの」が打撃をうけたのではなかっただろうか。「恋」の「平民」皇太子妃ブームは、まさに新憲法を前提としてのみブームとなりえたのである。それは新憲法ブームという方がふさわしくはなかろうか。[157]

皇太子妃の決定とそれへの国民的な歓迎は、戦前的な天皇制の復活を意味するものではない。それは逆に新憲法の下で進展する戦後の大衆社会状況における天皇制、即ち「大衆天皇制」の成熟をもたらすものである。つまりそれは「「大衆」の歓呼のなかから、あたらしいエネルギーを吸収[158]」する君主制、民主主義から動力を得て作動する君主制の誕生を意味する。この観点から見ると、新憲法と「ミッチー・ブーム」は矛盾するものではない。

それでは現代の「大衆」を魅了する「君主」の力はどのようなものか。松下はこう説明する。

二〇世紀の大衆的君主は、フリードリヒ大王や明治天皇のように、国家理性の体現者であったり軍事的英雄であることは要求されない。〔中略〕「君臨」するのみの君主は、大衆ことに小市民層の日常的要求の理想とならなければならない。それはなによりも、「幸福な家庭」である。[159]

君臨すれども統治せざる君主を本質とする「大衆天皇制」においては、皇室の「家庭」こそが、政治的に必要とされる[160]」。美しい「平民」女性との「テニス・コート」での「恋愛」によって構成された皇太子の結婚ドラマは、見事に大衆の心を摑んだ。こうして、将来の「天皇」は戦争とファシズムを連想させる「天皇制」の大王ではなく、「皇室」というモダンな家庭の優しい主人となった。

戦後の民主主義が「家電化」に媒介され、それを主に使った女性のイメージを中心に波及したことについて、「民主主義のような理念の上での目標と、家電のような物質的な目標が、ともにアメリカにおいて表象」されたことを指摘する大澤真幸の議論は、興味深い示唆を与えてくれる。一九九八年の『戦後の思想空間』の中で、大澤はこのように述べている。

端的に言えば、戦後にとって、民主化とは家電化なんです。〔中略〕アメリカに帰属する承認の視線によって日本が一種の民族的あるいは国民的なアイデンティティを確立するという構図が、シンプルな形で、家電製品の製作や、あるいはそれに関わるコピーの中に既に表現されている〔中略〕特に家電を使うのはだれかというと、主婦です。つまりアメリカに承認される日本というものを代表するのが、家電を使いこなす女性なんですね。あるいは、日本において理想的アメリカ的ライフスタイルを代表したのはだれかというと、これは皇室ですね。〔中略〕美智子様の結婚以降、皇室の主役は天皇でも皇太子でもなく、美智子様になるわけです。〔中略〕つまり、ここにアメリカという男性に承認されるところの従属的女性としての日本という構図が反復されているわけです。あるいは、天皇すらもある種女性的なものとしてイメージされる[161]。

幸福な「家庭」を象徴する大衆君主制の成立は日本に限ることではない。それはイギリス、オランダ、ベルギーなど君主が残存している国々における共通の現象であることを、松下は指摘する[162]。しかし、「女性」を中心に、アメリカの文化と技術を享受する形で民主主義が日常生活の中に定着したとする大澤の見解は、戦後日本における大衆化と民主化の同時進行を強調する松下の見解と、通じるところがあるといえよう。

世代間の断層

終戦直後、惨めな敗戦の状況においても、大多数の日本人は皇室の存続を支持した。終戦直後の一九四五年一二月四日に東京大学学生一一三一名を対象に実施した「天皇制の存続可否についてどのような考えを持つか」という調査では、「一部改革して存続せよ」の応答が四〇%、「根本的に改革して存続すべきである」の応答が三五%を占め、「抑々批判論議の限りでない」という応答も一二%に達した。「廃止すべきである」という応答は「別に意見なし」と同様に六%に止まっている[163]。また一九四八年八月一五日の「読売新聞」の世論調査によれば、天皇制存続支持は九〇・三%、天皇留位支持は六八・五%であり、天皇制廃止の意見は四・〇%であった[164]。

松下はその理由について、まず敗戦そのものが「聖断」の形で行われたことを挙げる。だがより決定的な条件は、新憲法の成立と大衆社会状況の急激な露呈にあると説明する。前者によって天皇の神格が崩壊し、後者によって古い共同体の価値秩序が崩壊したのである。そこに出現した「価値のアナーキー」の中で、マスコミの宣伝による新しい天皇像が大衆に順調に吸収されたと松下は見る。そのような「価値のアナーキー」の中に、丸山の指摘した天皇制思想の「復員現象[165]」が伏在したのも事実であるが、しかし「ミッチー・ブーム」はそれとは異なる性格のものであると松下は述べる。それは「在郷軍人の再動員ではない。新兵の新編成である[166]」。

松下は、「恋愛! ステキだわ[中略]お二人の年齢も恋愛結婚であることもわたしたちのこれからに大いに影響するワ[167]」という女子大生の反応を引用し、このような感覚を、「これまでの日本近代史において、どの層がもつことができたであろうか[168]」と問うている。このような無垢な「ステキ」の反応は、写真を見るだけで「生理的嫌悪感」を感じる戦中派に怒りと空しさを感じさせるであろう。しかし同時にこの反応は、古いタイプの「天皇崇拝者」や右翼の人にとっても許すことのできないものではないか。「皇太子ブームの被害者」は、実は「旧天皇制思想」の右翼や頑固者であると松下は見ているのである。

ここで松下は、週刊誌による皇太子妃に対する徹底的なストリップ化に言及する。「皇太子妃の趣味、クセ、書体から、ヒップ九一・四センチ、バスト八二・六センチ、それにちぢれ毛であることまで、一斉に暴露してしまった[169]」のである。皇太子に対する報道の仕方もまた変わり、そこにはスキーで転んだり、テニスで女の子に負けたり、それに恋に落ちてしまう愛すべき「どら息子」としての皇太子像が描かれている。絶対天皇制にとっては致命的であるはずのこのようなゴシップは、「大衆天皇制」においてはむしろ明るい話題を提供するプラス効果をもたらす。

前述した石田あゆうの研究が引用している「毎日新聞」一九五八年一一月二八日の「女の気持」欄の読者寄稿の中には、「私たちの言葉を卒直にいわせていただけるなら「案外話せる」のに驚いているくらいです[170]」という反応が見える。そもそも皇室に関する話題を軽く語るということ自体が、大きな変化であったのである。このように明るく軽く語られる対象としての皇室への変化は、政治理念の左右を問わず、明治生まれの世代には違和感をもたらした。彼らは、戦中派の天皇制に対する現在的緊張感とは異なる感覚から、たとえば「皇室に野人が言及するだけでも「おそれおおい」という感覚[171]」を持っていた。新しい世代の歓迎あるいは嘲笑は、そのような戦前・戦中派の悲壮感や怨恨、あるいは恐縮の感情から自由である。松下はそこに世代間の「きびしい断層」が出現していることを観察した。「君臨するが統治しない」君主とは、一九世紀イギリスの議会政治における君主を「蒙昧な人民に見せるための演劇、神秘、儀礼的な役割を演じる俳優」と評したウォルター・バジョットによって提示されたものだと松下はいう。しかし松下が見るには、現代の大衆的な君主は、バジョットの捉えた愚衆のための俳優ではない。現代の人々は無知蒙昧であるがために君主を賛美しているのではない。特に圧倒的な歓迎ムードを見せている若い世代は、古い世代より「合理的」な世代であるはずではないか。〝にもかかわらず〞彼らが「ミッチー・ブーム」の主役であることの意味は何か。

ここで松下は、戦後に獲得した新しい価値(例えば、恋愛)の魅力とともに、「大臣や代議士の「悪い政治」」との対比において皇太子の自由恋愛を「美しい庶民的政治」と評価した小説家火野葦平(一九〇七―一九六〇)の言葉に注目する[172]。戦後の皇室は「「脱政治化」しながら「政治的美」に転化するとき、最もすぐれてその政治的効果[173]」を得るのではないか。家父長的な「イエ」制度に基づく「天皇制国家」ではなく、夫婦同権で団欒するモダン・ライフを演じる「家庭」となることを通じて、戦前の「天皇制」は戦後の「皇室」に転換した。それは、非政治的であるがゆえに、「政治」に付きまとう汚さ、悪さのイメージから安全であり、だからこそ国民の愛情を集めることができる。

そのような状況で問うべきは、「君臨するが統治しない」君主に代わって、「誰が「統治」しているのか[174]」という問題である。実際のロイヤル・ウェディングの後に書かれた『中央公論』一九五九年八月号の「続大衆天皇制論」において、松下はこの問いに対して、「日本の資本家」という答えを出している。

権益保守としての「戦後民主主義」

「続大衆天皇制論」の論調は「大衆天皇制論」とは対照的である。「大衆天皇制論」には「大衆天皇制」に対する両面的な評価が見えるが、しかし「続」においてそれはほぼ大衆操作のシンボルとしてのみ注目され、批判の対象となっている。たとえば次のような記述がそうである。

今度の結婚の意味するものは、日本の独占資本が政治的支配層として成熟したことであり、天皇制は独占資本の支配を政治的に粉飾する芝居として機能する。しかし、この場合注目すべきは、「平民」と「恋愛」というシンボルを操作しながら、戦後の新憲法感覚に訴え、天皇制自体が戦前的形態から変化したことである。その結果、現在なお残存する天皇神権思想・国粋思想にとっては打撃であったが、そしてまた戦中派や戦後世代における皇太子冷視派の存在にもかかわらず、新中間層を中心に新しく若い世代に対応するのに一応成功した。[175]

問題は、戦後の新中間層の意識そのものが、民主主義と大衆社会との結合によるものであることに起因している。新中間層の意識が民主主義を権利の享受、さらには消費の自由としてのみ受け止める時、皇室はそのような民主主義のイメージに完全に適応することができる。また、皇室が政治責任のない「美」に転化しながら、実質的には体制に対する国民の服従を誘導する機能を担っていることも問題視しなければならない。

それに加えて、皇室は依然として世襲制に依拠しているため、伝統と切り離すことができないものである。松下は、皇室の伝統的な儀式や行列をテレビで見た戦後世代の一八歳の青年が「日本人を自覚でき(戦後このような自覚ははじめて)自然な喜びにひたれた」[176]と述べたことに言及する。それと同時に、農村の若年層においては皇太子が自由恋愛のシンボルとして、古い家族意識に対する変革の先駆者として考えられている現象をも指摘する。[177]そこには、民主主義とナショナリズムの両方における危機が伏在しているのではないか。

ここで必要なのは「抵抗感覚」の喚起である。ただここでいう「抵抗」は、たとえば天皇制反対において、「石を投げた少年を英雄視するような〔中略〕ゆがんだ形」での抵抗ではない。それは、「まず日常の生活関係を「共和国」として再構成することからはじまるだろう」と、松下は述べる[178]。

> ことに旧天皇制感覚は、「何ものか」を中軸的なものとして想定し、それに従属する奴隷意識に基礎をもっている。〔中略〕私たちの日常的人間関係のヒエラルヒー性、共同体性——天皇制原型を「共和国」的構造へと改造しなければならない。〔中略〕体制内部での種々多様な「共和国」の造出を中心に、スター讃美とむすびついた消費感覚を体制への抵抗感覚へと転化していかなければならない[179]。

この時期において松下が強調する「抵抗」の契機と、後年彼が理想的な政治構成員の徳性として強調する「参加」の契機との間には明らかな違いがある。五〇年代末の時点で、彼は参加する自由と抵抗する自由を明確に区分し、特に日本における後者の欠如と重要性を強調した。このような発想は、『中央公論』一九五八年一一月号に発表した論文「忘れられた抵抗権」においてより詳しく提示されている。

そこで松下は、警職法・基地反対闘争における労働組合の積極的な役割を認めながらも、それに伴う「階級闘争性」については否定的な評価を下している。政治運動を国民的なものに発展させるためには、労働者階級の運動としてではなく、むしろそれとの対比において語られる〈市民〉政治理論に基づく「抵抗権」の行使の側面を強調すべきだという主張である。

松下は、日本における「レジスタンス」思想の欠如を指摘することから議論を始める。「レジスタンス」は、第二次世界大戦の歴史的な遺産としてフランスやイタリアには残っていたが、日本においてそれは異国の物語、外国語としてしか存在しなかった。ファシズムに対して自由を守った経験がなく、さらに「外から」与えられた憲法を中心に民主主義が定着している日本において、結局民主主義とレジスタンスは別々の言葉になっているのである。厳しい抵抗は、すでに持っている何かを守ることから始まると松下はいう。だが、日本においては、そもそも保守すべき自由が存在しなかったのではないか。日本国民が「うしなうべき何ものか」を持つようになったのは、戦後、新憲法が普及してからのことであると松下は述べる。

このような視座は同時に、社会主義のユートピアを追求する革新運動の方式に対する批判でもあった。

現在、この変革の思想は社会主義へのユートピアン的情熱ではなくして、むしろ悪政にたいする自由の擁護という「抵抗」の思想が形成されなければならない段階にあるとおもわれる。このことは、現在の日本で国民的スケールで自由が定着しはじめており、国民が「うしなうべき何ものか」をもったという政治情況からでてくるのである。(180)

近代日本の歴史において抵抗権の思想は、明治時代の啓蒙思想、自由民権思想、そして社会主義思想を通じて三回登場したと松下は説明する。最初のものは福沢諭吉のいう「日本人民抵抗の精神」に現れているが、その議論は日本人民の「自主自治の気風に乏しき」ことに対する啓蒙的批判に止まった。(181) 二番目の自由民権思想における抵抗思想は、ルソーの遺産を継承した普遍的抵抗権の思想であったが、実際には絶対主義官僚に対する民間資本、または明治政府における士族間のヘゲモニー争いに止まった。のみならず、自由民権運動は「市民的自由」より「政治的自由」を強調するものであった。

ここで注目すべきは、自由民権運動は市民的自由よりもむしろ政治的自由を強調したことである。このことは当時民権家が好んでうたった『よしや武士』に「よしやシビルはまだ不自由でも、ポリチカルさへ自由なら」とあることにあきらかにみられる。政治的自由よりも市民的自由を強調した福沢は「民権論は単に参政権の一方に偏して日本の平民、官途外の種族が古来奪いさられたる人権の回復論は甚だ稀」と当時の民権論を批判した[182]。

前述の通り、松下は〝政治的＝ポリチカル〟な自由を参政権との関連で、〝市民的＝シビル〟な自由を抵抗権との関連で理解している。ここでいう「市民的自由」は、政治からの干渉を拒むが故に不当な権力の行使に抵抗する「政治ぎらい」の人間の自由のイメージに近い。ロック政治思想の解釈で得られた人間理解は、彼が五〇年代に「市民」を論じる際、強く影響しているように思われる。

だがより厳しい批判は、三番目の抵抗運動としての社会主義運動に向けられている。それが個人の自由に基づく抵抗ではなく体制の革命的転換を意図するものである限り、社会主義運動が武器にしている「歴史の必然性」の認識は、「天皇制への抵抗理論ではありえたが、抵抗権観念を凝集せしめることはできなかった[183]」と松下は見る。戦後の政治闘争は、新憲法によって獲得された具体的な自由を守る形で行われるべきであり、したがって「憲法体制としての自由の制度化の意味をここで明確に認識しなければならない[184]」と松下は述べる。マルクス主義からはブルジョア的自由、不完全な自由として批判されてきた諸権利の保守を、民主主義における普遍的な価値として再認識することを主張しているのである。

さらにこの抵抗権は、個人の意志の究極性を前提とするリベラリズムに基づくものであり、したがって全体意志としての政府に対して個人の判断・評価を留保させる機能をも有する。全体意志の無謬性を原理とするデモクラシーに対して、個人意志の絶対性という価値を対抗させることで、抵抗権思想は民主主義そのものの問題点に対する防壁となり得る。そこに「人民の名において」主張されるナチズムやマッカーシズムへの処方箋があると松下は考える。

その抵抗を有効なものにするためには、個々人の声を組織化することが必要である。声の組織化は、全体意志に対する意思表明であると同時に、個人の無力感や政治逃避を防ぐ方法でもある。そのような抵抗の成功的事例として、彼は特に「勤務評定反対闘争」の中で有効に働いた「地域共闘組織」による集団間の統一戦線の意義を高く評価する。

このように五〇年代後半の松下は、新憲法によって獲得された権益を前提とする抵抗権思想を中心に政治のあり方を考察した。中世ヨーロッパにおいて君主に対する封建貴族の身分的特権の保持意識から暴君放伐(モナルコマキ)の思想が成立したことに照らしながら、彼は抵抗権を「個人の私的利害を、公的政治へと転化せしめうる思想的なキリカエ装置[185]」として定着させようとした。そうして抵抗権が「戦後民主主義の確保と民主主義自体の自己中毒(マス・デモクラシー化)に対する保障という機能[186]」を果たすことを期待したのである。

この箇所は、「戦後民主主義」という表現が使われたおそらく最初の例、すくなくとも「きわめて初期の事例[187]」である。その「戦後民主主義」が「攻撃ではなく防衛の思想」として、そして「保守意識の政治化」を中心に構想されたことにも注意すべきであろう。〈市民〉政治理論を形成した主要要素である権益保守性を新たに組織し「マス・デモクラシー」に対抗させるという構想は、五〇年代の松下の政治的立場の総合版ともいえよう。さらに、ここに登場する「地域共闘組織」への着目は、翌年の一九五九年から行われた一連の実証調査を通じて、以後「地域民主主義」論に発展することになる。

第三章

市民と政治

第一節　藤田省三——原人的市民

1　知識人と大衆

ハンガリー事件と藤田

藤田が初めて総合雑誌に登場するのは『中央公論』一九五七年二月号のインタビュー「現在革命思想における若干の問題」においてである。主に「ハンガリー事件」を話題としているこのインタビューの中で「大衆社会」的な日本認識を示したため、藤田は芝田による批判対象の一人となった。

このインタビューの内容を理解するためには、「ハンガリー事件」の事実関係についてより具体的に言及する必要がある。一九五六年一〇月に発生したこの事件は、同年二月の「スターリン批判」と密接に関連していた。「スターリン批判」は、ソ連国内において、共産党書記長が過去の専制的な権力行使を批判した事件であり、体制内再編に寄与した面があった。他国共産党からは、暴露されたスターリン政治の惨状から偶像の没落を経験しながらも、その批判が後継者であるフルシチョフによって行われたという事実から、ソ連体制の健全性を評価する余地があった。

しかし東欧諸国では、スターリン個人崇拝と不可分の関係にあった各国共産党の独裁的な支配様式がその後も変わらず持続していた。特にソ連の軍事的、政治的な直接影響下にあり、経済的な収奪に苦しんでいたハンガリーでは、「東欧「小スターリン」中、もっとも狂暴な男と評されていた(1)」ラーコシが現役にあり、改革派の人物であるナジ・

イムレは公職から追放されていた。このような状況と東欧圏諸国に対するソ連の植民地的な収奪政策とが相まって、反ソ感情はさらに高まった。

一九五六年一〇月二三日、ポーランドで起こった政変に対する連帯集会がハンガリーで開かれた時、民衆はスターリンの銅像を引き倒し、ナジの復権を要求した。これに対して、ラーコシの後を継いだゲレは、民衆を「挑発者」と罵倒し、彼らの要求を拒否する強硬な態度を見せたため、民衆とゲレ政権の対立が激化した。

ここでソ連は、翌一〇月二四日、ハンガリー勤労党中央委員会の要請に応じる形でブダペストに軍隊を派遣し、いわゆる「第一次介入」を断行した。実はその要請の前夜、すでにソ連軍の移動が始まっていたことを、小島亮は指摘している[2]。「第一次介入」は歩兵のない戦車部隊のみの派兵で、元々は示威的なジェスチャーを示す意図であった。しかし実際にはソ連軍が市内の建物を無差別に砲撃し、それに対してブダペスト市民がゲリラ戦方式で応戦する激烈な対立に帰結した。

一一月一日には、ナジらの主導で勤労党の解体が宣言され、民族戦線の構想を中心とする多元的な党派を含む、ハンガリー社会主義労働者党が結成された。それによって親ソ連派が閣内少数派に転落する形で、事態は収拾に向かうように見えた。しかしここでソ連は一一月四日、「第二次介入」を決定した。今度は戦車二五〇〇台、装甲車一〇〇〇台、軍人一五万人を投入し、住民に対する無差別攻撃を行った。ブダペストはソ連軍に占領され、革命軍の指揮官たちは処刑された。ナジ政権の崩壊後、ハンガリーには再び親ソ連政権が樹立した。

こうしたハンガリー事件をいかに受け止めるかは日本を含む各国共産党にとって深刻な問題となった。『中央公論』のインタビューで藤田は、まさにこの問題に対する見解を求められたのである。インタビューの冒頭、編集者はこのように発言する。

問題のハンガリー暴動が、世界中のあらゆる立場の人から論ぜられていますね。ところで今日の日本の若いインテリゲンチャの一人として、この問題にどう対処しようとしているか。或いは日本の進歩的陣営にどんな註文をもっているかをお伺いしたいと思います。[3]

一九五七年二月の時点ではまだハンガリー「暴動」という名称が使われていることにも留意すべきであろう。まだその事態をどう捉えるべきかについて、明確な判断が下されていない時期であった。それに対して藤田はまず、事件の表面から距離をおいて観察する必要性を述べながら議論を始める。

私自身としてはマルクス主義が思想の次元において、相当な反省を要求されることになると思いますが、われわれ日本人が、論じたり、考えたりする場合には、一つ重要な精神態度上の前置きが要るのではないでしょうか。〔中略〕ただ一つの事件ごとにそれに惑溺して、状況に引きずり廻されていると、結局、その事件が与えた影響を「経験」として蓄積して、自分の思想を長い眼でみて肥沃化してゆくということが不可能になってくる。近代日本の精神構造とか、カルチュアー・システムとかは、この点で決定的な弱さをもっております。つまり余裕をもって、あらゆる事件を観察する態度がないのです。[4]

状況に引きずり廻されることなく、ある事件を「経験」として蓄積するためには、まずその対象から離れて、それを「観察」する態度が必要である。このような態度は、「巨大社会」が出現し、マスメディアを通じてイシューの再生産が容易に行われ「事件屋的思考」が助長されやすい現代において、とりわけ重要である。つまり藤田はここで、現代的な状況の中で「近代日本の精神構造」の弱点が拡大再生産される危険性を警告しているのである。それは明治以来、外部的状況の変化に対して社会の内面からそれに適応して行くエネルギーを吸い込まず、状況に対する積極的な「順応」が行われた「天皇制社会の伝統とダブって表れている」[5]点において深刻な問題である。日本における前近代的な側面が現代的な問題と親和的に結合しているという指摘を、ここで確認することができる。

このような思考様式の問題点は、日本の革命勢力の精神態度にも現れていると藤田は批判する。つまり、日本にとって「ハンガリー事件」の意義は、ソ連の行動に対する賛否論争にあるのではなく、それを日本の国内闘争における「大衆の将来への組織化」という課題との関連でいかに戦略化するかへの考察にある。しかし、日本共産党はそのような課題に関して有効な理解を示していない。

そうした診断の上で、藤田は「ハンガリー事件」に対するマルクス主義陣営の反応をユーゴスラビアの首相チトーの評価と中国共産党の立場との二つに分け、前者のチトーの立場を支持した。チトーは二回にわたって行われたソ連軍の介入のうち、「第一次介入」を批判したが、「第二次介入」については容認した。それは、社会主義体制の維持と完成という「イデー」に基づく判断であったと藤田は評する。

つまり前者［チトー］が徹底的な政治的リアリズムによって貫徹されて、後者［中国共産党］がむしろ現在マルクス主義理論の「原則」の立場から判断をかなり強引に行おうとしている［中略］すなわちチトーは、ハンガリー人民の暴動に最初から「反革命的傾向があるなどという」ア・プリオリな価値判断をもってのぞむことに反対し、むしろ「反動勢力が高度に豊かな土地をそこに見出し、ハンガリーに存在する正当な起上りを自らの目的に適うように利用して、次第に事態を反動の流れに導くおそれがある」ものとして把えています。[6]

要するに、チトーは社会主義体制の維持と完成という明確な目標の下で、軍事介入を「悪」と認めながらも「より小さい悪」を選択するための判断を行ったのである。それは中国共産党のように「ア・プリオリな価値判断」ではなく政治的なリアリズムに基づくものであったと藤田は見ている。逆に、ハンガリー人民の行為をファシズムの復活と決めつけ、それに対する全面的な攻撃を支持した中国共産党の機関紙「人民日報」の見解について、藤田はなによりもまず「時代錯誤感」を感じると述べている。

ハンガリー暴動をそのまま「ファシズム復活」としてきめつけて、従ってそれに対しては武力をもって闘争しなければならぬ、というのですが、〔中略〕ここに一種の時代錯誤感が感じられる。第二次大戦前後の数年ならば、ファシズムが、あらゆるリバティーズを暴力的に否定してくる状況にあったか、或いはそれへの恐怖がまだ醒めやらぬ状況にあったかなので、それに対抗して〔中略〕「甲冑をつけた自由主義」になることが必要であった〔中略〕しかしいわゆる「戦後の混乱」体制を一応おえて、内部矛盾を増大しながらではあるが、現象形態において安定した社会状況が資本主義によってでき上った今日では、そうはならない。大衆は、〔中略〕純粋消費そのものにおいて自由を与えられています。〔中略〕ただ、この生活様式を再生産するために必要な条件は、「平穏」と「平和」である。(7)

戦後の混乱状況が収まり、安定的な社会状況が作り上げられた現状において、政治上の敵を「ファシズム」と規定し、それに対する武力の使用を自然的に承認するのは、もはや時代遅れの思考である。安定と自由の生活様式を手に入れた大衆を動かすためには、その「平穏」と「平和」のシンボルをこそ積極的に利用する方法を工夫しなければならない。藤田はこの発言に続けて、戦後の時代状況の変容について「独占資本体制の完成を基礎条件とする、(一) 社会の技術的機構化の貫徹、(二) マス・メディアの集中と全社会への拡大、(三) 機構管理労働者乃至流通機構労働者を中核とする新中間層の圧倒的多数化などによって、意識形態及び行動様式における社会層の平準化が進行した」[8]と説明しているが、この箇所は前年一一月に発表された松下の「大衆国家」論文の骨子をそのまま移しているように見える。

しかし、松下と違って藤田にとっての問題の焦点は、そのような〝新しいもの〟が、〝古いもの〟と簡単に結びつくという判断にあった。藤田から見れば、封建的なものによって発生する問題と現代的なものによって発生する問題は、異なっているように見えるが実は同質のものである。あるいは、封建的なものに対する問題関心が、現代的なものについての考察の中にも投影されていたと言った方がより妥当かも知れない。戦後になっても、日本には日露戦争以来の「天皇制社会」が温存されているという基本的な視座は、藤田の中で終始持続していた。

倫理の再建

インタビューに戻ると、続いて藤田は、ハンガリー人民の真の願いはソビエトの武力行使を是認することにあるという「人民日報」の論理を問題視している。それは現実と隔絶したところに本質的なものを設定する考え方であり、それでは「大衆の実存感覚」、「現存在を本質に先行させる実存主義思想」を捉えることができないというのである。その「大衆の実存感覚」の内容は、戦後の混乱期を経過してようやく手に入れた自由と、その維持のための平穏に対する強い願望である。問題は、そこに、より普遍的な価値との関連性、つまり倫理的なものが欠如していることである。

> そこでは人権とは私的衝動乃至欲望の自己主張形式である。「太陽族」などは明らかにこれである。だから人権の観念は、私的生活範囲を超えた思想的なイズムとして、普遍的形態をもって結晶することはない。だから人間性一般への侵害に対しては消極的な反対は示すけれども、きびしい倫理的対決を行うことはできない。[中略]し

かし、くすぶった形で存在するその倫理的なエネルギーを、日本の将来にむかって組織化していくことが、現在のようなマルクス主義の考え方ではできないのではないだろうか。非政治的な、あるいは超政治的な倫理的モメントを政治的に組織できないところに、革命運動は決して成功しない(9)。

現代の大衆の「実存感覚」の中に「くすぶった形」で存在する倫理的エネルギーをいかに組織して行くか。これからの革新勢力の課題はそこにあると藤田は主張する。そしてそのような倫理の再建のため、彼は人間の個別的な行動を普遍的価値と関連づけて考えることを唱えるサルトルから示唆を得ている。個人の行動に対する責任を全人類のヒューマニズムに対する責任の中で考えるサルトルの思考様式は、「類的存在」としての人間一般を自己疎外から解放しようとするマルクスの思想とも共通していると見ているのである(10)。

ここで藤田は、このような倫理性の再建のための場として、組織、特に「小集団」の重要性を強調しながら、サークル活動の可能性に注目している。サークル活動を支えている意識は、第一に現代生活の単調性からの逃避心情であり、第二に複雑な社会機構の中で部分化することへの反発である。つまり、「巨大社会」への反発が、サークル活動における濃密な人間関係を支えていると見るのである。そして「あらゆる倫理の発生は歴史的にもフェース・ツゥ・フェース関係をもった小集団から(11)」始まったことを想起しながら、戦後の倫理の再建のため、こうした顔の見える人間関係の組織を積極的に利用することを提案している。

終戦直後の混乱が安定化に向かっていた一九五七年の時点において、社会の生活は制度の整備によって次第に機構化し、また単調化して行った。その過程の中で、人々の内面にはそのような動きに対する不満や反発の傾向が生じている。藤田はそのような現状に対する不満を「くすぶった形」で存在する倫理の可能性として捉えようとするのである。戦後の実存感覚もまた、それ自体では衝動や欲望の自己主張に止まるかも知れない。だが、そのような権利感覚を人間としての権利意識の次元に発展させる可能性を、藤田はサークル活動で行われる相互作用に見出そうとするのである。このように、人間的な相互作用を通じて倫理感覚を成長させるという発想そのものは、「天皇制国家」の内面統制の通路を担当した郷土の中間層の機能におけるそれと同型のものである。いわば敵の武器を逆手に取ろうとする発想なのである。

　要するに、戦後日本に対する藤田の問題意識の底には、敗戦によって既存の価値体系が崩壊した後、従来のそれに取って代わる新しい価値体系をいかに建設するかという課題があった。それは、戦後の新しい現代的な状況の出現が人間の欲望をありのまま肯定する日本の伝統的な「欲望自然主義」と結合することを警戒した丸山の問題意識を受け継いだものであろう。しかし、丸山は「欲望自然主義」に対して「偽善」の価値を、また社会的な行動様式としての「型」の機能を重視する[12]。それは、個々人の内面における倫理の再建をお互い顔の見える(「フェース・ツゥ・フェース」)小集団における人間的な交流を通じて達成しようとする藤田の考え方とは距離のあるものである。要するに、社会を変えるための方法として、行動の形式や制度の価値を重視する丸山に比べ、藤田は人間そのものを変えること、言い換えれば、人と人との間に行われる直接的な相互作用が人間の内面に及ぼす影響を強調する。たとえば藤田は、一九五九年の日本政治学会報告において、郷里に基盤をおく全人格的な交流から「雑魚寝《ざこね》デモクラシー」の人間結合力」を見出し、それに基づく地方青年団のモデルを「成功している組織に必須の要素」と主張する[13]。

　しかし同時に、小集団はそのような観念的な契機のみによって構成されるものではない点に、藤田は気づいていた。特に戦後の集団は「なんらかの意味での利害感覚につながっている[14]」というのが彼の判断であった。戦後の実存感覚は「エコノマイズされた」と藤田が言う時、それは戦後の組織活動が経済的な利害関心を中心に行われていることを指している。そのような利益集団のリーダーたちが、大体の場合、小規模の会社の経営者層の人物、つまり中間層の人間であることに藤田は注意を払っている。彼らこそが、社会の性格を規定する中心的な役割を演じていると考えたからであろう。
　ここで藤田は、過去に天皇制ファシズムの作動に決定的な役割を担当した地方の小集団、たとえば「郷友会」の戦後の動向を次のように説明する。

例えば郷友会の地方組織などのリーダーは、社会層としても、ある場合には個人としても、一九四九年に共産党の選挙運動——反税運動と結合した——の熱心な支持者であった例がかなりある。もちろんこうした変化の底には、資本主義の一時的安定と支配体制の直接間接の政治的抑圧その他があるわけですが〔中略〕〔彼らが革新政党への支持をやめたことには〕すくなくとも状況に対するリアリズムの欠如、人間の非合理的要素の組織化に対する無顧慮が影響していることだけは確実です。非合理的要素の認識がない点に公式主義が蔓延できるし、自己の立っている状況を客観的に認識できないところに、自主的政治判断の欠如が生れます[15]。

革新勢力の組織方式における、人間の「非合理的な要素」に対する認識の欠如、あるいは「公式主義」を、藤田は問題視する。社会主義理論の解説では、人々の利害関心に訴えることも、現代社会への反発心を利用することもできない。つまりこのインタビューの趣旨は、倫理の再建と政治的革新を一つのプログラムと捉え、その過程における中間層の組織化を強調することにあった。「大衆社会論争」期における藤田の問題関心は主にこの方向にあった。特に彼が社会的中間層や組織内のサブリーダーに注目した理由は、大衆をそのまま肯定し、その判断に政治的価値を置くのではなく、むしろ彼らの非合理的な要素までを正確に把握し、それを巧みに利用することの政治的効果を重視したからである。

「大衆崇拝主義批判の批判」

このような藤田の考え方は、一九五九年の文章「大衆崇拝主義批判の批判」にも現れている。[16] そこには、第一章で触れた「イデー」と「ダーザイン」論が五〇年代末の大衆論と結びついた、独特な「大衆」観が述べられている。その冒頭で、仮想の対話相手である「編集者」は、「最近、「大衆崇拝主義」というものに対する批判が出ているけど、これらの批判はどういう意味をもっているのだろうか」と藤田に問いかける。ここでいう「最近」の「大衆崇拝主義」とは、一九五八年に出版され大きな反響を呼んだ溝上泰子の『日本の底辺――山陰農村婦人の生活』と山代巴（一九一二―二〇〇四）の『民話を生む人々――広島の村に働く女たち』などからなる「底辺ブーム」を指している。[17] これらの著作は、地方の農村女性という、おそらく日本社会のもっとも「底辺」にある人々の生活や思想を積極的に取り上げた作品として注目された。これらについては、当時から多くの書評が書かれ、批判も行われた。たとえば社会学者日高六郎は、「朝日新聞」一九五八年一一月二九日の埴谷雄高（一九〇九―一九九七）との対談の中で、これらの著作に見える「現場の中で独自に問題をつかんでゆこうという」側面を評価しつつも、なおそれが「大衆崇拝主義」に陥ってはいないかと批判する。日高はこう述べる。

しかしこういう動きも、注意しないと、一種の「大衆崇拝主義」になりかねない。大衆の意見や感じ方は生活の底からでたものだからなんでも良いという見方になりやすい。『日本の底辺』は著者が広い農村婦人との文通を材料にして書いたのだが、やはりこの大衆崇拝主義が感じられる。[18]

このような言説空間を意識しながら書かれた「大衆崇拝主義批判の批判」の中で、藤田は大衆崇拝主義の批判者たちが、大衆のプラス面とマイナス面を区分せよと主張していることに対して、まずはそこで行われている区分そのものが、どのような基準によるものかを問題視する。その基準を明らかにすることは、大衆観そのものの変革に関わる問題だからである。そしてそのような変革の萌芽がたとえば山代の『民話を生む人々』の中にすでに現れていると見るのである。

私のいう大衆観そのものの変革の芽は山代さんの中にあると思うんです。あの本を読んでみればはっきりわかるんだけれども、山代さんは大衆から徹底的な被害を与えられているんで田圃道で強姦されかかったり、苦労してやっと集めた薪を全部盗まれたりしてもそれを口外することも許されないような目に遭ってるわけなんだが、その上であえて農民運動をつづけながら大衆の中の精神的生産性を探そうとしている。〔中略〕山代巴のそういう生活記録の中には明らかな二つの大衆観が分離された形で存在している。現実の大衆の持ってる「いやらしさ」と山代さんがイデー(理念)として持ってる大衆とがはっきり分裂分化されて両方の間の闘争として山代さんの生活が描かれているんです〔中略〕私の言葉でいわしてもらうとイデーとしての大衆とダーザイン(現に在るもの)としての大衆の分裂がここで可能になるんじゃないだろうか、その時にはじめて本来の意味での「観念」の意味ってのが自覚されるようになってくるんだと私は思うんです。[19]

つまり藤田は、イデーとしての大衆と、現に在る大衆の「いやらしさ」との分裂を歓迎する。大衆の「プラス面」と「マイナス面」を区分する基準を明らかにせよという主張は、イデーとしての大衆像を抽出して現に在る大衆と区分することを意味する。ありのままの大衆の思想を無条件的に肯定する立場には批判的でありながら、しかし実は「大衆崇拝主義」と批判されているそのような著作の中で、「イデー」と「ダーザイン」の分離作業がなされているのではないかと、藤田は見ている。その上で彼は、「大衆」という言葉を「「状況」の擬人的代名詞として使う仕方」を提案し、また「知識人」を「状況」に対する冷たい「眼」の擬人的代名詞として捉えなおすことを提案する。[20]ここでいう「知識人」は、教育水準とは関係なく、「状況」に対する醒めた認識眼を指す。たとえば第一章で触れた『日本の底辺』の中に登場する農村の主婦が日本の勤勉主義の中に存在する惰性的な面を指摘する時、彼女は「知識人」として働いていることになる。

このように、藤田にとって「大衆」は、機能としての「知識人」がリアルに観察して指導すべき「状況」であり、一種の課題として受け止められていた。「大衆」も「知識人」も抽象的な概念として読み替えているが、結局そこで強調される機能は、状況を冷静に把握し、ある目標に向かってその状況を組織し操作する任務を担うリーダーの活動にある。藤田が大衆社会の到来を早くから意識しながらも、その現象的部分にだけ関心を注いでいた理由もそこにあったのではないか。たとえば松下が繰り返して強調する二〇世紀の条件としての〈大衆〉の特殊性は、藤田においてはそこまで決定的な要素ではなかった。結局、あるべき「イデー」としての「大衆」に向かって、「ダーザイン」としての「大衆」を指導することはリーダーの責任であり、そのリーダーがいかに「大衆」を巧みに捉え、操作するかによって政治局面は左右される。要求されるべきは、「状況」としての「大衆」に対する醒めた「眼」であり、彼らの非合理的な要素までを組織して行くリーダーの政治的技量の成長である。

逆に、むしろありのままの大衆の思想を理解することを唱えた評論家吉本隆明(一九二四―二〇一二)にとって、このような藤田の主張は納得できないものであった。一九五九年の文章「海老すきと小魚すき」の中で、吉本は「藤田はイデーとしての大衆とダーザインとしての大衆の分裂などをもちだすことによって、これを折衷的な理解にかえている。たぶん、現実には、イデーとしての大衆とダーザインとしての大衆との分裂など存在していないとおもう」[22]と述べている。ここで吉本自身が明確な大衆の内容を提示しているわけではない。ただ、藤田の大衆観に著しいリーダー重視や知識人中心の観点に対する批判として、吉本の見解は充分な存在理由を持つものであろう。

2　六〇年安保と「市民革命」

戦後民主主義の矛盾

以上で見た通り、五〇年代後半の藤田はリーダーのあり方を模索して行く一環として「大衆」を捉え、それを観察と包摂、そして操作の対象と考えた。そのような活動の場として、彼は主に「サークル」のような非合理的な契機の組織、あるいは「エコノマイズされた実存感覚」の組織を重視した。利益集団(圧力団体)を議論する場合においても大型の労働組合より小さな規模の小グループに注目した理由は、藤田が根本的に「革新」の目標を内面倫理の再建に設定したからである。それは内面からの命令に従う自律の訓練、究極的には個々人の自我における精神革命の要求であった。このような課題が導出された理由は、上から、そして外からの強制によって出発した戦後の民主化のあり方と深く関連している。新憲法によって民主主義が制度として成立した以降においても、日本の人民がそれを内面において受け止めることができるかに関する疑問は残っていたのである。

歴史家ジョン・ダワーは、戦後日本の民主化について、それが既存の権威主義的な思考様式に対する改革ではなく、むしろそれを利用する形で進められた側面を持っていると指摘する。それはアメリカ占領軍の権力的な検閲を伴う「上からの革命(revolution from above)」であった。上からの強力な指導によって現実を変えて行く方式は、明治以来の近代化の過程ですでに経験されたものであり、それを利用したことにアメリカの占領政策の一つの成功要因があったとダワーは見る。たとえば彼は、マッカーサーが一般民衆と接触せず、「新しい君主、青い目の将軍」としての帝王的カリスマを見事に演じたことを指摘する。[23] 最高司令官は偉大であり、だから民主主義も偉大であるというのが日本民衆の一般的な反応であったというのである。こうした「上からの革命」のひとつの遺産は、権威に順応する社会的態度の温存であった。占領軍が、占領政策に符合しない左右理念に対しては厳しい検閲を行いながら、同時に圧倒的な権威をもって民主化を断行し、その中で権力に対する黙従と順応を助長したと見ているのである。

このように、日本の民主化が〝全体主義的に〟行われているのではないかという疑念、あるいは、全体主義的な内面を持つ人間によって民主社会が構成されているのではないかという不信感は、たとえば清水幾太郎の戦後初期の論説「デモクラシーの流行」の中で次のように現れている。

食糧の不足という退引ならぬ困難はあるが、全体主義や日本主義に代って日本を支配しようとするデモクラシーの歓迎を中心として国民生活は非常に明るい空気のうちに包まれている。今日デモクラシーが国民の間に持っている人気は、恐らく聯合軍側としても意外なものであろう。［中略］だが新聞や放送を通して表面に現れている浮き立つような気分は、つくづく眺めているうちに、何処か見憶えのあるものであることが判る。満洲事変、支那事変、特に太平洋戦争を通じて国民の間に滲透して行った軍国主義の讃歌。あの歌もやはり同じ調子で声高く歌われたのだ。［中略］それは何事も自分の反省を通さずに承認或は拒否する態度である。(24)

軍国主義から民主主義へと、スローガンは変わった。しかし、民衆によるその受容の方式はまったく同じではないか。「相手が全体主義や日本主義であるならば、このような無反省な事大的な態度で迎えるのも相応しいであろうが、相手がデモクラシーである場合には、それでは困る(25)」。強要された民主主義を真なる民主主義に変えるためには、人民がそれを内面において、自分のものとして作り直す必要があろう。しかし、そのためにはどうすればいいのか。

上から、そして外からの力によって戦後の民主化が行われたという認識は、戦後日本の知識人たちを悩ませた根本的な問題の一つであった。前章で触れた論説「喜劇的状況の問題性」の中で藤田が指摘する感覚、つまり人間が、その生きている自分にそぐわないという感覚、あるいは内面と外面のズレ、そして近い過去と現在の間における悲喜劇的な変節への自覚は、制度が先行しており人間が遅れているという焦燥感と相まって、自己革新と精神革命への要求を導き出したのである。

このような要求を日本に投げつづけ、その達成を確認しようとする知識人たちの欲望が満たされる一つの場面が、一九六〇年の安保条約改定反対運動において現れた。藤田は、一九六〇年六月九日に執筆した文章の中でその感激についてこう述べている。

日本で始めてのことである。すくなくとも今生きている年代の人々にとっては、老いも若きも含めて、始めての経験である。原理と理念をめぐる対決がこれ程生々しい現実性をもって、われわれの感覚に訴えたのは全く始めてのことである［中略］ルール蹂躙に対してこれ程激しい怒りを燃やすことが出来たのは始めてのことである。議会主義のルールと云えば院内の「かけひき」としか考えられず、事実またそういう側面が強かったのに、五月一九日夜以来事態は全く一変した。今われわれは最も抽象的な原理を最も感覚的に把えることが出来るようになりつつある。(26)

藤田にとって六〇年安保が画期であったことは、以上の文面からもよく伝わる。それは藤田に限ることではなかった。高遠なものに思えた日本人民の自らの主権の主張が、民主主義の擁護を叫ぶ街頭の行進を通じて眼に見えるようになった時、それを目撃した知識人たちの間には一種の集団的な喜びが共有された。そしてその歴史的な場面に参加している人々を指すために、それに相応しい新しい言葉が必要となった。それが「市民」であった。

多くの研究が指摘している通り、「市民」は六〇年安保以降、民主主義における理想的な政治主体を指す語彙として普及し始めた。前述の通り、五〇年代の藤田は階級的な意味、あるいは歴史的な文脈における学術用語として「市民」を用いており、そもそもこの言葉を使用する頻度自体が極めて低かった。しかし、六〇年安保によって事情は一変する。この時期、「思想の科学研究会」のメンバーを中心に「市民主義」が積極的に提唱された。もっとも広く知られたものとしては、藤田とともに「〔討論〕戦後日本の思想の再検討」に参加した久野収が『思想の科学』一九六〇年七月号に発表した「市民主義の成立」を挙げることができる。

ところが、このように新しい「市民主義」を主張するためには、まず二つの課題を解決しなければならなかった。一つは、ブルジョアジーあるいは資本家を意味するマルクス主義の「市民」から、新しい「市民」を分離する課題であった。そしてもう一つは、五〇年代末まで活発に議論された「大衆社会論」の「大衆」と、この新しい「市民」の関係を究明する課題であった。

ここで、一九六〇年六月に行われた『新日本文学』主催の共同討論「大衆の思想と行動」の記録を見てみよう。その席上で、参加者の一人、橋川文三(一九二二―一九八三)は、安保によって「数年来言われている大衆社会論、或いは中間文化論は、一部分破産したという感じはないだろうか」と発言する。それを受けて藤田はこう答える。

いろんな人がいろいろやっている中から何を大衆社会論というかは甚だ問題だけれども、いわゆる「大衆社会論」は破産したでしょう、現代社会のマイナスをつくような。[27]

ここで藤田は、限定を付けてはいるが、一応「いわゆる「大衆社会論」」に対して破産を宣告する。そしてその上で今後の日本の民主主義のあり方を構想しようとする態度を示す。「市民」を積極的に歓迎し賛同した論者たちはもちろん、「市民」に、あるいは〝市民的なもの〟に対して反感を抱いたり、冷淡であった論者たちにとっても、六〇年安保はその後の民主主義のあり方を考えるために決定的に重要であった。

ここでは前者の例として、久野収、鶴見俊輔、丸山眞男の市民論を簡略に確認し、後者の例として清水幾太郎、吉本隆明の立場を検討することにする。そしてこのような議論のスペクトラムの中に、藤田の議論を位置づけることにしたい。

様々な「市民」像

(1)久野収――「職業人」としての市民

久野が「市民主義の成立[28]」の中で安保反対運動に参加した人々を「市民」と規定したことはよく知られている。しかし彼がその「市民」を「大衆」との密接な関連において捉え直そうとした点は、あまり注目されていない。実は久野はここで「市民大衆」という言葉を使い、「市民」の誕生を祝うだけでなく、「大衆」を「大衆社会論」から救出しようとしたのである。

AとBの仮想対話で構成されたこの論説の冒頭で、Aはまず「職場から、家庭から、国会議事堂、首相公邸、その他の街頭をうずめた市民の大群は、実におびただしい数にのぼっている」と述べ、続けて「われわれの教えられた〝大衆社会論〟の〝大衆〟と、この市民大衆とはずいぶんかけはなれていると思う」と発言する。[29]それを受けてBはこう答える。

　ぼくは、おびただしい学生と一緒にあるき、すわりこみながら、〝古典的〟意味での〝大衆〟がはじめて姿をあらわしたのだという実感をふかく感じないわけにいかなかった。青年時代に読んだエルンスト・トルラーの〝大《マッ》衆人間《センメンシュ》〟、ローザ・ルクセンブルグの〝大衆罷業《マッセンシュトライク》〟にでてきた〝大衆〟やゲルハルト・コルムが分析してみせた〝大衆〟、それらが突然ぼくの頭の中によみがえり、帰る途中もずっと頭の中を占領しつづけて、始末するのにこまったくらいだった[30]。

ここでいう「古典的」意味での大衆は、「大衆社会論」の描くそれとは異なるものでなければならない。久野がその理論の範形として最初に挙げている「エルンスト・トルラー」は、ドイツのユダヤ系作家であり革命家であったエルンスト・トラー(Ernst Toller, 一八九三―一九三九)を指す。そして「大衆人間《マッセンメンシュ》」とは、一九一九年、革命活動のため投獄されたトラーが監獄の中で書いた戯曲「Masse Mensch」を指すと思われる。この戯曲の中には「大衆」という名を持つ集団的な人格が登場するが、それは革命を要求する労働者たちを象徴するものとなっていた。また久野のいうローザ・ルクセンブルクの「大衆罷業《マッセンシュトライク》」は、帝政ロシアで起こった大規模な労働者罷業の意義を評価した一九〇六年の論説を指している。そして社会学者ゲルハルト・コルムの〝大衆〟とは、蓄積された失望や不満をその核心的な要素と分析した、コルムの一九二〇年代の大衆論を指す。つまり久野のいう「古典的」な大衆とは、マルクス主義における労働者階級の性格に近い大衆像である。

では、このような「大衆」議論は、どのように「市民」と結合するのか。

Aはまた問う。「しかしこんどの場合、主体が市民だということも大切だろう。それとも、〝市民大衆〟とか、〝市民運動〟とか〝市民精神〟といったよく使われだした言葉は、何かのカムフラージュにしかすぎないのか[31]」。Bはこう答える。「労働階級中心の統一戦線では都合がわるいので、〝市民〟というオブラートにつつんでいるのではないと思う。そうさせてはならないと思うのだ[32]」。

以上の文面は、積極的な「市民」の誕生というより、労働者階級のみの運動ではないという点を証明するため、むしろ防御的に「市民」を論じているような印象を与える。実際の大衆行動からは労働者階級を連想しながらも、しかしなお労働者階級の運動とは違うものとして六〇年安保を捉える必要を久野は感じていたのではないか。そこで彼はBのセリフにおいて、「もっともかんたんにいえば、〝市民〟とは〝職業を通じてのみ生活をたてている人間〟」[33]であると述べる。デモ参加者の特質を「労働」者の階級意識ではなく「職業」的な意識に呼び変えることを通じて、実際に六〇年安保に参加したより広範な人々の性格を表現しようとしたように思われる。

そこで重要な点は、久野が「職業」と「生活」を区分していることである。「農民が市民とよばれにくいのは、日本の農村ではこの両方がごちゃまぜになりがち」だからと久野は言う。「仕事」が「職業」として「生活」から分離していてこそ、それは習慣や伝統の支配から解放されるのであり、またそこから「職業人」としての固有の自覚が生まれると、久野は主張する。合理化した職業人としての自覚による組織的な連帯の可能性に彼は注目するのである。たとえば久野は職業人の自主的組織であるギルド(同業組合)に言及し、それが国家の権力から独立した自主と自治の母胎となったと説明する。久野はそれを、「国家をこえる社会が、国家の中にでてくる[34]」例として受け止める。職人と見習いを区別する尺度は国家から独立しているものであり、また国境を超えて共通するものである。そのような「職業人」としての自覚は、国家から独立した組織化を可能にする点で重要である。この発想は、一方で労働者の超国家的な階級連帯から示唆を得ながらも、他方、個々の職能団体の固有の機能を重視する点でそれとは異なっている。たとえば久野は「民主主義をまもる学者、研究者の会」、「関西気象学界」、「商店連合の意志表示」、「学生の職分的市民意識」を、それぞれの職業意識を媒介とした連帯の例として挙げている。こうした組織は個々の職場、企業、ましてや国境を超えても拡散することができる。要するに久野のいう職業人としての「市民」は、国家の秩序とは関係なく、合理的な職業意識を通じて連帯する人々を指しているといえよう。

以上の久野の「市民主義」論にはいくつかの特徴がある。第一に、久野は六〇年安保の中でマルクス主義における労働者階級の集団行動を連想しながら「古典的」な大衆を再発見し、それを「市民大衆」という名称で捉え直した。

第二に、市民は「職業」的な意識、即ち「生活」から「職業」を分離して合理化している人間を指す。第三に、久野はそのような「職業」的な同種意識が、個別企業や国境までを乗り越える強い政治的連帯を可能にすると見た。そして第四に、久野がこの文章の中で「地域」における政治についても言及している点を付け加えたい。ただ彼は、「地域」での政治が、役人を選出し解任する過程を通じて民主主義の学校(練習場)となりうると述べながらも、議論の重心は同種の職業人の連帯、つまり「職域」における構想においていた。

最後にもう一つ指摘すべき点は、久野の「市民主義」が「市民」という用語をまったく新たに作り出したのではないということである。むしろ彼は「よく使われだした言葉[35]」である「市民」に新しいアイデンティティを与え、彼らによる政治行為が階級意識ではなく職業意識を中心に行われている点を強調しようとした。ただ「市民大衆」という用語、特にその「大衆」観はマルクス主義の「人民」のイメージを濃厚に反映している。結果的に、久野の「市民大衆」は再びマルクス主義に接近しながらも、今度はそれをブルジョアジーではなくプロレタリアートとの関連において再生するものとなる。このような概念の混在から、マルクス主義における大衆行動のイメージに強く拘束されながら、それとは異なるものとして「市民大衆」を構想しようとした過渡的な試みを見出すことができよう。

(2)鶴見俊輔――「私」の根元への回帰

久野が「市民主義の成立」を発表した『思想の科学』一九六〇年七月号にはもう一つ注目すべき論説が載せられている。鶴見俊輔の「根もとからの民主主義」である。

その中で鶴見は、一九四二年、アメリカから日本に帰ってきた「私的」な経験を語っている。そして、彼自身は敗戦によって得られた戦後の民主化に対して、「自発性の欠如ということが裏側につきまとっていて、戦争中以上の絶望感[36]」を覚えたと回想している。しかし彼は一九六〇年五月一九日の強行採決以降の事態から、そのような絶望感を克服する契機を発見したと述べる。それは「私」への回帰である。

このように、私、私というときの私とは何か。それは、明白に他のいくつもの私とはちがうひずみをもっており、しかも、このひずみある通路をとおしてでなくては私は歴史にはたらきかけることができない。私は、私のひずみからくる錯覚を日々あらたに計算しながら、しかも私を信頼して歴史にむかう他はない。[37]

「私」は、他の「私」とは異なるひずみを持つ存在である。しかしその「私」を分解して行くと、そこには「みんなに通用する」何かの要素がある。そのみんなに通用する要素こそが「普遍的」なものであり、そこにおいて人間は現実を判断するための基準を獲得する。つまり「思想の私的な根」に回帰すると、そこから普遍的な基準を発見することができるのであり、それを通じて国家を含む現実への抵抗力が生まれると鶴見は考える。「この意味で、一九六〇年五月十九日から進行している状態は、国家対私、という二つのものの背反を、古典的な仕方で示している[38]」とし、鶴見はこう続ける。

それぞれが私の根にかえって、そこから国家をつくりかえてゆく道をさがす。このことが中心におかれるならば、政府批判の運動は、無党無派の市民革命としての性格を帯びる。どんな公的組織にぞくしている人も、その私の根にさかのぼれば、私としてはつねに無党無派だからだ。私の根にかえって、各種の公的組織のプログラムをつくりかえることなしに、本格的改革はなされない。[39]

「私の根」に帰り、既存の党派や組織を批判することから「公的」なものへの関わり方を構想しようとする鶴見にとって、五月一九日以降の大衆行動はそのような「民衆の私の流出[40]」に他ならない。それによってこそ「根本からの民主主義(ラジカル・デモクラシー)[41]」が可能になるのである。鶴見は、「私」の根柢に「普遍的なもの」を想定することで、「私」と他の「私」との関係を個々人の欲望の衝突ではなく、むしろ根柢からつながりうるものとして考える。このような考え方は、哲学の役割として「批判」と「指針」、そして「同情」を挙げている一九四六年の「哲学の反省」以来、鶴見の思想において一貫している。つまり鶴見における「哲学」の任務は、個々の「ひずみ」を持つ人々の根柢にある普遍性への探求にある。そのような「同情」の意味を、小熊英二はこう説明している。

個々の人間は、出身階級も経験もちがい、性格も思想も異なっている。しかし、階級や国籍といった「不自由な制服」をはぎとってみれば、そうした人びとの根底には、「万人に共通して存在するところの諸因子」が存在するのではないか。アメリカ人にはアメリカ人の、イスラム教徒にはイスラム教徒の「悲しみ」があったとしても、「特殊項目」ではない「悲しみそのもの」が存在するのではないか。それを探りだすことで、表面的な相違をこえた共感と連帯の基盤をつかむことが、哲学の任務だというのである。[42]

だが同時に、鶴見にとって「私」への回帰が単なるエゴイズムに陥ることなく、逆にその根柢にある「普遍」に接する通路となるという考え方は、「普遍」の反対項として「国家」を設定することによって可能であったと思われる。鶴見は「根もとからの民主主義」の中で「国家によって保証された私生活の享受に没頭するという考え方ではなく、国家をも見かえす私というとらえ方[43]」を強調しており、そのような「私」を「市民」と呼んでいる。またこの時期、藤田、谷川雁(一九二三―一九九五)、吉本隆明とともに参加した「日本読書新聞」主催の座談会の記録には、次のような発言が見える。

谷川さんのいわれた話のなかで、市民か労働者かという背反としてとらえられるところがあったけれども、労働者は同時に市民なんです。ひとりの人間が、ひとりの人間として、自分でやってみようというやり方で動いたら、そういう場合に市民として動いているということになるわけなんです。〔中略〕そういう機能的な形で、市民主義というやつが労働階級のうちに成立する。㊹

「ひとりの人間として」行動する市民像は、特に一九六〇年六月四日、「誰デモ入れる声なき声の会」の行進で、組織を持たない約三〇〇人の人々が自由にデモに参加した経験からくるリアリティを持っていたと思われる。だが同時に、「私」的なものへの回帰が「普遍」につながり、またそれが「国家」に対抗する形で表出するという明るいアナーキズムの発想は、六〇年安保の高揚がもたらした喜びとも無縁ではなかったであろう。たとえばこの座談会の中で鶴見は、六〇年安保が「期待を上まわっちゃった」と述べ、「自分が同時代に日本で起こることを期待していたものを越えてあふれ出るものがあったんで非常にびっくりしたんです。〔中略〕で、非常に愉快だということがまず第一にありますね㊺」と発言している。なお、鶴見の〝私＝普遍的なもの〟が国家に対抗するという考え方は、後述するように藤田の議論と非常に類似している。おそらく安保期の両者は似たような気分と考え方を共有していたのである。

(3)丸山眞男――「私」と「滅私奉公」の間

一九六〇年六月一二日、丸山眞男は憲法問題研究会の主催で「復初の説」と題する講演を行った。そこで丸山は「復初」の意味について、それは「敗戦の直後のあの時点にさかのぼれ、八月十五日にさかのぼれということ㊻」であると述べる。その発言の意味について、彼は『中央公論』一九六〇年八月号に発表した「八・一五と五・一九」の中で次のように説明している。

十五年前の日本をもう一度ふりかえって見ると、逆に今日立っている地点の歴史的意味がヨリ鮮明になると思っただけのことです。〔中略〕〔日本の民主主義において〕共通の基盤の原理は日本国憲法以外にはありえないでしょう。そう考えてこの十五年の歴史をふりかえって見れば、少くも朝鮮戦争前後から政界・官界・財界のパワー・エリートに、どんなに日本国憲法以前的な、その意味で本来議会政治の土俵からはずされて然るべき勢力とものの考え方が復活して来て、今日では当然のような顔をしておさまっているかが明らかになります。(47)

一九四五年八月一五日を戦後日本の民主主義の原点と設定することによって、以降の一五年間の歴史がその原点からいかに後退しているかを測定することができる。「復初」が説くのは、現状を測定するための尺度として戦後の原点が持つ重要性である。だがこの点に関して、都築勉は一つの問題を提起する。つまり「日本民主主義の出発点に一九四五年の八月一五日を選ぶことは、どうしても一つのフィクションあるいは物語の制作とならざるをえなかった(48)」のではないかと問うているのである。占領軍の権威による制度改革として始まった民主化をそのまま肯定することでは不十分であり、それを日本人民のものと捉え直すためには、そこで行われた経験が日本の人々にとっていかなる歴史的な意味を持つかを解明する必要があるだろう。そこで都築は、この論説における、戦前の「臣民意識」の崩壊としての八・一五の意味づけに注目する。丸山はこう述べている。

戦後はまさに「臣」から「民」への大量還流としてはじまった。〔中略〕還流した「民」は大ざっぱにいって二つの方向に分岐したと思うのです。一つは「民」の「私」化の方向です。これはちょうど滅私奉公の裏返しに当る。

〔中略〕ところでもう一方の「民」の方向はアクティヴな革新運動に代表されます。この方はエトスとしては多分に滅私奉公的なものを残していた。〔中略〕この二つの「民」の間に、人間関係の上でも、行動様式の面でも相互交通が拡大されるとすれば、ここに戦後の歴史は一転機を劃することになる。[49]

「私」化していく民と「滅私奉公」的な民との間に「相互交通」が拡大されたことを、丸山は六〇年安保の意義として評価する。ここで注意したい点は、「私」化する方も、また「アクティヴな革新運動」の方も、丸山にとっては問題含みの存在であったことである。前者は消費生活を中心とする私生活の享受に、後者は所属組織に対する「滅私奉公」の傾向に偏りやすい。「私」への没頭からも「滅私奉公」からも距離をおくことを、丸山は説いているのである。

このような均衡感覚の重視は、六〇年安保の直後、丸山が東京大学法学部で行った「政治学」講義の記録により詳しく現れている。とりわけ「市民」との関係においてまず指摘すべきは、一九六〇年以前まで丸山は主にヘーゲル的な意味で「市民社会」の語を用いており、理想的な政治主体を意味する概念を表す時には「市民」ではなく「公民」という語を用いる場合が多いということである。たとえば彼は一九五一年の論文「日本におけるナショナリズム」の中では「citoyen」の訳語として「公民」を用いており[50]、このような傾向は一九六〇年の「政治学」講義の記録にも散見される。たとえば、丸山はマルクスの『ユダヤ人問題に寄せて』(一八四三年)に触れながら、「politisches Gemeinwesen は一般的利害を代表し、市民社会は個別的利害を代表する」と述べた後、「l'homme」と「citoyen」の分裂について「公民性」という表現を用いている。[51] また「人間と公民の一致＝コンミュニズム」、「共同体の全体性をになう公民[52]」などの表現においても、「citoyen」の訳語として「公民」を用いていることが分かる。

しかし、平石直昭が指摘する通り、このような「公民」の用例は「市民」の使用を排他的に否定するものではなかった。平石によると、丸山の「非ヘーゲル的」な「市民」の用例はすでに戦中の時期から見えている。[53] 一九四二年の

「福沢諭吉の儒教批判」に登場する「「独立自尊」の市民的精神のため」「市民的自由のための彼の奮闘」などの表現は、階級性に還元し切れない、より普遍的な自治の価値を「市民」の語に認めた用例と見ることができる[54]。

そして一九六〇年の政治学講義録には、前述した「citoyen＝公民」とともに「citoyen＝能動的市民」が混用されている[55]。そこには「市民」(三六、一五一頁)、「積極的市民」(六七、一三五頁)、「能動的市民」(七五、二〇二頁)、「一般市民(コモンマン)」(二一〇頁)という関連語彙が登場しており、中にも「citoyen」はこのように説明されている。

精神の一隅における part-time な関心を恒常的に持っている人間、デモクラシーの想定する citoyen〔市民〕[56]

「part-time な関心を恒常的に持っている人間」は〝フルタイム〟の職業政治家と異なって、主なる行動領域は「政治の外」にある。政治領域の外で生活しながら、完全に政治から脱却するのではなく、常に精神の「一隅」で政治への関心を持っている人間のイメージを、丸山は「在家仏教主義[57]」の比喩で表現している。世俗的な生を営みながら仏教徒である人間、つまり自己の行動を仏教的な倫理によって規律する「在家仏教主義」が示すのは、政治領域に〝出家〟して「滅私奉公」的な活動家となる道でもなければ、完全に世俗的な享楽に没頭する道でもない。このように、お互い矛盾しながら制限し合う二つの要素を一身に備える存在を、丸山は「市民」あるいは「公民」と呼んでいるのである。それは「私」への回帰を積極的に説いた鶴見の議論とは対照的である。なお、丸山は街頭において噴出した大勢の人々の行動に対して、それを無条件的に肯定してはいなかったことにも注意すべきであろう。

(4)清水幾太郎——「大衆社会論の勝利」

安保条約改定に反対しながら、だからこそ「市民」論に反対した人、それが清水幾太郎である。清水は一九四九年に結成された「平和問題談話会」の活動以来、いち早く日米安保条約の問題に取り組んだ一人である。だが彼は六〇年安保において、とりわけ日本共産党と対立しながらラディカルな行動を取った全学連主流派を支持した。そのため清水は特に五・一九の強行採決以後、反対運動の争点が「安保反対」から「民主主義擁護」に転換した後においては、反対運動をリードした知識人の間で孤立することになる。

このような清水の立場は、安保期においてもっとも大きな反響を呼んだ文章の一つである「いまこそ国会へ――請願のすすめ」からも読み取ることができる。『世界』一九六〇年五月号に発表されたこの文章は、請願書を代表者が集めて衆参両院の議長に手渡す既存の方式ではなく、一人一人の国民が直接国会に行って請願書を出す方法を提案するものであった。しかし、当時この依頼を受けた清水の反応はそれほど積極的ではなく、「もっと行動的な、もっと大きな直接的な政治行動が必要なのではないか」と応答したという[58]。結果的に清水はこの文章で「請願という野生的な行為をスマートな能率主義で行っても、あまり意味はないであろう[59]」と述べ、「手に一枚の請願書を携えた日本人の群が東京へ集まって、国会議事堂を幾重にも取り巻いたら、〔中略〕そこに、何物も抗し得ない政治的実力が生れて来る[60]」ことを期待した。この呼びかけは大きな反響を呼び起し、四月二六日には一日だけで一〇万人の国会請願が行われた。しかし清水はそれに満足するどころか、大きく落胆した。清水の期待とは逆に、請願行動は指導部の指示にしたがって整然と秩序だって行われ、結果的にそれは穏健な抗議表示の主要手段として定着したからである。清水はそれを「お焼香デモ」と呼び、達成すべき政治目標を忘れたデモの儀式化を批判した。

手段を問わず、安保条約改定の阻止という政治目標を達成しようとした清水は、六〇年安保の直後、『思想』一〇月号に発表した「大衆社会論の勝利」において、特に反対運動に参加した「市民派」知識人たちの「大衆観」を問題視する。清水によると、彼ら「インテリ」は大衆社会論のモデルに従い、大衆を「ひたすら敵と味方とのボーダー・ラインにいる」存在として考えている。保守的で無関心な大衆という前提に捕われている彼ら「インテリ」は、過激な行動ではなく啓蒙的な方法で大衆に訴えようとする。しかし逆説的にも、そのような静かな方法に大衆は興味を示さない。そこで清水は、大衆の教育には「人間の知性だけでなく、その人間全体を摑むような方法が必要」だと主張する。国会乱入事件や羽田空港事件、そして強行採決といった強い刺激こそ大衆の興味を喚起し、関心度を高めてきたのではないか。そこに清水は「強い刺戟が無関心の壁を突き破るという明白な事実」を見る。無論、その刺激は同時に敵を作り、運動の幅を狭くするだろう。しかしそもそも「反対でもなく賛成でもない中立的な強烈な関心」はどこにも存在しないのである[61]。

したがって清水は、穏健な「幅広主義」によって五・一九以降の争点が「民主主義擁護」に変わったことを厳しく批判する。「民主主義というのは、［中略］戦後の日本では一人として文句をつけ得ない言葉である。どちらから見ても、幅は極限まで広くなる。だが、安保を棚上げにして得られた幅というものは、一体、何の役に立つのであろうか[62]」と清水は嘆く。

さらに反対運動に参加した人々を「市民」と呼ぶ見解にも、清水は同意することができなかった。その理由は第一に、大衆社会の健在さにあった。たとえ大衆社会〝論〟が破産しても、大衆社会を生み出した諸条件(共同体の分化、交通通信技術の発展による環境の拡大、機械化の進展)は客観的な事実として現に存在する。一九世紀の市民から二〇世紀の大衆への流れが歴史的な事実であるにもかかわらず、なぜここでは大衆から市民へと「逆コース」を辿るのかと清水は問う。第二の理由は、安保に関わった人々の間における差異にあった。「ビルの窓からデモ隊に向って手を振る人々」と「絶望と憤懣との暗い塊になって学生たちの横に立っている人々」とを「市民」として同一視することを、清水は拒否したのである[63]。

六〇年安保の一年後、清水は五・一九以後の転換について「安保をめぐる政治闘争はここに終りを告げて、民主主義擁護の精神運動が始まる[64]」と述べた。清水にとって、「安保反対」の「闘争」が「民主主義擁護」の「運動」に変質し、その主役として「市民」の観念が浮上したことは、闘争の失敗から目をそらしている「インテリ」たちの精神的な満足に過ぎなかったのである。

(5)吉本隆明――「擬制の終焉」

丸山が「八・一五と五・一九」の中で、民の「私」化と「滅私奉公」化の両方を憂慮し、両者の間の「相互交通」を六〇年安保の意義として評価した点は、前述した通りである。逆に、この「私」化にこそ民主主義の真なるエネルギーが存在するとし、丸山を批判したのが吉本隆明である。吉本は一九六〇年一〇月に発表した「擬制の終焉」の中で、日本共産党と市民民主主義者たちの「指導的イデオローグ」のあり方を「擬制」と称し、次のように批判する。「イデオローグは、真理の競売を大衆行動によってたしかめようとする。大衆はさまざまなイデオロギーの萌芽を、萌芽のまま行動によって語る。安保闘争の過程でおこったさまざまな悲喜劇は、すべて、指導的イデオローグと大衆とをはっきり区別してとりあげなければならないことをおしえた[65]」。

吉本によると、六〇年安保の高揚は「社会の利害よりも「私」的利害を優先する自立意識[66]」に基づいており、またそれは戦後史における大衆の「自己の疎外感」の表出でもある。日本共産党の指導部や市民民主主義者たちはそのような大衆の性質を正確に把握していない。丸山の理解などは「この私的利害を優先する意識を、政治無関心派として否定的評価をあたえているが、じつはまったく逆[67]」であると吉本は述べる。「八・一五と五・一九」で丸山が説いたのは「私」化と「滅私奉公」化の両方に対する警戒であったが、吉本はとりわけ前者を問題にして丸山を批判する。

吉本の強調点は、大衆の私的な関心を媒介としない政治運動は、容易に擬制と化するということにある。前述した「日本読書新聞」の座談会の中で、吉本は「たとえば私生活、あるいは家庭の幸福を追求する、あとは知らんという[68]」のが大衆の性格であり、それを基盤として政治運動を展開しなければならないと述べている。このような大衆理解は、

「擬制の終焉」の中において、「ひとびとのたたかいの渦のなかで、『アカハタ』を売っている男」は、「アンパンを売っている男よりも愚劣である」と述べた箇所とも共通する。[69] 吉本は『アカハタ』の説く人民観の学習ではなく、デモ隊の横でアンパンを売る人に密着することを、知識人に要求するのである。

実際、デモ隊の横には屋台ができあがり、たとえばアイスクリームを売る商人は「安保反対」と「アイス」を同時に叫びながらデモ隊の中で商売をしたという。映画監督松山善三（一九二五―二〇一六）は一九六〇年六月一五日のデモ隊をめぐる光景をこのように描写する。

官邸前は、新聞社、ラジオ、テレビ会社の車が一列に並び、各社のテレビキャメラが、ものものしくやぐらの上にのっている。官邸の門柱やヘイの上には、鉄カブト姿のカメラマンがひしめいている。四機のヘリコプターは、交互に音高く国会の頭上をとんで離れようとはしない。屋台のうどんや、ジュース、あんぱん、焼きいもなどを売る、その日ぐらしの商人が右往左往している。すわりこみのデモ隊の間をぬって、アイスクリーム屋が「安保反対　えー　アイス」と、アイスクリームを売って歩く。なんという貧しい国だろう、貧しい国のあまりにも貧しい政治がうんだ、これが唯一の笑いであった。[70]

吉本の提示する大衆像は、確かに生き生きとしたリアリティを持っている。だが、そのような大衆の性格を有効に政治化するための方法について、吉本は明白な答えを提示していない。大衆の即物的な性格を多様な角度から強調する吉本の議論には、時折一方的な大衆肯定の傾向が見える。だが、彼は大衆の不可解性を繰り返して指摘することで、市民論の陥りやすいモラリズムに対する厳しい警告者の役割を果たした。彼の議論は、当時の革新勢力に顕著であった啓蒙主義に対する端的な拒否であったのである。

「原人」としての市民

安保期の藤田は、「東京大学新聞」にアジテーション調の文章「特権的知識人への要請――新らたな行動の自発的組織を」を、『朝日ジャーナル』に現場ルポ「六・一五事件　流血の渦中から――この目で見た警察権力の暴力」を載せたり、雑誌『思想の科学』誌面で討論と共同声明を発表したりする一方、「武蔵野線市民会議」を結成し、都内の団地を訪問する移動講演会の活動も行った[71]。そして警官隊に「眼鏡を飛ばされ、一〇カ所ぐらいの打撲傷を受け[72]」ながら、抗議デモにも参加した。だが、藤田におけるこの事態の決定的な意味は、彼の思想的な核心とも呼べる「戦後精神」の概念が、六〇年安保に直面した経験によって形成された点にあった。その内容を示す論考が、藤田が安保直後に書いた安保の前史「「五・一九」前史」である。

ここで藤田はまず、戦後日本政治の全体構造を官僚機構の「支配過程」とそれに対する「抵抗運動の過程」として捉える。そして日本の支配者の〝弱さ〟を中心に、その構造を説明する。

支配の営みは、その権力の行使において常にある程度の制限を要する。物理的権力が無制限に使われると社会的不安定もまた絶えず起こり、「絶対君主的なまたはヒトラー的な超強力の支配者でなければ[73]」持続的に治めきれない状況に陥る。したがって権力行使を適度なものに緩和する手段がどうしても必要になり、戦前の場合、その機能は「天皇の「名」」によって果たされた。いかなる恣意的権力の行使でも、一応天皇の「名」の下で行われる必要があったのであり、それは、明白な勅命違反はできないという最小限の規制であった。

しかし戦後にはその「名」の機能さえも消えてしまい、権力はその行使におけるいかなる制限装置も持たない状態に置かれる。ここでもう一度「法の原理」に自分を縛り、自らの権力を制限しようとする健全な支配形態は生まれない。戦後日本の支配者は「自己をきびしく縛ることには堪えられない弱い支配者」だからである[74]。戦前における天皇への人格的恭順の感情は戦後にも温存され、支配過程の中に入り込んでいる。ただその恭順の対象が天皇からアメリカに置き換えられただけである。こうしたアメリカへの心理的依存が、藤田のいう戦後支配者の弱さの第一の様相である。

そして第二に、藤田は支配者が自らの権力の貫徹においてすら徹底的でいられないという点を批判する。

「国民運動」［中略］の請願を聞き入れて採決を無効にして「慎重審議」にかえることを敢えてしないのなら、それほど誤りを承知で押し通そうというのなら、当然参議院でも単独採決を行なうのが、権力の論理として当然である。にもかかわらず、時が経って「自然成立」するのを待つしかできないというのは、暴力的権力に頼る者としては、何と権力にたいする確信のないことだろうか。自分が主体的にもっている唯一の武器にたいしてすら確信を持てない、そのひ弱い精神は、ファシストとしてすら完全に落第である。(75)

「ファシスト」としても「落第」という第二の弱さによって、「アメリカの支配層と自然のカレンダーへの二つの依存の交替(76)」をその内容とする、戦後の支配過程が成立する。五・一九以後、政府はその二つの依存の上で物理力を振るうだけであり、「もろもろの多くの社会的現象を動かしあるいは組み合せて統合する過程」即ち「支配者としての行為」は完全停止したと藤田は述べる。(77)

この支配停止によって生じた政治的空白に対する被支配者の反応が抵抗運動の過程である。戦後の抵抗運動は、国家と制度の全崩壊による終戦直後の「自然状態」と、その中で相互生存のために出現した「闇市的状況」からその胎盤を形成する。制度の白紙状態においてこそ制度を不断に作り直そうとする主体的な精神が生まれるのであり、「そこに存在する日本人の共同性の意識こそが権利の上で独立した存在としての「国民《ネイション》」もしくは「市民」なのである(78)」。

制度から独立し、その独立した人間同士が相互の生存のために自由に交流し、やがて制度を創出しまた不断に作り直そうとする態度、それが藤田のいう「戦後精神」の核心である。それを「戦後精神」とはっきり命名するのは後年のことで[79]、一九六〇年の藤田はそれを「ヤミ市的状況の精神」または「戦後の原人性」と呼んでいる[80]。

安保期の藤田に関してもう一つ注目すべき文献は、一九六〇年六月一七日に行われた江藤淳(一九三二―一九九九)との対談である。当時江藤は石原慎太郎らとともに「若い日本の会」を組織するなど、安保反対の立場をとっていた。だが、彼はアンビバレントな保守の人[81]であり、政治的スタンスにおいて藤田とは距離があった。その点を考慮すると、藤田と江藤の対談の最大の特徴は、両者の間にほとんど意見の差がないという点であろう。

この対談で藤田は、五・一九に対する日本国民の激しい反応を、かつて単なる法律制度や「社会科の答案[82]」的な存在であった憲法が日本社会に受肉化した証拠と捉える。しかし同時に彼は、そのような民衆の反応は、民主主義の普遍的価値を認識した上での意識的な擁護というよりは、単独採決によって〝ルールが破れた〟ことに対する感覚的な怒りに近いと見ている。

この対談で両者の意見がもっとも分かれる論点は、全学連主流派への評価である。共産党の前衛機能の喪失を批判し、相対的に全学連主流派寄りの評価を示す藤田は、たとえば「プログラムがはっきりしているのは共産党と岸政権だけだと思う」という江藤の発言に対し、共産党の持っているのは「擬似プログラム」に過ぎないと反論する[83]。そして「真っ向からぶつかるのは結局六・一五のように、全学連と岸[84]」であるとし、全学連主流派の運動方針の意義を認めている。もっとも、藤田は清水ほど全面的に全学連を支持したわけではない。またこの時期、彼自身の離党をめぐる共産党との摩擦もこうした発言に影響した可能性がある[85]。だが、微温的な市民主義への不満を内包する「原人」型市民のあり方には、ラディカルな学生たちの姿と相通ずる部分があったと思われる。

対談の末尾で藤田は、「共産党は前衛と考えてるけれども、全然そうじゃなくて、いまの前衛というのは無党派活動家[86]」であると発言する。無党派小集団の組織こそ、五・一九以後彼自身が専念した仕事であり[87]、この発言は自らを前衛と自認するものであったろう。このように知識人が前衛となって「大衆運動」をリードしようとする動きは、五・一九以後の「民主主義擁護」への転換とともに顕著になる。

もう一つ、ここで指摘すべきは、藤田が終戦直後の精神態度を表す言葉として「闇市的状況の精神」や「戦後の原人性」とともに、「私生活(第一)主義」を用いていることである。前述した「「五・一九」前史」の中で、藤田はそれを「敗戦によって国家よりも高い価値を自己の生活に見出す精神的方向[88]」と捉え、国家の干渉によらず「私的生活圏を自分の手に確保しようとする態度」と説明する[89]。この態度はたとえば基地反対闘争と警職法反対運動において、次のように発現する。

もし政府が生活手段(土地)そのものを「公用徴収」しようとした場合や、生活方法(消費生活の自由)を取締る可能性を示した場合には、徹底的に抵抗する。前の場合が基地反対闘争であり、後の場合が警職法反対運動であった[90]。

この「私生活(第一)主義」はまず、国家の外、即ち無政府状態を生き抜く「原人」型市民に相応しい個人の権利感覚を指すものである。ここから人民主権の極限的発現としてアナーキズムに近い民主主義の理解を読み取ることも可能であろう。

同時に「私生活(第一)主義」は文字通り、私的な生活を重視する傾向でもある。つまり藤田は、基地反対や警職法反対の政治運動における、政治からの自由(政治からの干渉拒否)の側面を強調するのである。彼はここで、私的な自由の擁護が反政府闘争のような公的領域への参加につながる可能性を認めることで、大衆社会論の想定する私生活中心の「大衆」像と、実際起こった大規模な「大衆運動」との和解を試みたのである。

「戦後の経済復興によって生まれた本来は保守的な生活感覚に脅威を感じさせたこと」[91]から安保の高揚を理解し、保守感覚に基づいて六〇年安保を説明する視座は、石田雄にも見える。石田によると「本来は保守的な」この生活感覚は、危機感がなくなると、再び保守的な、あるいは非政治的な態度に回帰する。それが「生活保守感覚」の「大衆社会の中における両義性」である。当時岸首相は「デモをしているのはごく一部の人で多くの人はプロ野球を楽しんでいる、私はそのような「声なき声」を尊重したい」と発言したが、石田の考えではデモ参加者と野球観衆とは必ずしも別の存在ではない。[92]

六〇年安保において、野球は一つの象徴であった。一九五七年の「中間文化論」で名を知られた加藤秀俊(一九三〇—)は、六・四ゼネストの時も野球場は満員であったという冷やかな見方に対し、「日本の人口を二分して、いっぽうを革命人口あるいは政治的人口、他方を娯楽人口ないし非政治的人口と考えるのは、たいへんな誤り」であると反論する。加藤によると、強行採決以後のデモの盛り上がりを支えている人々は「平凡で平和な日常生活を確保するためには政治的行動に出る人間」であり、そのような存在が「市民」である。[93]野球に関する藤田の見解は加藤よりやや政治的で、野球は単なる娯楽の象徴に留まらず、「ゲームのなかで一番デモクラティックなもの」としてその内容まで民主主義的に評価される。野球は「完全な分業」によって「守備範囲がちゃんときまって」おり、「相撲みたいに一人一人の勝負じゃない。チームの勝負という点で非常にデモクラティックなもの」であると藤田は述べる。[94]構成員がそれぞれ独立した役割と明確な責任を担い、それらの協業によって全体が成り立つゲームのイメージは、藤田のいう「インデペンデント‐デモクラット」の態度、即ち「本来の独立的なものが集って民主主義的なものができる」という民主主義のイメージに近いと考えられる。[95]そうした発言からは、戦後の文化、スポーツまでもが日常生活の中で一種の市民教育の機能を担っているという、意図的にポジティブな態度がうかがえる。

以上の藤田の議論を、前述した多様な市民論と比較してみよう。結論を先に言うと、藤田の「原人」的市民論は、鶴見と丸山の議論の結合物の性格を持っており、同時にまた「市民」に対する懐疑論者たちとも意外な類似性を持っている。

まず、藤田のいう「私生活(第一)主義」の内容は、鶴見の「私」への回帰としての市民論と通じている。戦後初期に現れた国家に対する人々の不信、価値の世界における国家の地位の低下、あるいは大義名分ではなく「私」的な関心(利害)から物事を判断する戦後の「エコノマイズ」された実存感覚の重視、そして私的な生活空間に対する権利と責任意識を権力の圧迫に対する弾力的な抵抗の原動力として捉える点など、要するに私的なものへの重視の中に公的なものへの通路があるという認識が、両者の共通点である。

しかし鶴見と異なって、藤田の「市民」は、日本国民としての特殊性を持つものである。敗戦によって「日本における自然状態」が出現しており、「そこに存在する日本人の共同性の意識こそが権利の上で独立した存在としての「国民《ネイション》」もしくは「市民」[96]であると藤田が述べる時、それは戦後の焼け跡・闇市の状況の中で獲得した特殊な歴史の経験に基づいて、「国家」を相対化しながら行われる「国民」意識の形成を意味するものである。それは、戦後日本の民主主義を支えるものとして日本の歴史的経験を位置づけようとする丸山の「復初」論や「八・一五と五・一九」の議論と共通している。小熊英二は、六〇年安保を「戦後日本の進歩派が「愛国」や「民族」といった言葉で表現していた心情が、最大にして最後の噴出をみた事件[97]」とし、その中でデモクラシーとナショナリズムが一塊になって考えられたことを指摘しているが、藤田も丸山もそのような傾向から離れていなかったように思われる。

しかし丸山の「復初」論が、八月一五日に原点(ゼロ点)を置き、そこから現在の政治局面の座標を計ることを意味するに対して、藤田の「原人」論は、そのような原点における、制度以前の生の姿を重視する。藤田にとっては、制度に対する人間の独立的な態度が重要であり、彼はそれを終戦直後の「焼け跡・闇市」の日本人の経験から発見しようとするのである。この点を考えると、藤田の人民主権論は、そもそも「主権」そのものをかなり強力なものとして想定していることが分かる。藤田が目指すのは、強い主権を握ることのできる強い内面倫理の確立であり、また彼はそのような強く独立的な人間の原形を「絶対君主」や「独裁者」、あるいは「ステイツメン」に探るのである。そうした藤田にとって、民主主義における人民主権の意味は、絶対君主の主権の万人への分有ではなく、むしろ一人一人が絶対君主化するようなイメージに近いと思われる[98]。

もう一つ指摘すべきは、野生的な政治エネルギーを有する「原人」としての市民論に、吉本や清水とも通じうる余地があるということである。清水とは、大衆の非合理的な側面への注目と、それを巧みに動かす操作者の役割を重視する点で共通している。また吉本に関しては、前述した「日本読書新聞」の座談会が参考になる。終始藤田に批判的であったが吉本が唯一彼の見解に同意したのは、「ヤミ市的状況の精神」を「戦後の原人性」と呼びながら、それが戦後の私生活享受の「もとの姿」であり、その記憶は忘れられないと藤田が述べた時である[99]。

以上のように、六〇年安保の中で行われた様々な「市民」論は、同じ政治的状況において同じ「市民」という言葉を用いながらも、それぞれ異なる市民像を描いていた。それは各々の論者における、主権者としての人民の理想像の違いを語ってくれる。この時期「市民」という言葉は、肯定派にとっては政治的人間の理想型を示す言葉として、そして否定派にとってはその理想型の反対語として使われたのである。

そして藤田のいう「原人」としての市民論が、以上のような多様な論者の議論と重なっている理由は、「原人」という表現そのものが多様な可能性の共存するカオス的な存在を形容しているからであろう。その正体を明確に言語化し得ない、可能性の塊としての「原人」は、国会議事堂を取り囲んだ三三万人のデモ隊に接した時に得られた、一つの共通イメージだったかも知れない。

反対運動の内部における自然承認

以上で見たように、藤田の「市民」は鶴見と丸山の両者の影響を強く受けながら形成されたものであった。特に五〇年代後半、鶴見をはじめとする「思想の科学研究会」メンバーとの交流は、藤田の思想形成に大きな影響を与えたと思われる。一九五七年『現代日本の思想』への書評を発表して以来、藤田は鶴見・久野との共同討論「戦後日本の思想の再検討」の連載や『共同研究　転向』などの活動を持続的に行った。雑誌『思想の科学』に寄稿を始めたのもこの時期である。一九五九年一月号の「〔討論〕思想の科学研究会――回顧と展望」に初めて参加して以来、一九五九年には五回の寄稿、一九六〇年には『共同研究　転向(中)』の出版(二月)と雑誌への五回の寄稿、そして六〇年安保に関する声明(五月二九日)および討論に参加している。しかし一九六一年、雑誌に二回寄稿した後、一九六二年一月号(「天皇制」特集号)の対談を最後に、藤田は研究会から脱会した。

一九五六年に初の論文を発表して以来、一九五〇年代後半、藤田がもっとも旺盛に活動した媒体は雑誌『思想の科学』であった。研究会のメンバーたちと密接に交流しながら活発な共同作業を行う一方で、彼は六〇年安保という戦後最大の政治的モメントを彼らとともに迎えた。

一九六〇年五月二九日、「思想の科学研究会」は五月一九日衆議院で行われた新安保条約の強行採決への抗議として国会解散を要求する声明を発表する。この声明の署名者の中には、会長の久野の他、評議員の鶴見、竹内好(一九一〇―一九七七)、日高らと並んで藤田の名前も見える。実は、この声明の原案を作成したのは藤田と政治学者高畠通敏(一九三三―二〇〇四)であった。

雑誌『思想の科学』一九六〇年七月号には声明発表の前日の五月二八日に開かれた拡大評議員会の議事録の要旨が載っている。その中に、作成者を藤田と高畠と明記した声明の原案が掲載されている。それは次の通り、簡略なものであった。

声明(原案)

思想の科学研究会は五月十九日の新安保条約の採決を不当なものと考え、直ちに国会を解散して民意に問うことを要求する。(100)

そして、最終的な声明の文面は次の通りである。

声明

去る五月十九日衆議院で行なわれた新安保条約の強行採決は、討論のルールを破り、かつ国民の請願権を無視した不当なものである。この処置を反省せず、しかも、このため日本社会の各処に惹き起された様々な混乱に対して責任を取ろうとしない政府は、真にわれわれの意志を代表するものではない。われわれ思想の科学研究会は、新条約のいわゆる国会承認成立以前に現在の国会が解散されて衆議院における採決を無効にし、国民に対してと同時に自己の行為とその結果に対して責任をもつ新らしい政府が生れることを要求する。われわれは、この目的達成のために能う限り努力することを声明する。(101)

『思想の科学』同号に公開された研究会の討論の記録には、声明発表の当否から声明文の具体的な表現に至るまで、多様な論点が登場している。その中でもっとも重大な事案となったのは、声明文の中に「革命」という語を用いるか否かをめぐるものであった。

この点に関する参加者の意見は様々である。もっとも積極的に「革命」の語の使用を主張したのは鶴見俊輔である。

彼は会の分裂を呼び起こしたり、あるいは脱会者が出たりする危険を覚悟しながらも、「現在の事態を一種の「革命」と認めるということ」の必要性を主張する。もし安保問題の結末が岸首相の辞職や保守党内部での政権交代に止まるとしても、それをも革命として考える「新しい、ゆるい革命の理念」(102)が必要だという意見である。その理由について、鶴見はこう述べている。

私が「革命」ということばに執着するわけは、いま、この事態を「革命」だといいだしておけば、それはこれから必ず来る反動の体制のなかで、ひどくこっけいなことだったとして、あざけられるだろう。それを見越した上で、あえて「革命」だと発言して置き、その発言を背負い通す。そして以後の自分をきびしくしばることの中からエネルギーを汲みとる。(103)

鶴見の考え方は、目前の現状に対して革命という重い規定を与えることによって今後の運動のエネルギーを汲みとると同時に、後に訪れるはずの反動の季節を生き抜く責任感と使命感を生産しようとするものである。この主張に対して、久野は初めてデモに参加する学生層への影響を考慮すると、既存の革新派の主張やあり方に反感を持っている彼らにアピールするためには「革命」の使用は不適切であると反論する。逆に社会学者原芳男(一九三一—二〇〇三)は、この層にアピールするためにこそ「革命」を使用すべきだと主張する。若い世代は古い世代とは違って、革命という言葉からショックを感じなくなっており、むしろ日常的な表現としてそれを受け止めていると原は述べる。藤田は以上の三者の意見を綜合し、「革命」の新しい概念規定の必要性は認めるが、その言葉の使用には反対する。若い世代には上すべりに流れて日常的なものに解消されてしまうため効果がなく、逆にショックを感じる古い世代には抵抗感をもたらすという理由からであった。ただ藤田は、革命をゆるく再定義しようとする鶴見の発想には同感を示し、それを「無責任から責任の体系」への移行として規定することを提案している。また高畠は、専門的な運動家集団ではない研究会の任務は、「つねに「革命」の名なき革命」を行うことにあると述べ、その話の使用に反対した。結局この議論は、「革命」という語が職場を持つ人々にとって大きな障害物となるという鶴見良行(一九二六―一九九四)の主張に鶴見俊輔が同意し、自身の意見を撤回して一段落する。

ここで指摘したいのは、討論の中にいくつかの矛盾が奇妙な均衡をなして並存していることである。それは各論者の間における立場の違いだけでなく、同一人の考え方の内部においても発見できる。つまり、参加者たちは現在、一種の「革命」的な事態が発生しているという意識を共有している。しかし「運動」の効果の側面を考えてその言葉の使用を避けることにまた同意している。革命を革命と呼ぶことによる、革命の失敗を予想しているのである。

もう一つの矛盾は、安保反対運動が「失敗」した後における課題への問題関心がすでに登場している点である。しかも、安保改定の阻止という運動目標の失敗を予想しているにもかかわらず、その論調は極めて明るく、希望的である。たとえば中国文学者竹内好は「かつて信頼していなかったいわゆる民主主義」を、五・一九以降の推移を目撃して信頼するようになったと述べる。反対運動はおそらく失敗するだろうが、民主主義は成長するのだという観測が、参加者たちの間に共有されていたのである。ここには明らかに、運動の成否とは無関係に、大規模な政治運動が出現したこと自体に大きな成果を認める喜びが現れている。「反対運動」内部におけるこのような態度は、手段と方法を問わず新安保条約締結を阻止しようとした清水を憤慨させた理由でもあったろう。新安保条約の「自然承認」は参議院においてだけでなく、反対者たちの内部においてもすでに進んでいたのである。

帰郷運動をめぐって

安保条約改定の直後、その反対運動が都市の街頭を中心に行われたことに対する反省が行われた。「帰郷運動」は、その反省によるもっとも積極的な行動であった。

帰郷運動の提案は、安保条約改定の「自然承認」以前から行われた。安藤丈将の研究によると、一九六〇年六月二〇日には東京大学社会科学研究所の石田雄研究室に本部をおく学生組織が作られ、以後「帰郷運動センター」が県別に設置された。自然成立の後の七月二日には東京で「全都帰郷学生の集い」が開かれた。七月上旬の時期はちょうど大学の夏休みと重なっており、帰郷運動にとって絶好のタイミングのようにも見えるかも知れないが、実は当時の学生運動にとって夏休みは就職活動のシーズンでもあり、多くの活動家が運動から脱落する難しい時期であった。[104]

「ふるさとへ民主主義を」というスローガンを掲げて行われたこの運動には、約一万人の大学生・大学院生と、二〇〇〇人以上の学者・研究者が参加した。[105] 農村の民主化を図ろうとした彼らは、講演会、学習会、座談会、演劇、映画上映などのイベントを準備し、集会のためには青年団、婦人会、サークルなどの既存組織のほか、同窓会の連絡網を積極的に活用した。

しかし学生たちがそこで実感したのは「農村の壁」であった。一九六〇年の大学進学率は一割程度で、その多くを裕福な家庭の出身者が占めていた。階層的な差異はもちろん大きかったが、問題はそれだけではなかった。[106] 身近な問題と直接につながらない政治的問題は抽象的な議論に流れやすく、そのような議論に対して農民たちは冷淡であるか、あるいは批判的であった。

このように、完成形の民主主義を持ち込み、農村に伝達するという運動方式は、実際の農民との接触によって敗れることになる。そしてその失敗を通じて、学生たちは社会を変えるための新たな方法について考えざるを得なかった。彼らは、知識として習得した民主主義の抽象性を、農村住民の具体的な生活問題に結合する方法を模索して行く。たとえば地方議会の予算決定過程における不透明性を指摘しながらそれを生活の問題に関連させ、政治問題を実体化して行く方法を習得したのである。

安藤の研究は、このような活動によって、農民は潜在する問題を問題として自覚する視角を得、また学生たちは民主主義を相互的なものとして構想するようになり、その結果、民主主義観そのものにおける変化が起きたと評価する。そしてこのような相互性の学習こそ、藤田が帰郷運動に期待したものであった。六〇年安保の後、帰郷運動に際して執筆した「綽々大事を永遠に図らん――帰郷学生S君への手紙」において、藤田はそれを日本における「つき合い」や「コミュニケイション」の様式と関連づけている。日本社会において「縦のコミュニケイション」は下降エスカレーター式に直通しているが、「横のコミュニケイション」の枠は一つの水平ではなく、階段式に重なっているのが問題である。つまり「高等学校に行けば中学校の同級生とは切れる、大学に行けば高等学校の同級生とは切れる」ような形で、かつての横的なつながりが断絶するのである。そしてそのような構造は「つき合いの枠が国家的制度の枠と一致している」ことを意味すると藤田は見る[107]。

他方、巨大な縦の組織においては、コミュニケーションの方式が公衆に対する一人の単独演説に傾いており、したがって建前的な議論が生まれやすいという問題がある。「お互の関係についての展望を語り計画を語るときはパーソナルな内面に触れ合う[108]」ことのできる横のコミュニケーションが必要ではないか。そのように「諸個人同士の間で〔中略〕国家制度の枠から独立したコミュニケイションが生れ、そこに国家の権力をチェックしコントロールする「人民」という集団主体が段々に出来上る道が開けてゆく[109]」ことを、六〇年安保直後の藤田は期待していた。帰郷運動は、その道に近づく一つの成果を収めることができた。

だが帰郷運動は、参加者の「卒業」による運動の断絶という限界点を露呈した。藤田が理論化しようとした横のコミュニケーションとしての民主主義観は、それを蓄積し継承して行く方法を欠いている限り、個々人の運動家における一回的な体験に止まる危険を内在するものであった。

政治的な運動における持続の重要性、即ち制度的な定着化の必要性は、巨大な街頭政治が出現し、また消えた六〇年安保以後、明白に意識されることになる。

3　「反動化」の季節

二つのテロ

一二月の総選挙を目前にしていた一九六〇年一〇月一二日、日比谷公会堂で行われた自民・社会・民社の三党党首討論会で、社会党委員長の浅沼稲次郎(一八九八―一九六〇)が演説の途中、一七歳の右翼少年山口二矢に刺殺される事件が発生した。いわゆる「浅沼事件」である。

「浅沼事件」に対する藤田の応答は、『思想の科学』一九六〇年一一月号に発表した「日本における二つの会議」に現れている。ここで藤田が問題にするのは、フォーマルな時間ではなく休憩の時間に行われる「快活な饒舌」である。(110) それは拘束の契機を内面化した自由が存在しない日本の精神構造を反映していると藤田は考える。また休憩時間にのみ討論が行われる現象は「市・町・村議会」に限ることではない。料理屋や廊下で討論が行われる国会レベルの政治においても同様である。つまり「日本の議会主義」は、このように非制度的な会議に実効性を与える「チャンス」としてのみ存在する。「チャンス」は法ではなく、むしろ法に対立するものである。

だが同時に、これは「法の支配」に対する原理的な反対物である「命令の支配」でもない。休憩時間の議論が「話し合い」の方式で行われる限り、それは明確な命令の主体を持つものではないからである。こうした「話し合い」には、「パブリック・オピニオン」を作り上げるために必要な、決定過程における討論を正式な共通のルールに載せる客観化の過程が欠けている。

さらに、対立の明確化を回避しようとする「話し合い」主義は「対立を客観的記号によって表現することを拒否し、完全相互了解を目ざすものである限り、それは絶えず了解のつかない相手を排除する傾向を内にもつ[11]」ものである。了解のつかない相手を排除する傾向の極端形が即ち「暗殺」であり、したがって「話し合い」主義は「暗殺」とも容易につながり得る。明確な対立による正式の闘争を避けようとするコンフォーミズムは、逆に政治の領域から闘争の要素を追い出し、それを暴力として噴出させるため、危険である。意思決定過程において真に必要な行為は、個別性を前提とする正当な対立の積み重ねであり、それこそが藤田の考える政治の営みである。

ここでいう対立の積み重ねは、各自の見解の個別性に固執し、それを繰り返す硬直性を擁護するものではない。藤田が唱えるのは、共通のルールへの同意の上で、お互い自己の立場の客観的な妥当性を証明し、相手を説得する技術の闘いとしての議会主義である。そのような議会主義の欠如が浅沼事件を生み出したと藤田は考えたのである。

浅沼事件から四ヶ月後、『中央公論』一九六〇年一二月号に掲載された深沢七郎の寓話風小説「風流夢譚」をめぐって第二のテロが発生する。作品中に登場する皇太子妃の斬首などの描写は、発表当時から問題となった。雑誌の編集者が宮内庁に謝罪し、翌年一月号の『中央公論』に「お詫び」が掲載され、ようやく事態は収まったかのように見えた。しかし一九六一年二月一日、再び一七歳の右翼少年小森一孝が、中央公論社の社長嶋中鵬二の私宅に侵入した。少年はお手伝いの丸山かねを殺害し、嶋中夫人に重傷を負わせた。

この嶋中事件の犯人が浅沼事件の犯人と同様、「大日本愛国党」の所属であったため、東京地裁は同党の総裁赤尾敏(一八九九—一九九〇)に対する拘束請求を受けることになった。この請求を担当した裁判官は異例の感想を発表し、その中で嶋中事件の原因として安保反対運動を指摘した。これに対する批判として、藤田は『思想の科学』一九六一年四月号に「国家原理の現在と未来——右翼テロと当事者優位の原理」を発表する。

ここで藤田の主張する「当事者優位の原理」とは、当事者の権利の主張であると同時に当事者の責任の原理でもある。ここではまず裁判官がテロリズムの原因を安保反対運動という「歴史的」な原因に求めた点が批判される。そのような歴史的遡及法では行為者の責任の所在が消失してしまうのであり、そうした思考様式は、そもそも法の原理に反するものであると藤田は見る。法の原理は、歴史的な因果関係を乗り越えた地点、つまりどのような状況においても絶対的に悪い行為が存在するという確信の上でしか成立しない。「行為の歴史的発生動機から離れて行為そのもののルール適合性を問題とする考え方[112]」が、法の原理の執行者であるはずの裁判官の中にも不在ではないかを藤田は問う。

だがそれは一人の裁判官に限る問題ではない。藤田は、当事者の権利と責任の原理は日本社会の頂点においても不在であると見る。戦前・戦中の主権者であった天皇がそのような権力を実質的に行使しなかったことによって、結果的にその責任からも免れたことを彼は想起する。そしてここで、マックス・ヴェーバーが第一次大戦の時、帝国の名誉を守るため皇帝の退位を勧告した書簡を引用し、それを「崇高な君主主義者が君主制の危機においてとるべき態度[113]」と評している。つまり天皇が自らの意思によって敗戦に対する責任をもって退位することを、藤田は「帝王に相応しい尊厳な行為」として望んだのである。

ここから、藤田が戦後日本における天皇と国民との関係をどのように考えたかがうかがえる。藤田はこう述べている。

天皇も皇太子も「国民統合の象徴」〔中略〕である限りは、〔中略〕日本国民を世界に向って辱めないだけの、知性と勇気と精神的尊厳を、行為の中に確保すべき課題を負わされているのである。国民に対してその責任が課せられているのである。その責任をとり得なくなった時は、その時はすでに「国民主権」の国における「国の象徴」ではなくなっているのだ。[114]

つまり藤田は象徴天皇の任務として、「知性と勇気と精神的尊厳」という貴族的な徳目を要求しているのである。前述の通り、松下の「大衆天皇制論」は、天皇と国民をスターとファンのように捉え、一方的な憧憬と愛情の対象として把握した。そのような理解では天皇または皇室は平和な家庭像を大衆に見せることで十分な役割を果たすことになる。しかし藤田の要求はより厳しい。民主主義社会においても、彼は依然として「帝王に相応しい尊厳な行為」を天皇に要求しているのである。

もう一つ指摘したいのは、一九六一年四月のこの文章で、藤田が「天皇制」と「皇室」という表現を使い分けていることである。つまり彼は戦前・戦中の文脈においては「天皇」あるいは「天皇制」という表現を、[115]戦後の文脈では「皇室」という表現を用いている。[116]後者の場合、その叙述対象が皇太子を含んでいるという理由もあろう。しかし、このような言葉の使い方からは、「天皇制国家の支配原理」の著者である藤田自身にとっても、目の前の対象を「天皇制」的なものと捉えることに違和感を覚えるようになったと見るべきではないか。「ミッチー・ブーム」以降の著しい変化、即ち家父長的な権威を持つ天皇を頂点とする「天皇制」から温和な家庭の象徴となった「皇室」への変化は、松下が鋭く捉えた大衆天皇制の特徴であった。松下の議論が描き出す戦後の現実が、藤田の認識世界まで包囲して行く変化が生じたといえよう。

道徳を説く権力

六〇年安保以後、反対運動との関連で発生した二つのテロは、藤田にとって六〇年以後の六〇年代を「反動化」の季節として認識させた。たとえば、一九六一年の「政治的暴力行為防止法」反対デモに寄せた文章「反動化の特質と〝点〟の抵抗」には、そのような認識が具体的に現れている。[117]

ここで藤田は、権力者が道徳を説くという日本的な権力行使の特質に注目する。それはたとえば日本の警察に特徴的な教育者的、説教的な態度にも現れている。「取り締まり」における彼らの言動は、法律の事務的な執行に相応しいものではなく、まるで小学生に説教する教師の口調を思わせると藤田はいう。警察官はピストルを持っているため、自主的な内面性を伸張させる真の教育者ではありえない。にもかかわらず、「権力をもつやいなや説教をはじめる」行動様式は、「戦前天皇制」における「お上」との連続性を現しているのではないか[118]。そこに現れている「事務性の欠如・説教好みの傾向」は「戦前の天皇制の支配構造の特徴」であり、それが戦後になっても連続していると藤田は考えるのである[119]。

しかるに、六・一五後一年をへた今度の政防法デモに対する取締りにおいて、「権力が道徳を説く」という戦前のもう一つの特徴が、政治面におどりでたのです。［中略］この明らかな戦前型支配様式への復帰が、憲法擁護運動なり安保反対平和運動なりに対する「反動」としてあらわれてきたということは軽く見すごしてはならない点だと思います[120]。

さらにこのような戦後の「反動化」の特徴として、藤田はそれが日常の些細な権利への侵害を通じて行われていることに注目する。それは行政上頻繁に使われる公安条例や道路交通法などの実定法体系の末節に属する日常的な法律、たとえば、集会会場の出口に警察が「関所」を作るような小さな監視を通じて行われる。このような小さい侵害が「集会の自由」を間接的に統制し、自由の空洞化に効率的に働いているのである。このようにより隠密に、しかし効果的に行われるのが戦後の反動化の特徴である。憲法の全面的改定ではなく、漸進的に行われる細部条項の利用または改定を通じて、憲法の原則が少しずつ浸食されているのである。藤田はそれを、「機能的反動化[121]」と呼ぶ。

このような批判は、体制側に対してのみならず、藤田自身の仲間たちにも向けられた。具体的な諸権利を〝行使しない〟ことを通じて自由の空洞化に寄与しているという批判、それが、一九六二年の「思想の科学事件」に対する藤田の応答である。「思想の科学事件」は、前述した嶋中事件の余波で、雑誌『思想の科学』の出版を担当していた中央公論社が、出版を予定していた『思想の科学』天皇制特集号(一九六二年一月号)を廃棄処分したことを指す。「思想の科学研究会」はこの処置に対する抗議として中央公論社での出版を中止し、以後独自に出版を行うことになった。一九六二年二月一九日「日本読書新聞」に発表した「自由からの逃亡批判」の中で、藤田はまず、積極的に右翼を支持する行動をとるのではなく、天皇制を批判する出版を「しない」という消極的な方式で日本社会の自由の空洞化に寄与したものとして、中央公論社の廃棄処分を批判する。批判の対象に関するタブーが存在する限り、言論の自由という「市民的自由」は原理的に成立不可能であり、そのような争点を回避すること自体が日本社会における自由を損傷したという論理である。

さらに藤田は、中央公論社に対する「思想の科学研究会」の対処方式においても同様の問題点を発見する。第一に、雑誌の廃棄処分に対する研究会の対処が出版社と「縁を切る」ことであった点に問題がある。この事態における論点は「「縁」を切るか、切らないか」ではなく、「雑誌を勝手に廃棄することによって、天皇制批判の自由という市民的自由の根幹を崩落させたことの、社会的責任をはっきりさせること」[122]である。一見もっともラディカルな対処と見えるような「縁切り」の行為によって、実は「自由の侵害」という本来の争点は曖昧になってしまう。そのような対処には「争点が起るとその争点の問題性を客観的に解決しようとする前に「ええ、別れればいいんでしょう」といって飛び出す」「日本伝来の夫婦喧嘩の思考法の洗煉形」が発見されると藤田は述べる。[123]「仲良く分かれる」術の洗練化はその裏面において、正面からの対立を回避することによる社会の自由の浸食をもたらしているのである。

第二の問題点は、このような研究会の対処方式が、指導部のみの決定で行われたことにある。

社会的責任不問の「縁切り」思想以上に、私の同意出来ない「思想の科学研究会」の処置は、この大問題について、今日に至るまで総会も拡大評議会も開かれないで決定が行なわれたことだ。総計僅か百数十名の思想研究集団ですら、直接民主制が行なええないでどうして社会的地域にそれを実現出来ようか。[124]

多様な参加者が根拠を提示しながら自己の意見を述べ、相手の異論を聞き、その上で決断を行うという形式を踏まえていないことは、研究会の内部においても「言論の自由」が行使されていない証拠ではないか。だとすると「原則的問題についての反対意見の持主は会を去る以外に自己の意見に忠実たる方途はない」[125]と、藤田は脱会を宣言する。

藤田の「思想の科学研究会」からの脱会は、彼の個人的な不満の表出に止まる問題ではなかった。それは六〇年安保以降、巨大な政治争点を喪失し、運動方式をめぐる対立と分裂が顕著化する中で、革新勢力が経験した分散状況を反映するものでもあった。このような状況は、国際政治における冷戦構造の流動化と国内政治における池田内閣の成立と密接に関連していた。

4　六〇年代半ばの変容

「イデオロギーの終焉」をめぐって

六〇年代半ば、藤田が当面した問題は、六〇年安保とその余波という日本政治の局面に限定されるものではなかった。その背後には、「政治」そのものの捉え方においてイデオロギー的なものが脱落して行く、より巨大な変化があった。その変化をもたらしたもっとも大きな原因は、国際政治における冷戦構造の流動化であった。

第二次世界大戦後、国際政治の動きを決定づけたのは、米ソを主軸とする自由主義国家陣営と社会主義国家陣営とのイデオロギー対立であった。自由主義と社会主義の対立は、理論や思想をめぐる争いに止まらず、経済力や軍事力の優位をめぐる争いでもあった。それが一九六二年一〇月のキューバミサイル危機を転換点として、両体制の「競争的共存」へと向かったことは、前述した通りである。

こうした冷戦構造の変化は日本国内においても敏感に受け取られた。たとえば萩原延壽は一九六四年『中央公論』三月号に発表した「日本社会党への疑問」の中で、そのような冷戦構造の変動はイデオロギー対立の終焉を意味し、それがまた「政治の復位」をもたらすという見解を示した。萩原はこのように述べている。

これまでは、国際政治の問題を、もっぱら資本主義と社会主義のいずれを良しとするかという政治的イデオロギーないし道徳的価値判断の次元に解消してしまうことも、多分可能であったし、外国の外交行動を短期と長期の二つの面で予測するという厄介な作業を行わなくても、なんとか事態をごまかしてゆくこともできた。しかし、「冷戦」という国際社会の構造が大きく崩れたことによって、体制間の対立という視点に安住した惰性的思考は、今後は国際社会において通用しなくなる。

「冷戦」状態の崩壊が意味するものは、何よりもまず、国際関係における「政治の復位」である。〔中略〕いいかえれば、外交が外交らしい機能を発揮できる、本来の国際社会の姿に復帰してゆくだろう。〔中略〕これから要求されるのは、国際関係を体制間の対立によって割り切るような、大雑把な「イデオロギー的」思考ではなくて、諸外国の国家的利益の測定と予測の上に基礎を置いた、綿密な「政治的」思考である。(126)

国際政治におけるイデオロギー対立の融解は国内政治における変容をも要求するものである。たとえば、もし社会党が政権をとることになるとしたら、社会党政府は「自民党政府が諸外国と結んだ条約関係という外交上の枠の中から出発しなければならない」[127]。つまり日米安全保障条約を前提にして政治に臨まなければならない。しかしいまだアメリカ政府を「帝国主義」と称し、イデオロギー的な政治観を保持している社会党の方式は、萩原から見れば、もはや「政治からの逃避」に他ならなかった。

国際政治を中心に、イデオロギー的な視点から脱皮した政治と外交の必要性を力説した論者たち、いわゆる「現実主義者」たちが論壇の注目を集めたのもこの時期であった。高坂正堯(一九三四―一九九六)、永井陽之助、神谷不二(一九二七―二〇〇九)、衛藤瀋吉(一九二三―二〇〇七)などの論者は、雑誌『中央公論』を中心にそのような言論活動を活発に展開した。竹内洋の研究は、六〇年代における『中央公論』の躍進と『世界』の低迷を指摘しているが、それは以上のような斬新な論者たちが社会的に注目された一つの証拠でもあろう[128]。

こうした潮流の代表的な論者である高坂正堯は『中央公論』一九六三年一月号に「現実主義者の平和論」を発表し、日本の中立主義を主張した国際政治学者坂本義和(一九二七―二〇一四)との間に平和論争を呼び起こした。高坂は、坂本らが核戦争の防衛不可能性を過大評価した余り、現に存在する防衛の意味自体を否定していると批判した。そのような考え方は現実性を欠如した観念的な平和論であり、それは実際の平和維持のために無用か、あるいは危険であると主張したのである[129]。また永井陽之助は、一九六五年から「米国の戦争観と毛沢東の挑戦」、「日本外交における拘束と選択」、「国家目標としての安全と独立」などの一連の日本外交論を発表し、イデオロギー対立のヴェールをはぎ取った後に見える米・ソ・中の権力政治の構造を冷徹に解明し、アメリカの核の傘の下で日本経済の発展をはかった「吉田ドクトリン」の妥当性を一貫して支持した。

「政治思想家」の失業時代

以上のような冷戦構造の解氷による流動化と国際政治における「政治の季節」の到来は、日本の国内における池田内閣主導の「経済の季節」と絶妙な均衡をなしていた。[130] 萩原は、一九六〇年登場した池田内閣が、イデオロギー的対立から経済を中心とする政策競争に政治の争点を転換させた点を挙げ、それが「日本の保守勢力の「進歩性」をとりわけよく象徴している」[131]と高く評価した。実際、池田内閣の争点転換の成功によって、革新勢力は財界と官僚機構の政策立案能力を後から追う形で、政策競争に飛び込むことになった。

このような状況について、萩原は一九六四年の「池田時代の遺産」の中で、政治の営みが具体的な政策能力の対決になって行く以上、「政治をイデオロギーという蛮刀で切り捌いてゆけば十分だと思いこむような態度」という意味における「政治思想家」が、大量失業に陥ったと表現した。萩原はこう述べる。

> 池田政治の特徴は、私たちの裡にある「政治思想家」を絶望させる態のものであった、といってよいだろう。絶望という表現が強くひびきすぎるのならば、困惑という言葉でいいかえてもよい。池田内閣の時代に、私たちの裡にある「政治思想家」は、不本意ではあるが沈黙を余儀なくされるか、あるいは、思想的転進へと追いやられることが多かった、という意味である。かくして、この時期に、敗戦の日から岸内閣のころまでつづいた「政治思想家」の完全雇傭の時代はようやく終りを告げて、その大量失業の状態が現出しはじめたのである。同じころに、日本経済が労働力過剰から労働力不足の時代に移行しはじめていたのは、歴史の皮肉である。[132]

このように国際情勢の変化に基づいた政治とイデオロギーの分極現象は知識人のあり方をも大きく変えた。一方では、「現実主義」の立場から、特に外交安保に関する政策決定に参加する知識人たちが登場した。『中央公論』の編集者をつとめた粕谷一希(一九三〇―二〇一四)は、高坂らの現実主義者の登場によって「敗戦から六〇年安保まで深刻な相互不信の関係[133]」にあった政治と知識人の関係が大きく変わったと述べている。

他方で、日本社会の全般における知識人像もまた、かつての講壇中心型から実務型へと変化した。竹内洋はその一例として一九六二年一〇月秋季号『別冊中央公論』経営問題特集号に登場する「ビジネス・インテリ」という言葉に注目する。

「ビジネス・インテリ」という言葉そのものがインテリをめぐるコンセプト革命であり、「知識人」をめぐる象徴闘争のあらわれである。なぜなら、ビジネスマン(実業人)や官僚などは、従来であれば、インテリという用語と結びつきにくいものだったからである。(134)

竹内によると、かつての「知識人」の特質は「経済資本や権力の欠落を補塡するために文化資本の卓越性に光を当てた」ことにあった。それに対して新しい知識人像の登場は、まず専門技術知や経済の高度成長にともなうテクノクラートの増加をその背景にしている。それに加えて、「六〇年安保闘争の敗北で革新知識人という「思想インテリ」が神話と力を喪失したことが大きい(135)」と竹内は述べる。「思想インテリ」の退潮と「ビジネス・インテリ」の台頭は、六〇年安保以降の国内外における変化、つまり巨大なイデオロギー対立の視座から政治的判断を導出していた既成政治の変化とも緊密に関連していたと見るべきであろう。

「管理」される社会

このように政治における脱イデオロギー的な思考が強調されてくる時代の中で、藤田は、逆にあらゆる思惟が存在拘束性から自由でないという意味における「イデオロギー」性を積極的に強調した。一見、価値中立的に見えるような政策過程の実務的な過程も実は特定の利害や思考様式を反映しているものである。脱イデオロギーという言説そのものは、そうした事実を隠すための、一つのイデオロギーとして機能しているのではないか。

藤田は特に、経済官僚や実務エリートの主導する国家経営が人民主権の原理を形骸化する危険を含んでいることを問題視した。テクノクラートを中心に国家が機構として完成して行く中で、藤田はそれと対立する「社会」の領域に主眼をおくことになる。与えられた制度としての民主主義を「下から肉付けし社会化して行く運動[136]」としての人民社会の構築が、日本においていまだ不十分であると判断したからであった。

それは、前節で見た現代の「機能的反動化」、即ち「権力が「管理」の名の下に展開される[137]」状況に照応する問題意識であった。つまり藤田は「民主主義が規範として確保しようとするイデオロギー以前の或る地点[138]」は、「管理社会」が強調する「イデオロギーの終焉」とは決定的に異なっていると主張しながら、前者が多様なイデオロギーの自由な成長と競争を保障するに反して、後者はむしろ自己制縛力として働くあらゆるイデオロギーを否定するものであると捉える。巨大なイデオロギーの対立が終焉した後の社会は、イデオロギーのない社会ではなく、むしろ多様なイデオロギーが自由に共存する社会でなければならないと考えるのである。

藤田のいう「イデオロギー」の意味は、カール・マンハイムの一九二九年の著作『イデオロギーとユートピア』の理解に基づいていると思われる。マンハイムは、マルクスのイデオロギー論、つまり支配階層が自己正当化のために利用する虚偽意識としてのみイデオロギーを理解する方法を不完全なものと考える。マルクスの立場を含めて、あらゆる思惟はその思惟主体の存在拘束性を反映している意味においてイデオロギー的であり、マルクスが指摘したのはそうした普遍的な問題における一部分に過ぎないと見るのである。

藤田は、一九五八年の論説「イデオロギーをめぐる現在の思考状況」の中で、そのような二つのイデオロギー理解をめぐって「イデオロギーとイデオロギー批判の無限循環[139]」が行われていると指摘し、しかし「イデオロギーという言葉を追放して見ても、現象が思考過程そのものに喰い入っているものである限り[140]」、その存在拘束性から脱皮することは不可能であると述べる。そのようにあらゆる思惟がイデオロギー的であるしかないという認識は、「すべての観念とその体系が絶対的な「確かさ」を失って、その意味で全思想が自己のイデオロギー性を自覚しなければならなくなった状況[141]」を意味するのであり、そのような状況の中で要求されるのは、客観性や中立性、あるいは絶対的なものという観念上の誘惑に陥ることなく、「むしろ全く逆に、あらゆる「不確かさ」の中へ果敢に突入して、あくまで「不確かな」要素を求め続け、解明し続け、無限にそのプロセスを繰返す[142]」行為である。

そのように「不確かさ」との無限な取り組みを繰り返し、真理を追求し続ける行為は、結局、意志の問題に帰結する。多様なイデオロギーを綜合することのできる存在としてマンハイムが設定した〝自由浮動的インテリゲンチャ〟の論理道具を否定する藤田は、真理を追求し続ける知識人の任務を意志の領域に位置づけようとしたと思われる。このような考え方は、普遍的な真理の存在を〝信仰する〟宗教的教義ではなく、それを〝あらざるを得ない〟ものとして「仮定」し、〝要求する〟ことを認識の出発点と捉えた同年の報告「社会科学者の思想」ともつながっている。

マンハイム理解に加えて、イデオロギー論に関する藤田の議論の特徴は、思想が存在の条件に拘束されながら、なお逆に存在を拘束する機能をも持つという両面性の強調にある。つまり、イデオロギーは「自己制縛力」としても働くものである。このような理解は、たとえば日本ファシズムを支えた思想として農本主義を説明する場合にも現れる。一九五八年の鶴見、久野との共同討論の中で、藤田は伝統的な「イエ」の崩壊が同時に日本における職業・産業倫理の喪失をもたらした状況の中で、それを補ったものとして「農本主義的定着倫理」を挙げている。つまり「「ひと筋の道」を自分の中にもって原理的に執念深く生きる人物」の「パースナリティー」に存在する「気質的倫理性」が〝あるべき〟人間像を提示する機能を担ったとする理解である[143]。思惟につきまとうイデオロギー性が内面における規制力として働くという考え方は、一九五〇年代後半以来、藤田の中に持続していた。藤田のいう、多様なイデオロギーが併存する社会とは、絶対的な真理の主張を疑いながらも、多様な立場から、ありのままの現状を乗り越える何かを求める試みが自由に展開される社会を意味するのであろう。その藤田にとってイデオロギーの終焉を語る言説は、そのような多様性を否定する「管理社会」のイデオロギーに他ならなかった。

さらにこのような「管理社会」の進展は、日本の国家中心的な政治意識と容易に符合し得る点で危険である。前述した一九六二年の「現代における「理性」の回復」の中で、藤田は「参政権は拡がったけれども平民が国家の前に顔色なき点[144]」においては、日本の政治風土は明治以来変わっていないと述べる。つまり日本において政治はもっぱら「国家」と密着しており、「社会」のものとしては考えられていないのである。そのような政治風土を克服するために、藤田は国家と結合しやすい「民権」ではなく「人権」の思想の定着が必要であると主張する。

人権の規範意識がないところでは私人の自由は「国」の枠を超えることは難しく、殆ど国家によって「与えられた生活」の自由な享受(生活の生産ではなく消費)に止るであろう[145]。

このように、八〇年代以降本格化する「安楽への全体主義」につながるモティーフを、六〇年代初頭の議論の中に発見することができる。さらにその視座は、松下が一九五六年の「大衆国家」論文で提起した大衆の「福祉国家」に対する受動性の問題と類似している。ただ、松下がそうした問題への処方箋として階級意識と国民意識の結合を強調する反面、藤田は国家の枠に限定されない普遍的人権の規範意識の定着を主張する。六〇年安保において「国家」に反する「国民」意識の形成に期待をかけた藤田だが、その後、彼は次第にそのような国民意識の成立可能性について疑問を抱くようになったと見える。国家を牽制するものとして「人民社会」を想定する点は変わらないが、その「人民社会」の原理については、「国民」意識から遠ざかり、普遍的な「人権」意識の方に議論の力点を移しているのである。

このように「国家」に対する「社会」からの対抗意識の強調は、一九六五年に発表した「維新の精神」の中に特徴的に現れる。明治百年を目指して政府主導で宣伝された明治維新像への批判を意図したこの論説の中で、藤田は維新を成立させた第一の契機として脱藩浪人たちの行った「横議」「横行」「横社」の精神を挙げている。身分や格式、門閥にかかわらず「「志」すなわちイデー」[146]を原理として横断的に結合したことが、「維新の精神」の核心なのである。

そして藤田は、「皇国」を一つの国家の全体像（「闔国」）を象徴する「シンボル」として明確に自覚した上で使用した木戸孝允らの指導的浪士の思考様式に触れ、それを「忠の対象を探し廻っている心理的欲求不満」[147]を持つ伝統的なルンペン的浪人と区分している。木戸らの中に、「伝統的権威の心理的絡みつきから自由になって「国家」の利害状況をリアルに判断する」ことの出来る「ステイツマン」の思想が誕生したと評価するのである。[148]明治国家設計者たちの思考における国家観念からの自覚的な独立は、一九五六年の「天皇制国家の支配原理」論文ですでに指摘されたことである。

ところが、一九六五年の藤田はそこから一歩進んで、彼らの「現実主義」についての評価を付け加えている。「ステイツマン」とは実は、こういう、思考における「国家」（ステイト）の独立を確保しうるもののことである。それは「現実主義」の名の下に社会の伝統的価値体系によりかかっているものでは決してない。逆にそれはほとんど思考の革命を必要とするものである。維新の政治的指導者において「ステイツマン」が誕生したというのは右のような内的過程が展開したからに他ならない。従って、今日の日本で「現実主義」というイズムを売り物にする多くの知名人は、この「政治的リアリズムの精神的基礎」をさっぱり御存知ないために、かえってしばしば政治的リアリズムを喪失している。[149]

ありのままの現実を単に認めるだけの認識は、その現実の中に組み込まれている既存の価値体系（イデオロギー）を無批判的に吸収してしまう。戦後のいわゆる「現実主義者」は、現実の裏面を構成するイデオロギーの構造を無視し、イデオロギーから無縁な「現実」が存在すると思い込んでいる。そうした単なる現状追従主義とは異なる、現実に対する指導力を備えた政治的リアリズムを獲得するためには、思考において既存の価値体系を相対化すること、つまりイデオロギーに対する的確な把握が先行しなければならない。いわゆる「現実主義者」たちは、狭義のイデオロギー規定に捕らわれた余り、イデオロギーの現実構成力を把握することができず、その結果、徹底した現実認識に失敗しているのではないか。

このように「国家」に対する思考における独立性と、既存の価値体系に対する醒めた認識を兼備し、「社会」において維新の推進を担った人物として、藤田は福沢諭吉を挙げる。福沢は、「皇国」を「シンボル」として明確に意識した点で「ステイツマン」の精神を有しながら、なお「「文明」の精神を日本に育て拡大する[150]」という原則の下で「社会」に対する啓蒙活動に専心した点において「社会のステイツマン[151]」となったと藤田は述べる。「国家」の作動原理を明確に把握しつつ、それに限定されない活動を「社会」において展開する「社会のステイツマン」という言葉は、六〇年代半ばの藤田自身の進路を投影するものでもあろう。

自分を離す独立、自分を縛る独立

こうして六〇年安保以降、「社会」が藤田の主な関心領域になった。巨大組織に対する独立性を持つ人々の集まり、即ち小集団の積み重ねによって構成される「社会」構想そのものは、六〇年前後の組織論の延長線上にあるものであった。だが、六〇年安保の以降においては、そのような集団への積極的な参加ではなく、むしろ巨大な組織や集団に対する個人の「独立」の契機がより強調されることになる。その変化には、組織の連帯を通じて達成すべき大きな政治目標そのものが失われて行った六〇年代の現実が影響していたと見るべきであろう。

この点は、六〇年安保の直後、分散と結集を重ねていた革新勢力の再編とも深く関連していた。池田内閣の掲げた「構造政策」に対抗するため、共産党の一部からは「構造改革論」が提唱されたが、それは党の委員会から厳しく批判され、主流となることはなかった。またその構想は社会党の江田三郎(一九〇七―一九七七)に影響を与え、社会党においても「構造改革論」をめぐる分裂が生じた。一九六一年五月一五日の「日本読書新聞」には、こうした分裂を含む革新理論の対立を取り上げた記事「見取図・流動する理論戦線」が掲載されている。その中で、一九六一年五月の時点における革新理論の分布図は次のように描かれている。

ここで提示されている革新勢力の潮流は、大きく分けて五つである。第一に、日本共産党の構造改革論をめぐる対立の構造である。共産党本部から「修正主義者」と非難された「構造改革派」の人物としては『現代マルクス主義』(大月書店、全三巻)の執筆者たちを中心として、井汲卓一(一九〇一―一九九五)、長洲一二(一九一九―一九九九)、上田耕一郎(一九二七―二〇〇八)などが経済学分野の理論家として挙げられている。またイタリア共産党の構造改革路線を紹介した石堂清倫(一九〇四―二〇〇一)や、『講座　現代のイデオロギー』(全六巻、三一書房)の執筆者であった梅本克己(一九一二―一九七四)、竹内良知(一九一九―一九九一)などの名前が見える。

第二の潮流は、社会党における対立構造である。そこには江田三郎と成田知巳(一九一二―一九七九)を中心に、彼らを支える加藤宣幸(一九二四―)、高沢寅男(一九二六―一九九九)などの新しい世代と、彼らを改良主義と批判する向坂逸郎(一八九七―一九八五)や岡田春夫(一九一四―一九九一)などの批判者が対置している。また社会党の構造改革派の運動論・組織論に影響を与える知識人として、松下圭一、田口富久治(一九三一―)、増島宏(一九二四―二〇一一)などの名前が挙げられている。田口は共産党の知識人であったが、その路線は社会党の構造改革派に近いとみなされていたと思われる。さらにここで「丸山眞男、篠原一、坂本義和、藤田省三、また日高六郎、香内三郎、稲葉三千男、荒瀬豊らに代表される超党派的な民主主義戦線を希求する政治・社会学者が与えている社・共両党内への影響[152]」が指摘されている。

続いて第三には、全学連主流派の「共産主義者同盟(ブント)」が分解後の内部抗争を経て黒田寛一(一九二七―二〇〇六)の率いる「革命的共産主義者同盟」とその学生組織である「マルクス主義学生同盟」に合流したことや、そこにおける教条主義化の傾向が指摘されている。

第四には「反スターリニズム・反日共・反構造改革」を掲げ、既存の革新勢力の諸潮流に対する批判的意欲を示している論者として、清水幾太郎、浅田光輝(一九一八―二〇〇六)、三浦つとむ(一九一一―一九八九)、香山健一(一九三三―一九九七)などの『現代思想』(現代思潮社)グループが挙げられている。だが、そこには肝心の思想的中核が欠けているのではないかという批判が付け加えられた。

そして最後に『現代の発見』(春秋社)の仕事を中心に、橋川文三、山田宗睦(一九二五―)、吉本隆明、谷川雁、武井昭夫(一九二七―二〇一〇)などの戦中派の人々が展開する「原思想」の噴出が挙げられる。そしてこの記事は、「こうして戦後十五年のこんにち、マルクス主義の思想戦線は、日本社会の戦後過程と現状の認識、その変革コース、あるいはそのバックグラウンドとしての現代世界に対する映像をめぐって、大きく分化するにいたった」とまとめられている。

このように、六〇年安保後の六〇年代初頭の革新勢力は厳しい混乱状況に陥っていた。だがそれは同時に、多様な展望と理論的実験が試みられる豊かな可能性の時期でもあったように見える。後に成功を収めるようになる池田内閣の「構造政策」にしても、まだその前途は不明であった。以上で挙げられている五つの潮流は、いずれも既成革新のあり方に何らかの問題点と不満を覚え、〝旧い〟革新勢力を〝革新〟しようとする意欲を示すものであった。六〇年安保の高揚と改定阻止の失敗、浅沼書記長の刺殺とそれに伴う社会党のリーダーシップの交代、池田内閣の登場といった政治的諸事件の連続は、革新派知識人たちにとっては危機であると同時に刺激でもあったろう。たとえば藤田は、一九六二年「思想の科学研究会」から脱会した直後に発表した文章「新しい政治的主体の出現」の中で、六〇年安保の後、一つの特定集団の性格で規定することのできない「政党政派別の次元には登録出来ない人間が多くなって来た[153]」ことを指摘しながら、それを肯定的に評価している。

そのことは非政治的人間が多くなったということを必ずしも意味しない。むしろ政治的主体の誕生を意味している面も大きいのである。［中略］凍結した政党政派別物指しから解放されることによって具体的組織体そのものへの埋没を超えることが出来て客観的状況把握が可能となるからして、問題と状況毎に一定の政治的組織と原則的にハッキリとした連帯行動をとることが可能ともなる。何のために何の問題で何と共同するかが明瞭な、政治行動が現われ出るわけである。[154]

このような理解は、特にそれを「人民自身の市民的主体的判断にもとづく組織活動」と表現していることから分かるように、六〇年安保の街頭行動で行われた、組織を持たない人々の自発的な参加の延長線上にあるものであった。そのような政治参加の形態は既存組織への失望と相まって、藤田に「「人民」のイデーを保持する崇高な「二心者[155]」」としての新しい政治的主体像を構想させた。ここでいう「二心者」は、大きな政治課題に対する抵抗意識を失うことなく、しかし一つの集団に従属しない個人を指す。つまり、体制への批判意識と同時に所属集団への批判意識を備えた人間を指すのである。このように集団への依存を拒否する政治的主体像の構想は、個人の「独立」的な判断に大きな荷重を課する要求でもある。

そうした個人の独立はどのように実現できるのか。一九六六年の座談会「自主独立とは何か」において、藤田はそのような人間に必要な「自主独立」の意味を、次のように説明する。

人間は神様じゃない、つまり、自己原因たりえない存在なんですから、完全な意味では、本当に、完全に全部の行動が自分だけから出てきて、一切他人の影響を受けないといった意味での「完全な自立」は人間の中にはない［中略］いくらかの可能性の中から自分の判断と責任で「選び取る」という意味でだけ自立的たりうる。自主独立とは選択の自主独立なんですね。もう一つは、神の如き実体ではないのですから、自主とか独立といった場合に、具体的には必ず、何からの独立かという問題をもっている。［中略］そのことは一方では、別の「何」に縛られようとするか、という問題を持つということなんですね。国家からの独立といえば、自分の思想が国家の限界を越えた「何か」に縛られているから可能になる。だから、何から独立して、何に依拠するかという二つの基準が、問題にならないような自主独立というのは、考えられない。［中略］何かから独立するために「別の何か」に自分を縛る、その縛りつける「何か」は、具体的で世俗的な力ではなく、抽象的な普遍的なものであればあるほど、独立する領域は広くなる。(156)

藤田が五〇年代後半に構想した組織論は、個人と個人とがお互いの実存的な傷を共有する、顔の見える小集団を舞台とするものであった。それは、戦後、焦土化した倫理と規範が民主的に再生する場、お互いの内面に触れ合いながら強い連帯を構築する組織の構想であった。六〇年安保に際しては、そのような小集団の積み重ねを通じて「国家」に対抗する巨大な「国民」意識が生まれ得ると考え、藤田は自らそのような小集団を作り上げる無党派の前衛として機能しようとした。しかし六〇年安保以降、国家機構に対する国民的な反対運動を結集させる巨大なイシューが次第に喪失されるにつれて、国家に対立する国民意識への期待も急激に色あせて行く。その代わりに、むしろ反対運動の中で様々な欠点を顕した諸組織に〝対する〟個人の独立と、その個人が自分を縛りつける対象としての「普遍的価値」への強調が拡大して行く。それは、いち早く気づいた「機能的反動化」による「管理社会」化の診断に照応する変化でもある。社会全体が国家の管理下で機構的に整備されて行く過程の中で、巨大な組織はそれから自由でいられない。すると、個人の自由の保持は、そうした全体社会や巨大組織に対する小さな社会にかかっているのである。こうして藤田のいう「人民社会」の意味は、〝国家に抗する国民〟から〝国家に抗する人権〟へ、そしてまた〝全体社会に抗する個人あるいは小さな社会〟へとその焦点を移動して行く。国家ではなく、社会全体を敵に回さなければならなくなったのである。

第二節　松下圭一——市民の条件

1　二重の「二重構造」

合理化する保守

『中央公論』一九五九年六月号に、同年四月に行われた地方選挙[157]の実態を調査した共同研究「日本の政治的底流——国民運動と地方選挙」が発表された[158]。この共同研究は「底流」という題名が示すように、国会の政治ではなく、「地方」の市町村における末端組織の実態に注目したものであった。一九五九年は、勤務評定反対闘争と警職法改定反対闘争の活発な運動を経過した後であり、また翌年に安保条約改定が予想されていた中間的な時期でもあった。そのような時点で行われる地方選挙の結果は、以後の日本政治における長期戦略を構想するために重要な指標として注目されたのである。

松下にとってこの調査への参加は意味深い経験であったと思われる。この報告書全体に現れている基本的な認識は前年度の「抵抗権」論文の論旨と一致しており、おそらく彼は報告書全体の執筆に深く関わったと推測される。さらにこの報告書には、以降の六〇年代半ばまでの日本政治に対する彼の課題設定がほぼ完成した形で現れている。その要点は、第一に、自民党の近代化戦略への注目であり、第二に、それに対抗するため、革新勢力の居住地域における組織化を要求するものであった。そして第三に、一九五八年の勤評闘争の際に登場した地域共闘組織が警職法闘争においても持続的に活動しており、一部地域では居住地域組織として定着し、一九五九年の選挙運動においても有意義な成果を収めたことに対する高い評価である。

この報告書は、とりわけ地方政治において台頭しつつある、新しい「組織化」の動きに注目している。

自民党は、ここ数年来、革新派の進出に有利な条件となってきた地方保守政界の派閥的混乱を官僚化によって規制し、中央統制を強化するとともに、部落、町内会などの旧組織を再編成し、遺族会や中政連[159]などの組織化を進め、その組織的強化を行ってきた［中略］一方、革新勢力にとっては、今回の地方選挙は安保問題における対決と、地方自治という政治的課題の下に、今までの国民的運動の成果と欠陥の克服のうえで、さらに組織化を進め、従来その組織上の最大の弱点とされていた逆ピラミッド型を是正する機会でもあった。従って、今次の地方選挙は保守革新の激しい「組織化」の闘争となったのである[160]。

ここでいう自民党の組織化とは、まず「酒と饗応」、有力者包摂、部落単位の投票行為という「ムラ」政治の旧態からの脱皮を指す。その「旧態」は、たとえば次のようなものであった。

> これまでの地方選挙では国会議員のときよりもよりはげしく古い部落組織をふまえて酒をのませたり、金をにぎらせたりというういわゆる「気違い部落」[161]じみた選挙がおな《[ママ]》われていたことは周知のごとくである。「選挙となると清酒にはじまってドブロク選挙」となるといわれるほど酒がふんだんにつかわれ「一円宴会」がさかんとなる。[中略]三十年四月の群馬県のある村長選挙で一部落で部落推薦の村長候補が落ちたとき、ある農民が、他部落の候補と親類であったため、部落の人たちから「票泥棒」とののしられ、それを苦にして自殺したというような物語がつたえられている（「朝日新聞」地方選挙こぼれ話２）。これほど極端な場合にまでいかないとしても、この種の事例はけっして異常なことではない。[162]

このような旧態は、確かにまだ持続している。しかしこの報告書は、登場し始めた保守組織の変化の徴候に敏感に反応している。戦後の経済的、社会的条件の変化は農村にも影響を及ぼしており、もはやかつての旧態に依存するのみでは不十分であるという自覚が保守派の政治組織の変化をもたらしていることが観察されたのである。ここでは、そうした変化を取り上げた二つの事例報告を確認することにする。

一つは、秋田県横手市の例である。米耕作地である横手市では、戦後初期、農地改革によって小作農が自作農となったため既存の地主的支配体制が大きく崩れた。また、農地解放の徹底化や重税反対などの政治目標を掲げて、多数の農民が組合に結集し農民運動を展開した。しかしそのような戦後初期の方向性は五〇年代末において再び変容し始めている。その動きを、報告書は次のように説明する。

奨励金を加味した米価政策やさらに土地改良事業が上から推進され、そこで中農上層や富農の農民戦線からの離脱と保守化が目立つようになった。彼らは農協その他の農業団体の役職に進出するばかりでなく、地方政治の舞台にも進出していった。上からの各種の補助金をとって村にばらまくために、彼らは保守系列につながっていき、またそのことによって村のボスとしての地位を確保しようとした。他方農業だけでは食えない貧農層は、農閑期に職をもとめて横手の土建業者等に大量に吸収されていった。これら土建業者は当然のことながら保守系列に属している。選挙ともなれば貧農層からの保守票の獲得にこのルートは利用される。(163)さらに自民党は「農業経営研究会」など、農業改良のための研究会を開き、農家の若い世代を吸収している。そこでは「岸内閣の政策を批判」したり、「今の自民党がどう脱皮しなければならないか」の問題を討論したりもしながら、農業経営の合理化と結びついた形で、保守党への再編成が行われていた。

もう一つ、大阪市の事例報告を見ると、そこでは一九四七年、赤間文三(一八九九—一九七三)大阪府知事の構想によって作られた居住組織「日赤奉仕団」が分析の対象となっている。これは府・市・区・教区・町内の各段階別に責任者がおかれ、大阪市民の約八割を含む組織であった。組織の目的として隣人相互扶助をうたっているが、実情は、屎尿処理利用券の販売委託や各種募金の一部還元など、利権を通じて奉仕団内部に多くの小ボスを育成するものとなっていた。またそれは、勤評闘争のような政治運動が発生すると、それへの反対勢力としてもっとも有力に働いた住民組織であった。(164)つまり居住地組織を中心に保守派の末端組織の整備が進んでおり、その過程において保守派はムラ政治の旧態を利用するとともに、利権を中心とする新しい組織化をも両面的に推進していたのである。

日本の地方政治の実態に関する調査の経験は、イギリス思想史の専門家であり「大衆社会論」者であった松下に、二つの面で影響を与えたと思われる。一つは、日本の地方政治に依然として存在する「気違い部落」のような現実への自覚であり、もう一つは、保守勢力がそれからの脱皮を推進しているという確信であった。

そして一九五九年一二月に『農業協同組合』に発表した「戦後農村の変容と政治」において、松下は大衆社会論の分析枠を農村に適用している。そこでは、農村の「都市化現象」、即ち農村人口のプロレタリアート化と大衆消費の進行が指摘されている。前者は、農村から都市への人口流出のみならず、専業農家戸数の減少による変化、つまり実際の農村人口が「家庭菜園をもったプロレタリアート[165]」に転化している現象を指す。また農地改革、土地改良、機械化、農家の現金所得の拡大などによって農村の経済水準は上昇しており、さらに農村への大衆文化の流入を通じて、かつてのような部落の伝統的な仕切りは崩壊しつつあるというのが松下の判断であった。

しかし同時に、彼はそのような「都市化」への変容に保守勢力がいち早く気づき、それを再編しようとしている点を指摘する。たとえばそれは戦後の農業協同組合の再編成において現れている。そこでは、戦前の「地主的部落支配の崩壊」が進んでいく中で、旧来の「地主」に代って「役職者」が新しい支配層として登場している。農村には「村長、村会議員、農協役員、教育委員、民生委員、農業委員、消防団長、区長など、おどろくほど多数の役職[166]」が存在しており、これら役職を中心に新しい農村有力者層が形成されていることに松下は注目した。問題は、彼ら役職者が種々の利権や補助金をめぐって統治機構の末端に容易に転化し得るという制度的な弱点にあった。

［これら役職者は］下からの代表であるよりも、むしろ上からの権威と結合している。［中略］農村財政の貧困とあいまって、たとえば村長は、県庁から補助金をどのようにとってくるかを苦慮している。［中略］しかも、戦前の地主の場合は自分の「財産」によってボスたりえたのであるが、戦後はおおく「選挙」によって役職につくため、その地位は相対的に不安定となり、ここからもまた国家機構と結合せざるをえなくなっている[167]。

こうした地方末端ボスの官僚的再編成に加えて、もう一方では、農村への工場進出を通じて大企業が直接に自治体機構への影響力を増していた。それによって独占資本が農村の有力者層に直接働きかけ、プロレタリアート化した農村人口の増加に基づく革新組織と対立しつつあるのである。結果的に農村において、新しく作られた労働者層と、また新しく作られた役職者層を中心に、新しい保革の対立構図が形成されるのだと松下は考える。

さらに松下は、このような新しい傾向が、実は保守勢力の内部に分裂をもたらしていると判断した。『朝日ジャーナル』一九六〇年五月二九日号に発表した「保守・革新――組織の対決」において、彼はこの点を山梨県の具体例を挙げて説明する。そこではまず、依然として「伝統的有力者」型の個人後援会が自民党の中核をなしていた。自民党中央から地域支部の総会のために支給される資金さえも、個別議員の後援会のパイプを通じて伝達されている状況であった。しかし同時に、こうした後援会型の政治が党の「組織拡充強化策」を妨害しているという認識が、自民党の内部から提起されている点に松下は注目する。そこで彼は自民党山梨県連から出された次のような申し入れを紹介している。

県連の〝生きた組織体〟更生への決意の前に各国会議員は自身の地盤確保のために多額の費用を投じて個人の後援会を県下各町村別に結成しつつあり、［中略］［それは］組織破壊の深刻な問題として頭痛の種であり、［中略］個人の後援会組織は県連傘下の基本組織を支離滅裂にする。組織整備を本部でいかに名案を作っても、個人後援会に断固たる措置を講ぜぬ限り、木によって魚を求めるに等しい。よって、本日、県連では党議員総会で、

一、国会議員個人の後援会は構成せぬこと

一、やむを得ず構成する場合は県連に連絡すること

を申し合わせた(168)。

「組織化」する保守勢力の動きは、一九五九年六月八日「朝日新聞」に発表したコラム「戦後政治の曲り角」のテーマでもあった。そこには自民党中央の幹部を中心に形成されている新しい雰囲気が、地方政治のそれとは異なる角度から描かれている。松下はこう述べる。

先日、私は自民党本部を訪ねて、党組織委員会の事務局の人に党の事情を種々聞いた。私はそこで革新政党の人と話しているのではないかという奇妙な錯覚に時折おちいりがちであった。「自民党は大衆的な進歩政党でなければならない」、「中幹党員の養成」、「日常活動の重視」、「オルグ派遣」など、革新政党の人のもちいる言葉と同じ言葉がもちいられていた。[169]

無論、このような傾向はまだ部分的なものに過ぎず、「おおくの選挙運動はいまなお、きだみのる氏がえがいた「きちがい部落」そっくりであることは疑いえない」[170]。しかし、「すでに一歩、党の組織化へと自覚的にふみだしたのであり、中幹党員は「組織づくり」という言葉をごく自然につかうようになってきている」[171]現象こそ、問題視すべきではないか。

そして松下はそのような組織化が、まるで「銀行」の業務を連想させる「ビジネス」的な態度で進められている点を指摘する。自民党本部の運営方式が合理的経営へと転化し始めたという観察である。全国的な官僚組織と業者団体をはじめとする圧力団体を有機的に組み合わせて行く自民党の組織化は、他ならぬ「総評をならった選挙戦術」である。「顔の自民党、組織の社会党」というかつての表現は、もはや通用しなくなりつつある。こうして自民党の改編が進む中で、逆に社会党にはすでに出来上がった組織である総評のみに頼る惰性化が生じており、総評を通じては包摂できない農村や居住地域における伸び悩みが続いている。保守勢力は革新勢力をならって自己改革を行っているのに対して、革新勢力はむしろ保守的に硬化しているのではないか。

一九五〇年代半ばから現代政治における新しい単位として「集団」を考え、居住地域における革新勢力の強化を政治課題としていた松下にとって、一九五〇年代後半における保守勢力内部の新しい組織化の傾向は、たとえ部分的にせよ、重大な問題であった。保守内部の新しい傾向、〝新しい保守〟の台頭に対する早い時期からの着目は、六〇年安保以後に登場する池田内閣時代において本格的に展開される。そして居住地域の組織化という課題は、池田内閣の「構造政策」に対応すべく社会党の提示した「構造改革論」の一つの柱になって行くのである。

東京のムラ

このように農村において「ムラ」的な秩序が崩壊しつつあり、保守勢力がそれを役職中心に組織化しているという認識とともに、松下は、逆にその農村からの人口流入によって都市が「ムラ」化する可能性を念頭においていた。

雑誌『民話』一九六〇年七月号の民俗学者宮本常一(一九〇七―一九八一)との対談「東京のムラ」には、こうした問題意識が鮮明に現れている。対談の中で松下は、荻窪の団地のサークルに出席した経験に言及し、「スマートな生活をたのしんでいる」団地住民たちが「みんな田舎出身」の東京「一代目」であったことを指摘する。

東京は日に日に大きくなっていくけれども東京の住人には東京に移住してまもないという一代目が非常に多い。たしかに二代目、三代目ができつつありますけれども、一代目の東京流入人口が非常に多いんですね。[172]

ムラから移住して来た「一代目」の東京住民の増加から、松下は二つの問題点を発見する。一つは、そのモダンな生活様式にもかかわらず、人々の意識の中に残っているムラ的な思想の問題である。「いいなおせば、ムラ的なものが、東京にどんなかたちで残っているのかということが、東京を考えるとき非常に大きな問題[173]」ではないかと松下は問うている。もう一つは、「職場や民主的な会合では民主的なことをしゃべる」人でも、家に帰ったら「地域では何の発言権ももたず、バラバラに孤立して生活している」という問題である。[174] 居住地域で主導権を握っているのは「保守的な旧中間層や井戸端会議式のおばちゃん連中」であり、「その点では、全然、農村とちがってはいないんじゃないか」と松下は見る。居住地域において「ムラ的な行動の仕方」が支配的に行われる限り、そこは東京であっても、政治的にはムラに他ならないと考えたのである。

さらに松下は、東京のムラ状況という住居空間のくらしの問題を政党政治との関連で捉え直している。つまり彼の判断では東京のムラ状況こそが革新政党の慢性的な「逆ピラミド型」構造の原因なのである。居住地域で話せない「社会主義」はいつまでも「理論」に止まり、社会を革新することのできる生きた「思想」にはなりえない。これはたとえば戦前の左傾学生が「左傾して父母に申し訳ない」といいながら転向を選んだことと同型的な問題点を示しているのではないか。つまり、戦前も戦後も、革新理論が居住地域において通用しない点においては、まったく変わっていないのである。

今日も「社会主義」理論は組合と教室と下宿でしか通用しない〔中略〕たとえば革新インテリや学生が革新的な理論を自分の家の近所で話せるかというとこれまではほとんどできなかった。〔中略〕既成の革新的な組織の中でしか通用しえない。そういう革新理論とはどういうものかという問題ですね。〔中略〕女房にも通用しない。そういうような革新理論というものは本当に定着しているのかどうか。[175]

このような革新理論とムラ思想との断絶は、コミュニケーションの方式にも起因していると松下は考える。「田舎へ帰って、あるいは居住地域に帰って」口を開かない進歩的な文化人は、「講演」する「先生」としてのコミュニケーションに偏っており、対等な横の関係における話し方は身につけていない。「リパブリックな横のコミュニケイションが成立していないところに日本の問題点がある[176]」と述べながら、松下は「ムラ」的なコミュニケーションと「インテリ」のコミュニケーションの仕方について、次のように説明する。

ぼくは汽車に乗るとよく思うんですが、田舎のじいさん、ばあさんは、すぐ「あんたどちらへいらっしゃいますか」とこうやってくるわけですよ。これが本当の近代的な社交性とかそういうものを意味するのかといいますと、ちょっとちがうんじゃないか。また逆にインテリというのは黙っておって自分のカラに閉じこもってあたりをジロジロ観察する。〔中略〕ボックス四人の間に一人一人の私的領域をちゃんと空間的につくっておいて、そこにとじこもるんじゃなくて、この各人の社会的空間に窓をあけるということ、見えない壁の中から窓をあけてゆくということの方が重要なんです[177]。

個人の間の壁に「窓」を開けなければ、居住地域におけるコミュニケーションは結局、そもそも壁の存在しないムラ的なものに帰結するであろう。それはモダンな団地の生活においても同様である。すると、それへの反射として、居住地域において自分の壁の中に閉じこもる新中間層の孤立化はさらに増大するであろう。

ただしここで強調すべきは、松下の主眼が「窓」を開ける以前に、まず「壁」を築くことにあったことである。この点で松下は、対談の相手の宮本と若干の意見の違いを見せている。宮本は、「谷川雁さんみたいに一ペンは田舎へ帰ってみなくてはいけない[178]」と発言し、「ムラ」の方式に固有の価値を認めようとする。しかし松下の主張はそれとは異なっている。「ムラ的なコミュニケイションをも、やっぱり一度はこわさなければならない」[179]と、松下は断言する。

はじめから壁のないムラ的なコミュニケイションをさして、これが日本の未来の共同体の原型だといいきるのはぼくはちょっと問題だと思うんだけれどね。[180]

さらに彼は、サークル活動についても批判的であった。松下にとって革新派の将来を決定づけるのは、同質的で閉鎖的なサークルではなく、多様な異質性を含む居住地域における組織を積み重ね、革新政党への支持につながる通路を構築することであった。異質のものの間に行われる横的な意思疎通、大学教授や「文化人」も「ポット出の女中さん」も、一緒に話し合える場を地域に作り上げ、「おくさん方をまきこむようなかたち」で運動を展開しなければ、日本社会を変えることはできない。[181]個々人の「壁」を認め、その「壁」の間に横的なコミュニケーションのための「窓」となる組織を設けること、そしてそれを通じて居住組織の活動を革新政党の支持基盤に転換して行くこと。「東京のムラ」を変革するためには、「壁」と「窓」の二重の設計が必要なのである。

二重の二重構造

五〇年代末から六〇年代初頭における松下の日本認識は「二重構造」という言葉に集約することができる。しかしそれは〝都市対農村〟の一面的な問題ではなかった。都市は都市の二重構造、農村は農村の二重構造を抱えている、二重の二重構造だったのである。都市においては、まず大きく分けて職域と地域の構造が存在する。職域においては、総評加盟の大企業勤労者や新中間層を中心とする「マス状況」と、零細企業における「新憲法以前の環境」が併存しており、一方、居住地域は全般的に職域に対してムラ的な秩序に傾斜していると松下は見た。農村においては、勤労人口の増加や農業技術の開発、テレビの普及などを通じて都市化傾向が現れているが、また依然として残っている「気違い部落」のようなムラ状況が混在しており、したがって旧来の有力者モデルと新しい役職者モデルへの転化が併存している状況であった。

それに加えて、松下は戦後の世代問題においても二重の構造を発見している。たとえば一九六〇年の「戦後世代論の座標軸」の中で、松下はマスコミによる戦後世代の「化物化」、つまり「太陽族」をはじめとする戦後世代のイメージが、映画や新聞、週刊誌、テレビを通じて「商品」として消費されていることを指摘する。

太陽族、月光族からはじまり、ロカビリー族、そしてカミナリ族などへとつづく言葉が、マス・コミによってもてあそばれているうちに、若い戦後世代はいつのまにか化物にされてしまった。(182)

これらの「族」は何かの実体を持つものというよりは、そこに商品価値を見出したマスコミによって生産された「化物」である。ここで松下は『婦人画報』一九五九年一二月号に掲載されたカミナリ族の座談会の記録を引き、そこで語られている若者たちの衝動的で純粋なスピードへの熱中に言及する。座談会の司会をつとめた評論家桶谷繁雄(一九一〇―一九八三)はそれを「スピードは科学であり、青春のエネルギー」だと述べ「これを軍国主義に利用されないことだ」と真摯に評したが、松下はそれに対して、「この青春のエネルギーはターザンごっこの坊やのエネルギーとどこがちがうのだろう」と冷淡に見ている。実は、この荒々しい暴走族の若者たちこそ「マス状況のなかで小市民的善良さをもって猫のように生きていく世代」であり、明治の青年たちの持っていた「天下」意識を喪失して「私の幸福」を願う「やさしい世代」、「シヴィルな世代」なのである。(183)

戦後の若者を新奇な商品のように取り上げた多くの戦後世代論は、松下にとっては空疎な議論に過ぎなかった。戦後世代について本当に問うべき問題は太陽族の心理分析などではない。松下の考える戦後世代の第一の特質は、彼らが「非」天皇制的な世代である点にあった。

この戦後世代の日本近代史における位置は、結局のところ、この世代が絶対天皇制の崩壊から出発している点にある。〔中略〕戦後世代は、天皇の名によって出発し、そしてまた、天皇の名によって敗北する近代日本史の悲劇をみずから体験していない。それゆえ、天皇は、反対されるにせよ、讃美されるにせよ、かつてのようなはげしい思考エネルギー源にはなっていない。戦後世代は、この意味で、日本近代史最初の「非」天皇制的世代といってよい。[184]

彼らにとって天皇制は、それに賛成するにせよ反対にするにせよ、さほど切実な問題ではない。それは戦前派の革新インテリが「天皇制の偉大への幻想」と「共産党の偉大への幻想」の両極の間の緊張状況からそのエネルギーを供給してきたこととは対照的である。[185] 戦後派は、偉大なる敵への幻想も、偉大なる同志への幻想も持っていない。このような人々が新しい時代の主役として浮上しつつある現実を直視し、その意味を問わなければならないと、松下は主張しているのである。

さらにこうした現象は日本に限ることではない。それは資本主義の発達に伴って現れる普遍的な動きである。ピューリタンの伝統の強いイギリスやカトリシズムのフランスにおいても「十代映画」が盛んに作られていることを見ても、過去の偉大な権威に対して無心な戦後世代の登場は、独占資本主義社会における共通現象である。その本質は、大量の人口の勤労者化、技術の発達とマスメディアの普及の中で行われる旧来の家父長制的な秩序の崩壊と、伝統的な禁欲倫理の解体にあると見るべきである。

その上で、日本における戦後世代の特徴として、松下は「㈠禁欲倫理の崩壊による消費個人主義の成立、㈡天皇制的立身出世主義から小市民的幸福の追求、㈢事大主義から日常効用主義への転化[186]」を挙げている。こうした特徴は「日常的な経験主義・合理主義の一般化」を意味する反面、そこには理想像や未来像への追求が欠如している。そしてその欠如にこそ戦後世代の無気力の原因がある。「いかに戦後世代の無軌道を追って化物化しようとも、そこには沈滞した淀みがあることをみのがしてはならない[187]」と松下は述べる。このような無力感は、行動的ニヒリズムと表裏をなして現れる。石原慎太郎や大江健三郎の文学が「自殺」の観念をもてあそぶ理由もそこにあるとし、そのような行動的ニヒリズムが戦後のファシズムの心理的条件となることを松下は警戒する。

しかし松下の戦後世代論の最大の特徴は、このような〝新しい〟現象の出現を認めながらも、それを日本のごく一部のものとして限定する認識にあった。六〇年代半ばまで、彼は概略的にいって〝三分の一のマス状況と三分の二のムラ状況〟という形で日本社会の現状を捉えた。経済的には大企業と零細企業、政治的には機構的な組織と個人後援会、都市においては街頭の大衆運動と居住地域の町内会、農村においては耕作技術の革新化と部落会が、それぞれ日本の二重構造を構成している。戦後世代は、このような構造を反映する「ひきちぎられた世代」なのである[188]。

そしてこのような二重構造は、日本における革新思想の盲点につながっている。松下はこのように述べる。

ある大学のサークルで学生諸君と話しあったときのことである。そこでは「進歩」的議論がたたかわされていたが、ある学生が、このような議論は田舎の家に帰っては決してできないとのべたところ、みんなも同感の表情で答えていた。下宿と大学でしか通用しない「進歩」的議論とは何なのであろうか。そうしてこのように「故郷」で沈黙し、ついで「就職」のとき嘘をつく進歩主義とは何であろうか[189]。

「下宿と大学でしか通用しない「進歩」的議論」は、それがいかに急進的な議論であっても、日本の二重構造の現実を打開するためには無用である。いつか「下宿と大学」を離れる時、進歩青年たちは「沈黙」するか、あるいは「嘘」をつくことにならざるを得ないだろう。もしくは、現実感覚をまったく伴わない危険なラディカリズムに走るかも知れない。さらに松下は、都会の大学生たちの将来の自己イメージが、その「進歩」的な議論にもかかわらず、革命活動家ではなくサラリーマンである点を指摘している。故郷の人々も彼らにそのような将来を期待して学費を仕送りしている。学生たちは故郷と下宿の間の乖離に悩みながらも、大体の場合、大学を卒業すると同時に「嘘」をついて会社人になる道を選ぶ。

もう一方、進歩青年たちの抱えている自己内分裂の問題とは別の次元で、日本社会における構造的な世代内の分裂も進んでいる。そもそも、都会の大学生は同世代のごく一部に過ぎなかった。進学率から見ると、当時、同一年齢層の中で、中学卒五〇％、高校卒四二％、大学卒はわずか八％を占めていることを松下は想起する。専門技術や管理事務職を中心とする新中間層に該当するのは、大学卒九五％、高校卒五〇％、中学卒は四％であった。学歴に即していえば若い世代の九〇％近くの人々が、実際には「中間層」の生活から離れている。にもかかわらず、マスコミによって作られた中間層ムードが社会全体に蔓延すると、たとえば農村に在住する青年たちはムラにいること自体、極度の敗北感をもって生活することになる。こうして戦後世代は、都市と農村において、そして経済階層において、それぞれ二重に分裂しているのである。「マス状況」の若者は小市民的「安定」の幻想を追うか、あるいはニヒリスティックな「行動」にあこがれる。一方、「ムラ状況」の若者にはそのような自由さえ許されていない。

このような問題を克服するためには、何よりも「ムラそのものの変革」が急先務である。前述した「東京のムラ」で述べられたように、その変革は居住地域を中心として展開すべきであるというのが松下の考えであった。そして彼は「大学出のインテリが逃亡し、労働組合やサークルでも打破しえなかった体制の政治的基底にあるムラ[190]」を変える力が、居住地域組織によって、実際に生まれつつあるのではないかと見ている。その組織は決して「サークル」的なものではない。たとえサークル的なものから始まった組織であっても、そこに止まっていてはならない。有効な政治組織は、「制度」化されなければならないのである。

> 政治組織はつねに政党をはじめとして「制度」化されなければならない。サークル的組織にとどまることはできない。これが通常、「政治悪」といわれて、文化主義者によって政治が軽蔑される理由となっている。けれども政治組織は教会型[191]へと制度化されることによってはじめて政治的に実効性をもちうる。[192]

無論、制度化の過程で機構的な硬直性が生じる時、サークル的な組織は制度全体に対して有効な刺戟を与えるであろう。とはいえ松下にとってそれは、どこまでも制度化以降における副次的な機能に過ぎない。藤田の組織論とは対照的に、松下における組織は、メンバー同士の濃密な交流が行われる場でも、内面における倫理の再構築の場でもない。組織の目標は政党政治につながる「政治的実効性」にあり、だからこそ組織は効率的に「制度化」されなければならないものである。個別の組織を政党支持の基盤として制度化することへの確固とした信念は、組織活動そのものにおける文化的な要素や浪漫的な要素を無視することになる。しかしそれを覚悟しながら、松下はサークル的な組織の限界を繰り返して主張したのである。

　そのような居住地域組織の戦略地帯となるのが、都市と僻村の間にある「中間地帯」である。それは「マス状況」と「ムラ状況」のいずれにも完全に陥ることなく、なお両者の矛盾をもっとも鮮明に現す場所だからである。

すなわち労働組合においても、中小企業労働者にはげしいエネルギーがふくまれているように、居住組織においても都市と僻村の中間地帯こそがもっとも流動的ではげしいエネルギーをもっている。たとえば居住組織が全県的スケールで組織されている愛知県でも、この中間地帯でもっとも活潑な居住活動がみられる。大都市としての名古屋市にはマス状況がみられ、僻村ではなおムラ的窒息状況が支配しているからである[193]。

「マス状況」と「ムラ状況」が衝突しながら並存する中間地帯においてこそ、若い戦後世代の人々は、「もっともはげしく生活の実感のなかで、日本の矛盾を自覚している[194]」と松下は見る。中間地帯で生活している若者の変革への意志は、「ムラ状況」に対する突破口となると同時に、都市中間層青年のレディー・メイド的な民主主義観にも衝撃を与え、その無気力感を突破する「原生的なエネルギー」を供給してくれることを、彼は期待するのである。

一九五〇年代後半以降、「マス状況」という表現は、一九五六年以来の〈大衆〉の特質に基づきつつ、とりわけ現代社会の負の側面を指す言葉として使われている。五〇年代半ばの議論を特徴づけた階級的な構造の強調も、一応保持されてはいるが、議論の中で占める重要性においては減少している。その代わり、政党支持につながる戦略的な居住地域組織論が前面に出される。松下の関心の焦点が、二〇世紀におけるマクロな社会構造の分析から、一九六〇年代における日本社会党の戦略構成の方に移行して行ったのである。

2　六〇年安保に対する冷静さ

一九五八年以来の一貫性

一九六〇年における松下の議論のもう一つの特徴は、六〇年安保に対する冷静な態度である。彼は安保条約の改定には反対し、いくつかの時事的な発言と行動を行った。しかし、六〇年安保は松下にとって決定的な転機ではなかった。むしろ彼は一九六〇年を一九五九年(さらには一九五八年)との一貫性において過ごした。たとえば、六〇年安保を日本歴史における大きな転機として受け止めた藤田の議論に見える興奮が、松下にはまったく現れていない。また六〇年安保そのものの存在感が薄いだけでなく、その意義についての評価のポイントも、他の論者とは異なっていた。藤田が執筆に参加した単行本『一九六〇年五月一九日』に端的に表れている、いわゆる「市民派」知識人の歴史観は、五・一九以降における運動の変化と発展に注目する傾向が強かった。しかし、松下はむしろ五・一九以前との連続性において安保問題を捉えようとした。

たとえば、一九六〇年六月に開かれた座談会「抵抗と創造の論理」の中で、松下は六〇年安保の日本政治における意義として「共闘会議」と「請願行動」の二つを挙げ、このように説明する。

> 安保の問題が、広く人たちの関心を非常に集めたのは、五月十九日、二十日の事態からですが、安保自体は一昨年から出ているわけです。[中略]岸政府がああいうファッシズム的な方法で強行採決をしたために事態は外見上は一転して民主主義擁護の闘いという形で、足並をそろえることができたわけです。しかしそれまでに、重い重いといわれたこの問題を引きずってきて、五月十九日に、岸がああいう態度う《ママ》をとらざるを得ないところに、追い込んできた人たちの努力は、ちゃんと評価しなければならないと思います。(195)

ここで再び、革新陣営内部で起こった体質改善および新しい運動のスタイルを主導した前史として、松下は勤評闘争以来の地域共闘会議の重要性に言及する。

注目しなければならないことは、［中略］その前史に、勤評闘争、警職法闘争がありますが、重いと言われた安保闘争を、この時点まで盛り上げてきた過程には、非常な時間の長さと、根深い深まりがあって、それが共闘会議を中心とする幅広い闘争によって、革新陣営内部の体質を改善しはじめた。これは、評価しなければならない(196)［略］。

また二点目の「請願行動」については、「いままで国会とか議員は、遠いもののように思っていたのが、身近なものになってきた。一人々々が自分の名前を書くことによって、政治的責任をともなった政治的判断を行うようになった(197)」と評価する。つまり共闘組織という新しいタイプの組織の拡大と、個人の政治的責任意識の増進が、六〇年安保の生んだ「革新陣営の財産」なのである。

このような松下の見解は、座談会に参加している社会学者鶴見和子(一九一八―二〇〇六)とは対照的なものであった。鶴見は、最初三〇名から始まった行進が解散時には三〇〇名になっていたという「声なき声の会」の主導したデモの経験を紹介する。実際に街を歩いていると、通行人たちが「自然に」加わって、いつのまにか「ちょっと隣を見渡すと、知らない人ばかり」になっていたのである。つまり組織の人ではない「一般市民」が、自由で自発的にデモに参加したことは、かつての政治運動とは異なる六〇年安保の斬新な特徴である。彼女はこのように述べている。

エプロン姿の商家のおかみさんも小学生の女の子をつれて入ってきました。その女の子が、「黒い翼よかえれ」というプラカードをみて、「黒い翼」ってなあにとお母さんにききました。お母さんはすぐに、アメリカの飛行機が日本の基地からとびたって、ソ連の空に入っていって、スパイをしたという話をしてやりました。五月一日にソ連に侵空した、アメリカのジェット機は、トルコの基地からとんだのですが、日本の基地にも、U2型機はきています[198]。

安保問題について何の知識もない「小学生の女の子」、そして事実とは異なる情報をもとにアメリカの戦争に日本が巻き込まれることを恐れている「お母さん」も、デモに参加した一員であった。鶴見はそれを肯定的に評価する。そのような参加者たちは、指導部が信頼を失った状況においても、自発的な整然さを見せ、秩序を作り出した。これは、松下の強調する制度化した「組織」の政治的実効性とはまったく異なる評価のポイントであり、逆に運動の〝非組織性〟に注目する見解であった。

「ミッチー・ブーム」と六〇年安保をつなぐもの

さらにこの座談会の司会者は、六〇年安保が「戦後十五年の日本の歴史のなかで、なにか突然変異的な様相[199]」を呈しているという印象を語っている。しかし松下の理解はむしろその逆であった。六〇年安保は日本史における「突然変異」ではなく、〝日常〟的な要素の蓄積によって生まれたと見ているのである。この点において、松下は、もう一人の参加者である橋川文三とも異なっている。

橋川は六〇年安保の思想的な起動因として「戦争体験の記憶」や「戦争の思想」を挙げ[200]、戦争の記憶とそれへの責任感が大規模の政治参加をもたらしたと見る。しかしそれに対して松下は「自由恋愛の論理」という〝戦後的な〟要因を持ち出す。

若い世代の場合はむしろ自由恋愛の論理というものが非常に有効に働いているということが言えるんじゃないかと思います。昨日全電通〔全国電気通信労働組合の略称〕の職場の女の人と話をしたんですが、結局アメリカと日本と結婚しろというのと同じで、仲人役に岸が立っているが、私は嫌だ、結婚は絶対したくない、仲人がなんと言ってもだめだという、その論理ですね。［中略］この自由恋愛というプライバシー（私的秘事）の論理が、政治的な抵抗感覚へと転化しつつあるということ、［中略］彼女らの大問題から政治問題を組み立てる能力が出てきた。警職法のときの「デイトもできない警職法」も同じ論理です。そういう自由恋愛のプライバシーが、将来の政治感覚の論理的な生産力になっていると思います。(201)

さらに松下は、「同質的な集団」になりがちなサークルではなく、「大学教授も、労働組合の人も、おかみさんも、学生も、個人として顔を突き合わせるような組織ができない限り、民主主義的な意味での声なき声が組織できないんじゃないか(202)」と述べている。戦争体験から戦後民主主義のエネルギーを説明しようとする橋川の戦中派的な見解に対して、松下は意図的に戦後の新しいものの意義を積極的に評価しようとする。また組織に属していない一般市民の自発的参加現象を歓迎する鶴見に比べて、松下は無組織的な活動における持続性と実効性を疑う。「いわゆる楽しそうに集めて歩くというような、人民をおだてるのじゃなくて、日本のことを何も知っていないんだというインテリの自己批判こそやるべき(203)」であると、松下は運動の非組織性への肯定的な評価に現れる、知識人の感覚的な満足感を批判する。もう一つ、ここで松下が注目する自由恋愛の価値は、まさに「ミッチー・ブーム」を巻き起こした原因であった点において重要である。松下は、警職法反対闘争と「ミッチー・ブーム」、そして六〇年安保を、ひとつながりの戦後的現象として捉えようとしたのである。

鶴見はまたここで、全学連主流派と岸首相だけが確実な将来のイメージを持っており、両者の間に位置する自民党非主流派から共産党までの諸勢力ははっきりした政治イメージやリーダーシップを示していないと批判する。そしてそれに同意する橋川に対して、松下は「僕はそうじゃないと思う」と、明確に反対する。

いまの段階で、日本の全体の歴史のなかで、広範な層が動きはじて〔ママ〕、そこにはっきりしたことは、既存のイメジー〔ママ〕が崩壊しはじめたということなんですよ。そのときに、性急に早くイメジー〔ママ〕を出せというような問題を提起しちゃったら、むしろ失敗なので、〔中略〕既存のイメージの崩壊状況から、可能性のカオス(混沌)として、可能性のカオスに耐え得るだけの忍耐心を、むしろ持つべきだと思うのですよ。その過程で、必要なのは、新憲法の擁護というような形で既存の革新勢力が三分の一の数を守って、〔中略〕この防波堤のこちら側で新しい作業をしていく。[204]

松下の提示する六〇年安保後の第一の課題は、非日常的な「可能性のカオス」に性急に巻き込まれることなく、三分の一の議席という既存の成果を着実に守ることである。つまり彼は、六〇年安保によって日本の政治体制が急激に変わることをまったく期待していなかった。松下の理解によると、六〇年安保は一九五八年以来の「地域共闘組織」活動の延長線上にあり、したがって異例な「突然変異」現象ではない。またその後の課題についても、むしろ現状を着実に守るという、保守的な考え方を示している。六〇年安保をフランス市民革命との比喩において考え、それを「革命」と呼ぶか否かをめぐって展開された「思想の科学研究会」の討論に比べて見ると、松下の平静さは際立っている。

むしろ松下はこの時点で、「デモに行きたくても家事でいけなかった主婦」のような人々を、六〇年安保の後、どう組織して行くかを問題としていた。政治的な異常時のただ中で、極めて日常的な問題を考えていたのである。「去年の選挙なんかそうとうこたえているし、挫折感でいっぱいなんですよ[205]」と失望感を語る鶴見に向って、松下はこう述べている。

鶴見さん、悲観しちゃまずいので、民擁連〔民主主義擁護群馬県民連合の略称〕に、群馬県に泉町という町があるのですが、そこでは最初はサークルからはじまって、それは勤評の段階から平和教育、民主主義の危機という危機意識に目覚めて、このサークルは、地域組織へと事実上発展、転換していったわけです。この前の選挙闘争では、いままでは革新陣営は一人もいなかったのが、三人も出られるようになって、サークルが地域組織に転化したという例です。やはり種があれば伸びますよ。[206]

三三万人（主催者側発表）のデモ隊が国会議事堂を取り囲んだ政治的大事件の最中において、松下が日本政治の希望として挙げるのは、群馬県のある町の選挙で三人の革新系人物が登場したという、極めて素朴な例であった。そのような、小さくても確かな現実の変化に対する粘り強い関心こそ、マクロ的な、したがってテンポの遅い政治的展望とともに、松下の楽観主義を支えていたのである。

六〇年安保が画期的な盛り上がりを見せた五月一九日の強行採決の直後、松下は東京の国会議事堂ではなく、山梨県で行われた保守と革新の組織対決についてのルポルタージュを書いている。その中には「政争は国民注視のまとの国会だけでなく、政治の底辺で広まり深まっており、今後ますます加速されていくだろう[207]」という観測が述べられている。巨大な資本も、大規模の労働組合もない山梨県の貧しい農山村地帯において、「地区共闘会議は、郡市段階では一四地区、校区・町村段階では三五が組織され」ており、統一行動のための県民集会に「一万余名を動員」することができたことを松下は目撃した。[208] またそこで、それに対して自民党が安保推進のための「保守共闘」を組織しているることをも目撃した。以後の日本政治の方向を決定づける要素として、松下は国会議事堂周辺の一時的な街頭行動ではなく、政党とつながる末端組織の地道な動きに注目したのである。[209]

「大衆社会論の破産」？

六〇年安保における松下の平静さ、あるいは冷静さには他にも理由があった。反対運動の高揚によって「大衆社会論の破産」が盛んに言われたからである。依然として大衆社会的な問題意識を基盤として「ムラ状況」と「マス状況」という日本の二重構造論を展開した松下は、「破産」論に裏付けられた当時の革命ムードに容易に同意することが出来なかった。

六〇年安保の直後、雑誌『思想』一〇月号は「大衆社会論の再検討」の特集を組み、松下はそこに巻頭論文「大衆社会論の今日的位置」を書いた。『思想』に即して言えば、その四年前の一九五六年一一月号の小特集「大衆社会論」以来、一九五八年三月号の特集「人工衛星」、同年一一月号の特集「マス・メディアとしてのテレビジョン」、六〇年五月号の特集「大衆娯楽」等の特集において、直接的・間接的に大衆社会論が議論されており、一九六〇年一〇月号は決して大衆社会論の突然な喚起ではなかった。しかし、安保反対運動の直後の時点における「再検討」の焦点は、反対運動の中で提起された大衆社会論への疑問に向けられていた。松下の他に、日本共産党の上田耕一郎が「大衆社会論と危機の問題」を、清水幾太郎が「大衆社会論の勝利」を書いており、その他にも黒田寛一(一九二七―二〇〇六)の「現代における組織と指導の問題――安保闘争の組織論的総括のために」、福武直(一九一七―一九八九)他の「農村における〝声なき声〟の実態」論文などからも、この特集の背景となった状況を読み取ることができる。

六〇年安保によって大衆社会論が理論的に破産したという認識は、上田論文に明白に示されている。上田はここで大衆社会論の提起した諸問題の意義を部分的に認めながらも、それは日本の大衆と支配権力の分析のために相応しい理論枠ではないと主張する。

上田は、六〇年安保によって「大衆社会論そのものは日本の現実の全体的な分析視角を提供する理論としては、失格とはいえないまでも、かなり致命的な欠陥があったことが一般に認められたようである」[210]と述べ、その証拠として久野収の「市民主義の成立」と、藤田と橋川の参加した共同討議「大衆の思想と行動」を挙げている。その「致命的な欠陥」には二つの理由があった。

その一つは、日本の民主主義が大衆社会論の想定するほど爛熟していないということである。市民民主主義を経て大衆民主主義に至った西欧のモデルとは異なって、日本の民主主義は「後進的」であり、それゆえに「爆発的なといいたいほどの積極的活力」[211]を持っていると上田は見る。上田によると、「擁護すべき昨日の伝統としての民主主義ではなく新たに創り出すべき民主主義としての綱領的性格」を持つ「戦後の日本民主主義の歴史的若さ」こそ、五・一九以降の激しいエネルギーの源である[212]。

大衆社会論のもう一つの欠陥は、日本の支配権力の特殊性に起因する。岸首相に代表される「日本の独占」の政治的体質は「戦前の旧憲法的・旧日本帝国主義的性格」を濃厚に有しており、大衆社会論は「日本の反動的支配層のこうした性格を過小評価し、多かれ少なかれより近代的なものとして画き出したために、客観的には帝国主義的反動の力と意図を過小評価した」[213]と上田は見る。つまり、敵についても味方についても、大衆社会論の診断するほど進んでいないのが日本の現実であり、大衆社会論は行き過ぎの理論であるという批判である。

こうして上田は、大衆社会論は日本社会の分析の理論として適切でないと結論づける。そこには「若い」民主主義の闘争力を持っている日本の大衆が、復活した日本帝国主義の支配権力の抑圧に対抗するという闘争の構図が描かれている。そして上田は、久野の提唱した「市民主義」に言及しながら、それを「大衆民主主義から市民民主主義への回帰」と捉え、そのような議論の中でアメリカ的な福祉国家の危機ではなく、ドイツ的なファシズムの危機が問題関心として台頭していると指摘する。ただそのような「市民主義」は「帝国主義論」抜きの「上部構造論的弱さ」を持っているとし、上田はそこに欠如している下部構造の解明にマルクス主義理論の役割を位置づけようとする。

日米安保条約改定が国民的な反発を呼び起こした直接的なきっかけとなったのは、「強行採決」という暴力的な手段に対する国民の嫌悪感であった。この点については、日本の「支配権力」の「古い」性格を強調する上田の診断は説得力を持っているといえよう。しかし、日本の民主主義が「後進的」であるため、さらなる革新に対する積極的なエネルギーを持っているという判断はどうか。

岸首相や自民党主流派のとった行動様式は、まだ多くの人々にとって生々しく残っていた戦争の記憶を刺戟した。それは悲惨な戦時生活に戻ることへの恐怖心を喚起するものでもあったろう。六〇年安保の大々的な高揚は、根本的に「革新」を求めるものというよりは、すでに手に入れた戦後的な安定への「保守」感覚に支えられていたと見た方が妥当ではないか。「民主主義擁護」というスローガンが広範な支持を得たのも、そのような「擁護」の感覚に訴えたためであったろう。大衆社会論は、そうした「保守」的な大衆の側面に注目して、その可能性と課題を導出しようとする視座であった。

とはいえ、その「破産」が盛んに言われる議論空間において、松下はもう一度、大衆社会論の立場から一つの応答を提示しなければならなかった。『思想』同月号の「大衆社会論の今日的位置[214]」の中で、松下はまず、六〇年安保における知識人の積極的な政治参加に触れながら、そこに現れている社会科学者の発言と行動における「時評への埋没[215]」を指摘する。そのような時評への埋没の裏には、マルクス主義の公式主義が批判されて以来、社会科学がそれに取って代わるべき総体的な体制像を持つことができなくなったという深刻な問題が存在している。社会全体を摑むための理論の欠如が断片化した発想による状況への埋没をもたらし、その中で社会科学者は現実の理論化という本来の任務を忘れているのではないか。六〇年安保によって大衆社会論が破産したという発言も、この点に関わっていると松下は見る。

今日みられる状況埋没という社会科学の危機状況は、たとえば安保国民運動によって「大衆社会論」は破産したとか修正が必要であるという、次のような発言にもあらわれている。［中略］私の大衆社会論は、おおくの大衆社会論が指摘するような欧米の二〇世紀的問題状況の露呈ないし支配形態の変化を、独占段階における社会形態の変化によってうまれたものと位置づけることによって、逆に変革運動の現代的条件を理論化せんとするものであった［中略］このような段階論的問題提起によって、さらに日本独占資本主義の戦後的変化を背景とするマス状況の露呈を理論化する準備作業をおこない、そこで日本の社会科学における今日的課題としての体制像の再構成という要請に答えんとしたものであった。(216)

大衆社会の到来は価値判断以前の物理的な「条件」であり、「大衆社会論」はそのような条件の中で変革の方途を探るものとして提起されたものである。一九五六年以来、松下の大衆社会論は体制内の受益者と化する労働者の変貌を危機的に描きながら、階級意識と国民意識を結合することによってそのような状況に対する突破口を模索しようとする試みであり、一方的な悲観論ではなかった。

しかし同時に指摘すべきは、五〇年代半ばとその後における用語の混乱である。そもそも政治的に受動化した二〇世紀の勤労有権者を〈大衆〉と命名した一九五六年の「大衆国家の成立とその問題性」論文の規定に従うと、勤労者が政治的に受動化していないすべての状況については、「大衆」という語を用いてはならない。この語の有する多様な含意は、それをできるだけ厳密な意味に限定しようとした松下自身の議論においても、より広範な概念への拡散をもたらしたと見るべきであろう。

五〇年代後半以降、松下は次第に「大衆社会」という言葉を物理的、技術的な「条件」として、いわば中性的に使うことになる。彼が繰り返して挙げる大衆社会の二つの特質、つまり人口のプロレタリアート化とテクノロジーの発展の中で、とりわけ後者の技術発展の側面が強調されるのである。こうして「大衆社会化」の意味は次第に産業構造における変化、つまり「工業化」を指すものに近づいて行く。

たとえば、一九六〇年一〇月のこの論文において、「大衆社会」の到来は統計資料によって証明され得るものとなっている。前者のプロレタリアート化については、一九三五年に二六三万名であった工場労働者が一九五八年には六〇五万名になっており、産業別人口構造において一次産業従事者が一八七二年の八四・八%から一九五五年の四一・〇%に、第二次・第三次産業従事者は逆に一五%から五九%へと変化したのが、その根拠となっている。テクノロジーの発達については、明治期には軽工業、戦前には軍需産業を中心に進歩してきたのが、戦後には直接生活様式の変化をもたらす白物家電中心に変わった点が挙げられている。

このように「大衆社会」は次第に工業社会と同一視され、さらに七〇年代以降には「都市型社会」がその同義語として使われることになる。一九五六年以来、松下は日本における「大衆社会」の到来を一貫して主張したが、その命題の意味内容は変化し続けたのである。

3　技術と政治

ニューライト、池田勇人

六〇年安保の高揚にもかかわらず、一九六〇年一一月の総選挙は七三・五%の投票率を記録した。当時の時点では、戦後の選挙の中で下から三番目の低率であった。保守と革新の全体的な議席の比率にも大きな変化はなかった。こうした選挙結果を踏まえて、松下は論評「「安保」直後の政治状況」を発表する。その中で彼は総選挙における社会党の進出と民社党の衰退を指摘する一方、「池田内閣が「新政策」と名づけた経済政策は、これまでの歴代保守内閣のなかでは画期的なものとみなしてよい[217]」と述べ、池田内閣の劃期性に注目している。経済成長率九%を中心に、日本資本主義の体質改善を今後一〇年間の展望として掲げた池田内閣の経済政策は、「たんに選挙目当ての花火ではない」と松下は考える。それは、官僚機構に蓄積された政策作成能力と財界の全面的支援の合算物であり、その上で池田内閣は所得倍増、月給二倍論の形で「日本資本主義の理想像」を提示しているのである。

この新経済政策を批判することは容易であるし、今後試練にぶつかるであろう。しかし、ここにみた意味で、構造政策をかかげる池田首相が、戦後資本主義の「本命」となったことは否定できない。そして同時に保守政策の「近代」的変容が、現在進行しつつあることをも示している。[218]

だが池田内閣の新保守主義も、日本社会全体に行き渡っている二重構造の性格から自由ではない。自民党そのものが中央の「九%派」の構造政策派と、後援会を中心とする旧中間層とに分裂していると松下は診断する。[219]さらに池田内閣の脱農政策は、明治以来体制安定の基盤であった農本主義をくつがえすことで、保守の伝統的な地盤を弱化させることが予測されていた。そうした過程の中で、脱農人口の一部は都会に吸収され、また一部は農村在住の勤労者に転化するであろう。いずれにせよ、農村人口の「ムラ」からの離脱によって彼らの票が浮動化する可能性が生まれるというのが松下の予測であった。

実際、高度成長は必ずしも自民党の政治的利益と一致するものではなかった。一九五〇年代初頭から一九七〇年にかけて保守系の得票率は五〇%から三五%にまで単調に減少していた。石川真澄はその原因として「人口移動」を挙げ、次のように説明する。

後援会は地域ごとに組織されるのが普通である。「このムラは、あの先生にお世話になった」、あるいは「これからあの先生に頼ろう」という形で地域の世話役が票をまとめる。農村部などで見ると、それはあたかも農業者の利益を守るための職業組織のように見えることもあるが、基本的には地縁に縛られた組織である。〔中略〕そのような組織から有権者が離れるのは、住んでいるところを離れたときだけである。(220)

一九六〇年の松下は、この浮動票層を社会党支持に廻すことに新たな課題を発見する。しかし同時に、すでに自民党はマスコミ対策を通じてこの浮動票を操作する方法を習得しているのではないかという憂慮も、彼にはあった。(221)

警職法国民運動は、「ミッチー・ブーム」で切りかえたし、安保国民運動は「月給二倍論」で対抗したことである。これらは新中間層を中心としてうちだされたけれども、ともかく浮動票を操作する方法を自民党は実験しえたといってよい。(222)

都会の新中間層や大企業の勤労者は「月給二倍論」に、農村に在住する零細企業の勤労者たちは役職を中心とする新しい保守の地域秩序に吸収されつつある。それが今後の「ニュー・ライト」の政治路線であるならば、革新勢力の方もそれに対応すべき「ニュー・レフト」の路線を提起しなければならないであろう。ここで松下のいう「ニュー・レフト」とは社会党内の改良派である「構造改革派」を指している。社会党内の保守派を中心に「ニュー・レフト」を構想し、それを「保守内革新」である池田内閣と対置させようとしたのである。

六〇年安保の以前から居住地域の組織化の重要性を強調してきた松下は、それを媒介として社会党の「構造改革論」構想にも積極的に関わった。構造改革論は、もとよりイタリア共産党のトリアッティの「社会主義へのイタリアの道」(一九五六年)に影響を受けた経済学者佐藤昇をはじめとする、共産党系の知識人たちが提起したものであった。構造改革論をめぐる革新派知識人の対立状況については前節で触れたので、ここでは社会党内部の対立についてだけ簡略に言及する。

前述の通り、社会党の構造改革論は共産党のそれから影響を受けて出発したが、社会党においては江田三郎をはじめとする党の首脳部がこの路線を支持したため、共産党とは事情を異にしていた。これをめぐって加藤宣幸、森永栄悦、高沢寅男などの新しい世代と、彼らを批判した向坂逸郎、岡田春夫らが対立する中で、特に問題となったのは、独占資本の経済構造と民主主義の関係をどう捉えるか、そしてアメリカの帝国主義をどう評価するか(即ち日本をアメリカの植民地として規定するか否か)の論点であった。

『経済評論』一九六一年三月号には、松下を含む社会党の構造改革派論者が揃って参加したシンポジウム「構造改革論批判への反批判」の記録が掲載されている。その中で今井則義(一九一八—一九九九)は「下部構造における国家独占資本主義」の発展と、「上部構造における民主主義」の発展をどう捉えるかという問題を提起する。つまり、「資本主義のもとで生産力が発展するとともに生産関係が最高に社会化された形態[223]」として独占資本主義を捉え、それを前提として民主主義のあり方を論じようとする意図である。今井はこう続ける。

> 現在のように民主主義の高度な発展と労働者階級の力量の増大している時期には、この生産関係の変革を独占の専売特許とせずに、労働者階級を中心とした民主主義勢力がその過程に参加し、部分的にせよ、生産関係を自己の有利なように変革しうる展望がひらけていると思われる。このような問題意識で現代資本主義を考察していく、

というのが私たちのこれまでの研究だったと要約できるのではないかと思っています。(224)

すでに五〇年代半ば、松下は「マルクス主義理論の二十世紀的転換」において同様の認識を示した。このシンポジウムの中で彼は、「結局経済における寡頭化が進行していると同時に、形式的には民主主義が一応制度化されている」とし、経済機構における独占資本と政治過程における「一般民主主義」が同時に定着している現状を認めることを主張する。(225) 革命勢力から不完全な民主主義として打倒の対象とされた「形式的な民主主義」を「一般民主主義」と呼び変え、それを経済的な条件とは無関係に、政治における普遍的な価値として位置づけようとしたのである。六〇年代の革新勢力にとって有効な問題提起は、こうした「一般民主主義のエネルギーをどのように社会主義的指導のもとに組織するかという形で(226)」行われなければならないとし、具体的には、「地域総合開発問題とか、あるいは大企業の地方進出という問題とからみまして、直接独占と地方自治体ないし農民などの自治体住民が直接ぶつかり合う」状況において、「中央レベルでの構造改革プランは、生産点のみならず、生活点における運動、すなわち地域民主主義によってもささえられなければならない(227)」と松下は述べている。(228)

すでに一九五〇年代後半から、松下は六〇年安保以降顕著となる〝六〇年代的な〟問題群に対する先見性を示していた。その後、活発に展開される彼の議論は、そのほとんどが一九五〇年代後半以来の議論の反復、あるいはその延長線上にあるものであり、そのため見事な一貫性を現している。

しかしまた、一九六〇年代半ばにおいて、松下は初期との決定的な転換を迎えることになる。かつて古典的な「市民社会」に反するものとして捉えた大衆社会の特質を、逆に新しい市民社会の構築を生み出す条件として受け止めることになるのである。この転換は、「工業化」中心の大衆社会理解に始まり、都市問題の台頭によってより本格化する。つまり、六〇年安保直後の「大衆社会論の今日的位置」以来、松下は産業構造の客観的な条件変化を中心として

「大衆社会」の意味を中性化して行く。そして七〇年代以降において、「大衆社会」は「都市型社会」とほぼ同義語として使われることになる。そのように「大衆社会」が物理的な社会条件を中心に中性化するにつれて、逆に「市民」あるいは「市民社会」はイギリスの中産階級の歴史的実体から離れ、「エートス」と化して行く。

政策インテリ論

前述の通り、六〇年安保後登場した池田内閣は、保革のイデオロギーの争いではなく、具体的な政策構想力を政治の主要争点に転換させた。政治と「政治思想」(＝イデオロギー的思考)との区分が、経営学に対する社会的な需要の増加と相まって、知識人のイメージを講壇インテリから実務インテリへと変化させた点についても、すでに触れた。松下は、このような時代の要求に早い段階から応えた理論家でもあった。竹内洋の研究は、松下の一九六五年の論文「知的生産性の現代的課題」を挙げ、このように評価している。

> こうした新しい知の時代を左派から提唱したのが政治学者松下圭一(一九二九《〔ママ〕》〜)だった。松下は、日本の社会科学者は巨視的体制理論には取り組んだが、具体的な生活環境の改善を理論化し得なかったとし、民主主義の「啓蒙インテリ」の時代から複雑な専門知識を駆使できる「政策インテリ」による「保守・革新の政策イニシャティヴ競争の時期に現在到着した」とした。[229]

新しい知識人像の必要性について、松下は実はより早い時期から言及している。たとえば一九五九年の「社会民主主義の二つの魂」の中で、松下は革新派のリーダーシップに「いきいきとしたヴィジョン」が欠如していることを指摘し、それを知性と政治の関わり方の問題として捉えている。

今日の大衆のエネルギーの空転は、またリーダーシップの不足のみならず現状分析・政策立案能力の欠除によっている。これまで日本では、このスタッフ的機能が不当に過小評価されていた。輝ける委員長が、今日でも、反対、反対を叫ばざるをえない実状は、大衆指導における致命的な弱さであり、それは一種の政治的痴呆にちかいものである。現在、日本の革新的知性は、一方では『資本論』の学習に、他方では「綴方運動」に分裂し、知性が政治へと結合される媒介項をうしなっている。この媒介項こそ現状分析・政策立案機能にほかならない。現状分析にささえられた政策立案能力は、万年社会主義革命論と異なり、一つ一つの政治行動における結果責任と結合して、政治的知性の倫理の確立となるであろう。[230]

社会主義理論の硬直した解釈に固執し、現状への「反対」だけを主張する革新知識人に対する松下の批判は、このように一九五〇年代から始まっていた。具体的な現状分析に基づいた政策構想を欠いている者は「政治的痴呆」に他ならないという厳しい批判である。政治行動と結果責任とを結合するためには、知性と政治の間に合理的な媒介項、つまり政策立案能力を挿入する必要があると松下は見ている。そしてその機能を育成するために要求されるのは、「概論」あるいは個々の局面の「解釈学」から脱皮し、多様な技術を駆使しながら政治を取り上げる、新しい形の政治学である。その際に有用な手段として、松下は「統計操作」などのテクニックを重要視する。[231]

このような松下の考え方の根柢には、特に革新理論における〝真理〟の追求が、むしろ政治的な無責任をもたらしているという診断がある。一九六一年の「社会党・交錯する二底流」において、彼は「日本の革新理論には、「正しい綱領」、「正しい方針」さえあれば運動は自動的に前進するという主知主義がひろくみられる」と述べ、「その結果、これまで組織論的思考ないし具体的政治指導の責任意識をもつことなく、論争が綱領・戦略レベルの「大」論争を中心に不毛化」[232]したと述べている。

正しい歴史法則に基づいた「正しい綱領」、つまり〝真理〟の追求は、より多くの人々のより多くの自由を確保するために必ずしも有効ではない。その仕事は、実際の人口と産業の構成、所得と消費、そして生活様式の変化など、「現状」を正確に測定することから始まらなければならない。現状を測定し、その上で個々の諸権利の条件を具体的に設計して行くために、政治学における統計学の活用は必須である。松下は、政治学における数量研究の意義を認め、また実際にそうした研究の成果を積極的に用いながら政治思想の課題を論じた、稀なタイプの戦後知識人である。

そうした態度には、おそらく大衆社会論争の中で、彼の理論が日本社会の現状に合わないと厳しく批判された経験が影響したと思われる。しかしより根本的な理由は、現代という「環境」の中でいかに自由を獲得するかという彼の問題設定そのものにあったろう。ここで、前述した松下の青年期の文章「習慣について」の次のような箇所を想起したい。

> 制度に働きかけることなく、愛と平和の情操を説教しても無駄であり、人間の良心にのみ働きかけるのではなく、人間の精神と相関的な且つ人間の精神の現実態としての環境にこそ鎚を揮うべきでる《ママ》。或る成果を期待する場合、それを可能とする客観的条件を準備しないならば、道なき山巓に自動車が登上しうると想像することとなり、魔術或は奇蹟のない限り不可能である。我々に可能なことは山を拓くことのみ――斯様な努力なくては如何程善良な意図もヒラケ、ゴマと化してしまう[233]。

このように松下の思考は常に「環境」における「客観的条件」を問題とする。自由を追求するための方法は、まず実際の人口構成、産業構造の変化、所得の増加などの物的基盤としての「環境」に対する分析をその出発点としなければならない。この点に関して、阿利莫二(一九二二―一九九五)、中村哲、そして藤田が参加した『法学志林』の一九六二年の座談会「現代政治学の状況と課題」の記録には、特に藤田と松下との意見の対立が見える。

座談会の中で松下は、たとえば組合の政治分析において、六〇年安保の偉大さだけが強調されており、実際の(地域)共闘会議の活動に対する分析は行われていない点を指摘し、日本の政治学が前進するためには、概念や思想の問題と同時に統計操作の技術の蓄積が重要な役割を担うことになるのではないかと発言する。そして政治学の任務と方法に関する理解をめぐって、藤田との間に次のような意見の対立を現している。

藤田　しかし他方ではね。統計操作ばかりに巧けてしまって、政治における人間構造、つまり政治の世界について人間はどういうふうに行動するかという、そういう観察なんていうのは、逆に非常になくなって行くという面があるわけね。[中略]統計処理が必要だと云うこと自体には賛成だけども、その場合に、その方法が持っている本来的な限界なり危険なり、そういうものはどの方法にもあるわけだが、その自己の方法の危険を十分自覚しておくべきだということよ。これから管理社会が、どんどん進んでくる中で、統計処理が官僚の中で非常に巧けてくる。逆に人間観察学みたいな奴がだんだん少なくなってくる。だから両方必要なんだ。だから難しい時代になったというわけだよ。

松下　例えば社会党についていえば、一方では、社会民主主義だという批判がある。他方では、平和と民主主義をこれまで最低線において守ってきたという意味での過大評価もあるわけだ。だがしかし、実際に党員数ということになれば、四万五千という数が出てくるわけだろう。それで西尾脱党[234]以来増えていない。四万五千の党員で、票数を千何百万とれるのはなぜかという形で、問題を設定していかないと、いわゆる「右ヨリ、左ヨリ」論に足をすくわれてしまう[中略]そういう理論的訓練が、われわれにかけていたんですね。[235]

そこで中村哲は、知識人たちに広く見られる「工学的な知識のないことを誇るような一種の文人的な気風㉓⑥」を指摘し、社会的現象を技術論的に分析することの必要性に同感を示した。しかし藤田はなお、今後社会における機構化の進展とともに統計処理能力は「自然」に発展すると予測しながら、むしろ強化すべきことは人間観察の学問としての政治学の側面であると見た。松下が、技術発展と経営合理化が進む経済発展の下で、それに対応すべき技術的思考を革新勢力に取り入れることを要求した反面、藤田はそのような社会の物理的な変化の中で行われる「人間」性の変質により注目しようとしたのである。この座談会の発言には、高度成長期の中で明らかになってゆく両者の課題設定と方法の違いが鮮明に現れている。

「シビル」なるものの構築

一九六三年一月五日の「毎日新聞」夕刊に、松下は「都会と村の未来像」と題するコラムを発表する。そこには、居住地域の組織化という政治的課題が、物理的な「建築」設計と結合した形で提示されている。松下はその冒頭で、自治体選挙の年を迎え、地域生活の未来像について考えてみることを提案しながら、こう述べている。

地域生活といっても、ひなびた寒村から世界最大の一千万都市東京にいたるまで多様である。しかし注目すべきは、私たち日本でも住居をふくめた生活の素材が自然的な土と植物から工業製品、とくに鉄とセメントにうつってきていることである。鉄とセメントは技術文明の高度の発達がもたらした素材であり、今日ではこれを素材として地域における民主主義ないし国民生活のまま像を構想することが必要となってきた。［中略］今日重要なことは、鉄とセメントに対応した思考力をきたえ、鉄とセメントの時代における地域社会のあり方を考えることであろう[237]。

そこで松下は、建築家ル・コルビュジェが一九二二年に提起した大都市計画「ボアサン計画」や建築家丹下健三(一九一三―二〇〇五)の「東京構造改革一九六〇」の未来像をその例として挙げながら、明確な物理性を持つ未来像の構想こそ、「未来を現実へと近づける手続――すなわち「可能性の技術」」としての政治の任務であると力説する。特に自治体の空間は、政治を「天下国家」のものとして考える傾向の強い日本において、「国」と「私」とをつなぐ具体的な生活の場」として重要である[238]。

六〇年代以降、松下の構想する「政治」は、このように物理的な住居環境を含む概念としての「都市」を中心に展開される。政策の構想は理論的な当為性より、現実の材料を自在に操作する技術を必要とする。「鉄とセメントと民主主義の結合を」と書かれている、この一九六三年のコラムの見出しは、そのような松下のメッセージを見事に集約している。

同時代の多くの革新知識人は、六〇年安保以後の国民運動の沈滞から敗北感を経験していた。たとえば藤田は、一九六二年に発表した文章「現代における「理性」の回復」の中で、「「どうしようもない」という嘆息が各所で洩れているのではなかろうか[239]」と述べ、なかなか高揚しない政治運動に対する焦燥感を表した。このようなムードは、一九六五年一一月六日と一二日、日韓条約が議会で採決された時、決定的に問題となった。そこで再び自民党による強行採決が行われたにもかかわらず、六〇年安保のような大々的な国民運動は出現しなかったからである。

『世界』一九六六年一月号の座談会「戦後民主主義の危機と知識人の責任」の記録には、この事態に対する当時の革新派知識人たちの失望感が歴々と現れている。参加者の一人である福田歓一は、この強行採決の際に田中角栄幹事長が強調したのが「安保の先例」であり、「空前のショック」をあたえたあの処置がいまや戦術の一部になっている現象を、議会主義における深刻な危機として受け止めた[240]。石田雄はそれに対して、安保から学んだのはむしろ与党であり、民衆側においては安保の経験が「麻痺」しているのではないかと述べている[241]。

藤田をはじめとする多くの革新派知識人は、六〇年代半ば、高度経済成長の下で安定ムードができあがり、それが政治運動の沈滞をもたらすことを憂慮した[242]。しかし松下は、そうした経済成長のもたらす豊かな社会の出現を歓迎し、それと並行し得る民主主義の発展を構想しようとした。「工業化」を歴史の動力として認め、その中で諸権利の制度的な保障と生活環境の整備に関する具体的な問題処理過程を〝民主化〟することが、一九六〇年代半ば以降の彼の関心事である。

したがって松下のいう「地域民主主義」の中身も変わってくる。一九五八年から六〇年安保直後まで、それは「ムラ状況」と「マス状況」が衝突する、都市と農村の中間地帯を中心とする戦略的な組織論であった。一九六〇年代初頭に展開した構造改革論における自治体改革論も、町内会・部落会という「末端組織」を再構成し、それを社会党への支持基盤の通路として活用することを目標としていた。

しかし六〇年代半ばになると、その焦点は生活環境における「自治」の問題に移行する。そのような変化の背後には、人口一〇〇〇万を超える巨大都市(メガポリス)東京の誕生と、そこにおける様々な都市問題の発生があった。自動車の増加、公害、人口密集による住宅問題など、既存の地域政治では解決できない問題がそこに続出したのである。そのような問題に対処し、またそれを予防するために、都市は統計、建築、科学技術などあらゆる分野の知識を総動員して「経営[243]」すべき対象となる。

このような問題意識は、たとえば一九六四年の「水飢饉」に対する松下の反応によく現れている。一九六四年の夏、オリンピックを目前にしていた東京は「明治一四年以来という猛暑と水ききん[244]」に襲われた。松下はそこで大都市の機能麻痺を目撃し、それを「高度成長にともなう無計画な東京への人口集中にたいする都政のたちおくれ」と批判しながら、「一千万をこえるメガポリス問題は、今日、人類史上世界がはじめて当面している」問題であると、その重大性を強調した。[245] 東京都政は工業化過程における離村向都現象および人口量の急増にうまく対応できず、交通網、水源地、公害抑制などの問題において東京は「未完成都市」としての姿を露呈していたのである。

そしてこのような巨大都市問題への対策として、松下は第一にマンモス化している都庁機構の分権化、第二に国と都の権限と責任の明確化、第三に住民の参加と監視の拡充を提言する。特に住民の参加については、一九六〇年の「東京のムラ」における問題意識が再び現れている。つまり、都民の多くを占める地方出身者の「ヨソモノ」意識や「貧困なムラ的生活感覚」を問題として受け止めているのである。そして松下はここで「現代の都市生活にふさわしい生活水準についての感覚」、「「市民」的生活水準の追求、さらに積極的な自治体参加の精神」を育成して行く必要を力説する。[246] この箇所における「市民」は、豊かな生活に対する感覚と自治体に対する参加精神を兼備した「都市」の人間として想定されている。

同時に松下は、そのような人々の地域の政治への直接参加とともに、都の行政を担当する公務員層の役割を強調する。「東京都問題は、「社会主義」を叫ぶことのみで解決するものでもなく、「国家補助」の拡大ないし「都民の自覚」にうったえるだけでも解決不可能」であり、そこには都政を担当する者たちの「政策論的組織論的力量」が緊急に要求されているという主張である。[247] 町内会レベルでの末端組織論として出発した「地域民主主義」論は、こうして六〇年代半ばのメガポリスの経営論へと変貌して行く。

このような変貌と歩調を合わせていたのが、工業地帯を中心に登場し始めた「革新自治体」の現実であった。松下と緊密に交流した政治家飛鳥田一雄(一九一五―一九九〇)が神奈川県横浜市長に当選したのは一九六三年、美濃部亮吉(一九〇四―一九八四)が東京都知事に当選したのは一九六七年のことである。前述の通り、地域の政治に対する松下の注目は五〇年代後半以来持続していたものである。それは革新自治体の登場によって構築された理論ではなく、むしろそのような変化を、松下の理論が準備していたと見るべきであろう。だが、革新自治体の実現は松下の考える「地域民主主義」の中心課題の内容を変えて行った。その主眼は、保守党への対抗のための地域の末端組織論から、地域社会の全生活の改善、つまり行政の問題に移行して行く。このような発想は、「工業社会ないし都市における市民の現代的な「生活権」」を保障するための「自治体の「政策公準」」を意味する「シビル・ミニマム」論に完結することになる[248]。

「シビル・ミニマム」という言葉は、一九六八年、翌年の東京都の予算編成に先立って発表した「東京都中期計画」の中で、美濃部東京都知事が用いた用語である[249]。その語の成立について、一九七〇年、松下は次のように説明している。

このシビル・ミニマムという言葉は、イギリスの『ベバリッジ報告[250]』で有名なナショナル・ミニマムをもじった和製英語であるが、シティズン・ミニマムという言葉などとともにすでに一九六五年前後に地域民主主義を訴えていた自治体専門家のあいだでつくられた言葉である。ことにこの言葉が自治体専門家のなかの自治体「闘争」派ではなく、自治体「改革」派によって造語されたことを注目したい。自治体を中央政府のたんなる下請機構としてとらえ、この下級権力機構にたいする闘争という観点ではなく、中央政府による体制的制約を認めながらもなお市民の地域民主主義的活力を基礎に自治体の政治的自立性をいかに実現するかという観点から、このシビル・ミニマムという発想がうまれたからである[251]。

その具体的な内容は、社会保障、社会資本、社会保険についての最低基準を明確に数量化するものであった。たとえば、一九六八年の東京都の例では、保育所の必要量を一二万人分と想定し、その一〇〇％の達成をシビル・ミニマムとして設定する。そして現在の充足率六一・九％を三年後には八三・七％に拡充するという形で、明確な政策の目標を提示する方式である。このように「シビル・ミニマム」が政策決定過程の前提となると、その過程に参加する市民の要求もまた、数値をめぐって具体化しなければならない。たとえばその必要人員の把握は正しいか、予算設定は透明に行われているかといった論点をめぐって、政治問題を「科学」的に討論し得る可能性が、そこで生まれる。この意味でシビル・ミニマムの設定は「政治の科学化」の基本となる。とはいえ、科学が政治のすべてを解決することはできない。松下はこう述べる。

この政治の科学化は政治が科学に解消されることを意味しているのではない。シビル・ミニマムの設定自体が、自治体首脳のリーダーシップと市民参加との緊張、さらに自治体職員の専門知識との関連で高度に政治選択ないし価値判断を必要とする困難な作業であり、決して統計ないしコンピューターから数字を追って演繹されるようなものではない。むしろ政党対立にみられるような党派的価値の多元性を本来もっている政治判断における、科学的基準の設定を意味しているのである。〔中略〕政治要求ないし政策決定は美辞麗句やスローガンではなく指数化されて討論されうるからである。(252)

巨大なイデオロギー対立の終焉を迎えた後の時代における政治は、身近なイシューに対するより民主的な、しかし同時により合理的な解決の手続きとして再定義されなければならない。そして身近で小さな政治こそ、外交や安保などの国家的なイシューのみを「政治」として考えるような傾向(「天下国家」の政治観)に対する根本的な処方箋である。「シビル・ミニマム」を前提とする市民参加は、街頭のデモにしか噴出口を持たない大衆行動のエネルギーを、政策決定過程に吸収する通路を提供する。そして同時に、そこに参加する人々の要求や行動を合理化する装置でもある。

その過程に参加する人々を「市民」と呼ぶならば、それは六〇年安保において街頭を埋め尽くした「市民大衆」とは異なる存在として再定義される必要がある。『思想』一九六六年六月号に発表した「「市民」的人間型の現代的可能性」は、そうした新しいアイデンティティの宣言であった。その冒頭で、松下はこう述べている。

> 戦後二〇年をへた今日、マス状況の拡大のなかから「市民」的人間型が日本でうまれつつある。このようなマス状況を前提とする市民の形成は、明治以来の啓蒙理論が想定したコースとは異っていた。すなわちムラ状況の根底的変革ではなくマス状況の戦後的拡大過程が市民的人間型の叢生を準備したからである。
>
> 戦後、とくに〈安保〉と〈所得倍増〉に象徴される六〇年をへて、「新憲法」を制度的前提とする《戦後民主主義》運動の展開、「高度成長」による資本主義的《工業化》の急進は、市民的自発性を問題にしうる条件を成熟せしめてきた。[253]

続けて松下は、市民とは「私的・公的自治活動をなしうる自発的人間型[254]」であると規定する。それは古代の都市国家や中世の自由都市の市民、あるいは欧米の近代における資本主義的市民階級という「歴史的実体」では〝なく〟、「民主主義の前提をなす個人の政治的資質すなわち「市民性」というエトス[255]」を意味する。つまり、一九六六年の松下において、「市民は、かつての歴史的実体性を切断して、政治理念としての普遍的エトスを意味する[256]」のである。一九五〇年代、イギリスの独立小生産者の「歴史的実体」に対する分析から出発した松下の〈市民〉への着目は、こうして一九六〇年代半ば「エトス」として抽象化する。「エトス」(後に「エートス」)、「人間型」の意味について、福沢諭吉における「気風[257]」との類似性を示唆する後の時代の議論は、参考になろう。

そのような「市民」の「エートス(人間型)」を「大量成熟」させるのは、他ならぬ「マス状況」である。ここにおいては、一九五六年の「大衆国家の成立とその問題性」論文で提起された問題、即ち福祉国家の受益者と化する勤労者の政治的受動化を〈大衆〉と命名した問題意識は失われている。「大衆社会」の理解において、松下はもはや問題含みの〈大衆〉の性格ではなく、工業化による物理的条件の変化に焦点を合わせているのである。

「戦後におけるマス状況の展開が、〔中略〕市民的自発性の広汎な成立の条件となっていった[258]」と松下が述べる時、「マス状況」は、大量生産(マス・プロダクション)と大量伝達(マスメディア)と同様、価値中立的な概念である。前述の通り、一九七〇年代以降になると、松下は「大衆社会」を「都市型社会」という用語で呼び変えており、また「人口のプロレタリアート化」という命題においても階級論的な問題意識は後退する。晩年の二〇〇七年の講演の記録には、「人口のプロレタリア化つまり日本語でのサラリーマン化[259]」という記述も見える。一九五〇年代、松下が提起した「大衆社会論」あるいは「大衆国家論」の特色は、病理現象への分析に偏っていた当時の大衆社会論に対する批判にあった。つまり、大衆社会の出現をマルクス主義の枠組を通して階級構造の問題として再認識しようとした初期の問題意識に照らして見ると、六〇年代半ばにおける変化は鮮明である。

こうして、二〇世紀固有の経済構造における人々の特質を指す概念として考案された「大衆」は、次第に量的な概念として中性化して行く。一九六〇年代半ば以降、松下の中で問題としての「大衆」は次第に後退し、代わりに可能性としての「市民」が前面に登場するのである。

第四章

先進産業社会の二つの顔

第一節　藤田省三――合理的なものと理性的なもの

高度経済成長の核心は、日本社会全体における富の増加にある。生産と流通の合理化、積極的な投資と技術革新、内需市場と輸出の拡大などを通じて、実質ＧＤＰは一九五五年から一九七五年までの間、約五倍に成長した。大きくなった国民経済のパイは雇用増加と賃金引上げをもたらし、人々の日常生活においても体感された。一九六一年には国民皆保険体制が確立し、社会保障制度も整備された。

一定の所得を保障してくれる安定的な職場があり、しかも賃金は勤続につれて上がることが約束されていた。こうした経済的安定性の上でこそ人生の予測可能性が伸び、長期的な計画（住宅や車のローン）を立てることも可能になる。それと同時に、技術革新は大量生産品の価格引下げをもたらし、衣食住の生活様式の基本を形作る家電製品の普及率も大きく伸びた。生産と消費における平準化が順調に進んで行ったのである。

誰もが電話機、冷蔵庫、洗濯機を毎日使い、同じような服装で会社に行く。資本家も労働者も、同じテレビ番組を見る。製品の質における差が残るとはいえ、大多数の人々は非常に似たような生活様式で毎日暮らしている。一九世紀の資本家と労働者、あるいはそれ以前の貴族と平民の生活様式における違いを考えると、二〇世紀の生活様式の平準化はたしかに一種の平等の実現と見るべきであろう。

しかしこのような平等は、人間の自由をも保障してくれるのか。言い換えれば、過去の人間に比べてより平等になった現代の人間が、より自由に生きる、より解放された存在であるといえるのか。この問いに対して、松下はそうだと答え、藤田はそれを否定するだろう。

両者はともに、一九七〇年代以降の日本社会を「先進産業社会」として受け止める。ただ松下はそれをより進んだ自由の世界と見、藤田はそれをより進んだ抑圧の世界と見る。また両者はともに、高度成長によって人間の〝質が変わった〟と考える。松下がそれを「市民的人間型」、つまりより文明的なエートスの実現として歓迎する反面、藤田はそれを人間の「家畜化」とみなし、拒否する。

両者の現状把握は、非常に似ている。しかしそれに対する評価は対照的である。そのような対照的な評価の根柢には、「合理化」に対する両者の異なる見方がある。松下はロック以来の啓蒙主義の歴史を理性の勝利として捉え、それに揺るぎない信頼を寄せる。しかし藤田は、理性が勝利を収めて行く過程、つまり合理化の過程において、理性そのものに変質が起こったのではないかと疑う。言い換えれば、先進産業社会の到来を可能にさせた合理化は、理性の本来の姿を歪める過程ではなかったのか。現代の理性は、矮小化した理性の生き残りにすぎないのではないか。もしそうだとすれば、ここで問われている失われた理性の本来の姿とは何を指すのであり、それはどのようにして回復できるのか。

エルンスト・ブロッホの言葉に従って、藤田は「理性なき合理化」を問題にする。(1) その核心は、合理化の過程における理性の変質にあると理解すべきであろう。そしてこのような診断は、藤田一人に限る問題意識ではなかった。戦争とファシズムの時代を経験した、藤田とほぼ同世代のヨーロッパ知識人の中にも、二〇世紀における理性の変質の問題と徹底的に取り組んだ一群の人々がいた。「フランクフルト学派」と呼ばれる人々である。

1　藤田とフランクフルト学派

フランクフルト学派は、一九三〇年代からフランクフルト大学社会研究所において共同研究に参加した研究者集団を指す。その特色として、まず社会学、経済学、歴史学、心理学などの諸分野を哲学的な省察を通じて統合する研究方式を挙げることができる。さらに彼らの研究の目的は統合的な社会分析に止まらず、積極的な社会変革を目指すことにあった。

研究所の活動に参加した初期のメンバーとして、ホルクハイマー、アドルノ、フロム、マルクーゼ、ベンヤミン、ノイマンなどの名前が挙げられる。ユダヤ系の人々を中心に構成されたこの研究所は一九三三年ナチス政権によって閉鎖される。その後、多くの参加者はアメリカへ亡命し、そこで研究を続けた。第二次世界大戦の終結後、ドイツに帰還した人々によって研究所は続けられ、第二世代のハーバーマス、第三世代のホネットらの合流を迎え、批判理論と呼ばれる知識の流れを構成し、現在に至っている。

フランクフルト学派の構成員を明確に規定することは、それを第一世代に限るとしても容易ではない。研究者の関心領域も多岐にわたっており、主要メンバーの哲学的な見解も、必ずしも一致しているとはいえない。にもかかわらず、フランクフルト学派と呼ばれる人々は、一つの問題意識を共有していた。それはホルクハイマーとアドルノが『啓蒙の弁証法』(一九四七年)の序文において述べた、「何故に人類は、真に人間的な状態に踏み入っていく代りに、一種の新しい野蛮状態へ落ち込んでいくのか[2]」という問いである。

『啓蒙の弁証法』は一九三九年から一九四四年までの間、ホルクハイマーとアドルノがアメリカで執筆した著作である。戦争とナチズムと亡命といったきわめて暗い処遇の中で生み出された書物である。だがこの書物が現代の社会哲学に広く影響力を持つ理由は、そこで提示された問題が、暗い一九四〇年代の特殊状況、あるいは第二次世界大戦期の思想に限定されず、人類史における〝二〇世紀〟という巨大な問題に取り組んでいるためである。

ジョージ・フリードマンは一九八一年の *The Political Philosophy of the Frankfurt School* において、「近代の本質を肯定しながらその皮相的な側面を拒否した」ところにフランクフルト学派の逆説的な力があると評価し、こう述べる。

フランクフルト学派が問題にするのは理性そのものではなくて二〇世紀の合理性であり、平等そのものではなくて大衆社会であり、自然の征服ではなくてその略奪にある。このように、物自体とそれの現実態を区別しようとする試みが彼らにとって常に核心的な問題であった。そのような努力がフランクフルト学派を俗物主義に対する攻撃に加担させた。③

マルクス主義の批判的受容、戦争と全体主義の経験、そして「大衆社会」に対する鋭い危機意識。フランクフルト学派の人々と藤田は、実は多くの論点を共有している。特に注目したいことは、戦時ファシズムに対する彼らの批判の矛先が、戦後、全体主義的な大衆社会へと向けられた点である。フランクフルト学派の立場を、大衆に迎合した「ブルジョアジーに対抗する、もっともラディカルでもっとも徹底した知識人の闘争④」と形容したフリードマンの解釈は、そのまま藤田にも当てはまるであろう。

藤田の後期著作は圧縮的なエッセイ形式で書かれている場合が多い。そこに示されているのは、意思疎通におけるノイズを最小化し、意味伝達を明確にしようとする効率的な書き方とは真逆の方向性である。しかしそこから現代文明への〝幻滅〟のみを読み取るのは、間違っているとはいえないとしても、あまり生産性の高い読解ではないだろう。藤田は確かに高度成長に「反対」を主張し、それのもたらした現代文明を拒否する立場をとった。しかし同時に、彼は沈黙を守ったわけではなく、そうした拒否の意思を繰り返して言語化し、一貫したメッセージを投げ続けることを選択した。そうした〝拒否〟の意味と、それが孕んでいる思想的可能性を検討することは、有意義な作業であろう。その際、『啓蒙の弁証法』の提起した「啓蒙の自己破壊」は、有用な補助線となると思われる。

啓蒙の自己破壊

神話と迷信との戦いを経て、「合理的なもの」が勝利した。その結果、科学と技術が発展し、人間活動に対するもっとも合理的な組織である官僚制が、社会組織の支配的な原則として成立した。しかしそのようにできあがった二〇世紀において、人間は「解放」されるどころか、憎悪と恐怖と扇動が渦巻くファシズムの時代を迎えた。そしてその頂点に、排除された大量の人間を効率よく殺害する「アウシュヴィッツ」があった。フリードマンの表現を借りれば、「アウシュヴィッツは合理的な場所であったが、理性的な場所ではなかった[5]」。歴史が理性の発現過程であるならば、なぜアウシュヴィッツがあり得たか。そしてどうすればアウシュヴィッツへ向かう道を防ぐことができるか。『啓蒙の弁証法』の問題提起は、そこから始まる。

「啓蒙のプログラムは、世界を呪術から解放することであった[6]」と、ホルクハイマーとアドルノは述べる。世界を呪術から解放することとは、自然につきまとうあらゆる迷信を破壊することを意味する。そしてアニミズムから解放された自然を、人間が支配することを意味する。そうした啓蒙のプログラムにとって、理性の活動としての学問は、「真理」の究明ではなく「有用」であることにその第一の使命を持つ。必要なのは「人間によって真理と呼ばれる満足感ではなく、「操作」であり、役に立つ働きである[7]」。そこにおいて働く認識の方法は、自然を各々の「質」において把握するのではなく、人間の必要に応じて抽象的な「量」として分割することである。そのように自然を計量可能なものとする思考の転換によってこそ、「交換」が可能になる。「同一ではないもの」を「抽象的な大きさ」に換算すること、それが市民社会の原理である交換の「等価原則」を構成する。

事物を計量可能なものとして把握することは、「思考を数学的装置へ還元すること」を意味し、そのような認識行為には「その装置に固有の尺度として世界を認可することが含まれている」[8]。こうした尺度を用いることで、「わけのわからないもの、解答不能や非合理的なものさえ、数学的諸定理によって置き換えられる。よく考え抜かれた数学化された世界と、真理とが同一化されることを先取りして［中略］啓蒙は思考と数学とを同一視する」[9]。このような世界において、計量不可能なもの、したがって交換不可能なものは無意味なものである。

したがって「かつてアニミズムが事物に心を吹き込んだとすれば、今は産業主義が心を事物化する」[10]事態が到来する。思考は対象を計量可能なものに変換し、理性の機能もそこに限定される。つまり思考において、「目の前にあるものを、そのものとして概念的に把握すること、すなわちさまざまな所与について、たんに抽象的な時間空間的諸関係を見てとり、それに基づいて所与を把握するだけでなく、むしろ逆にそれらの諸関係を表面的なものとして、つまり社会的、歴史的、人間的意味が展開されて初めて自己を充実する媒介された概念の諸契機として、考えること、——こういう認識の持つ全体的な要求は棄てられてしまう」[11]。

このような「認識の持つ全体的な要求」は、「知覚や分類の計算のうちにではなく、まさしくその都度の直接的なものの「限定する否定」のうちでこそ、充たされる」[12]とホルクハイマーとアドルノは述べる。ここでいう「限定する否定」は弁証法の方法であり、近代哲学において弁証法を定立したのはヘーゲルである。ヘーゲルにおける思考は、目の前に直接的に与えられたものに対する否定から出発する。まず、ヘーゲルにおいて、主体の意識と切り離された純粋な対象について語ることは不可能である。対象としての客体はすでに主体を通して概念化されたものである。それを把握する方法は、さまざまな環境においてさまざまな主体が認識し叙述した客体、つまり歴史においてある客体が叙述された方式を体系的に認識することである。その過程の中には、対象とそれに対する主体の思考の間に必ず発生する矛盾が持続的に現れる。その矛盾を認識し、それを解消して行くことが、精神の自己展開である。

しかしアドルノは、ヘーゲルのいう主体と客体との矛盾そのものが、主体の内部で発生しているのではないかと疑う。つまりヘーゲルのいう矛盾は、客体が主体の思考と同一でない場合を指すのであり、それは厳密にいえば主体と主体の「仮象」との間の矛盾である。主体と客体との矛盾が主体の内部において発生しているため、ヘーゲルにおいてはその最終的な解消もあらかじめ予見されている。そうしたヘーゲルの「全体」の観念を否定し、アドルノは主体と同一化することのできない客体に居場所を与えようとする。

アドルノにおいても、思考と対象(現存するもの)とが完全に一致することはできない。思考は、現存するものからの隔たっており、常に現実に対する誇張の要素を含んでいる。そしてだからこそ、思考は現実そのものではなくて現実に〝対する〟洞察力としてあり得る。たとえば『ミニマ・モラリア』(一九五一年)の中で、アドルノは実証主義における思考の問題点を批判しながら、次のように述べている。

思想が現実に対して距離を置くことはすでに現実そのものが許さないというのが昨今の情勢であるが、その距離をさらに縮めようとするのが実証主義である。しかし萎縮した思想が内包された事実の要約というような仮初《かりそめ》の形に甘んじてしまえば、現実に対する独立とともに現実を洞察する力も失われて行く。生に対する隔たりがあるからこそ思想の生の成り立つ余地もあるのであり、また逆にそれだけが現実の生に的中するということにもなるのだ。思想はたしかに事実に関係し、事実に対する批判を試みながら運動するものであるが、その運動が差異《ディフェレンツ》を保ち続けることによって行われるというのもそれに劣らずたしかなことである。〔中略〕度を過ごしてやりすぎたり、当面の問題をこえて深入りしたり、事実の重味を振り切ったりすることは思想の本質に属すると言っていいが、そうした要素があるからこそ——たんなる存在の再生産に終らないで——厳正かつ自由に存在を規定することも可能となるのである。(13)

アドルノにおいて思考と対象との差異は必然的である。だが実証主義は、対象との同一性を立証することのできない思考を〝偽り〟とみなす。実証主義に限定し切れない思考のあり方は、「目の前にあるもの」、即ち計量の尺度によって決めつけられた一面的な価値を信じず、対象を「社会的、歴史的、人間的意味が展開されて初めて自己を充実する媒介された概念の諸契機として、考えること」[14]である。対象に対する完全な思考は不可能である。しかし、だからこそ、考える主体は対象を常に新しいものとして認識することができる。思考はこのように対象との間に新しい関係を形成し、それを更新する行為である。

計量する理性が合理性の同義語として考えられる時、「理論」の射程範囲もまたそこに限定される。この問題を取り上げた論文「伝統理論と批判理論」(一九三七年)において、ホルクハイマーは伝統理論の特徴をこう説明する。それは、世界で起こっている諸現象を客観的に叙述し、それらの間の関連性を因果的に説明し、その因果性に依存して新しい現象を予測しようとするものである。予測が当たる場合、その理論は妥当なものと認められる。

このような因果性は、諸現象の中で同一なことが繰り返されることを法則的に導出する時にのみ成立可能である。したがって伝統理論はすでに存在していることの繰り返しに関する理論であり、同一なものの法則的な反復を仮定することで有用性を獲得する。個々の現象を一般的な法則によって包摂し、その因果的な関連性を明らかにすること、さらにその延長線上で未来を予測することを通じて、世界の合目的的な利用を可能にするのが伝統理論である。

だが伝統理論は三つの問題を内在する。第一に、伝統理論は現象の超歴史的な恒久性を仮定しているため、現象への探求が行われる特定の社会の条件には無関心である。したがって探求対象の選択および対象への認識方法に影響を及ぼしている社会的な要素には無自覚である。第二に、伝統理論は理論を社会的な影響と無縁なものに見せかけているため、理論が社会において果たす役割を批判的に考える余地を提供しない。理論が利用される目的は常に理論外的なものとして残され、理論の内部においては目的の正当性を論じることができない。第三に、伝統理論は現存する世界を反復的な法則を通じて把握し、ありのままのものを透明に叙述することに専念する。それを超えるすべての試みは、理論領域の外におかれる。現存するものは必然的なものとして正当化され、逆に現存するものの変革を追求する作業は、理論内在的な正当性を持ち得ない。

要するに伝統理論は、理論と理論の置かれた社会構造との関係を断ち切っている。その枠組みに従えば、現存する社会の変革のためには常に理論外のものが要請されざるを得ない。

批判理論はこうした知の構造を変革するために造出された新しい形態の理論である。レイモンド・ジェウスによると、そのような理論構築のモデルはマルクスとフロイトにある。マルクスとフロイトが観念の世界で起こした革命を、両者の認識構造における同型性への注目を通じて理論化しようとする意欲が、批判理論の根柢にあると見るのである。その結果として導出された批判理論の特質を、ジェウスはこう説明する。

1．批判理論は次の点において人間行為のための指針として特別な位置を占める。

(a)批判理論はそれを保持する行為者の啓蒙を目的とする。すなわち行為者が、彼らの真の目的は何かを決定することを可能にさせる。

(b)批判理論はその本性において解放的である。批判理論は行為者を、少なくとも部分的には自らが付与した抑圧、認識にかかわる人間行為における挫折から解放する。

2．批判理論は知的な内容を持つ。つまり批判理論は知識の形式である。

3．批判理論は認識論的な側面において本質的に自然科学と区別される。自然科学的な理論が「客観化する」理論であれば、批判理論は「省察する」理論である。⑮

正当な知識の範疇として「省察」を回復することが、批判理論の一つの目的である。省察は、存在を語る思考ではなく、思考の語りを疑う思考である。計量する理性の仕事としての科学と、疑い、否定する理性の仕事としての哲学が分離し、さらに哲学における変質が進んでいるという自覚は、アドルノとホルクハイマーに共通して発見できる問題意識である。たとえばアドルノは『ミニマ・モラリア』の中で「哲学が科学によって押し除けられた結果、——ヘーゲルがその統一にこそ哲学の生命があると考えていた——反省 Reflexion と思弁 Spekulation という二つの要素が離ればなれになってしまった[16]」と述べており、ホルクハイマーは『理性の腐蝕』(一九四七年)の中で「否定が哲学においては決定的な役割を演じる。〔中略〕主観と客観、言葉と事物が現在の諸条件のもとでは統一されえないかぎり、われわれは、否定の原理によって、相対的真理を破綻した偽りの絶対者から救出しなければならない[17]」と述べている。[18]

理性の道具化としての合理化への拒否、そして省察する知識としての哲学の復権の主張は、藤田の後期著作の中に繰り返して登場するテーマでもある。ここでは特に、事物の意味をその「社会的、歴史的、人間的意味が展開されて初めて自己を充実する媒介された概念の諸契機として、考えること」を要求するフランクフルト学派の問題圏との関連において、藤田の「経験」概念を検討したい。この概念は、現実と思考との固定的な関係づけ、そして計量する理性が提供する「物」の一義的な意味を否定することから出発するのである。

理性の回復と「経験」

一九七〇年代以降の藤田の議論において、「経験」は核心的なキーワードとして浮上する。彼の独特な「経験」概念が集約的に語られるのは一九八一年の「或る喪失の経験——隠れん坊の精神史[19]」においてである。だが、藤田の「経験」へのこだわりは一九七〇年代半ばからすでに現れている。たとえば一九七四年『天皇制国家の支配原理』の第二版を出版する際、藤田は文中の「戦争体験」の「体験」という言葉を全て「経験」に書き直している[20]。「体験」とは異なるものとしての「経験」に、ある特別な価値を付与し始めたのである。

その他、経験をめぐる議論は「経験という本」(一九七六年)、「戦後の議論の前提——経験について」(一九八一年)、「今日の経験——阻む力の中にあって」(一九八二年)などの論説を経て「全体主義の時代経験(上)」(一九八六年)に至り、さらに一九九六年に出版された、戦後の仕事を集大成した論集の題名は『戦後精神の経験』[21](影書房)となっている。

さらに遡れば、「体験」と「経験」を分けて考える発想の萌芽は、一九五八年に発表した「「実感」の意味[22]」から見出すことができる。その中で藤田は「感じ」と「実感」を区別し、「或る現象に触発された主体の動揺」に過ぎない単なる「感じ」は、原因がなくなると消え去り行く「他在によって投げかけられた波動に過ぎない」が、「実感」はそれ自体が「実」を持った「物(もの)」となって、人間の中に不動のものとして残ると書いている[23]。つまり「実感」は「個人が感じの流れの中の或る一点を、とり出して不動のイメージに仕上げたもの」[24]を意味する。こうした「実感」の発生が、私的な「体験」の世界に止まっていることを、藤田はここで問題視する。そして実感の発生の場をより広げるためには「「経験」という言葉の意味を変えて行くような文化運動[25]」が必要であると主張する。つまり、個々の「体験」とは異なるものとして「経験」を捉え、そこで得られる共通の「実感」を、不動のものとして人々が共有することができるという発想を、一九五〇年代後半の著作から確認することができるのである。

藤田自身の定義に従うと、「経験」とは「物(或は事態)と人間との相互的な交渉[26]」である。「物」を「物」たらしめる根拠はその他者性、換言すれば異質性にある[27]。人間が「物」に接する時、そこには必ず「物」の性質による抵抗が発生する。「物」は、それが他者であるがゆえに、その性質を完全に把握することも、完全に予測することも人間に許さない。「物」との交渉において、人間の完全な恣意性は通じないのである。「経験」は予めその全貌が分からない、決められないという点をその本質としており、だからこそ人間にとって重要である。予期せぬ葛藤にぶつけられることによってこそ人間は自分の限界を確認し、また自覚していなかった自分の可能性を発見することもできる。つまり、経験は必然的に〝試練〟の契機を含んでおり、だからこそ鍛錬と成熟を可能にさせるものである。

経験はこのように〝予期せぬ試練〟をその本質とする交渉過程である。他者として、その全貌を予め把握することを許さない「物」の意味は、経験主体の交渉過程を通じて絶えず変えられ、また更新される。そのためには、いま目の前にある「物」の意味として与えられた価値を、これから更新され得るものとして「否定」する必要がある。主観と客観、言葉と事物とが完全に一致することができない限り、そして思考が哲学として存在し続けるために、「否定」は決定的に重要な理性の仕事である。

このような藤田の問題意識が「経験」という概念を中心に展開されたことには、古典文学者西郷信綱（一九一六―二〇〇八）の影響があったと思われる。六〇年代後半、藤田はイギリスでの在外研究のため二年間日本を離れ、一九六九年三月に帰国する。当時、激化していた学園紛争の中で、藤田は大学側に立ち学生たちと対立する。そして紛争が終息を迎えた一九七一年三月、藤田は健康上の理由という名目で法政大学から依願退職する。それから九年間、彼は大学や研究機関に所属しない「浪人」時代を送ることになる。

この時期における彼の問題関心は、ますます豊かになって行く社会生活の中で、物事が、それなしには成立し得ない「原初的条件」とは何かへの探求に移った。この過程で藤田は日本の古典文学研究への意欲を示し、西郷との交流を深めることになる。

そのような交流の中で、西郷の一九七〇年代の諸論考に登場する経験概念、特に「読む」という行為における経験概念の強調は、藤田に直接的な影響を与えたと思われる。たとえば、一九七五年の「《読む》という行為」において、西郷はこのように述べている。

作品を読むとは作品と出会う(encounter)ことであり、出会いとしてそれは、深い意味での一つの歴史的経験に他ならないという点である。経験はたえず期待を裏切り、あらかじめ用意された方法や理論をのりこえたり、それからこぼれ落ちたりする。経験は弁証法の母であり、そこには否定的創造性ともいうべきはたらきがある。作品をくり返し経験することによって、以前の読みが訂正され読みが深まるのも、かくしてそこで何ものかが否定されつつ創造されてくるからである。(28)

「経験」としての読むという行為を通じて、過去の読みが否定され、対象の意味が再発見される。このような「否定的創造性」への注目は、藤田を強く共鳴させたと思われる。この時期、藤田と西郷の両者とも親密に交流した編集者龍澤武は『西郷信綱著作集』第八巻の解説の中で、固定的な主体の自明性への批判を中心に両者の議論における類似性を指摘している。(29)

このように、藤田の「経験」概念を形式的に支えるのは「否定」の契機である。だが同時に、彼の「経験」は特定の志向性を持っている。「物」の意味、つまり人間と「物」との関係が絶えず更新される過程を通じて、藤田はある目的地に思考を到達させようとする。その目的地は、「普遍」的なもののある場所である。

「時代経験」の可能性

個別的な「体験」の中で普遍的なものとの接触が行われる時、藤田はそれを「体験」とは異なるものとして「経験」と呼ぼうとする。だからこそ彼にとっては、「時代経験」なるものを想定することが可能である。このような思考様式は、特に歴史をどう見るかの問題に関わってくる。たとえば戦時体験の記憶が単なる苦労話以上の意味を持つ理由は、その苦難の意味が当事者を超えて、多くの人々に共有できる普遍的な意味を持っているからである。

個別的なものから普遍性を抽出する方法は、他ならぬ〝抽象化〟である。藤田が「ぼくは抽象的なものにしか賭けない」[30]という時の「抽象」は、そのような普遍化の方法を意味するだろう。こうした抽象化の例を、たとえば「或る喪失の経験」の中で挙げられている隠れん坊の遊びへの考察から観察することができる。隠れん坊の遊びから、藤田はおとぎ話における追放と放浪のナラティブ、さらには古代の成人式の儀礼とも共通する、〝社会の喪失と回復〟という人類歴史を貫く普遍的な契機を見出すのである。

さらに、このような「経験」観は戦後史の解釈にも適用される。一九八一年の文章「戦後の議論の前提——経験について」の冒頭は、こう始まる。

戦後の思考の前提は経験であった。どこまでも経験であった。いわゆる「戦争体験」に還元し切ることの出来ない色々のレベルにおける経験であった。［中略］ということはしかし、戦後の思考を生きた者が今日でも依然としてその核心を自らの裡に確保しているということを意味するものでは決してない。むしろ逆に「高度成長」による根本的変化の中で当事者自身がその核心を無自覚のうちに喪失し、核心を失った代わりに「体験の思い出」の「苦労話」が凝固物となって表面に浮き出し、その結果、かつての経験とかつての思考が床の間の置物のように又陳列棚の飾り物のように「物化」して来ているのが今日の精神状況の特質である。[31]

これは、人々の記憶から「戦争」が〝忘れ去られて行く〟ことへの嘆きではない。むしろ溢れ出ている物体化した「戦争体験」の類を藤田は問題視する。そのような個々の体験が人々に与えた影響やその結果出来上がった、ある「時代」の性質、そしてそれが孕んでいる可能性を問い直すことを通じてのみ、過去の出来事は現在において生命力を持ち得ると藤田は考える。主に戦争中と戦後初期の経験を問題にしながら、藤田はそれらが物体化し「太古の化石」のような存在になって行く傾向を批判する。ここでもう一度、その化石の中から生きた姿を再形成することを、彼は歴史認識の任務として提示する。そして彼自身が、戦後体験を超えた「戦後経験」の核心として次の四つの発見を挙げ、そのような歴史の捉え方を示している。

第一に、「国家の没落」が不思議な明るさを含んでいたことの発見である。それは明治維新における〝立国の明るさ〟と見事な対照をなしている。そこから、明治国家と昭和国家との質的な違いを探る思考が生まれると藤田は考える。第二に、すべてのものが「両義性」のふくらみを持っていることへの自覚である。戦後の解放感は単なる喜びではあり得なかった。家は焼き払われ、飢餓への恐怖が絶えず人々を苦しませた、悲惨な不安の時代でもあったのである。しかし戦後は、その悲惨に陥没することなく、混沌がユートピア的な秩序を想像させ、欠乏が様々なファンタジーを生み出す豊かな両義性の時代であったことを、藤田は強調する。

続いて第三の核心として、藤田は「もう一つの戦前」、「隠された戦前」の発見を挙げる。既存の国家が崩壊した後、新しい制度の造形に挑む作業は、決して「無」からの創造ではなかった。その際、藤田が注目するのは、農地改革におけるマルクス主義者たちの咀嚼力と貢献である。戦前からの知的蓄積を利用し、彼らは農地改革を歓迎しながら、同時に占領軍の政策を批判することのできる力量を備えていた。つまり藤田がここで試みているのは、戦後の諸改革の中から「もう一つの戦前」(この場合はマルクス主義の知的蓄積)の要素を発見する歴史の書き方である。

このような歴史の書き方において、過去はただの所与として存在するのではない。今日、改めて発見されるものであるためにそれは現在であり、明日にもまた改めて発見され得るものとして未来でもある。このような時間の両義性と可逆性が、第四の戦後経験の核心である。

以上のような四つの戦後経験を通じて藤田が展開するのは二つの主張である。第一に、戦後経験の核心に、諸制度と価値の崩壊がもたらしたカオス的な両義性の噴出があったという主張である。つまりそこにおいて、かつてのような物事の意味の自明性が疑われ、両義性を帯びた現象が社会生活のいたるところで噴出したと藤田は見る。その両義性は単に矛盾的な共存に止まるのではなく、「受難」を媒介として一つの精神に結晶する。つまり藤田は「戦後経験」を特徴づける精神として「受難の中の神聖さ」を抽出し、その観点から「戦後」を人類史の中に位置づけようとする。それは「きけわだつみのこえ」、中野重治の「雨の降る品川駅」、石川淳の『焼跡のイエス』、野坂昭如の『マッチ売りの少女』、坂口安吾の『白痴』などの戦後著作を貫通する精神であり、さらには聖書や『史記』、あるいはマルクスの著作など、人類史における古典とも共通する普遍的な特質であると藤田は述べている。

もう一つの主張は、可逆的な歴史観である。歴史はすでに終結された事故事件の年代記的叙述ではなく、現在と未来における発見と読解によってその意味が絶えず変わって行く未定形のものである。このような歴史観におけるヴァルター・ベンヤミンの影は大きい[32]。加えて、このような視座には、一九五七年、『中央公論』のインタビュー「現在革命思想における若干の問題」の中で藤田が言及したサルトルの思考様式を思わせるところがある。そこで藤田は、人間の個別的な行動の意味を普遍的価値と関連づけて考えることを通じて、新たな倫理の基準を立て直す方法を提案した。ある行為の「意味」を全人類のヒューマニズムに対する責任との関連の中で位置づける思考。そのような考え方は「類的存在」としての人間一般を自己疎外から解放しようとするマルクスの思想とも共通していると、藤田は述べたのである[33]。

こうした考え方は、一九八〇年代になっても基本的に変わっていない。あらゆる行為、決断、出来事の価値は、それが「普遍」的なものとどのような関係を持つかにかかっている。「戦後の議論の前提」で述べられているのは、終戦直後を生き抜いた人々の経験の中から「受難の中の神聖さ」といった普遍的な精神を発見し、それを戦後日本の時代経験の核心として位置づける見方である。明日発見されるかも知れない普遍的なものの可能性は、固定的な歴史の叙述方式に逆らい、更新され得るものとしての可逆的な歴史の見方と書き方を生み出す。当時、「思想」が個別思想家の所有物として扱われ、「思想史」が完成品の時系列的な陳列棚と化して行く傾向が生じていた。それに逆らい、藤田が「精神史」の語を意識的に使った一つの理由もここにあろう。

大衆消費社会における「経験」の変質

高度成長以降、普遍的なものと接触する「経験」が失われているという藤田の問題意識は、大衆消費社会批判と密接に関連している。この視座は、一九六九年に発表した「「高度成長」反対」以来、持続的に現れる。一九六九年の時点で、高度経済成長は中盤を越えようとしていた。高度成長のひずみが指摘されつつあったが、成長のパイはますます大きくなってゆく途中の時期であった。人口、資源、環境問題などの全地球的な危機に対処するために各国の科学者たちが中心となって「ローマクラブ」を発足させたのは翌年の一九七〇年、報告書『成長の限界』を発表したのは一九七二年のことである。

実は「「高度成長」反対」の執筆の背後には、松下圭一の次のような言葉があったと、後年、藤田は回想している。

あれ[「「高度成長」反対」]を書いた前の晩に松下圭一君と一緒に飲んだんだけれども、松下君が「おい、藤田なあ、高度成長の結果、来年になれば二〇人に一人が車を持てるんだぜ。二軒に一軒が一台車が持てる。ずいぶん便利になる」と言うわけです。便利主義ですよね。それでぼくは、「わしゃ車とペットは大嫌いだ」と言ったんです。(34)

藤田にとって「高度成長」のイメージは、ある意味で「車」と「ペット」に集約されるともいえる。前者は、安楽を追求する余りに不快を呼び起こす原因そのものを一掃しようとする、技術開発を根柢から支える衝動を意味する。後者は、安楽を保障してくれると想定される集団や制度に自発的に順応し、人間が「家畜化」していく傾向を象徴する。

つまり「高度成長」に「反対」するという藤田の議論は、たとえば消費者物価暴騰による社会不安を防ぐために安定成長を支持するといった言説ではない。また藤田の批判は、経済的な繁栄がもたらす人間の悪徳に対する伝統的観点からの批判、つまり貪欲と奢侈に溺れ、人間の質が〝悪くなる〟といった倫理的批判とも異なっている。藤田の批判の的は、むしろ人間の質が〝平たく、弱くなる〟ことにある。そしてこうした変質の原因を、藤田は「高度成長」に伴う「経験」の喪失に求める。

藤田の高度成長批判は七〇年代以降、ほぼ全著作において様々な形で現れており、その批判の論理は必ずしも一貫しているとはいえない面がある。ここでは、高度成長のもたらした変質の要点を「経験」と「消費」の問題に絞って、大きく三つに分けて提示することにしたい。第一に、市場における価値、つまり交換価値に基づく思考様式が全社会に浸透し、諸領域の区別がなくなるという点である。第二に、「経験」が消費に収斂し、「物」が、そして究極的には全世界が商品と化して行く現象である。第三に、苦痛を回避しようとする方向に沿って「経験」が制度化され、変質するという批判である。ここでは第一と第二の点を検討し、第三については次項で触れることにする。

まず、市場価値の全社会への浸透の問題である。一九七六年の文章「ひた物を御覧ぜよ」において、藤田は「商売意識としてだけ社会的意識が現れ、市場感覚があらゆる営みを貫き通すとどうなるか[35]」と問いかけ、次のように答えている。

> 先ず「市場」という特定の場所がなくなる。どこもかしこも市場になってしまうからである。どこもかしこも市場なら[中略]物そのものについて知る必要はない。大事なのは市場だ。値段だ。儲けの大きさだ[36]。

〝市場の氾濫〟は他の諸領域の区分を無意味にする前に、まず市場そのものの固有の区域をなくしてしまう。文化領域、学藝領域といえども、そこにおける価値基準が〝市場性〟にある限り、そこにおける行為は市場における行為と同質の意味を持つ。諸領域の市場化に伴い、すべての行為は究極的に「消費」に収斂する。しかし、消費は経験であり得ない。それは「物」との交渉ではなく「金銭」との交渉であるからである。消費行為における唯一の抵抗と制限は金銭という「「印刷された紙切れ」の保有量の限界[37]」である。言い換えれば、それは、その性質を完全に把握することを許さない他者としての「物」から試練を受け、その「物(他者)」との関係を省察する行為としての経験ではあり得ない。そこでは、交換価値(価格)によって「物」の意味が一義的に決めつけられているのである。藤田はそれを価値世界における「金銭の専制」と呼ぶ。

「金銭の専制」は価値世界の平面化をもたらす。すべての「物」は「商品」として、あるいは商品化されるための資源としてのみ存在する。「世界はそれ自体として存在する物ではなくて、消費されるためにだけ、そしてそれまでの間一時的に存在している仮の物に過ぎなくなる[38]」。このような現象を、〝意味〟における「物」の変質と呼ぶことができよう。

それだけではない。「物」は意味においてのみならず、物理的にも変わった。現代世界を構成する「物」の大半は大量生産された一回用品、つまり蘇生と継承の可能性を持たないものである。使われ、捨てられ、すぐにゴミ化する消耗品である。こうした使い捨ての傾向は、工場から生産された品物に限らず、現代社会において生産される意見、書籍、人材など、つまり文化全般において顕著となる。このような「質的な貧困」が「現代の精神史的現実を支配している」と藤田は批判する[39]。文化全体が規格化され、新品化され、またすぐゴミ化しているのである。

このような「物」と「経験」の変質と喪失は、人間に対する究極的な他者である「自然」への接し方においてもっともくっきりと現れる。一九六〇年の時点で、藤田が終戦直後の日本を「自然状態」と捉えた点は前述した通りである。その際、藤田における「自然状態」の重要性は、制度に対して人間が主体性を回復する場としての「タブラ・ラサ(白紙状態)」性、言い換えればその空白性にあった。しかし一九七〇年代以降になると「自然」は全く異なる方向から藤田の関心を引くようになる。汚染され破壊された環境としての「自然」がそれである。

その背後には「公害」問題の深刻化があった。戦後の四大公害訴訟(熊本水俣病、新潟水俣病、イタイイタイ病、四日市公害)は一九六八年頃から始まり、一九七一年には宇井純の『公害原論』が出版された。藤田が初めて「公害」について言及したのは一九七〇年のエッセイ「人権宣言」においてであるが、そこにおける注目は「公害」の実態的な問題より、「公害」という言葉そのものに向けられていた。

藤田によると、まず「公害」という表現は、その「公」の指すものが加害者かそれとも被害者かを曖昧にする点に問題がある。公害は「公共に及ぼす害(40)」を、したがって「公」は被害者を意味するというのが現代の通常の理解であろう。しかしここで藤田が憂慮するのは、足尾銅山鉱毒事件以来使われていた言葉である「鉱害」を連想させることで、この表現が〝公が発する害〟というイメージにつながりやすいという点である。

さらに、こうした加害者としての「公」のイメージは、「株式会社」や「法人」を「私的ではないもの」と考える日本の「公」の観念を上書きし、「企業」を「公」的なものとして錯覚させるのではないかと藤田は憂慮する。この点はまた、自動車の排気ガスが「マス」によって排出されるといった場合においても同様である。「企業」もしくは「マス」のように、「特定の私的個人に帰しえないもの」をすべて「公」と考える傾向の強い日本において、「公害」という言葉はこのような誤った認識を固定し助長する危険性があるというのである(41)。

無論、藤田にとって「公害」の「公」は被害者を指すものであった。だが、その際の「公」とは、被害者が一人以上であるという意味での〝不特定多数〟の言い換えではない。そこで「害」されている「公」とは、人間ならば誰でも当然に持っている「基本的人権」であると、藤田は主張するのである。この文章のタイトルが「人権宣言」となっている所以である。そもそも日本の公害問題は自然への悪影響だけではなく、社会的、経済的不平等と差別意識と絡み合った複合物として出現した[42]。公害問題から「人権宣言」を主張する藤田の意中にも、そういう関心があったのであろう。

公害に関するもう一つの論考として、一九七五年「東京新聞」に寄稿した「社会と個人」を挙げることができる。藤田はその中で、清水幾太郎が『中央公論』一九七四年九月号に発表した「誰か罪なき」に対する激怒の意を表している[43]。藤田が怒りを感じたのは、おそらく清水の「私は、公害の問題が出るたびに、一体、日本中で、本当に公害を非難する資格のある人間が何人いるのか、と考え込んでしまう[44]」と述べた部分であろう。

「誰か罪なき」の中で清水が描く人間像は、存在するだけで炭酸ガスを殖やすもの、つまり「そもそも、環境汚染的に出来ている[45]」ものであり、したがって環境汚染の問題において、人間は全員有罪である。とはいえ清水の議論は、決して〝罪のない者だけ石を投げよ〟の論理でも、経済成長の恩恵を受けた者に非難の資格はないという〝企業城下町主義〟的発想でもなかった。「そもそも、環境汚染的」な存在だからこそ、人間は「恐縮して生きるべきもの」だというのが、清水のメッセージだったのである。「釈迦やキリストにも道を説く資格があったかどうか、大いに怪しい[46]」と述べる清水にとっては、資格の是非が問題ではない。「誰が言っても、正しいことは正しい」というのが、この文章における清水の本意であった[47]。

しかし、清水の発言は藤田にとって、「胎児性水俣病患者の少女[48]」に向かい〝貴方も所詮炭酸ガスを排出している環境汚染的な人間です〟と言っているように聞こえたであろう。このような〝全員有罪〟の人間観は、実在する被害に対する責任の所在を曖昧にしてしまう危険がある。日本社会における責任の明確化を唱え続けた藤田は、この点に敏感に反応したのであろう。

ところで、「誰か罪なき」からうかがえる清水の「公害」のイメージは、また極めて興味深い。公害を発散する人間の例として清水が挙げているのは、たとえば駅のホームで「痰唾を吐く紳士」や電車内で「眼前に老人を立たせて、座席に寝そべったような姿で漫画本を読んでいる大学生」である。[49] そういった意味での〝環境汚染的な人間〟だからこそ、清水は「恐縮して生きるべき」という対処案を出しているのである。つまり清水の想定する「環境」は、「自然」とは距離の遠い日常生活の空間であり、そこで行なわれる「害」は、要するに公衆道徳の問題である。無作法を激烈に嫌悪した清水の個性が鮮明に表われている箇所である。つまり、「公害」という言葉の意味が固定されないまま流行した七〇年代半ばにおいて、藤田と清水は各々の「公」と「害」のイメージを直線的に投影しながら、「公害」問題に応答しようとしたのである。

七〇年代の公害問題が藤田に「自然」への関心を呼び起こしたのは確かであろう。しかし、藤田の「自然」観におけるもっとも興味深い側面は、実は環境汚染に対するエコロジー的憂慮に還元し切れない部分にある。

一九七六年の座談会「あるがままと自然」で、藤田は公害問題を「人間による自然破壊」として捉える考え方に対し批判的な態度を示している。つまりここで藤田は「自然破壊なんて、ありはしない」、「すべては自然の文化的改造だ」と発言する。[50] 厳密な意味での「自然」は弥生時代以前、「ブナの原生林」のようなものであり、そのような自然はすでに破壊され尽されている。そうした「元の自然」を改造して作られてきたのが、たとえば「ある文学的イメージに従って、南画風につくられた人工的な景観」としての「嵐山」や「宇治川」であり、その〝作られた自然〟がまた現在においては所与の「自然」として存在しているのだと藤田は説明する。[51]

したがって今日、目の前で破壊されているのは〝自然(山川)〟の形をした過去の「文化」に他ならない。現代の「自然破壊」の真相は、「ある文化と別の文化」との「激突」なのである。[52] 真に問うべきことは、かつての文化を〝開発〟して現代が作り出した結果物が、はたしていかなる価値を持っているかという問題である。

その問いに対する藤田の判定は、たとえば一九七八年のエッセイ「風俗の生産関係──遊園地にて」の中で述べられている。そこにおける批判の焦点は自然の破壊より、むしろその「整備」にある。

ちょっと驚きました。日本の奥地は「遊園地」になっていたのである。この夏、若い友人達が白樺湖の奥に連れて行ってくれた時、遅まきながらこの眼で発見したのである。「自然が荒らされている」というのは、新聞などでしょっちゅう聞かされていたけれども、まさか「遊園地」としてかくも「整備」されていようとは思っても見なかった(53)。

一つの社会の風俗の発生点として、「遊び場」は「仕事場」より重要である。目的に合わせて合理的に運営されざるを得ない仕事場ではなく、有用性から「自由な」遊びの場においてこそ、人間の多様な創意が展開され得るからである。しかしこのような観点からみると「現代日本の主たる遊び場」である遊園地からは、いかなる風俗が生まれているか。入場客のアクセスルート、場内での動線、帰りの記念品までが予め計算され、設計され、意図されているこの遊び場を、藤田は「「完備した遊園地」すなわち大人の「保育園(54)」」と呼んでいる。レジャーそのものを批判するのではなく、その〝遊び方〟の質を問うているのである。

2 柔らかい全体主義の誕生

「保育器化」する社会

「保育園」あるいは「保育器」という語は、「経験」による成熟が不可能になった世界を描写するために、八〇年代以後の藤田の議論に頻繁に登場する。それは、松下の「シビル・ミニマム」における主要課題でもあった「保育園」拡充に対する冷やかな視線を反映するものかも知れない。こうした考え方の上で、一九八五年『思想の科学』に発表した「「安楽」への全体主義」は、藤田の持続的な問題関心であったコンフォーミズム批判を、アメリカの社会学者リチャード・セネットの「安楽への自発的隷属」[55]（『無秩序の活用』一九七〇年、邦訳は一九七五年）の概念の吸収を経て、より構造的な観点から展開している。

「「安楽」への全体主義」において、藤田はまず現代における「高度技術」への欲望の根柢に「少しでも不愉快な感情を起こさせたり苦痛の感覚を与えたりするものは全て一掃して了いたい[56]」という精神態度を見出す。苦痛を避けて不愉快を回避しようとするのは自然な態度であり、藤田が問題にしているのはそのような行為ではない。問題は、

むしろ逆に、不快を避ける行動を必要としないで済むように、反応としての不快を呼び起こす元の物(刺激)そのものを除去して了いたいという動機のことを言っているのである[57]。

苦痛や不快を避ける行動には「その場合その場合の具体的な不快に対応した一人一人の判断と工夫と動作」が必要であり、したがってそこには「個別具体的な生き物の識別力と生活原則と智慧と行動とが具体的な個別性をもって寄り集まっている。すなわち其処には、事態との相互的交渉を意味する経験が存在する[58]」。しかし、不快の源そのものを全面除去、追放しようとする精神は、それとの対面と対立の機会を剝奪するものである。試練の機会の喪失は、同時に試練の克服を経て初めて得られる「喜び」と「歓喜」の喪失を意味する。つまり「不快の素」が一掃された状態は、決して積極的な意味での幸福や快楽を意味しない。そこに残るのは不快のない平板な状態、不快の欠如態としての生温い「安楽」のみである。

不快の素の一切をますます一掃しようとする「安楽への隷属」精神が生活を貫く時、人生の歩みは果たしてどの

> ようになるか。生きる時間の経過は、〔中略〕平べったい舗道の上を無抵抗に運ばれていく滑車の自働過程となる他ないであろう。人生の全過程が自動車となるわけだ。ここには、自分の知覚で感じ取られる起伏がない。人生の歩みは、山や谷を失った平板な時間の経過となる。(59)

さらに、「安楽」が他のすべての価値を支配する〝唯一〟の価値になるにつれて、安楽喪失への焦燥と不安もともに増幅する。安楽喪失に対する激しい不安は、安楽を保護し保障してくれると予想される対象への自発的従属をもたらす。たとえば「会社への依存と過剰忠誠、大小の全ゆる有力組織への利己的な帰属心、その系列上での国家への依存感覚(60)」がそれである。このような「能動的依存感覚」が社会を貫徹する時、制度はひたすら「安楽保護器」、「保育器」の意味をもって存在するようになる。

「保育器」と化した社会は、藤田にとってディストピアであると同時に現在進行中の現状でもあった。一九八二年の「今日の経験」において、その風景は次のように描かれる。

> 精神的成熟が難しい社会状況となっている。すっぽりと全身的に所属する保育機関が階段状に積み上げられたような形の社会機構が出来上がっていて、成熟の母胎である自由な経験が行なわれにくくなっているからである。〔中略〕そのカプセルに入っていることによってだけ小さな安定と小さな豊かさが保証されるようになっているために、勤労や苦労の有無にかかわらず精神の世界では社会機関の殆どが保育器と化している。〔中略〕保育器自体が危くなった時には、猛烈な保育器への「忠誠」と「献身的応援」が始まるであろう。保育器の成り行きが一人一人の存在をすべて決定すると考えられるからである。(61)

こうした現象を、藤田は「安楽への全体主義」と呼ぶ。このような社会においては安楽の喪失に対する不安が恒久化するという契機から、藤田はハンナ・アレントの全体主義論との共通点を発見したのである。アレントの『全体主義の起源』は一九五一年に原著が出版され、日本では一九七二年から七四年にかけて翻訳されたが、藤田はすでに五〇年代からアレントの諸著作を熟読していたという。[62] 藤田の全体主義論がアレントから影響を受けた点には疑いの余地がない。

とはいえ、それは単にアレントの議論の引き写しではない。藤田の全体主義論は「「安楽」への全体主義」(一九八五年)、「全体主義の時代経験(上)」(一九八六年)、「三つの全体主義の時代」(一九九四年)のインタビュー等を経て、最終的に「全体主義の時代経験」(一九九五年)に至る。そして一九九五年の時点で藤田は「生活様式における全体主義」という独自の概念を提示するのである。

その冒頭で藤田は、「二十世紀は全体主義を生んだ時代である。生んだだけではなく生み続け且つ生み続けている時代である[63]」と宣言し、全体主義が現在進行形の問題であることを再確認する。歴史上、全体主義は「戦争の在り方における全体主義」「政治支配の在り方における全体主義」「生活様式における全体主義」の三つの形で現れており、それらは各々「戦争」「政治」「生活様式」の終末形式を意味する。中でも藤田の議論の主眼は、現在進行形の全体主義である「生活様式における全体主義」の分析にある。

藤田はここで、カール・ポランニーの「擬制商品」概念を借用しつつ、元来販売目的で作られたものではない「土地」「労働」「貨幣」の商品化現象を指摘する。特に彼が注目するのは「貨幣」の商品化現象である。貨幣の商品化とは、もともと市場経済の「自己存立にとって必要不可欠の制度的手段」である貨幣が、「制度としてではなく、利益を生む流動(通)物」として扱われる現象を指す。[64] それは同時に、制度の存在理由である「安定性」の保障が失われたことを意味する。貨幣の価値が絶えず変動する市場経済は、限定の無い不安定を生み出す。藤田はこの特質を「制度の名を僭称する」「無窮運動」としての「全体主義政治」と同質のものと見る。[65] 無窮運動に化した制度こそ、現代を全体主義の時代と捉える彼の論旨の核心である。[66]

このように、「全体主義の時代経験」論文が問題とする「生活様式における全体主義」は主に市場経済における制度の無窮運動化を指摘する内容であり、必ずしも「「安楽」への全体主義」におけるコンフォーミズム批判と一貫するものとはいえない。[67] にもかかわらず、藤田は両者をほぼ同一のものとして考えていたようである。[68] 藤田の全体主義論には、体系的な一貫性において完結したものとは言い難い側面もある。しかし多少の論理的無理を敢えてしながらも、藤田が「全体主義」という名で現代社会を捉えようとした理由については考察する必要がある。「全体主義の時代経験」論文の末尾において、藤田はもともとエルンスト・ユンガー等が国家を礼賛する「宣伝文句」として使いはじめた「全体主義」という用語が、一九三九年のアメリカ哲学会において批判的分析の用語に置き換えられたことに言及しながら、その延長線上にアレントを位置づけてこう述べている。

> 此処日本では、その批判的な「全体主義論」をすら、ふたたび宣伝文句に置き換えて単なる「反共攻撃」用にだけ用いようとする傾向が強い。［中略］そのような連中に、例えば、アレントの画期的な著作を独占させてはならない。[69]

ここには確かに、日本におけるアレントの位置付けをめぐる、逆転の意図があったと思われる。アレントの全体主義論は日本ではマルクス主義への批判として受容され、彼女は〝反共〟思想家として紹介されていた。[70] 藤田には、そのようなアレントの全体主義論を、意図的に市場経済主義への逆襲に用いようとする狙いがあったろう。

もう一つ指摘すべきは、ベトナム戦争以後、アメリカを中心に提起された一種の〝軟性〟ファシズム論との類似性である。たとえばバートラム・グロスは一九八〇年、ビッグ・ビジネスとビッグ・ガバメントが結託して一つの権力機構を作り上げ、民主主義的な外観を保ちながら、実際の権力は少数の手に集中する現象を「フレンドリー・ファシズム」と呼んだ。(71) 国家が政党政治の対立を抑圧し、また企業の活動を統制し、国民の自由を露骨的に弾圧した古典的なファシズムと違って、「フレンドリー・ファシズム」は高度な技術による監視、言論への資本の影響力行使を通じて、人心の操作を主要な武器とする。このような〝柔らかい〟ファシズム論は、人心の操作による体制への馴化を問題にする点で、一九六〇年代後半以来、日本でも関心を集めた管理社会論と共通している。藤田が一九六〇年代から「機能的反動化」による戦後社会の管理社会化を鋭く批判し続けたことは、前述の通りである。

高度な技術を巧みに利用し人心を操作する柔らかいファシズムの出現と、それに自発的に順応して行く大衆の姿を目撃しながら、藤田は「経済主義であるが故に平和的であり、平和的であるが故に全体主義の反対物に見えるという(72)」現代社会への安易な思考に警鐘を鳴らしたのである。

第二節　松下圭一――「政治ぎらい」の政治学

1　富と美徳

市民たりうる「余裕」

政治思想史家坂本多加雄（一九五〇―二〇〇二）の著述に、「経済的繁栄のなかの「市民」理想――『富と美徳』をめぐって」という文章がある。坂本はその冒頭で、ベトナム戦争反対運動に際して起こった一つのエピソードを紹介している。

市民運動というものがあって、もっとも大規模なものは、おそらく、二十年前のヴェトナム戦争に反対するそれであろう。当時、「ベトナムに平和を！　市民連合」（べ平連）という団体に、老若男女の多数の参加者があったことは、いまだに記憶に新たなところである。この時、「村民」や「町民」でも、この「市民連合」に入会できるのかという問合わせがあったことが、ある雑誌に報じられていた。

このエピソードは、無論、一篇の笑話に留まるが、同時に、わが国において、「市民」という言葉が、幾層もの意味を帯びて存在していることを暗示している。「べ平連」へ問合わせた「村民」や「町民」にとっては、「市民」は、まさに行政区画上の市部在住者を意味しており、この他にも、例えば「善良な市民」という時の「市民」があって、これは殆ど平凡な庶民という意味に近い。これに対して、「市民運動」の「市民」は、こうした「善良な市民」が、ある特別の意識を有し、それに伴って特別な行動をとる際に用いられるもので、より規範的、ないし理想的な意味を持っている。〔中略〕それに加えて、「市民」とは、プロの政治家とは異なることを自覚しつつ、政治の素人の立場で活動する存在であるということも、無視できない側面である。(73)

六〇年安保の時から、知識人の間では様々な市民像が議論された。また一九六〇年代半ばには、特に都市部の自治に参加する人々の姿を目撃しながら、松下が「市民的人間型」の誕生を宣言したことも、前述の通りである。にもかかわらず、「規範的」な政治主体を指す意味における「市民」は、日本社会全体においては、なかなか馴染まない言葉であった。たとえば小説家日野啓三（一九二九―二〇〇二）は一九九七年のエッセイ「「市民」のイメージ」の中で、「市民」という言い方が「ごく普通に使われるようになったのは、八〇年代頃からのように思う[74]」と述べている。そしてそのような言葉の普及には、「多くの人々が自分たち自身をどうイメージするか、あるいはどういう質の人間でありたいと思うか、というほとんど無意識の欲求ないし期待が働いている[75]」と書いている。逆にいえば、ベ平連運動が盛んであった六〇年代後半から七〇年代前半において、村民や町民を含む多くの人々にとって、自己自身を「市民」と称することは、まだ違和感を伴う行為であったということになる。そして日野は「市民」のイメージについて「政府権力や大企業の管理・宣伝のままに付和雷同するのではなく、自分の意見をもって自分たちの生活を作り守る、あるいは狭い血縁地縁の利害と興味を超えて広い社会に関心を持つ[76]」人々を指すと述べている。一九八〇年代後半に書かれた坂本の文章における「規範的、ないし理想的」な「市民」の意味は、同様のイメージを語っているだろう。

ところが坂本が指摘するのは「市民」の規範的な性格だけではない。彼は「市民」のもう一つの側面として「政治の素人が、政治活動をするのであるから、通常は、「手弁当」での活動となる[77]」という特質を挙げている。そして「まさしく、この「手弁当」での活動ということが、「市民」たりうる人々の範囲を自ずから限定することになる。すなわち、「市民」たりうるのは、「手弁当」で参加できるだけの時間的、経済的な余裕のある人々ということになるのである[78]」と述べているのである。

逆にいえば、「手弁当」で参加することのできない人々は、「市民」になり得ない。ここに介在しているのは、経済的な豊かさと政治的な美徳の関係をめぐる問題である。そしてそれは戦後日本に限ることなく、洋の東西を問わず、政治哲学において議論の対象となってきた一つの論点であることを坂本は指摘する。

伝統的に、政治活動と時間的・経済的な余裕は密接かつ不可分の関係において理解されたと述べながら、坂本は、ヴェーバーのいう「政治によって生きる人」と「政治のために生きる人」の区分を想起する。人間は財産をもっているために独立することができ、したがって「生活に「ゆとり」があればあるほど、それだけ容易に政治の**ため**に生きることができる」[79]のである。

政治活動は「個々人の生計を直接に潤すもの」ではない。それはあくまで、「公共的な事業にかかわるもの[80]」である。経済的・時間的、そして精神的な余裕を持っているかどうかは、そのような活動に参加する者を自然に制限する条件となる。その原型は古代ギリシャに確認することができる。ポリスの「市民」は奴隷所有によってそのような余裕を手に入れたのであり、だからこそ彼らは「公共」にかかわる生活の中にこそ「人間的な生の意義」を見出したのである。

このような「政治的な美徳」の確立と「富」の追求という二つの契機の関係について、スコットランド啓蒙派を取り上げた論文集『富と徳[81]』を紹介した後、坂本は同様の議論を、明治期の自由民権運動をめぐる福沢諭吉と民権派の論争から見出している。

坂本によると、福沢において政治はそもそも「肉体以上の事」である。したがって彼は「肉体の安楽」、つまり経済的な余裕のない士族は理想的な政治の主体になり得ないと主張する。経済的に困窮している士族は政府からの「家禄」に依存しており、したがって彼らにとって優先的な課題は独立的な生計を確立することである。

これに対して民権派は、独立の生計を達成しているはずの多くの平民が、果たして政治にふさわしい関心と力量を備えているかを問う。彼らは「我身一人一家ノ産業コソ自営スル者」であり、「己レ等一個一身」に関することにしか関心を持たない。つまり彼らは「国家公共の事」に対する関心と資質を欠如している。政治的な徳性は経済的な独立や繁栄から生まれるのではなく、伝統的な統治者階層として培ってきた士族の「知識」、「道義」、「名誉」こそが政治において重要であると、民権派は主張する。

坂本の論考は、松下を理解するために二つの興味深い論点を提供している。一つは、前述の通り、「市民」という言葉が日本社会において様々な誤解を呼び起こす、なかなか馴染まないものであったことへの一つの証言としてである。もう一つは、「市民たりうる人々の範囲を自ら限定する」特質としての、「余裕」をめぐる論点である。

すでに検討してきた通り、松下にとって社会的な「余裕」の増大は市民的人間型の形成のために決定的に重要な要因である。かつては限られた階層の人々のみが享受していた経済的・時間的な余裕が、テクノロジーの発展によって広い階層に拡大されたことは、市民的人間型の大量成熟を可能にさせる「条件」である。

無論、彼の現状把握はバラ色だけではない。工業発展による富の増加は公害の問題をもたらしており、また資本はマスメディアを通して余暇の再編を図っている。そのような危険性を、松下は熟知していた。そもそも彼が「大衆」を問題にし始めた動機の一つは、そのような「余裕」の増大が体制への順応をもたらすことへの憂慮であった。さらに、六〇年安保におけるデモ参加と野球観戦の対比も、時間的・経済的な余裕がどのように使われ得るかを示す一つの明瞭な例であった。

にもかかわらず、松下は絶対的な余裕の量の増加を社会全体における「条件」の変化として全面的に受け止める。余裕を手に入れた人々が、容易い安楽を提供してくれる消費生活に流れる現象を批判することは、簡単である。だが、松下の唱える知識人の任務は、そのような余裕の増加量がより順調に市民参加へとつながるように誘導する、制度改革を含む様々な装置の工夫にある。

しかし、だとしてもなお問題は残る。富と徳をめぐるより答え難い問いは、そのような「市民」の活動の性質に関するものである。人々は「己レ等一個一身」の問題を解決するために参加するのか、それとも「国家公共の事」にかかわるために参加するのか。確かに市民活動は「個々人の生計を直接に潤す」ものではない。だが、特に住民運動と呼ばれる自治体レベルでの活動の主要な特徴は、身近なイシューを自分で解決しようとする自発性にあった。つまりそこでは暮らしの環境整備と改善が主要課題であり、だからこそ普通の人々の関心を集め、広く、また持続的に活動を蓄積して行くことが可能であった。「己レ等一個一身」の問題と完全に切り離すことのできない政治、いわば〝私生活圏〟と〝公共圏〟との接触面に、市区町村レベルの市民参加を位置づけることができよう。

このような市民活動の両面性は、第一に「市民」という存在の両面性に起因すると見るべきであろう。市民は職業政治家ではなく、ある経済的手段によって生計を立て、そのほかの時間に共同体の意思決定過程に意思を表明し、また参加する行為者である。はじめから完全に「政治のために生きる人間」ではないのが、市民の出発点である。

さらに、市民活動の両面性のもう一つの要因として、現代社会、特に都市生活において、「政治」の影響が生活の全般に浸透していることが挙げられよう。政治が人々の日常生活を構成している以上、人間と政治との関わりについて、公私の領域を厳格に区分することは無意味だと松下は考えたのであろう。たとえば一九九一年の『政策型思考と政治』の中で松下が描き出す「政治」の姿は、次のようなものである。

朝おきてまず顔を洗うであろう。洗顔の水は、農村型社会におけるような、井戸や谷川の水ではない。水道という、政策によって設置された巨大な都市装置によって、それぞれの家庭に配水されている。この配水の設計規格はもちろん、その水源、水質、料金は政策・制策によってきまる。

またつかった水は下水となる。その処理のための下水装置も、政策によってつくられる巨大な都市装置である。［中略］つぎに朝食である。エネルギーとして、ガス、電気がつかわれる。このガス、電気の供給も、巨大な都市装置による。そのエネルギー源が、石炭、石油、天然ガス、原子力となれば、地球規模の供給網が不可欠となる。規格、料金あるいは安全基準、環境基準をふくめて、いずれも政策課題なのである。

朝食の米やパンは、各国とも安定供給のための政策をもつ。この食糧政策も地域規模から地球規模にわたる。それに、野菜、肉をはじめ食品には、使用農薬、添加物をふくめた品質の政策基準をもつ。買物をする商店、スーパーの立地・経営にも、政策がかかわっている。

バス、電車、自動車にのっての通勤、通学となれば、都市計画をふくめて、それぞれ複雑な政策事項をもっている。都市景観をなす住宅、道路、緑も、地域独自のスタイルをもつものの、政策・制度の帰結なのである。

［中略］

政治に「よって」決定される、この地域規模から地球規模までの政策・制度のネットワークに目をむけるとき、私たち市民は気楽な政治ドラマの観客から一転して政治の当事者となる。すべての市民は、政治の主役たらざるをえなくなる。これが都市型社会における政治の位置である。(82)

毎日の生活におけるあらゆる部分が、多様な政治過程を経て決定されており、またその具体的な結果が各個人の日常を構成し、人生の質を左右する。ここで働く感覚は、私に影響を及ぼす事柄を決める過程には私が参加したいという権利意識である。それはゴミ処理、保育所の増設、道路整備のように、毎日の生活に直接関わる問題においてもっともわかりやすい形で現れる。そこにおいて、限りなく「私」に近い「公共」の働きが実感されるのである。

しかし、もし自治体の市民活動に参加する人々が、「私」的な権利意識のみによって動いているとすれば、結局自治体の市民参加は個々のエゴイズムの衝突する場と化してしまうのではないか。こうした憂慮は一九七〇年代、「地域エゴイズム」批判の形で度々提起された。そしてそのような批判を踏まえて行われたのが、新しい「公共性」への自覚と弁護であった。

一九七〇年代の「公共性」

日本における「公共」の意味を考える際、まず問題になるのは「公＝おおやけ」の伝統であろう。朱子学における「公」が原理的な正しさの意味を持ち得る概念であるに対して、日本語の「おおやけ」は自分より上位の権力を指す

「相対的」な概念として用いられた。[83] ただ「公共」の語は「おおやけ」の伝統に収斂しきれない思想的遺産を抱えている。たとえば「おおやけ」の秩序意識に対して、朱子学における「公」の理想を、公論を通じて具現しようとした横井小楠の「公共之政」の思想がその一例である。[84]

だが二〇世紀以降になると、「公共」の語は一般的に「公共事業」、「公共財」など、不特定多数の人間に影響を及ぼす事柄を指す場合に用いられるようになる。その際、主導的な行為者あるいは所有者は〝公＝おおやけ〟としての国家政府を指す場合が多い。それと同時に、一九世紀後半から戦前にかけて散見されるもう一つの興味深い用例は「公共心」という言葉である。たとえば一八九八年八月二九日の朝日新聞の社説には「欧米の公園にては、決して樹木の枝を折る者なく、決して草花を摘む者なく、決して腰掛けを毀す者なく、決して飲水所のコップを持ち去る者なし、之を日本人が、樹枝を折り、腰掛を毀して恥じざるに比せば、其公共心に富むと富まざるとの差は、殉に天淵《てんえん》啻《ただ》ならざるを見る」[85] との記述が見えるが、ここでの「公共心」は公衆道徳やマナーを指している。また一九〇一年四月二四日の新聞記事には「昨年皇太子殿下御結婚の際にも其手捕の熊雌雄二頭を献納」したアイヌの家畜商辨開凧次郎が、「愛国婦人会」の設立に際して「直に長女シラ子を入会せしめ又自らは手捕の熊一頭を同会に寄附せんと欲」したことを伝えながら、その「公共心」を賞賛している。[86] ここでの「公共心」は、「おおやけ」への献身や奉仕の心構えを指しているのであり、そこから「滅私奉公」と距離の近い意味合いを読み取ることもできよう。

そして戦後、「おおやけ」中心の「公共性」の意味が重要な転換を迎えたのは一九七〇年代のことである。この時期における議論から「おおやけ」(＝お上)を主体、そして不特定多数を客体として想定する「公共性」への異議申し立てを読み取ることは難しくない。

そのような意味の転換が行われたのは偶然ではない。それは公害問題をめぐる議論から端を発する、「公共施設」の「公共性」に対する疑いから始まったのである。高度成長期には道路、港湾、発電所の建設など、様々な「公共事業」が行われた。そしてそれらをめぐる多様な社会問題の発生は、次第に「公共事業」における「公共性」への疑問提起につながった[87]。

一九七一年に出版された松下の編著『市民参加』には、そうした問いに立脚し、新たに「公共性」を再定義しようとする試みが現れている。二部構成となっているこの編著の第一部は、自治体の現場での経験を題材とする報告が収録されている。その中には、たとえば当時の横浜市長飛鳥田一雄の文章がある。飛鳥田は一九五三年から六三年まで社会党の衆議院議員を務め、一九六三年に横浜市長に当選し、革新自治体の先駆けとなった人物である。

飛鳥田の指摘する戦後日本の民主主義の問題点は、それが「「市民の手による、市民のための、市民の政治」として語られながら、「ために」だけがいたずらに肥大[88]」し、結局議会制民主主義の形骸化をもたらしているという側面にある。ここで彼は、ルソーの「カシの木の下の民主主義」に代表されるような「初発の民主主義のもつみずみずしさ」を取り戻すことを革新自治体の任務として設定している[89]。

その具体的な方法として、飛鳥田は二段階の構想を提示する。まず第一段階では、市民の声がより直接的に市政に伝わるように市役所の制度改革を推進する。市の広報室を市民相談室に変え、区役所には区民相談所を設ける。また土木・掃除の出張所や区役所への権限移譲を推進し、市政をより身近なものとして体感させる「親切行政」を行うのである。

しかし次の第二段階においては、「逆に親切行政の克服」が新たな課題となる。飛鳥田はこう述べる。

革新自治体は具体的に市民の日常生活のうえでの要求に応えていくばかりでなく、つねに都市自治体の将来を展望した政策を先取りすることなしには、単なる大衆に追従するという行政にとどまってしまう。〔中略〕ある部分の市民の要求が、つねに全体の市民の利害と一致しないという現実の処理に、悩まされざるをえない。それにもかかわらず都市建設のビジョンと具体的な方向を市民に示し、全体としての都市そのものを市民に近づけるという困難な作業を避けるわけにはいかない。この段階において、第一段階の親切行政の基盤が問われることになるし、革新自治体が真に行政執行能力をもち、都市的課題に応えうるかどうかが問われることになる。〔中略〕革新政党を中心として労働組合を含めて、革新自治体を単に日常的要求の次元や、それぞれのエゴイズムの実現の場として考えるのであってはならない。(90)

革新自治体の意義は、市民の行政需要をより円滑に政策決定者に伝達することにあるのではない。政策決定過程の中に市民が「参加」するということは、その中で人々が自分の意見を発言し、またお互いの話を聞く行為を意味する。そうした過程の積み重ねを通じて、市政を改革して行くと同時に市民自身の政治的な成熟をも期待できるのである。たとえば飛鳥田は、一身上の問題を解決しようとするエゴイズムの動機が、実際の参加過程で行われる他者との接触によって少し異なる形へ変わって行くことについての観察を述べている。

人間の政治参画の初発のエネルギーはエゴイズムといっていいが、市民相互の交流がこのエゴイズムを脱却させ、市民同士の話合いのなかで市民は自己教育を行なっていく。身の廻りの問題の陳情で「自分の家の前に道路を舗装してくれ。とにかく舗装されればいいんだ」という要求が、「わが家の前の道はひどいと思っていたが、よく話し合ってみると、あちらの人の方がもっとひどいようだ。むこうからまず直したらどうか」というように、市民みずからの手で、市民のための、市民自身の所有に帰する政治のプロセスを正当に踏むことに他ならない。(91)

ここで述べられているのは、エゴイズムから発動した参加が、相互間の意見交流を経て、共同体全体のバランスをも考慮に入れる態度に変わるという政治教育の側面である。一九六七年と七〇年、横浜市で開催された「一万人市民集会」は、そのような狙いで企画された興味深い実験であった。参加者は、年齢・地域・階層・性別などの特性を配慮して横浜市の全有権者の名簿から〝無作為〟に抽出される。何か特別な資質を持っているために選ばれるのではなく、「選ばれることによって」彼らの中で起こる変化が重要なのである。その意義について、飛鳥田はこのように述べる。

もちろんこうして偶然に選ばれた市民は市政の専門家ではないが、直接自分の口で、眼で耳で、市政について語り、聞き、話し合うことは、はかりしれない意味があろう。［中略］日頃市政について関心をもたなくても、選ばれることによって日常生活の不満を通じてさらに市政全体への関心が呼びおこされるだろう。［中略］意見や立場のちがいも当然出てくる。利害がまったく正反対という人たち、地域による対立、支持政党、職業あるいは生活意識のちがいが出てくることも予想される。しかし、この集会は多数決で何かをきめる場所でもない、といって政治的意図で集会を誘導する場所でもない。参加者だれもが自由に公平に発言し、聞き、知るという市民の権利の場としてのみ開催されるのだから。[92]

実際に顔の見える人々の前で何かを発言し、また自分の声が人々に聞こえることを経験する。そして同時に、多様な人々の多様な声を聞く。この集会は何かを決める場ではないため、多数決の論理からも自由である。多様な「私」たちの立場に公平な発言の機会が与えられ、同等に聞こえるような場を作る試みが、ここで行われたのである。そしてそのような試みから、松下は市民運動による「公共性」の意味転換を読み取っている。

市民運動は、地域的・職業的・階層的利害を多様な動機としている。したがってそれをエゴイズムとよぶこともできる。しかしこれまで「公共性」を独占した政府は、その政策の公開性と科学性を誇示しうるであろうか。〔中略〕今日、公共性は、市民自体がエゴイズムをもちより、市民相互の対話ないし市民自治の手続構成によってまず自治体を制度的前提として「つくる」べきであり、政府によって「あたえられる」のではないはずである。市民運動が今日、保守・革新の政党対立を横断して問うている問題はまさにこの問題である。(93)

「政府＝オカミ」によるかつてのような公共性の独占は二つの点において民主主義に有害である。まず手続きにおいて、それは民主主義の原理とは反対の下降的な統合構造をもっているため、上部の政策決定の過程が不透明になりがちな弱点を持つ。こうした不透明性は政治への不信を増幅させる。そうして代議制民主主義が直接民主主義の契機を完全に排除する方向に定着すると、人々は政治への関心を失う。人々の関心と監視のないところにおいては、代議制民主主義の質も低下する。つまり「オカミ」による公共性の独占は直接民主主義的な意欲を消失させ、結果的に代議制民主主義の劣化をもたらす悪循環を生み出すのである。

だからこそ、政策決定の構造が国→都道府県→市区町村→市民へと下って行く統制型統合ではなく、「市民」が公共性の原型をそれぞれの地域で微分的に構成して体制を再編して行く参加型統合(市民→市区町村→都道府県→国)のモデルを、松下は繰り返して強調する。それによってこそ、「公共性」は与えられるのではなく、つくるべきものとしてあり得る。

市民運動におけるイシューは、街づくりから都市・公害問題、あるいは国際的なつながりを持つ反戦・平和運動に至るまで広い幅を持っている。その中で、多様な人々が多様な次元において、多様な動機によって、多様な形で結び合うことができる。松下はそのような活動を観察しながら、「私」と「公」を固定的な対立関係とみなす図式から脱却し、「私」と「公」の間を流動する多様な方法を認め、理論化したのである。一九七一年の『市民参加』は、戦後日本の「市民」と「公共性」をめぐる議論の柔軟性を示す一つの遺産として評価すべきであろう。

しかし逆に、地域民主主義が市民参加による「公共性」を自称することによって新たな問題が発生する。つまり、自治体の決定が制度化しきれない人々の声、あるいはより小さい(と思われる)地域や人々の利益と衝突する時の問題である。たとえば、一九六六年から行われた横浜新貨物線反対運動の例を挙げ、それを藤田の「反対」思想と松下の「公共」思想との衝突として捉えた道場親信の「天皇制・総力戦・農本主義——初期藤田省三と松下圭一をつなぐもの」は、この論点について多くの示唆を与える。(94)(95)

合理的な議論を通じて「公共性」を導出するという松下の思想は、そもそも合理的な議論の技術を身につけていない「ムラ状況」の人々にとって、必ずしも公正な手続きとはいえない。もちろん松下の意図は、かつて普通の人々に対して政治領域に有効に関わる通路を提供することのできなかった日本の政治環境を改革し、自治体を中心にその場を設け、市民の参加を積み重ねることにあった。それは「天下国家」的な政治の概念そのものの変革を目標として官民の間における上下関係の思考を変えて行くための構想であった。しかしそれは短期間に達成することのできない巨大な課題であり、実際の政治過程においては革新自治体そのものがまた自己の「公共性」を主張する「オカミ」と化する危険が常に存在する。それが反対意見に対して「公共性」を掲げながら対置する時、それは「権力が道徳を説く」現象となり、藤田の批判から自由でいられなくなるのである。

2　政治学と政治科学

技術としての政治

前述の通り、松下の一九七〇年代は「都政調査会」などを通じて、自治体活動による政治の分節化に実際に関わった「実践」の時期であった。ところがこの時期、松下が繰り返して「政治とは何か」を問い直したことは、興味深い点である。すでに一九五〇年代から松下は実際の政治領域を注視しながら議論を展開しており、概念化・抽象化よりは類型化・図式化といった〝科学的な〟方法で政治を論じようとした。松下が「政治とは何か」のような巨大な問題を正面から問うのは、六〇年代後半以降のことである。

たとえば一九六八年の『現代政治学』の中で、松下はその問いにこう答えている。

ところで政治は個人自由の制度的保障を課題とした人間の行動の組織技術である。しかしこの意味で、政治学は、たしかに「実証分析」を追求するscienceではあるが、なによりも自由の「戦略構成」というpoliticsでなければならない。したがって政治学が成立するためには、自由という「価値意識」が前提となるはずであろう。〔中略〕政治学は、特定体制の弁証あるいは価値意識なき権力循環の図式としては成立しえないのである。[96]

政治の目的は個人自由にある。政治は個々人の「人間性の開花を可能とする制度的定型」を作り上げる「社会的組織技術」なのである。[97]したがって政治を「自己目的化」したり「無目的化」することはできない。要するに彼にとって政治は「技術」であり、目的ではなくて手段である。あくまでも「個人自由」が目的として先行し、政治はそれを制度的に保障するための「技術」に過ぎない。良き政治と悪き政治の違いは、目的をいかに効率よく達成できるかを決める「技術」の巧さにかかっている。「われわれはアルチストであると同時にアルチザンでなければならない」と書いた一九歳の時の考え方は、ここにおいても生き続けている。

その「技術」が材料として扱うものが「権力」である。『現代政治学』において、松下は権力の構造を数学のモデルを用いて微分・積分模型に分けて説明する。微分模型は個々の人間の間の権力関係を、積分模型は個人と集団との間の権力関係を指す。AがBの行動を規制することができるとき、AはBに対して「権力」を持つという。こういう関係が成立すると、AはBを「支配」し、BはAに「服従」する。だが、「支配と服従」のみが権力関係の全てではない。Aの価値（富や名誉）操作によるBの「同意」の調達も考えられるのである。この点は個々人と集団との権力関係、即ち積分模型において重要になる。権力の作動は、上から下へと向かうだけではない。「同意」の調達をめぐる、下から上へのモデルも考えられるのである。この点に関して、松下はヴェーバーやラスウェルの権力模型が下降型模型のみを導出しており、上昇型模型へのアプローチを想定していないと指摘する。つまり複数のAたちの同意によってBが代表として選出される場合、AとBの権力関係は、単にBがAを支配するものとは異なる構造を持つ。BがAたちの同意を調達することができなくなる場合、AたちはBとは違う他の代表bを選出することができるからである。

こうして下から上へと権力が移動する民主主義の上昇型模型は、「権力」のイメージそのものを決定的に変える。これはあくまで個々人が先行し、彼らの権力によって代表が選ばれるという構造である。問題は、そのように選ばれた者が固定化して特定の層を形成する場合に生じる。B層の固定化は、Aたちの同意をより容易に得るための仕掛けとなり、そこにおいては上昇型模型は内実を失い空洞化してしまう。

だとしても、上昇型模型はBの支配に服従する以外にまったく代案のない下降型模型とは根本的に異なる権力構造であると、松下は強調する。権力の出発点がAたちにある限り、Bを他の代表に変える可能性は、たとえ低いといえどもゼロではない。このような上昇型の権力構造を活かすのは、BによるAたちへの仕掛けに対抗することのできる、Aたちの「技術」である。

前述の通り、たとえば藤田における人民主権のあり方は、一人一人がまるで絶対君主となったかのような意志と責任感を持つことを要求するものであった。それに対して松下は、組織の構成と運用に関する「技術」を身につけたAたちによる、権力模型の賢い利用を要求する。ここに提示されているのは、極めてプラクティカルな政治の捉え方である。それは可能な限り、哲学と遠く離れた場所、むしろ数学に近いところに政治を位置づけようとする試みなのである。

「市民」と「政治家」

それでは市民として磨くべき「技術」はどのようなものか。

松下によると、民主主義社会において個々人が政治に参加する方法は二つである。一つは選挙、もう一つは発言である。特に後者は世論ないし特定世論の組織化としての大衆運動の形をとって現れる。そしてこの「大衆運動」の中に「市民運動」が位置づけられるのである。

市民運動は大衆運動における個人の自発的参加の側面を強調した概念である。ことに大衆組織、政党の硬化にたいして批判的意味をもって提起される。市民としての個人はつねに組織にたいして批判的たりうるからである。〔中略〕だが、市民運動はみずから大衆組織に転化するか、あるいはついで政党の選択によってのみ政治的に実効的でありうる。(98)

「大衆運動」の参加において個々人の自発性が強いものを「市民運動」と呼ぶこと、言い換えれば「個人」として「大衆」運動に参加する人々を「市民」と呼ぶことを通じて、松下は「大衆」と「市民」の概念上の葛藤を解消しようとする。しかしまだ問題は残る。政治的に実効的であるためには、そのような「市民運動」＝個々人の政治参加だけでは物足りないことを、松下自身が認めているからである。

ここから、松下の「政治学」が「市民」の政治学だけではないことが分かる。彼は常にもう一方で、政党や職業政治家の領域を設けている。組織や政党の硬化に対抗する個々人の活動は重要だが、しかし、政治的結果としてより「有効」なのは、その硬い組織や政党を通じての道である。「市民運動の重要性の指摘は、政党の重要性を軽視することを意味してはならない」[99]と松下は断言する。

ここで指摘しておきたい点は、松下が生活圏としての地域民主主義の発展を国家レベルの政党政治の次元につなげようとする意欲を持続的に持っていたことである。それは二つの意味を持つ課題である。一つは、その過程で行われる市民的な政治訓練の側面である。松下は、「小規模社会としての自治体における民主主義的政治参加なくしては、大規模社会としての国家の制度的民主主義は、土台のない楼閣にすぎない」と述べ、「市民が理念としてかかげられるのみでなく、日常的に機能する」ために、地域民主主義の日常化が必須であると述べている[100]。

だがもう一方で、この過程が「日本における職業的政治家の供給ルート」となることをも、彼は期待する。自治体は市民が政治を身につけるための場であると同時に、職業政治家が市民感覚を習得する学校でもあるのである。

今日のように、保守党は国家官僚、革新政党は組合官僚という形態での政治家供給ルートは、保守・革新双方ともに、ますます政治を市民感覚から遠ざけ、政党活動を市民から切断していくことになろう。職業的政治家は、自治体での政治訓練をうけたのち、国家レベルでの活動にはいるべきであろう[101]。

初期から晩年に至るまで、松下は政治における正統性論の問題と機構論の問題を両面的に考えていた。彼が五〇年代のサークル運動に批判的であった理由も、そのエネルギーが政党政治のレベルに吸収され難いという点にあった。六〇年安保の街頭での政治についても、それが保守党支配の日本政治の基盤である居住地域において無力である限り、松下の評価は制限的であった。

市民は個々人の信念や利害のために「運動」に参加する。「運動」は発言、つまり声を出すことである。大規模の社会において一人一人の声は聞こえ難いため、同じ声を出す人々と共に一つの意見を発言することになる。政治家はその声に対応する形で政策を立て、それを提示し、その人々の選択を得ようとする。このように、選挙と発言という市民の政治参加は政党政治と別の次元で動くのではなく、ともに循環するものでなければならない。あれほど熱く市民の政治参加を説きながら、松下はそれと並行して政治家の政策立案能力を強く強調した。市民の直接民主主義が政治のすべてを解決するとは考えていなかったのである。松下の政治構想において、市民が自発的・積極的に参加すればするほど、政治家の仕事は減るのではなく、むしろ増えるはずである。

このように、松下の考える市民たる技術は、プロの政治家を否定することでも、プロの政治家になることでもなくて、プロの政治家を〝動かすこと〟を意味する。市民参加は代表制に取って代わるものではないというのが松下の一貫した考え方であった。重要な点は、身分的に規定されてきたかつての政治リーダーとは異なって、現代においては「〈業績〉による浮動リーダーを大量に蓄積してきた」ことであり、したがって「大衆と政治リーダーの循環が可能になった」ことである。[102] そして松下は「今日政治家はなによりもまず市民たることが必要である。政治家にこのような特性をそなえた〈偉大な市民〉でなければならぬ[103]」と述べ、市民の政治参加と同時に、政治家における市民性の習得の必要性を唱えている。

自治体における市民参加型の地域民主主義の場から〈偉大な市民〉としての職業的政治家を醸成し、その人材を中心に政党政治を運営するという松下の構想は、「市民運動から国会へ」の通路で登場した政治家菅直人（一九四六―）にその見事な実例を見ることができよう。菅は二〇〇七年のインタビューで、松下や彼と理論的・政治的に緊密に関わった政治学者篠原一（一九二五―二〇一五）との交流についてこう述べている。

篠原先生とか松下圭一さんという方々を勉強会にお招きしたり、松下さんは同じ町に住んでいましたから時々、遊びに行ったりしていました。市民運動をやるようになってからは、ほぼその二人に教えていただいた。特に松下圭一さんの『市民自治の憲法理論』とか『シビル・ミニマムの思想』とかに影響されました。そのころ私は労働組合中心の社会党的な運動のやり方に非常に批判的でした。簡単に言えば、六〇年代に都市化が進み公害とか住宅などいろいろな問題が出てきたにもかかわらず、社会党はほとんど何も対応できないんですね。［中略］松下圭一さん的に言えば、六〇年安保でみんな街頭に出て運動したけれども、終わってみんなが地元の杉並区や武蔵野に帰ってみると、何一つ変わってなかった。そういう中で地域に運動が起きてきたわけです。

つまり、社会党や労働組合のような従来型の運動に対して、「地域の中に運動がないから何も変わらないんだ」ということで動きだしたグループができてきて、それらと松下さんや篠原先生のような理論がくっついていった。私はそんな中で理論的にも運動的にも育ってきたわけです。(104)

保育所や公園の整備、ゴミ処理といった極めて身近な生活の問題を自主的に処理しようとする小さい「自治」から、新しい市民型の政党政治家を育成しようとした松下の努力が、後の民主党への政権交代という巨大な結実をもたらした貢献を、ここで評価すべきであろう。

ポリティクスと党派性

以上で見た一九六八年の『現代政治学』は、戦後思想史における「政治」の見方のみならず、「政治学」を考えるためにも示唆に富んでいるテクストである。

前述の通り、松下は一九五〇年代の早い時期からポリティカル・サイエンスの有用性を強調した希な思想家であった。革新自治体の都市政策論は、そのような方法を積極的に取り入れ、政治的要求を「数値化」することに基づいている。ところが六〇年代後半以降、「政治学」をめぐる彼の考え方には一つの変化が現れる。ポリティカル・サイエンスとは異なるものとしてのポリティクスの構想が、はっきり意識されてくるのである。たとえば『現代政治学』の中で、松下はこう述べている。

政治学は、polis すなわち〈政治体〉の学として、基本的な価値観念、ついでまたそれに対応する体制像と人間像を前提としてはじめて成立しうる。したがって政治学はたんなる実証科学にとどまりえない。伝統的にみれば自由という価値観念を前提として成立したものである。[105]

ここで松下は、人間行為に関する限り、価値判断を交えない理論は成立し得ないといったバーリンの言葉を引用し、政治学はある種の価値の擁護を前提としない限り成り立たないと述べている。前述の通り、松下の場合、その擁護すべき価値は「個人自由」であり、政治は個々人の「人間性の開花を可能とする制度的定型」を作り上げる「社会的組織技術」と定義される。あくまでも「個人自由」が目的として先行し、政治はそれを制度的に保障する「技術」として考えられるのである。

これは政治において何を目的とすべきかという価値判断、言い換えれば〝よりよい政治のあり方は何か〟という思想の問題を、政治学の出発点として認め、明るみに出そうとする主張である。政治における価値判断は必然的に「党派性」に関わる。その「党派性」の排除を目指すのがポリティカル・サイエンスの特質であるが、それだけでは政治学の本然の任務、即ちある政治体の総合的な全体像を提示することができないと、松下は考えるのである。

一九七七年、日本政治学会での報告「政治学の新段階と新展望」の中で、松下はポリティカル・サイエンスと異なるものとしてのポリティクスの構想についてさらに詳しく論じる。そこで彼は、戦前の政治学に対する反省から、戦後、「政治過程論」の形で実証研究が発展してきたことを評価する。だが、個別の政治過程（地域政治、圧力団体、政党、選挙、政治意識、政治文化など）のパッチワークだけでは日本政治の全体構造を把握することができないと、その限界を指摘する。さらなる問題は、実証研究のみに依存しては政治における「未来構想」を導き出すことができないという点である。したがって松下は、ポリティカル・サイエンスのみで完全なポリティクスを構成することはできないと断言する。

個別の政治過程のパッチワークではなく、政治構造の全体像（統合の基本をなす骨組およびその未来像）を提示することが、松下の見る政治学の任務である。そのための作業は、政治体を構成する人間の特質、即ち人間性の把握から出発しなければならない。そして現代の政治に関わる現代の人間性として、彼は「市民」の特質を挙げる。現代日本政治の全体に関わる問題を「国家主権＝官治・集権政治と市民主権＝自治・分権政治との正統性対立[106]」に位置づけ、そこから政治の全体像と未来像を見出しているのである。要するに、「市民型」人間の参画による自治体主導の政策提案が政治の出発点となり、政策の「ヒロバ[107]」としての議会の活動を通じて国家がそれらを調整することが、松下の考える現代日本政治のあり方である。

ここで注目すべき点は、松下のいう「政策」の性格にある。政策とは問題解決のための政治技術を指すと定義しながら、その第一の特性として松下が挙げるのは、他ならぬ「党派性」である。一九九一年の『政策型思考と政治』の中で、松下は「政策の基本特性はその〈党派性〉にある。［中略］政策とは、まず党派の《政治技術》である[108]」と、明快に述べている。

政治における現状分析の道具としてポリティカル・サイエンスは有用であり、また必要不可欠である。しかし政治学がある価値の追求を前提にしている学問である限り、現状をその目標の方向に向かわせるための操作が必要となる。

それが政治を「可能性の技術」たらしめる理由であると松下は考える。科学は政策の構想に寄与するものであるが、政策の決定は結局のところ、党派間の「合意」を通らなければならない。そしてその過程は完全な科学ではありえない。それは「「科学」的な恋愛やスポーツまた戦争がありえないのと同型の問題[109]」である。価値判断と党派性に基づく〝よりよい政治〟の志向を政治学の任務として全面的に認めている松下において、「可能性の技術」の学としての政治学のあり方は、たとえばこのように提示される。

ポリティクスとしての政治学は、ポリティカル・サイエンスと異なり、対象が現実に成熟していなくても、現実のなかに予兆を発見し、その可能性を構想力によっておしひろげるという性格を宿命的にになっている〔中略〕これが予測性である。構想つまり予測としての政治学は、いわば未来のある時点において、「実証」あるいは「験証」されるはずなのである[110]。

ここでいう「予測」は、正しい歴史法則に基づいた未来の予言ではなく、また現状の自動的な延長線上で起こり得ることに対する機械的な描写でもない。多様な党派が現状分析を行い、それを通じてある予兆を発見し、それをおしひろげる合理的な方法を政策として提示し、互いに説得しながら競争することを意味するのであろう。ここでいう「現実のなかに予兆を発見し、その可能性を構想力によっておしひろげる」行為を、政治における主体性の言い換えと理解することも可能ではないか。戦後日本の政治思想における一つの大きな課題が政治における主体性の確立であったことは言うまでもない。主体性という政治思想の規範概念を結果責任に結合させ、実践と検証の可能な政治学の言語に翻訳しようとした一つの試みとして、政策立案をめぐる松下の議論を評価するべきであろう。

以上の松下の政治学構想は、政治学と科学の問題を取り上げた丸山眞男の戦後初期の文章、「科学としての政治学」

（一九四七年）と、多くの側面で共通しながら決定的に異なっている。

丸山が指摘する戦前政治学の最大の問題点は、その「学」と「対象」との乖離にある。戦前の政治学は現実から離れて概念論争に傾いてしまい、実際の政治決定に対する批判としての効用を失ったという批判である。

しかし同時に丸山は、逆に現実政治にとって「有用」な政治学についても、その危険性を警告している。政治と距離を持たない政治学者の研究は、現実のイデオロギー対立に影響され、またそれに利用され易い。そこで要求されるのは、政治的思惟の存在拘束性を認めた上で行われるべき、政治学者自身の禁欲である。内面の「真理価値」を基準として絶えず自己監視・自己批判を行うことは、政治的人間であると同時に科学者である政治学者に与えられた宿命的な課題である。丸山はこう述べる。

政治学が特定の政治勢力の奴婢たるべきでないということは、明確な政治的決定を回避する「無欲」の「客観」主義者への献辞ではないのである。政治的思惟がその対象に規定され、又逆に対象を規定する結果、政治理論に著しい主観性が附着し、多かれ少なかれイデオロギー的性格を帯びることは、そのいわば「宿業」である。〔中略〕思惟の存在拘束性という厳粛な事実を頭から無視することと、他人のみならず自己自身の存在制約を謙虚に認めることといずれが果してよりよくその目的を達するであろうか。価値決定を嫌い、「客観的」立場を標榜する傲岸な実証主義者は価値に対する無欲をてらいながら実は彼の「実証的」認識のなかに、小出しに価値判断を潜入させる結果に陥り易い。之に対して、一定の世界観的理念よりして、現実の政治的諸動向に対して熾烈な関心と意欲を持つ者は政治的思惟の存在拘束性の事実を自己自身の反省を通じて比較的容易に認めうるからして、政治的現実の認識に際して、希望や意欲による認識のくもりを不断に警戒し、そのために却って事象《ザッヘ》の内奥に迫る結果となる。(11)

認識の価値中立性を自負する者は、政治的思惟に附着する主観性の存在を「無視」しがちである。それに比べて自己の党派性と意欲を認め、把握している者は、そのような自己の立場を意識的に相対化することを通じて、政治的現実の認識における「くもり」をより容易に警戒することができると丸山は述べているのである。

丸山も松下も、マンハイムのいう思惟の存在拘束性を認め、価値判断から完全に自由な、客観的な認識行為の可能性を疑う。そして自らの党派性を厳しく自覚することを政治学者に要求する点においても共通している。しかし丸山において、党派性に基づく「希望や意欲」は認識の「くもり」であり、したがって禁欲の対象とならざるを得ない反面、松下はそのような「希望や意欲」をむしろ前面に出して、政治学の出発点として認めることを主張する。丸山において、政治学者は内面における「真理」価値を基準として、党派性による認識の「くもり」を取り払わなければならない。しかし松下においては、ある党派的価値の実現のためにもっとも有効な手段を構想する「合理化」の媒介を通じて、党派性を「政策」に翻訳することが、政治学者の任務である。丸山が党派性を警戒する理由は、それが認識をくもらせる情念の毒を持っているからである。しかし松下にとって党派性は、それが実現可能性を欠いている時、空想的で未熟な、そのままでは無用なものである時に問題となるのであろう。

政治の文明化

政治的党派性に対して松下が示す、ある種の警戒の低さは、一方で、保革の対立が政治的な破局を招来するほど深刻化する可能性がだんだん低下してきた、一九七〇年代以降の政治を反映していると思われる。だがもう一方で、それは松下の想定する人間観、そして文明観と深く関わっている。一九六〇年代後半の学園紛争直後、時代の空気を意識しながら書かれた一九七一年の「政治とは何か」は、この論点を理解するために有用である。

この論文は、政治をめぐる様々なイメージ、すなわち「政治とは何か」への答えが、共通の合意を得ることができないほどに分裂していることを指摘しながら始まる。政治は「決断」であるか、多数意思の「結集」であるか。政治の原動力は「理想」であるか、「権力欲」であるか。政治は強制装置の組織であるか、資源の配分であるか。このように互いに相容れない主張が並立しているというのが、一九七一年の議論空間に対する松下の認識であった。彼は続けてこう述べる。

政治とは極限状況における決断であるというテーゼには、制度的手続による個人意志の結集であるというテーゼが対立する。政治は理想の追求であるというアイデアリズムと同時に、政治を権力の追求であるというリアリズムが提起される。あるいは政治を可能性の選択と位置づけるならば、これに対抗して必然性の産婆術という位置づけもなされる。さらに政治を強制装置の組織技術といいうるとともに、社会的富の配分技術ともいいうる。［中略］一定の政治状況構造のなかで主体Aにとっての合意調達は主体Bにとっては多数決の暴力であり、政治目標の提示は思想の馴化となる［中略］。こうして最近では、寛容の抑圧が語られ、沈黙も暴力と位置づけられすらしてくる。(112)

前述した『現代政治学』は一九六八年三月、学園紛争が激化する前の時期に出版された。それにくらべると一九七一年の「政治とは何か」の冒頭部分は、明らかに新左翼の主張を意識した形で書かれている。ここで松下が言及している「寛容の抑圧」とは、一九六八年一〇月に邦訳が出版されたウォルフ、ムーア、マルクーゼの『純粋寛容批判（*A Critique of Pure Tolerance*）』を指していると思われる。

この書物の中でもっとも関心を集めたのはマルクーゼの論文「抑圧的寛容」であった。「寛容」は両面的な機能を持っており、人間の解放のために働く寛容もあるが、抑圧のために働く寛容もあるというのが、その要旨である。つまりここでマルクーゼは、現在の諸権利および自由(liberties)が、人間のさらなる自由の獲得を妨げる装置と化していると批判する。そして、法律の定める範囲を越えないものであれば、どのような意見や主張についても適用される「純粋」な寛容は、現存する枠組みを保守する機能を担っているため、同様に抑圧的なものである。過去の画期的な解放はすべて既成の法律規定を超えるものであったことを、マルクーゼは喚起する。解放のために働く寛容は、無党派的な、内容を持たない「純粋」な寛容ではなく、明白な党派性を持つ寛容、そしてその党派性を妨げるものに対しては徹底して不寛容なものでなければならない。すでに獲得した自由(そしてそれを保障する制度)が、より大きな自由の可能性を遮断するものである以上、より大きな自由は現段階での「妥協」を通じては期待できず、新しい社会を「創造」することによってのみ獲得され得る。マルクーゼはこう述べる。

> 自由とは自決であり、自律である。［中略］この自律の主体は［中略］他人とともに居ながらとらわれないで自由でいられるような人間としての個人なのである。そしてあらゆる個人の自由と他人の自由との間に、そのような調和をつくりだすことを可能にするという問題は、競争者同士の間に、自由と法律との間に、一般的利害と個人的利害との間に、確立された既成の社会における公共の福祉と私的福祉との間に、妥協点を見出すということではなく、人間が自決をはじめから損ってしまうような制度に、もうこれ以上隷属させられていることのない社会を創造するということである。[113]

このようなマルクーゼの議論は、諸権利を「保守」することで「戦後民主主義」が成立すると主張した松下にとって、もっとも憂慮すべきものであったろう。マルクーゼが提示する自由はアナーキズムにおける freedom に近い。松下が擁護する諸権利 liberties の漸進的な拡大過程を続けて行っても、この二つの理想が合致する地点は考えられない。

再び一九七一年の「政治とは何か」に戻ると、そこで松下は、一つの価値や概念をめぐって合意が不可能なほどの分裂が生じている場合には、その「原型」を考え直すことが有意味であろうと述べ、自ら「政治」の「原型」を提示している。それは、古来、帝王の秘術といわれ、現代においては戦略・戦術と言われる「術数政治」である。「この意味での政治とは、政治主体間の敵対的闘争をめぐって、各主体が相互に状況を自己に有利に操作する技術をいう[114]」。この術数政治の帰着点は敵対的な主体間の支配・服従の関係であり、またそこから構築される秩序像は、上から行われる統制型統合である。

しかしこのような術数政治とは異なる政治の発明が、古代地中海の都市国家において登場したと松下は考える。それが「共和政治」である。現代の参加型統合は、この共和政治の伝統が中世と近代を経て定式化されたものである。この西洋生まれの共和政治が、「術数政治」の強い影響下にあった明治期の日本にとっていかに奇異なものに思われたかを示すために、松下は福沢諭吉がヨーロッパで見聞した政党政治の様相を引用する。

又党派には保守党と自由党と徒党のようなものがあって、双方負けず少からず鎬《しのぎ》を削《けず》って争って居ると云う。何の事だ、太平無事の天下に政治上の喧嘩をして居ると云う。サア分らない。コリャ大変なことだ、何をして居るのか知らん。少しも考の付く筈がない。彼《あ》の人と此の人とは敵だなんと云って、同じテーブルで酒を飲で飯を喰て居る。少しも分らない[115]。

つまり「共和政治は、敵対的闘争関係(ゲーム)をできうるかぎり等質的競争関係(レース)に置換するという発明にほかならない[116]」。これが術数政治の「原型」に対する共和政治の「変型」である。だが「変型」は「原型」を完全に飼いならすことはできない。術数政治はプロの政治家の間にはもちろん、代表者として選ばれたリーダーと人民との間にも繰り返して現れる。大規模な社会、つまり多数の構成員を持つ社会において、代表制は動かすことのできない政治の方式である。少数に権力が集中する傾向を避けるためには、大規模な共同体においてこそ可能な経済構造、つまり繁栄をあきらめるしかない。そして松下はそれを選択肢から外す。小さなコミューンの連立体のような共同体では、大産業の発展や技術の革新、つまり文明の進歩が不可能であるからであろう。

繁栄をあきらめない限り、代表制のもたらす支配関係の再生をも受け止めるしかない。民主主義が本源的に内包しているこの二律背反の側面は、憲法においては「緊急権」と「抵抗権」の矛盾として現れる。共和政治の中における術数政治の絶えざる復活は、政治の異常態ではなく常態なのである。

このような術数政治に対処するために、松下はそれを拒否するのではなく、むしろ術数政治の条件を市民に拡大し、市民がその技術を習得することを主張する。「すなわち私たち自身が術数政治を遂行しうるステーツマンになることにはじめて、かえって共和政治を実現し、参加型統合を実効あらしめることができるのである[117]」。

しかしそのために、市民が全人格を投入して政治に没頭する必要はない。松下にとって現代における政治の意義は、生活最低条件と諸権利の保障という二つの機能に限定されているからである。「人間は全体的であり、政治は人間にたいする機能にすぎない〔中略〕人間はうまれながら社会的動物ではあるが、けっして政治的動物ではない[118]」と松下は述べる。政治の世界は人間の世界全体、言い換えれば文明の中の限定された一部分に過ぎない。文明が進歩すると、政治の形式と内容もまた変わる。「政治とは何か」という問いが絶えず提起される理由、また繰り返して提起されなければならない理由は、その内容の可変性にある。

このような視座は、実は彼の最初のロック論「ロックにおける近代政治思想の成立とその展開(二)」の中にすでに現れていた。そこで松下は、ロックの想定する人間について、こう述べている。

即ち国家は人間の特定の目的に基いて副次的に構成される機械にすぎない。それ故ここでは人間は決してアリストテレス的意味におけるような政治的動物であることは出来ないのであって、本質的に人間は、政治的には中性的な存在として考えられている。即ち近代市民社会における《私人》である。それは非社交的存在ないし政治ぎらい Staatsfeindlichkeit である。それ故この政治的に中性的な個人にとっては、国家とは絶対的な所与あるいは絶対的に必要な存在ではなくして、このような自己完結的な個人の特定の目的にとって――「政治は財産保持以外には何の目的も持たない」(Gov. II. §94)――相対的に必要とせられているネガティブな存在にすぎない。[119]

政治の原型が敵対的闘争関係にあることを、松下は認める。しかし彼が強調するのは、人類の歴史がその「闘争状況」を「競争状況」におきかえる文化構造と政策・制度技術を発明してきたことである。現代の人間が原始時代の人間より大きく変貌してきたのと同様に、政治の方式もその原型より大きく変わってきたはずである。国家を人間の必要に応じて構成される機械として捉え、政治の機能を最小限に限定して行こうとする「政治ぎらい」の人間、つまりリベラリズムの登場を、松下はいわば人類文明における一つの到達点として受け止めているのであろう。彼の政治思想と政治学を根柢から支えるのは、啓蒙と合理化の勝利としての文明に対する揺るぎない信頼なのである。

終章

「国家に抗する社会」の夢

新たな問題の台頭

豊かな社会における個々人の自発性を地域政治の内部に持ち込む通路を構築しようとした松下の「市民参加」の思想は、高度成長以降の日本政治における、新しい、そして実効的な発展に貢献した。彼が問題にしたのは、既存の革新派の政治運動の限界、とりわけデモに代表されるような〝街頭の政治〟の限界であった。六〇年安保の時、三三万人のデモ隊は杉並区や武蔵野の住宅街を素通りして国会議事堂に向かったが、その人々も結局は家に帰らなければならない。生活空間から遊離した政治運動は容易にラディカル化し、ゆえにまた持続性に乏しい一回性のイベントに終わる危険性が高い。

そこで松下は、新憲法と高度成長によって涵養された権利意識と自発性のエネルギーを、自治体の政策決定過程における市民参加に転化する道を模索した。市民が参加することによって、その意思決定は公共性を主張する正当性を確保することができ、また参加者個々人は発言と聴取を通じて、実際の意思決定過程における様々な衝突を経験し、合意に到達するための技術を身に付けるようになる。こうした政治教育が、政治への無関心の悪循環を断ち切る契機となり、政治観そのものの変革につながることを松下は期待した。

しかし一九九〇年代以降、そうした市民参加の構想は新たな問題に直面する。一つは、「市民」の条件である時間的・経済的な「余裕」をめぐる問題である。経済規模が順調に成長し、またその持続が約束されていた時代においては大多数の人々が「中流」意識を持つことができた。彼ら「大衆」が「市民」として自発的に政治に参加する時、そこで構築される公共性の主張は正当性を持ち得た。

しかしその後、経済成長は次第に鈍化し、続いて投機による資産価格の上昇と急落を中心にバブル経済の崩壊と呼ばれる事態が到来する。資産市場と雇用市場は安定性を失い、かつての厚い中間階層の分化が進む。日本経営の三種の神器と呼ばれた年功序列、終身雇用、企業内組合の基盤は次第に危うくなり、やがて新しい貧困の問題が浮上する。[1]中間層の階層分化によって社会全体における格差が増大すると、「大衆」と「市民」は再び分離する。

もう一つの問題は、「市民」の「自発性」を制度化して行く中で発生する逆説である。サイモン・アヴネルは二〇一〇年の著書 *Making Japanese Citizens* の中で、六〇年安保以後に展開された市民運動の性格を「ベ平連」運動に代表される「良心的潮流」、反公害運動や反開発運動の「プラグマティックな潮流」、そして松下や「都政調査会」のメンバーが主導した「市民参加運動」の三つに区分している。これらの運動はいずれも六〇年安保の成果と限界を意識した形で展開されたものであり、その中で進められた運動の持続化と専門化、実効化のための努力は、後の世代の市民運動に継承されることになる。

しかし同時に、そのような遺産を吸収した次世代の市民運動の多くは、市民団体と政府との協調関係を前提とするものであった。その過程において、かつての市民運動の持っていた対抗的・対立的な方式は拒否された。根本的には資本主義を肯定し、官僚制との協業を前提にした形で運動が進められるようになったのである。[2]こうした傾向は、特に一九九八年の「特定非営利活動促進法(NPO法)」の制定以後、国家が「市民社会」の成長を奨励し、それを積極的に育成することになった後、より顕著になる。NPOを中心とする「市民社会」が、政府の補完機構、とりわけ新自由主義的な路線に立脚した小さい政府の補完機構として機能する側面が露呈したのである。

植村邦彦は、実際に登録されているNPO法人の過半数以上を「保健、医療又は福祉の増進を図る」NPOが占めている点を挙げ、この法律の想定する「公益」が特定の性格へ傾斜している点を指摘する。つまり植村は、NPO法制定の前年度である一九九七年、「経済同友会」が「自己責任原則に基づく自由競争社会の健全な発展」として「市民社会」の実現を提言した点に注目し、「新自由主義の進展による社会福祉の後退を補完する形で、市民の「ボランティア活動」と「自発的結社」が求められ」、縮小された政府の福祉の穴を埋めるために個人の自発性が利用されているのではないかを問う[3]。公共のニーズに対する処理が国家の責任ではなく「市民社会」の課題として設定されつつあるという植村の批判は、先述したアヴネルの指摘と通じるものである。つまり彼らは、現代における「公共」や「公益」の概念そのものが、新自由主義の諸問題を隠す形で作られつつあることを問題視するのである。

新自由主義の下で政府と財界の利害が一致し、社会もそれに同調する動向を示す現象は、藤田がもっとも警戒し、警告し続けたものである。藤田の視座から見れば、これは妥協を強調する余りに国家への異議申し立てを放棄してしまった市民社会の必然的な帰結であろう。制度を疑い、それに立ち向かい、それを不断に作り直そうとする人間の独立性は、制度に依存し、あるいはそれを利用することで満足するような態度からは生まれ得ない。松下のいう通り、現代文明は確かに「素晴しい飼養箱」を作り上げたかも知れない。しかし人間はそのような環境に慣れた余りに、いつの間にかそれが飼養箱であることさえ忘れているのではないか。

このように社会の諸領域が一つの方向への同調を示し、「全員が高密度組織化されている社会[4]」全体への対抗策は、人間の個別的な独立性が尊重される領域、つまり「孤独圏[5]」を取り戻すことでしかない。藤田はその方法として顔の見える〝小さな社会〟の中で行われる相互作用を重視する。たとえば彼が一九七三年に発表した「五人の都市」は、都市の基本的な構成員として農夫、建築家、職匠などを挙げたソクラテスの言葉の中、「ぎりぎりの最も必要なものだけに局限された都市は、四、五人から成立する[6]」という言及に着目した議論である。人間にとって真に意味のある共同体は、その構成員の一人一人の顔を思い浮かべるような社会、個人が個別性を持って存在し得る社会ではないか。そのような「五人の都市」においてこそ、その構成員は社会に対する五分の一の責任感を持って生きることができる。社会と個人をめぐるそのような健全な相互性を、メガポリス東京は保持し得るのか。

藤田の「五人の都市」は、松下圭一が責任編集を務めた『岩波講座　現代都市政策』(全一一巻、別巻一、一九七二—一九七三年)を念頭において書かれた文章である。元来、藤田に寄稿を依頼したのは岩波書店の小冊子『図書』であり、それは『現代都市政策』シリーズの出版に際して「おそらくそのPRを意図した[7]」要請であった。だが藤田はその誌面を借りて、むしろ松下の巨大都市論に対して〝最小限の都市〟論を対置させる逆襲を試みたのである。巨大な社会から「統計的に無視される[8]」この小さな社会は、顔の見える他者の声を直接聞き、その上で持続的な交渉行為を行うことのできる、「多様性と相互的葛藤を含む生きた動きとしての「一つの社会[9]」」として語られる。異質の他者間における葛藤を認め、その経験を人間の成熟に不可欠な要素と考えた藤田の多様性への強調は、「一体性」を強要する「天皇制社会」の見えない圧力に対する対抗策でもあった。個人の自発性を特定の方向に制度化し、動員しようとする動きが強まって行く中で、支配的な秩序としての「状況」に対する個人の「独立」、そして葛藤を含む相互性への重視を説いた藤田の議論には注目する価値がある。市民参加の政治が支配的な権力関係を反映しながら制度化され、また資本と国家の利益に包摂されるかも知れない危機に直面する時、制度化し切れない「反抗の運動」を民主主義の本質と見る藤田の考察は、有用な示唆を与えてくれる。

「国家に抗する社会」の夢

これまで見てきたのは、二人の戦後デモクラットの思想と行動の軌跡である。「主義者」は「主義」に貢献しなければならないという藤田の言葉に従うと、民主主義者を自称する者は現在の民主主義を享受するだけでなく、そのさらなる民主化のために貢献しなければならないであろう。藤田と松下は、戦後日本における大衆社会の到来を前提としながらその中において民主主義に貢献する道を探ろうとした「民主主義者」であった。その模索の過程は様々な点において交錯しているが、しかし彼らが究極的に目指した到着点は同じである。「国家に抗する社会[10]」の構築がそれである。

ただその際、両者の考える「社会」の構造は異なっている。一方で松下は、その原型を自由主義と社会主義に共通する思想的遺産、つまり「各人の自由な発展がすべての人の自由な発展となるような人間関係[11]」に見出した。自由な個人が自発的に構成する結合体によって日本社会を再編しようとした彼の構想は、実際に登場した様々な市民団体によって具現した。また自治体への市民参加は、各地域の政府を「国家」から「社会」の方に取り戻す戦いでもあった。

他方で藤田は、普遍的な原理に自分の価値判断の基準を縛ることで大衆社会の同調傾向に抵抗し、そうした個々人が様々な対立を積み重ねて行く〝小さな社会〟を擁護する。高密度に組織された管理社会の圧力に対抗するために、藤田が〝小さな社会〟に期待するのは、全体社会の均質性に逆らう、分解者としての役割である。松下が地域性に照らして国家を相対化しようとする反面、藤田は普遍性に照らして国家を相対化しようとする。

こうした社会像の違いは、テクノロジーの進歩を骨子とする現代文明の中の民主主義の位置づけと関連している。松下は、工業化(技術進歩)と民主化を人類文明における二つの永久革命とみなした。技術における永久革命は着実に進行しており、人間が操ることのできる情報量やその処理と伝達の速度は毎日のように増進している。そうした技術革命は、もう一つ永久革命である民主化の発展の条件となる。松下は、両者の相補関係として蓄積されてきた文明の力を信じるのである。一九七一年の文章「市民的徳性について」の末尾において、松下は「文明の歴史は、今日、権力の機動性の増大ならびに公害にともなう生態学的均衡破壊によって危機にあるとはいえ、五〇〇〇年の蓄積をもつのである[12]」と述べ、古代地中海の都市国家の時代から続けられてきた人類文明の価値に揺るぎない信頼を示した。テクノロジーの発展は、古代ギリシャにおける奴隷に取って代わり、現代人に富と余暇を提供してくれるであろう。そのような物的基盤の上でこそ、人々は「市民」として成熟することができるのである。

しかし藤田にとって現代の技術革命は「理性なき合理化」の過程に他ならない。それを根柢から支えているのは、不快と対立の素を抹殺しようとする病理的な心理である。そのような社会に蔓延する同調傾向は大衆社会の特質であると同時に「天皇制社会」の特質である点において、二重の危険性を持つ。こうしたコンフォーミズムが人間の真の解放を目指す民主化を窒息させる時、現代社会は生ぬるい安楽への追求のみが支配する「血色よく死んでいる社会」[13]に転落するだろう。

一九五〇年代半ば、「大衆」の時代が到来したという同じ認識から出発した両者は、こうしてまったく異なる結論に達する。六〇年安保において「市民」の出現を期待した藤田は、高度成長期以降、日本社会の全面的な「大衆」化を診断する。逆に「大衆」論を掲げて高度成長期初期に登場した松下は、「市民」の大々的な出現可能性をもってこの時代を特徴づけるようになる。

おそらく高度成長期以降の日本社会は、市民社会の側面と大衆社会の側面、松下的なものと藤田的なものを、ともに備えている。そして今日の社会も、そのような緊張関係から自由ではない。戦後の議論空間に立ち返り、可能性の源泉としての戦後思想を再検討する作業が必要な理由もそこにあるのではないか。

注

プロローグ

(1) 代表的には、アメリカの歴史家でありケネディ政府のアドバイザーを務めたアーサー・シュレジンガー・ジュニアの見解。近著の中でこの視座を前面に出しているものとして Michael Dobbs, *One Minute to Midnight: Kennedy, Khrushchev, and Castro on the Brink of Nuclear War*, Knopf, 2008 を挙げたい。ドブズは、一九六二年一〇月一六日から二八日までの出来事をほぼ毎時間単位で詳細に記述しながら、核弾頭の小型化をもたらしたテクノロジーの発展が核兵器の運用を簡素化させ、結果的に核戦争勃発の危険を上昇させたことを明らかにしている。なお、後にケネディ政府によって「暗黒の土曜日」と称されたこの日の象徴性を考慮し、ここではアメリカの Eastern Daylight Time(EDT:東部夏時間)による日付を用いた。

(2) ジョン・ルイス・ギャディス著、赤木完爾・齊藤祐介訳『歴史としての冷戦——力と平和の追求』慶應義塾大学出版会、二〇〇四年、四三九—四四〇頁。

(3) 同前、四四二—四四五頁。

(4) 一九六〇年代半ばから冷戦体制の逆説的な安定性を論じた論考に、永井陽之助「国家目標としての安全と独立」『中央公論』一九六六年七月号。

(5) M・L・ドックリル/M・F・ホプキンズ著、伊藤裕子訳『冷戦一九四五—一九九一』岩波書店、二〇〇九年、一〇七—一二四頁。

(6) 永井陽之助によると、人類歴史の大部分は和戦未分化の状態を「常態」として持っており、宣戦報告によって平和状態と戦争状態とが明確に切断されることがむしろ「異例」であった。永井はそこから冷戦状態に一八—一九世紀以前の時代に戻る傾向があると指摘する。永井陽之助『冷戦の起源——戦後アジアの国際環境(I)』中公クラシックス、二〇一三年、八—九頁。初版は一九七八年、中央公論社から出版された。

(7) 藤田省三「プロレタリア民主主義の原型」『岩波講座現代 第一二巻 競争的共存と民主主義』岩波書店、一九六四年、一八六頁。

(8) 同前、一八七頁。

(9) 同前、一九九—二〇〇頁。以下、傍点は原著者による。

(10) 松下圭一「民主主義の現代的状況と課題」同前書、六〇頁。
(11) 同前、九九頁。
(12) 同前、一〇三頁。
(13) 福田歓一「まえがき」同前書、i頁。
(14) 一九五五年は景気上昇が続きながら物価は上がらず、国際収支の改善も進む「数量景気」を示し、それは一九五六年後半より五七年にまたがった投資が投資を呼ぶ民間設備投資ブームにつながった。この景気上昇は有史以来未曽有のことだとして「神武景気」と通称され、高度成長の幕開けを飾る好景気となったという。尾高煌之助「成長の軌跡(二)」安場保吉・猪木武徳編『日本経済史 第八巻 高度成長』岩波書店、一九八九年、一六四―一六六頁。
(15) 一九七三年一〇月六日の第四次中東戦争を契機とするアラブ諸国の石油戦略によって原油価格が暴騰し、一〇月二三日、エクソンとシェルが原油三〇%値上げを通告するなど、メージャー石油会社は大幅な原油値上げを行った。石油の九九・七%を輸入に依存していた日本は大きな打撃を受け、高度成長政策の修正が迫られた。
(16) 石井寛治・原朗・武田晴人編『日本経済史 第五巻 高度成長期』東京大学出版会、二〇一〇年、v頁。
(17) 橋本寿朗「日本企業システムと高度経済成長」同前書、二七二―二七三頁。
(18) 小熊英二『〈民主〉と〈愛国〉』新曜社、二〇〇二年、一二頁。
(19) 吉見俊哉『ポスト戦後社会』岩波新書、二〇〇九年、i―x頁。
(20) 初出は「現代の思想状況」『岩波講座日本通史 第二一巻 現代(二)』岩波書店、一九九五年。二〇〇四年『現代日本思想論』への収録の際、「現代日本の思想状況」に改題。
(21) 安丸良夫「現代日本の思想状況」『現代日本思想論』岩波書店、二〇〇四年、三頁。
(22) なお安丸は、構造主義の熱気が冷めた後の現代において再び「思想状況の大枠が市民社会論に本掛《ほんけ》帰りしつつある」とし、第一期の近代主義の知の地平を評価している(同前、三五頁)。
(23) 萩原延壽「首相池田勇人論」『萩原延壽集 第六巻 自由のかたち』朝日新聞出版、二〇〇八年、八〇―八二頁。初出は『中央公論』一九六四年七月号。
(24) 日本共産党中央委員会編『日本共産党決議決定集』第一巻、日本共産党中央委員会出版部、一九五六年、一七頁。
(25) 日本社会党『日本社会党綱領』日本社会党統一大会準備委員会、一九五五年一〇月一三日、二六頁。
(26) 同前、一八頁。
(27) すでに一九五五年九月には日本商工会議所による保守合同に関する決議が行われ、一〇月には関西財界五団体による要望書が民主・自由両党総裁に渡された。

(28)「自由民主党綱領・党の性格・党の政綱」歴史学研究会編『日本史史料〔5〕現代』岩波書店、一九九七年、二五六頁。

(29)「五五年体制」の概念については、升味準之輔「一九五五年の政治体制」(『思想』一九六四年六月号、のち改訂して『現代日本の政治体制』岩波書店、一九六九年の第三章として収録)参照。

(30)河野康子は、一九五五年から一九七二年の政党政治にその前後の時代とは異なる安定性の維持を認め、それを支えた条件として日本民主党の持っていた福祉拡充の傾向(社会格差解消や国民皆保険など)を自由民主党が継承した点を重要と評価した。河野康子『日本の歴史 第二四巻 戦後と高度成長の終焉』講談社、二〇〇二年、一六六―一七八頁。

(31)和田春樹「スターリン批判――一九五三―一九五六」東京大学社会科学研究所編『東京大学社会科学研究所研究報告第二六集 現代社会主義』東京大学出版会、一九七七年所収参照。

(32)中野は『文藝春秋』一九五八年八月号に発表した「傷はまだ癒えていない」において、キャッチ・フレーズ化したこの表現に対してむしろ疑問を示している。

(33)内閣府、経済企画庁「昭和三一年年次経済報告」〔http://www5.cao.go.jp/keizai3/keizaiwp/wp-je56/wp-je56-0000i1.html〕(最終検索日:二〇一七年一月三〇日)。

(34)経済白書の作成を指揮した官庁エコノミスト後藤誉之助(一九一六―一九六〇)については、回想「『白書』とともに十二年――喜びも悲しみも幾歳月(復刻版)」『エコノミスト』一九九三年八月二三日号所収参照。

序 章

(1)桜井哲夫「大衆」今村仁司・三島憲一・川崎修編『岩波社会思想事典』岩波書店、二〇〇八年、二二一―二二二頁。

(2)山田竜作『大衆社会とデモクラシー』風行社、二〇〇四年、二三頁。

(3)同前、二四頁。

(4)Raymond Williams, *Keywords: A Vocabulary of Culture and Society*, Croom Helm, 1976, p. 161.〔椎名美智他訳『完訳キーワード辞典』平凡社ライブラリー、二〇一一年、三二九―三三〇頁。〕

(5)William Kornhauser, *The Politics of Mass Society*, The Free Press of Glencoe, 1959, p. 40.〔辻村明訳『大衆社会の政治』東京創元社、一九六一年、四二頁。〕

(6)原文では以下の通りに説明されている。"It is always a question of the *degree* to which an actual society is a "mass society". A society is a "mass society" to the extent that both elites and non-elites are directly accessible to one another by virtue of the weakness of groups capable of mediating between them."(Ibid., p. 228.)

(7)『岩波 仏教辞典 第二版』岩波書店、二〇〇二年、六六二―六六三頁。
(8) 高畠素之『社会主義的諸研究』大衆社、一九二〇年、三一一―三一六頁。
(9) 高畠素之「消費者本位の大衆運動――国家社会主義の一側面」『大衆運動』一九二一年五月二一日号。
(10) 田中真人『高畠素之――日本の国家社会主義』現代評論社、一九七八年、一九二頁。
(11) 有馬学「高畠素之における第二の旋回」『季刊社会思想』一九七四年三―三・四号、六一〇頁。
(12) 高畠素之「性悪観」『急進』一九二五年一月号。有馬前掲六〇九頁より重引。
(13) 高畠前掲「消費者本位の大衆運動」。
(14)『山川均全集 第四巻』勁草書房、一九六七年、三四二頁。初出は『前衛』一九二二年七・八月合併号。
(15) 有馬学『日本の近代 第四巻「国際化」の中の帝国日本』中公文庫、二〇一三年、二八一頁。
(16)「一票行使のために政治戦線は力ある動きを見せ、かくてその帰着する所は即ち普選大衆の『断』の一字を下し、我国民政治の動き行く大道は打開される」(『東京朝日新聞』一九二八年二月二〇日)。なお成田龍一『大正デモクラシー』(岩波新書、二〇〇七年)二一八頁参照。
(17) 高畠素之「大衆主義と資本主義」『中央公論』一九二八年四月号、七〇頁。なお同号の青野論文には、「新しい」「耳慣れない言葉」であった「大衆」が一九二八年の時点では様々な立場から「盛んに発散され」ており、「今や、一種の魔術性を附与されたと言ってよい」という記述が見える。
(18) 同前。
(19) 同前、七三頁。
(20) ここで高畠の資本主義理解について、論集『英雄崇拝と看板心理』(忠誠堂、一九三〇年)所収論文を中心に若干の検討を付け加えたい。論文「資本主義の功罪」の中で高畠が挙げている資本主義の特徴は、それが「経済的活動を全然個々人の利己心に一任する」ものであり、そのような「自由放任の結果、独創と冒険とが盛に行われ、経済的発展が促進され」た点にある(「資本主義の功罪」同前書、一四三―一四四頁)。資本主義の原則は独立的な経済行為者の間の自由競争であり、これが個人に、かつては被支配者としてしか存在できなかった者を含む個々人に、独立と解放の機会を与える。こうした高畠の視座を示す興味深い例が、資本主義社会における女性の地位に関する考察である。資本主義が発達すると、女性も職業を求め、経済的独立を計るようになっていく。そうして女性は「男性の扶養と支配」を仰がなくなり、それが「女性を自由と独立の楽園に復帰せしめ」るであろう(「社会進化における女性の位置」同前書、七六頁)。だが同時に、女性と若年層を含むすべての個人の勤労者化は、「収入源の分裂、家長権威の失墜、貞操観念の浮動、孝悌意識の稀薄」をもたらし、家庭はだんだん、労働者たちの「合宿所」に化してしまう。そう高畠は予測した(「家族制度はどうなる」同前書、一一四頁)。それによって、過去の「諄《ママ》風美俗」や「家族的結合を通して助長される愛国的精神」

も失われるだろう。しかし彼は「日本国民の福利増進は、飽くまで資本制生産の発達に倚存しなければならぬと考える一人として、その当然の結果たる家族制度の壊滅も、一個の必然悪として瞑目しなければならぬと考えている」と断言する(同前、一一六―一一七頁)。資本主義のもたらす「個人主義化が避け難い奔流であるからには、徒らに抵抗することなく、寧ろこれに適応」することを、彼は要求しているのである(「家族主義と個人主義」同前書、一二三頁)。

彼の国家社会主義もまた、資本主義を全面的に否定するものではなく、むしろ資本主義の本来の性格としての個人主義を回復するための構想として読むことができる。たとえば「資本主義とその否定」の中で、高畠は資本主義が発展するにつれて出現するトラストやカルテルに言及しながら、それらは「等価的交換」を望むものではなく「産業を独占して掠奪的な商業を行おうとする」ものであり、資本主義の自己否定に他ならないとする。そして「資本主義は、この自己否定の段階に達すると、国家権力との結合を必要とする」と述べるのである。彼はこう続ける。

「国家によって立つ社会主義は、共産主義の如く報酬の平等を主張しない。寧ろ、各人の技能、実力、勤勉の如何に応じて報酬に差等あるべきことを認める。唯、出発点における機会均等を樹立せんとするのみである。人は生れながらにして貧富の差異があってはならぬ。みな一様な白紙的出発点から発足せねばならぬ。[中略]出発点における機会均等を維持せんがためには、その必然の前提として財産の譲渡及び遺産を禁ずべきは言うまでもない」(「資本主義とその否定」同前書、二一〇頁)

個人の出発点における機会均等のために、私有財産に対する強力な制限(譲渡および相続の禁止)を想定した点が、彼の思想の「社会主義」的な側面であろう。だがこれは資本主義の本来的価値である個人主義を、より完全な形で実現するための装置でもあった。それは「共産主義の如く報酬の平等」を主張するものではなく、「各人の技能、実力、勤勉」を最大限に発揮させるための制度の考案であった。

(21) 長谷川如是閑「政治的概念としての大衆」『中央公論』一九二八年四月号、六五―六六頁。
(22) 同前、六六頁。
(23) 同前、六八頁。
(24) 同前。
(25) 増島宏・高橋彦博・大野節子『無産政党の研究』法政大学出版局、一九六九年、七―四〇頁参照。
(26) 「市民社会」の概念史については、マンフレート・リーデル著、河上倫逸・常俊宗三郎編訳『市民社会の概念史』以文社、一九九〇年および植村邦彦『市民社会とは何か』平凡社新書、二〇一〇年に基づいて整理した。
(27) 中神由美子「J・ロックにおけるプライドと市民社会(文明社会)――『教育に関する考察』を中心として」『年報政治学』日本政治学会、二〇〇八年参照。
(28) この書物は福田徳三が校註した『マルクス全集』(全一二冊、大鐙閣、一九二〇―二四年)の第一〇冊として出版されており、佐野は一九二二年に非合法秘密組織として創立されたばかりの日本共産党の幹部であった。
(29) 福沢諭吉『文明論之概略』岩波文庫、一九九五年、一九八—一九九頁。
(30) 丸山眞男「「文明論之概略」を読む」『丸山眞男集』第一四巻、岩波書店、一九九六年、九七—一〇〇頁。初出は岩波新書、一九八六年。
(31) 福沢前掲『文明論之概略』、二二二—二二三頁。
(32) ただし、福沢は『西洋事情』(一八六六—七〇年)においてはフランス語 citoyen の訳語として「市民」ではなく「国民」を用いた。
(33) 丸山前掲「「文明論之概略」を読む」、一六六—一六七頁。
(34) それに先立ち、一九世紀後半、地主層の一部によってこの語が使われていたことを示す史料としては、柏原宏紀の研究が指摘する一八七〇年の嘆願書を挙げることができよう。柏原によると、本芝海岸堤防工事をめぐって本芝一丁目の地主惣代次郎他から東京府に宛てた一八七〇年六月七日の嘆願書の中に「市民」の語が使われているが、この用法から権利意識の萌芽を発見することが出来るかは定かではない。柏原宏紀「明治初期鉄道建設をめぐる住民と技術官僚」寺崎修・玉井清編『叢書21COE—CCC多文化世界における市民意識の動態　第九巻　戦前日本の政治と市民意識』慶應義塾大学出版会、二〇〇五年、一〇—一五頁。
(35) 山崎正一「市民社会の哲学と経済学——ヒュームの場合」『哲学評論』民友社、一九四九年一月号、二六頁。
(36) 同前、三五頁。
(37) 同前。
(38) 松下自身も、イギリス経験論研究への経緯を語りながら、山崎の名前を挙げている。大槻春彦・松下圭一「〔対談〕「市民社会の原理」とは何か」『世界の名著　第二七巻　ロック・ヒューム』付録27、中央公論社、一九六八年参照。
(39) 『政治学事典』の「序」には、「芦部信喜、阿利莫二、石田雄、岩永健吉郎、岡義達、神川信彦、神島二郎、神谷不二、京極純一、小林直樹、斎藤真、坂本義和、篠原一、福田歓一、升味準之輔、本橋正、横田地弘」と並んで、「面倒な校閲の仕事に助力をうけたこと、およびこれらの諸氏と並んで企劃の当初から私達の事実上の助力者として精魂を傾けられた松下圭一氏の努力にたいして心からの謝意を捧げる」との記述がある。
(40) 「大衆国家」項目の内容は以下の通りである。「〔英〕mass state〔独〕Massenstaat　二〇世紀初頭からの社会的政治的状況ないし過程の変質の根本的原因の一つを大衆の発生と考え、その変化した近代国家を大衆国家という。それは近代国家をささえていた政治的自由の空洞化であり、自由の名による自由の去勢であるから、ある意味では近代国家の没落ともいえる」(『政治学事典』平凡社、一九五四年、八五〇頁)。
(41) 同前、七頁。

(42) 同前、八四八―八四九頁。
(43) 同前、五八二頁。
(44) 同前。
(45) 同前、五八三頁。
(46) 同前、五八四頁。
(47) 同前、八五一頁。
(48) 同前。
(49) 同前、八五一―八五二頁。
(50) 同前、八五二頁。
(51) 同前、八五一頁。

第一章

(1) 松下はロック論をまとめた最初の単行本『市民政治理論の形成』の「序言」に「中村哲、丸山眞男、辻清明の三教授に感謝の言葉を献げたい。ことに丸山教授にはジェミナール以来指導をうけるとともに、旧稿を病床にて読んでいただいた」と書いている(松下圭一「序言」『市民政治理論の形成』岩波書店、一九五九年、vi頁)。
(2) 桑原岳『市ケ谷台に学んだ人々』文京出版、二〇〇〇年、二二八頁。
(3) 徐京植・藤田省三「戦後文化世代の最終走者として」『藤田省三対話集成』第二巻、みすず書房、二〇〇六年、三五五頁。初出は『影書房通信』影書房、一九九四年九月号。以下、藤田省三の著作に関しては、特記しない限り『藤田省三著作集』(全一〇巻、みすず書房、一九九七―一九九八年)及び『藤田省三対話集成』(全三巻、みすず書房、二〇〇六―二〇〇七年)を用いた。
(4) 同前、三五四頁。
(5) 同前。
(6) 石田雄・藤田省三・丸山眞男「〔討論〕近代日本における異端の諸類型」『藤田省三著作集』第一〇巻、九八頁。なお、引用文中の「心の旅路」は、ジェームズ・ヒルトンの小説 *Random Harvest*(1941)に基づいて制作された映画「心の旅路」を指す。第一次世界大戦中、砲撃を受けたショックで記憶喪失になったイギリス陸軍大尉がこの作品の主人公である。
(7) 久野収・鶴見俊輔『現代日本の思想』岩波新書、一九五六年、一九〇頁。
(8) 都築勉『戦後日本の知識人』世織書房、一九九五年、二五二頁。

(9) 藤田省三・丸山眞男「人間と政治をめぐる断章」『藤田省三対話集成』第三巻、二二三—二二八頁。

(10) 徐・藤田前掲「戦後文化世代の最終走者として」、三五八頁。

(11) 「戦中派」の性格をめぐって、「誠実」に戦争遂行に加担し協力したという自覚と反省(福間良明『焦土の記憶』新曜社、二〇一一年、五二頁)をその特徴として挙げる安田武(一九二二—一九八六)の議論は、たとえば村上兵衛(一九二三—二〇〇三)の「戦中派はこう考える」(『中央公論』一九五六年四月号)に見える、戦争によってもっとも被害を受けた世代という自意識とは対照的である。おそらく「戦中派」は、「戦争」そのものを巡る被害者・加害者感覚の矛盾をもっとも鮮明に現している世代といえよう。

(12) 徐・藤田前掲「戦後文化世代の最終走者として」、三五五頁。

(13) 同前、三五五—三五六頁。

(14) 藤田省三「「プロレタリア民主主義」の原型」への補註」『藤田省三著作集』第三巻、一〇一頁。

(15) 丸山眞男「軍国支配者の精神形態」『丸山眞男集』第四巻、一九九五年、一〇八頁。

(16) 徐・藤田前掲「戦後文化世代の最終走者として」、三五四頁。

(17) 藤田は「共同体」と「共同態」の違いについては大塚久雄の用法を用いると記した上で、「われわれの視角においては共同体は「部落」として個別的・具体的存在であり、共同態は共同体秩序原理によって構成される、より一般的な社会形態である」と説明している(藤田省三「天皇制国家の支配原理」『藤田省三著作集』第一巻、五五頁)。

(18) 藤田省三「〔弔辞〕丸山眞男追悼」『藤田省三著作集』第八巻、六八三頁。初出は『みすず』みすず書房、一九九六年一〇月号。また、岡本厚・藤田省三「〔対談〕戦後精神史序説 第四回 知識人について」『世界』一九九八年四月号にも同様の言及が見える。

(19) 藤田省三「大衆崇拝主義批判の批判」『藤田省三著作集』第七巻、一二四頁。

(20) 石田・藤田・丸山前掲「〔討論〕近代日本における異端の諸類型」、九八頁。

(21) 同前、九九頁。

(22) 一九五九年、『戦後日本の思想』の表題で中央公論社から単行本化された。

(23) 藤田省三「〔報告〕反体制の思想運動——民主主義科学者協会」『藤田省三著作集』第七巻、七四—七五頁。

(24) 同前、六七頁。

(25) 同前、六七—六八頁。

(26) 藤田省三「「昭和八年」を中心とする転向の状況」『藤田省三著作集』第二巻、八頁。

(27) 藤田省三「〔報告〕社会科学者の思想——大塚久雄・丸山眞男」『藤田省三著作集』第七巻、八六—八七頁。初出の『中央公論』一九五八年一一月号には「社会科学の思想——大塚久雄・清水幾太郎・丸山眞男を軸として」と題されている。その他、初出誌・単行本・著作集のあいだで本文の修正による違いがある。

(28) 同前、八七頁。
(29) 同前。
(30) 同前、八八頁。
(31) 石田・藤田・丸山前掲「〔討論〕近代日本における異端の諸類型」、九七―九八頁。
(32) 初出は『岩波講座現代思想 第五巻 反動の思想』岩波書店、一九五七年。
(33) 藤田省三「天皇制とファシズム」『藤田省三著作集』第一巻、一五七―一五八頁。
(34) 石田雄「五六年「精神状況」をめぐる鼎談再考」『丸山眞男手帖』第二八号、丸山眞男手帖の会、二〇〇四年一月、四二頁。
(35) 石田雄・藤田省三・丸山眞男「〔鼎談〕戦後日本の精神状況――『現代政治の思想と行動』をまとめるにあたって」同前誌、三〇頁。
(36) 同前。
(37) 石田・藤田・丸山前掲「〔討論〕近代日本における異端の諸類型」、一一二頁。
(38) 同前。
(39) 丸山眞男「方法論・思想史・ファシズム〔一九八五年三月早稲田大学丸山眞男自主ゼミナールの記録第二回〕」『丸山眞男話文集』第二巻、みすず書房、二〇〇八年、三一三―三一四頁。
(40) 犬丸義一・藤田省三「護憲運動の本質――現代政治史における権力の問題」『藤田省三著作集』第七巻、二頁。
(41) 同前。
(42) 藤田省三「行動力としての軍部――日本ファシズムの構造」『藤田省三著作集』第七巻、一二頁。
(43) 犬丸義一・藤田省三「〔書評〕信夫清三郎著『大正政治史』第一巻、第二巻」『藤田省三著作集』第七巻、一六―一七頁。
(44) 信夫清三郎『大正政治史』第一巻、河出書房、一九五一年、二一二頁。
(45) 犬丸・藤田前掲「〔書評〕信夫清三郎著『大正政治史』第一巻、第二巻」、二六頁。
(46) 同前、二八頁。
(47) 同前、二五頁。
(48) 同前、三一頁。
(49) 同前、三〇頁。
(50) 犬丸・藤田前掲「護憲運動の本質」、四頁。
(51) 犬丸・藤田前掲「〔書評〕信夫清三郎著『大正政治史』第一巻、第二巻」、一七頁。
(52) 同前、一九―二〇頁。

(53) 同前、二四頁。
(54) 同前、二五頁。
(55) 同前、三〇頁。
(56) 同前、三一頁。
(57) 同前。
(58) 同前。
(59) 同前、三三頁。
(60) この際、強調されるのは「大衆」や「人民」の失望、不満の感情である。たとえば藤田前掲「行動力としての軍部」、一三頁。
(61) 犬丸、藤田前掲「護憲運動の本質」、二頁。
(62) 藤田前掲「天皇制国家の支配原理」、二八頁。
(63) 同前、三〇頁。
(64) 同前、五五頁。
(65) 同前、八三頁。
(66) 同前、九八頁。
(67) 同前、一〇五頁。
(68) 飯田泰三「藤田省三の時代と思想」『戦後精神の光芒――丸山眞男と藤田省三を読むために』みすず書房、二〇〇六年、二五四頁。
(69) 藤田省三「大正デモクラシー運動」『藤田省三著作集』第七巻、四二五―四二六頁。このように「民本主義」の限界を強調する理解の問題点に関しては、吉野作造『憲政の本義』(中公文庫、二〇一六年)における苅部直の解説を参照。
(70) 藤田前掲「〔報告〕反体制の思想運動――民主主義科学者協会」、六三頁。
(71) 同前。
(72) 藤田省三「喜劇的状況の問題性」『藤田省三著作集』第七巻、一四七―一四八頁。
(73) 同前、一四八頁。
(74) 同前、一四八―一四九頁。
(75) 同前、一五〇頁。
(76) 例えば、社会運動家小林杜人(一九〇二―一九八四)の転向に見える「精神的にも物質的にも迷惑をかけている老父母・兄弟ら家族がその迷惑にもかかわらずひたすらな愛情を寄せてくれることに対する「申訳けなさで一杯になる」ような謝罪感」の例を挙げることができる(藤田省三「「昭和八年」を中心とする転向の状況」『藤田省三著作集』第二巻、三四頁)。
(77) 同前、三三頁。
(78) 藤田前掲「喜劇的状況の問題性」、一五〇頁。
(79) 同前。
(80) 同前、一五〇―一五一頁。
(81) 久野・鶴見前掲『現代日本の思想』、一九五―一九六頁。
(82) 同前、二〇八頁。
(83) 藤田省三「『現代日本の思想』の思想とその書評」『藤田省三著作集』第七巻、四七頁。
(84) 同前、五九―六〇頁。
(85) 藤田前掲「喜劇的状況の問題性」、一五一頁。
(86) 一九四八年六月二八日に発生した福井地震を指す。地震の規模はマグニチュード七・一、死者三七〇〇人以上を記録した大震災であった。松下は戦中の空襲と戦後の震災で、二度、家をうしなう経験をしたという。松下の福井での少年期については大塚信一『松下圭一 日本を変える――市民自治と分権の思想』トランスビュー、二〇一四年、三〇―三三頁。
(87) 松下前掲「序言」、i頁。
(88) 大槻・松下前掲「〔対談〕「市民社会の原理」とは何か」二頁。
(89) 松下圭一「習慣について」『北辰』第一五八号、第四高等学校文藝部、一九四九年、二六頁。
(90) 同前。
(91) 同前、二七頁。
(92) 同前、二九頁。
(93) 同前。
(94) 同前。
(95) 同前、三一―三二頁。
(96) 同前、三二頁。
(97) 同前、三三―三四頁。
(98) 大槻・松下前掲「〔対談〕「市民社会の原理」とは何か」、二頁。
(99) 松下圭一「ロックにおける近代政治思想の成立とその展開(一)」『法学志林』法政大学、一九五二年一〇月号、三八頁。
(100) 同前、四四頁。

(101) 同前、四五頁。

(102) 同前、五二頁。

(103) 同前、六二頁。

(104) 同前、六三頁。

(105) 同前、六五頁。

(106) 松下圭一「ロックにおける近代政治思想の成立とその展開(二)」『法学志林』法政大学、一九五二年一二月号、三七頁。

(107) 同前、四七頁。

(108) 同前、五四頁。

(109) 同前。原文は以下の通りである。"But a Liberty to dispose, and order, as he lists, his Person, Actions, Possessions, and his whole Property, therein not to be subject to the arbitrary Will of another, but freely follow his own." (John Locke, *Two Treatises of Government*, Cambridge University Press, 1988, p. 306.)

(110) 同前。

(111) 同前。

(112) 同前、五五頁。

(113) 同前、五六頁。

(114) 同前、五五―五六頁。

(115) 同前、五六頁。

(116) 同前、六三頁。

(117) 同前、六九頁。

(118) 同前、七一頁。

(119) 同前。

(120) 同前、七四頁。

(121) 同前。

(122) 一六二八年、チャールズ一世に対して議会が要求した「権利の請願(Petition of Right)」を中心とする国王の権限への牽制を指す。

(123) Peter Laslett の研究以来、ロックの *Two Treatises of Government* は名誉革命を後から正当化するために書かれたのではなく、むしろそうした革命を要求するものとして名誉革命以前に書かれたことが究明されている。松下の名誉革命とロック理論との関係付けについては反論の余地が残る。Peter Laslett, Introduction, *Locke: Two Treatises of Government*(Student edition), Cambridge University Press, 1988.

(124) したがってロックは時代思想の総合者であり、「独創」的な「天才」思想家ではないと、後年の松下は述べたことがある。「ロック自体に独創性はあるかと問われたならば、私もたちどまらざるをえません。すくなくとも天才ではなかったというべきでしょう。しかし、時代思想の総合もまた理論家の課題ではないでしょうか。ロックはイギリス革命の思想状況を総括してこれを普遍化し、イギリス革命自体をのりこえ、〈理論における近代〉をかたちづくったのです」(松下圭一『岩波セミナーブックス ロック「市民政府論」を読む』岩波書店、一九八七年、三三頁)。

(125) 松下圭一「名誉革命のイデオロギー構造とロック」『一橋論叢』日本評論新社、一九五四年一二月号、五六頁。

(126) 同前、五七頁。

(127) 同前、五九頁。

(128) 同前、六〇頁。

(129) 同前。

(130) 同前。

(131) 例えば一九七七年の日本政治学会における松下の報告「政治学の新段階と新展望」『現代政治の基礎理論』東京大学出版会、一九九五年所収参照。松下の政治学について、田口富久治と大嶽秀夫は対照的な評価を示している。田口は、日本の政治学における「ポリティカル・サイエンス」への傾斜、そして「ポリティクス」(制度論、政策論、統合論、正統論、変動論を含む未来構想にかかわる学問)の側面の欠如を指摘した松下の批判を生産的に受け止める必要があると見ている。反対に大嶽は、松下が現実政治におけるイデオローグと化しながらその議論は政党のヴィジョン提示に収斂したと見、したがって理論においては深みを欠くことになったと批判している。田口富久治『戦後日本政治学史』東京大学出版会、二〇〇一年、三三六頁、大嶽秀夫『高度成長期の政治学』東京大学出版会、一九九九年、一七、二一—二二頁参照。

(132) 松下前掲「名誉革命のイデオロギー構造とロック」、六〇—六一頁。

(133) 松下圭一「後記」『現代政治の条件 増補版』中央公論社、一九六九年、二八一—二八二頁。初版は一九五九年。

(134) 鳥井博郎「訳者後記」ジョン・ロック著、鳥井博郎訳『デモクラシイの本質』若草書房、一九四八年、二六三頁。

(135) おそらく「トゥー・トゥリーティシズ(Two Treatises)」の間違い。

(136) 丸山眞男「戦中戦後の自由主義」『丸山眞男回顧談』下巻、岩波書店、二〇〇六年、五四頁。

(137) 鳥井前掲「訳者後記」、二六九頁。

(138) 鵜飼信成「解説」ジョン・ロック著、鵜飼信成訳『市民政府論——国政二論後編——市民政府の真の起源、範囲および目的について』岩波文庫、一九六八年、二五二頁。
(139) 丸山前掲「戦中戦後の自由主義」、五三頁。
(140) 大槻・松下前掲「〔対談〕「市民社会の原理」とは何か」、七頁。
(141) 同前。
(142) 尾川昌法『人権のはじまり——近代日本の人権思想』部落問題研究所、二〇〇八年、一六〇—一六一頁参照。
(143) 石田雄「日本における法的思考の発展と基本的人権」東京大学社会科学研究所編『基本的人権 第二巻 歴史Ⅰ』東京大学出版会、一九六八年、一八—一九頁。
(144) 松下前掲『ロック「市民政府論」を読む』、四三頁。
(145) 松下前掲「ロックにおける近代政治思想の成立とその展開(一)」、三五頁。
(146) 松下前掲「名誉革命のイデオロギー構造とロック」、四九頁。
(147) 福田歓一『近代政治原理成立史序説』岩波書店、一九七一年、一〇八頁。
(148) 福田は、ロックの政治理論が合法的暴力の国家への集中を正当化することによって近代国民国家を基礎付けたと見、「ロックはこの新しい概念が誤解せられるのをおそれて、政治社会を表現するのに、所与としての権力機構とまぎらわしい state の新語を用いるのを避け、古典古代における自由人の共同体としてのポリス、あるいはキヴィタスの連想において、body politic, political society, civil society」をとったと解釈した(同前、二九七頁)。
(149) 福田歓一「〔補遺〕最近の civil society 論と政治学史の視点」『福田歓一著作集』第一〇巻、岩波書店、一九九八年、三二一頁。
(150) 加藤節「解説」ジョン・ロック著、加藤節訳『完訳統治二論』岩波文庫、二〇一〇年、六一九頁。
(151) 松下圭一「集団観念の形成と市民政治理論の構造転換(一)」『法学志林』一九五六年三月号、一三一頁。
(152) 松下前掲「序言」、iv頁。
(153) 松下前掲「後記」、二八〇頁。
(154) 同前。
(155) 松下前掲「集団観念の形成と市民政治理論の構造転換(一)」、一三二頁。
(156) 同前、一三三頁。
(157) 同前、一三四頁。
(158) 同前、一三七—一三八頁。
(159) 同前、一四〇頁。
(160) 同前、一四一頁。

(161) 同前、一四三頁。
(162) 同前、一四四頁。
(163) 同前。
(164) 一八六〇年代のイギリスは、自国を頂点とする世界的な自由貿易体制を確立し、「世界の工場」としての黄金時代を享受していた。しかし一八七三年、ウィーン取引所に端を発し、オーストリア、ドイツ、アメリカ等を襲った「大不況」は、輸出国イギリスに大きな打撃を与えた。一八七三年から九六年まで、イギリスの商品価格の平均物価は四五%下落した。さらに世界的な農産物の過剰生産も重なり、より安価な農産物が国内市場に流入することによって、イギリスの農業分野はとりわけ深刻な困窮に陥った。
またその後、不況から回復してきたドイツとアメリカはイギリスの世界市場のみならず国内市場も浸食してきた。それには三つの要因があった。第一に、ドイツとアメリカは保護関税政策を実施して自国の産業を防衛しながら、依然として自由貿易主義を維持していたイギリスを脅かした。第二に、新技術と新設備の拡大という側面においても新興工業国のドイツやアメリカに比べてイギリスはむしろ老巧化の傾向を見せていた。第三に、ドイツとアメリカは国内企業間のカルテルとトラスト、企業と銀行の結託の進行によって飛躍的な生産力の増大を遂げていたが、イギリスはこうした独占資本化の過程において立ち後れていた。その結果、一八八〇年から一九〇〇年の間に、アメリカは四二・八%、ドイツは二三%の輸出率の増加を記録したが、イギリスは六・四%の増加に止まった。

こうした事態に対応するため、イギリスは二つの国家政策を実施した。一つは国家的庇護のもとに植民地および後進国市場を維持・拡大する膨張政策であり、もう一つは資本の集積と独占によって競争力を強化する政策であった。前者の方向は、経済的手段のみに依存していたかつての経済進出に代わって、政治的、特に軍事力を伴う新しい帝国主義の出現を導いた。後者の資本の独占化の方向では、株式会社制度の普及と銀行の再編成が行われた。一八七三年以前には石炭や金属工業に限られていた株式会社は、一八八五年頃までには綿業、その後には製造業一般に普及する。これによって企業資本の調達が容易になり、資本の集積、拡大が促進され、経済構造は従来の多数企業の自由競争状態から少数大企業の独占状態へと転換して行った。

銀行の合併はこの傾向を加速化した。従来イギリスの資本はマーチャント・バンカーを通じて主に海外投資に向けられており、国内工業向けの業務は地方銀行が担い、ロンドンの主要銀行の主な業務は短期貸付であった。しかしロンドン銀行と地方銀行との合併によって、ロンドンに本店、地方に支店をおく巨大な銀行が続出した。これらの銀行は国内では長期信用貸付を通じて企業家との永続的な関係を保ち、国際的には植民地を中心に投資・資本輸出を促進した。つまりイギリスは銀行の再編成を通じて国内貨幣市場の支配と海外投資を結合させ、かつての「世界の工場」を「世界の銀行」たらしめ、世界金融市場の主導者になったのである。

社会問題においては、一八七三年の大不況による銀行、会社、商社の倒産が相次ぎ、農業恐慌による農業労働者の都市流入と相まって失業問題が深刻化した。イギリスの失業率は一八七九年には一二%、一八八六年には一〇%を記録し、さらに第一次大戦前後に再び増加することになる。労働者階級内部でも階層分化が進み、とりわけ未熟練労働者が苦境に追い込まれた。大不況中の工場の停止、そして賃金引き下げ、労働時間の延長などの労働環境の悪化が進み、貧困が深刻な社会問題として台頭するにつれて、これに対する政府の解決が要請された。

労働者の貧困問題と並行して、労働組合の性格にも変化が起こった。かつての労働組合は熟練労働者を中心に構成され、組合員の娯楽や厚生がその主な活動であった。しかしテクノロジーの発展に伴い、一八八〇年代以降には代替可能な未熟練労働者が大きな比重を占めるようになり、彼らの間で独自の労働組合が結成された。炭坑労働者から始まったこの「新組合主義 New Trade Unionism」は他の産業部門にも波及し、その運動の高揚を象徴するのが一八八九年のロンドン・ドック・ストライキであった。この闘争は一時間六ペンスの賃金、超過勤務に対する特別手当の支給などを要求しながら一ヶ月間続けられ、結局すべての要求を貫徹した。これによって未熟練労働者を含む組合原則が新たに確立され、ガス、農業、鉄道などの分野においても新しい組織化が進むことになった。

以上の状況に対して、政府は一連の改良政策を実施した。首相ディズレリは積極的な帝国主義政策を推進する一方、一八六七年の選挙法改正を通じて都市労働者を含む二四〇万の新有権者を出現させ、さらに一八七四年第二次内閣では共同争議行為の合法化、労働法、スラム防止対策や公衆衛生法の整備を行い、一八七六年からは義務教育制度を確立し、一八八〇年には雇主責任法などを制定した。こうして帝国主義的な強硬外交と国内の社会保障政策の拡充の結合を骨子とする保守党のトーリー・デモクラシーが成立した。

しかし一八八〇年に政権をとった自由党のグラッドストン内閣にとって、膨張的な外交政策と積極的な社会保障政策の拡充は、根本的に困難であった。本来自由党の基本路線は、軍事費・行政費の負担の大きい植民地領有には消極的であり、内政においても小さな政府を志向するものであったからである。しかし古典的な自由放任主義はもはやイギリスの現実に有効な対策を提示することができなくなった。一八八四年の第三次選挙法改正によって有権者は五七〇万人に達し、五万四〇〇〇人に一人の代表という小選挙区制も実現したことを背景にして、一九〇五年に再び自由党が政権をとった時には、蔵相ロイド・ジョージを中心に年金、健康保険などの社会保障制度の原型が確立され、さらに富裕階層から超過所得税と土地税を徴収して社会保障費を充当するロイド・ジョージの人民予算(People's Budget)が登場することになった。

しかしこれらの社会政策の拡充は、同時に政府権限の強化と機構の肥大化を意味した。処理業務の増加は公務員の増加とともに、より能率的な官僚制度の整備を促進し、さらに立法内容の専門化によって官僚立法が進むにつれて、行政機関が立法と執行を並行する傾向も強くなった。

しかし一九一〇年頃にはまた物価の暴騰が起こり、以上の諸対策はそれに対して無力であった。この時期には実質賃金の下落と労働不安の状況の中で、フランスのサンディカリスムの影響による全国的なサボタージュが続出した。争議の調整のため組合と政府が直接対決する傾向が強まる混乱の中で婦人参政権運動も激化し、その結果、一九一八年、イギリスにおける普通選挙制度が確立することになる。以上、湯沢威編『イギリス経済史——盛衰のプロセス』有斐閣、一九九六年および日下喜一「イギリス現代初期の社会的条件――政治的理想主義および多元主義思想の背景として」『青山法学論集』一九七三年六月号参照。
(165) 松下前掲「集団観念の形成と市民政治理論の構造転換(一)」、一四四頁。
(166) 同前、一四五頁。
(167) 杉田敦「人間性と政治(下)」『思想』一九八六年三月号参照。
(168) 松下前掲「集団観念の形成と市民政治理論の構造転換(一)」、一四八頁。
(169) 同前。
(170) 同前、一五一頁。
(171) 同前、一五一―一五二頁。詳しくは早川誠『政治の隘路――多元主義論の二〇世紀』創文社、二〇〇一年参照。
(172) 同前、一五二頁。
(173) 松下圭一「「巨大社会」における集団理論」松下前掲書『現代政治の条件』、一五六頁。初出は『政治学年報』岩波書店、一九五七年。
(174) 松下圭一「国家的利益と階級・集団」同前書、一三一頁。初出は『岩波講座現代思想 第三巻 民族の思想』岩波書店、一九五七年。
(175) 同前、一三二頁。
(176) 同前。
(177) 松下前掲「「巨大社会」における集団理論」、一七〇頁。
(178) 同前、一七一頁。
(179) 同前、一四二頁。

第二章

(1) 丸山が中村哲に宛てた一九五四年二月九日日付の葉書には、「二項目残っていますが、これは責任もって処理します。(藤田君に草稿を書いてもらってそれを直すつもりです。)一両日中に入院の予定」と書いてある(『丸山眞男書簡集』第五巻、みすず書房、二〇〇四年、二八〇頁)。
(2) 石田雄「戦後の天皇制」『戦後日本の政治体制』未来社、一九六一年、七頁。初出は「天皇制の問題」『岩波講座現代思想 第一一巻 現代日本の思想』岩波書店、一九五七年。
(3) 同前、八頁。またこの論文で石田は続いて、池内一・岡崎恵子「占領期間における日本新聞の趨向」『東京大学新聞研究所紀要』

第五号、一九五六年の分析結果を引用し、「東京朝日新聞」の見出し中の「天皇制」の出現回数に言及している。それによると、この語の使用は一九四五年一〇月から一九四六年八月の間に集中しており(一三回)、それ以後(一九四七年から一九五三年まで)は全く姿を見せていない(同前、一〇—一一頁)。

(4) 菅孝行「天皇制の最高形態とは何か——戦後天皇制の存在様式をめぐって」『情況』情況出版、一九七三年一一月・一二月合併号、五頁。

(5) 前掲『政治学事典』、九六二頁。

(6) 同前、九六一頁。

(7) 同前。

(8) 同前。

(9) 同前、九六三頁。

(10) 藤田省三「天皇制」『天皇制国家の支配原理』一九六六年、未来社(以下、「未来社版」とする)、一六八頁。

(11) 前掲『政治学事典』、九六四頁。

(12) 藤田前掲「天皇制」未来社版、一六九頁。

(13) 前掲『政治学事典』、九六四頁。

(14) 藤田前掲「天皇制」未来社版、一六九頁。

(15) 前掲『政治学事典』、九六二頁。

(16) 同前、九六四頁。

(17) 松下圭一「大衆天皇制論」『中央公論』一九五九年四月号、三六頁。

(18) 藤樫準二『千代田城』光文社、一九五八年、二五二頁。

(19) 大金益次郎『巡幸余芳』新小説社、一九五五年、六頁。

(20) 同前、一〇—一一頁。

(21) 高橋紘『昭和天皇』岩波現代文庫、二〇〇八年、一八三頁。なお宮内庁の積極的な宣伝意欲については、吉見俊哉、テッサ・モーリス゠スズキ『天皇とアメリカ』集英社新書、二〇一〇年、一〇六頁参照。

(22) 大金前掲『巡幸余芳』、四五—四六頁。

(23) 藤田省三「第一版へのあとがき」『藤田省三著作集』第一巻、二八九頁。

(24) 丸山眞男「超国家主義の論理と心理」『丸山眞男集』第三巻、一九九五年、一九—二〇頁。

(25) 藤田省三「天皇制国家の支配原理」『藤田省三著作集』第一巻、一五頁。

(26) 同前、一六頁。
(27) 同前、一八頁。
(28) 同前。
(29) 同前。
(30) 同前、一九頁。
(31) 同前。
(32) 同前、二一頁。
(33) 同前。
(34) 同前、二三頁。
(35) 同前、二二頁。
(36) 同前、二三頁。
(37) 同前、三九頁。
(38) 同前、四三頁。
(39) 同前。
(40) 同前。
(41) 同前、四五頁。
(42) 同前、四六—四七頁。
(43) 同前、四八頁。
(44) 藤田省三「新編へのあとがき」『藤田省三著作集』第一巻、三〇四頁。
(45) 藤田省三「「諒闇」の社会的構造——「昭和元年」の新聞から」同前書所収参照。初出は『月刊百科』平凡社、一九八〇年五月・六月号。
(46) 藤田前掲「天皇制国家の支配原理」、六五頁。
(47) 同前、六八頁。
(48) 同前、六八—六九頁。
(49) 同前、七三頁。
(50) 同前、七四頁。
(51) 同前、七六頁。

(52) 同前、一三五―一三六頁。なお、丸山は一九四四年『国家学会雑誌』に発表した論文「国民主義理論の形成」(のちに「国民主義の「前期的」形成」と改題)において、「集中化と拡大化」「政治的集中」という表現を使っている。『丸山眞男集』第二巻、一九九六年、二六四頁。

(53) 藤田が注目しているエルンスト・カッシーラーの箇所は以下の通りである。「国家権力を支配者の人格に集中することは、それが抽象的で非人格的な主体としての民族に転移され得るための前提であった。すべての私的意志を「普遍意志」のために完全かつ無条件に退けることを要求するルソーの観念国家は、この点で、絶対君主制の下では全く別の領域で実現されていた関係の実質上の反映と同時に、それの思想的・方法的な相関物《コレラート》を示してもいるのである。国家が個人のあらゆる特殊利害と社会的・身分的な諸組織の歴史的に獲得されたあらゆる特殊性とを越えるところに、国家の根源的な権力意志はその実現を見出すことになるのである」(エルンスト・カッシーラー著、中埜肇訳『自由と形式』ミネルヴァ書房、一九九八年、二六四頁)。

(54) 藤田前掲「天皇制とファシズム」一四七―一四八頁。

(55) 同前、一四八頁。

(56) 同前、一五〇頁。

(57) 同前、一五九頁。

(58) 農家経営の改善指導を主な任務としていた系統農会が本格的な変質を迫られたのは日中開戦以降であった。松田忍の研究は、「産業組合と並んで系統農会が種々の供出事業にあたることになり、さらに増産を実現するための生産計画の立案、生産割当の実行は、経営する主体としての農民の存在を前提とする系統農会の基盤を揺るがすものであった」とし、一九三〇年代以降、系統農会の目標とした農家像が国家の要求と衝突することになったと分析している(松田忍『系統農会と近代日本――一九〇〇―一九四三年』勁草書房、二〇一二年、三五〇頁)。

(59) 藤田前掲「天皇制とファシズム」、一六八頁。

(60) 丸山眞男「日本におけるナショナリズム」『丸山眞男集』第五巻、一九九五年、七〇頁。初出は『中央公論』一九五一年一月号。

(61) 小熊前掲『〈民主〉と〈愛国〉』、八一頁。

(62) 藤田前掲「天皇制とファシズム」、一八三頁。

(63) 同前、一八六頁。

(64) 同前、一八四頁。

(65) 前者はドイツの経済学者 Friedrich von Gottl-Ottlilienfeld(一八六八―一九五八)、後者はオーストリアの経済学者 Othmar Spann(一八七八―一九五〇)を指す。

(66) 藤田省三「天皇制のファシズム化とその論理構造」『藤田省三著作集』第一巻、二一五―二一六頁。

(67) 同前、二二三—二二四頁。
(68) 竹内洋は「マルクス主義が社会革命のための理論としてだけでなく、近代化のための政策や理論として活かされたこと」を指摘した早い例として、藤田の議論を挙げている(竹内洋『革新幻想の戦後史』中央公論新社、二〇一一年、四三三—四四四頁)。
(69) 荻原延壽・藤田省三「[対談]支配の構造」『藤田省三対話集成』第二巻、八七頁。初出は『日本の名著 第三五巻 陸奥宗光』月報、中央公論社、一九七三年。
(70) 同前、八八頁。
(71) 同前、九三頁。
(72) 藤田省三「或る歴史的変質の時代」『藤田省三著作集』第五巻、一四二頁。初出は『月刊百科』平凡社、一九七六年五月号。
(73) 藤田省三「「プロレタリア民主主義」の原型」『藤田省三著作集』第三巻、六頁。初出は「プロレタリア民主主義の原型」『岩波講座現代 第一二巻 競争的共存と民主主義』岩波書店、一九六四年。
(74) 同前、九頁。
(75) 同前、一〇頁。
(76) 同前、一一頁。
(77) 同前、一三頁。
(78) 同前、一四—一五頁。なお藤田はレーニンにおける終末論の契機をロシア正教の伝統に探るベルジャーエフの見解を批判している。ベルジャーエフの解釈については、ニコライ・ベルジャーエフ著、峠尚武訳「ロシア人の宗教心理と共産主義的無神論」『ベルジャーエフ著作集』第八巻、行路社、一九九一年、八五—八七頁参照。
(79) 同前、一九—二〇頁。また、ヘーゲルは「bürgerliche Gesellschaft」を「人倫」を構成する要素として肯定した点においてマルクスと異なっている。
(80) 同前、一八頁。
(81) 同前、一九頁。
(82) 同前、一五頁。
(83) 同前、一四頁。
(84) 同前、一六—一七頁。
(85) 同前、二三頁。
(86) 同前、二五頁。
(87) 同前、三〇頁。

(88) 同前、三二頁。
(89) 同前、五八頁。
(90) 同前、五九頁。
(91) 同前、五九―六〇頁。
(92) 同前、六〇頁。
(93) 同前、五九頁。なお、このような藤田の政治観の問題点については、森政稔「独裁の誘惑――戦後政治学とポピュリズムのあいだ」『現代思想』青土社、二〇一二年五月号参照。
(94) 同前、四七頁。
(95) 藤田前掲「『プロレタリア民主主義』の原型』への補註」、九六頁。
(96) 都築前掲『戦後日本の知識人』、二一五―二一六頁。久野・鶴見・藤田による連載は一九五九年『戦後日本の思想』の題名で中央公論社から単行本化した。なお、『現代日本の政治過程』の原型は一九五三年の『年報政治学 戦後日本の政治過程』である。
(97) 宇佐見英治・宗左近・曽根元吉・橋川文三・丸山眞男・安川定男・矢内原伊作「戦争と同時代――戦後の精神に課せられたもの」『丸山眞男座談』第二冊、岩波書店、一九九八年、二三四頁参照。初出は『同時代』第八号、黒の会、一九五八年。
(98) 松下圭一「大衆国家の成立とその問題性」『思想』一九五六年一一月号、四〇頁。
(99) 同前、三四頁。
(100) 松下圭一「マルクス主義理論の二十世紀的転換」『中央公論』一九五七年三月号、一五〇頁。
(101) 同前、一五三頁。
(102) 同前。
(103) 同前、一五三―一五四頁。「可能性の技術」の語については、丸山眞男著、松本礼二編注『政治の世界 他十篇』岩波文庫、二〇一四年、四二六頁の注を参照。
(104) 同前、一五五頁。
(105) 同前、一四五頁。
(106) 松下圭一「史的唯物論と大衆社会」『思想』一九五七年五月号、四五頁。
(107) 同前、五〇頁。
(108) 同前、六二頁。
(109) 松下前掲『市民政治理論の形成』、四一八―四一九頁。
(110) 嶋崎譲「マルクス主義政治学の再出発」『中央公論』一九五七年四月号、七九頁。

(111) 同前。
(112) 同前、八九頁。
(113) 芝田は松下と第四高等学校時代の同期であった。松下が「習慣について」を書いた『北辰』第一五八号には、マルクス主義の視座から「科学」の観念を分析した芝田の論文「科学論の研究——自然弁証法との関連において」も掲載されている。
(114) 芝田進午「「大衆社会」理論への疑問」『中央公論』一九五七年六月号、一七一—一七二頁。論文の末尾で、芝田はこれらの論者の主張をすべて否定するのではなく、むしろ彼らに多くを教えられたと書いている。しかし「今日のところ、マルクス主義が解決できないような理論分野は一つもない」(一八六頁)と断言する芝田とこれらの論者の間には、マルクス主義の評価をめぐる決定的な違いがある。
(115) ドイツの生物学者、社会学者、活動家の Sergei Chakhotin(一八八三—一九七三)。
(116) 同前、一七四頁。
(117) 同前、一八四—一八五頁。
(118) 戸坂潤「大衆の再考察」『戸坂潤選集』第五巻、伊藤書店、一九四八年、八五頁。初出は『日本イデオロギー論——現代日本に於ける日本主義・ファッシズム・自由主義・思想の批判』白揚社、一九三六年。
(119) 同前、八六頁。
(120) 同前、八七—八八頁。
(121) 同前、八八頁。
(122) 同前。
(123) 同前、八九頁。
(124) 同前、九二頁。
(125) 同前。
(126) 清水幾太郎『社会心理学』岩波書店、一九五一年、一六五頁。
(127) 清水幾太郎「大衆の日本的前提」『日本的なるもの』潮新書、一九六八年所収、二〇九頁。初出は『社会学入門』光文社、一九五九年。
(128) 同前、二一〇頁。
(129) 同前。
(130) 同前、二一一頁。
(131) 同前、二一二頁。

(132) 芝田前掲「「大衆社会」理論への疑問」、一八四頁。
(133) 松下圭一「日本における大衆社会論の意義」『中央公論』一九五七年八月号、八二頁。
(134) 同前、八三頁。
(135) 松下前掲「大衆国家の成立とその問題性」、五二頁。
(136) 松下前掲「後記」、二九一頁。
(137) 藤田は主に「総力戦」の表現を用いる。
(138) 松下前掲「日本における大衆社会論の意義」、九三頁。
(139) 同前、九一頁。一九五九年の単行本への収録の際、「近代二段階論」は「近代・現代二段階論」と書き換えられている。
(140) 同前、九三頁。
(141) 都築前掲『戦後日本の知識人』、二四〇頁。
(142) 内閣府は一九五八年から「国民生活に関する世論調査」を実施しているが、一九五八年で七割程度だった「中」意識は一九六四年には八割を超え、一九七三年には九割に達する。そこから高度成長期における「中」意識(中の上、中の中、中の下の合計比率)の拡大を確認することができる。ただし、盛山和夫の研究が指摘する通り、この調査は応答者の主観的な階層帰属意識を反映したものであり、「中」意識の拡大の原因には応答者が古い生活基準イメージに基づいて階層基準を設定しており、その基準が大きく変化しないまま生活水準が急速に向上した側面がある(盛山和夫「中意識の意味——階層帰属意識の変化の構造」『理論と方法』第五巻第二号、一九九〇年参照)。
(143) 松下前掲「後記」、二八〇頁。
(144) 同前、二七八頁。
(145) 一九五〇年代半ば、高級文化と大衆文化の間に「中間文化」が成立し、それがデモクラシーを支える良識の基盤になると考えた社会学者加藤秀俊によって展開された。加藤の論文「中間文化論」の初出は『中央公論』一九五七年三月号。
(146) 奥武則『論壇の戦後史』平凡社新書、二〇〇七年には、松下の論文「大衆国家の成立とその問題性」の題名が一貫して「大衆社会の成立とその問題性」と記されている。
(147) 松下前掲「日本における大衆社会論の意義」、八九頁。
(148) 松下前掲「史的唯物論と大衆社会」、六〇頁。
(149) 松下圭一「はしがき」前掲書『現代政治の条件』、六頁。
(150) さらに後の一九六四年、松下は「工業化のロシア型強行過程」としてスターリン主義を位置づけ、「スターリンによる工業化の基盤の確立を前提としてフルシチョフ段階といわれる工業社会への移行の過渡過程があらわれる」とその意義を部分的に評価した。

つまり工業化を歴史発展の動因として考え、それをいかに民主的に推進するかが政治の課題であるという考え方である(松下前掲「民主主義の現代的状況と課題」、六六頁)。

(151) 松下前掲「日本における大衆社会論の意義」、八〇頁。

(152) 石田あゆう『ミッチー・ブーム』文春新書、二〇〇六年、一三頁。

(153) 当時宮内庁は「民間からの皇太子妃は異例ではない」ことの根拠として仁徳天皇や聖武天皇の時代の例を挙げたことがあるが、それは逆に「聖武以来の革命性」を反証するものとして一般に受け止められた(同前、一九—二一頁)。

(154) 村上兵衛(一九二三—二〇〇三)は一九二九年生まれの松下と年齢においてはそれほど離れていない。村上の文章の初出は「日本読書新聞」一九五八年一二月八日。

(155) 松下前掲「大衆天皇制論」、三一頁。なお松下はここで「二七日以後、新聞を読もうともしなかった友人が、この村上氏の言葉をみてホッと救われた気持がしたと私に聞かせてくれた」と述べている。その「友人」が藤田である可能性、少なくともその「友人」と藤田が似たような感情でこの事態を眺めていた可能性は、推測できよう。なお、ここでの引用には村上兵衛による原文(『日本読書新聞』一九五八年一二月八日)を用いた。

(156) 同前、三〇頁。

(157) 同前、三一頁。

(158) 同前。

(159) 同前、四五頁。

(160) 同前。

(161) 大澤真幸『戦後の思想空間』ちくま新書、一九九八年、七一—七三頁。

(162) 松下前掲「大衆天皇制論」、四六頁。

(163) 日高六郎「旧意識」とその戦後形態」『現代イデオロギー』勁草書房、一九六〇年、二三一頁。

(164) 小熊前掲『〈民主〉と〈愛国〉』、一四七頁。

(165) 丸山は一九五一年の「日本におけるナショナリズム」の中で、従来の国家意識が戦後社会に分散して吸収されたことを「精神的復員」といい、その意味について「過去のナショナリズムの精神的構造は消滅したり、質的に変化したというより、量的に分子化《アトマイズ》され、底辺にちりばめられて政治的表面から姿を没した」と説明した(丸山前掲「日本におけるナショナリズム」、七四頁)。

(166) 松下前掲「大衆天皇制論」、三八頁。

(167) 同前、三一—三二頁。

(168) 同前、三二頁。

(169) 同前、三三頁。
(170) 石田前掲『ミッチー・ブーム』、二五頁。
(171) 松下前掲「大衆天皇制論」、四〇頁。
(172) 同前、四四頁。
(173) 同前。
(174) 同前、四六頁。
(175) 松下圭一「続大衆天皇制論」『中央公論』一九五九年八月号、一一四頁。
(176) 同前、一二二頁。
(177) 同前、一一六頁。
(178) 同前、一二五頁。
(179) 同前。
(180) 松下圭一「忘れられた抵抗権」『中央公論』一九五八年一一月号、四二頁。
(181) 同前、四二頁。
(182) 同前、四二―四三頁。
(183) 同前、四三頁。
(184) 同前。
(185) 同前、四八頁。
(186) 同前、四四頁。
(187) 都築前掲『戦後日本の知識人』、二三八頁。また小熊英二は松下が『中央公論』一九六〇年八月号に発表した「国民運動をどう発展させるか」の中に登場する「戦後民主主義」の語に触れ、「管見の範囲では、これが「戦後民主主義」という言葉の用例として、もっとも早い時期のものである」と書いている(小熊前掲『〈民主〉と〈愛国〉』九一一―九一二頁)。

第三章

(1) 小島亮『ハンガリー事件と日本――一九五六年・思想史的考察』現代思潮新社、二〇〇三年、一一頁。
(2) 同前、一三頁。
(3) 藤田省三「一九五六年・ハンガリー問題をめぐって」(著作集への収録の際に改題)『藤田省三著作集』第三巻、一三四頁。

(4) 同前、一三五頁。
(5) 同前、一三六頁。
(6) 同前、一四二頁。
(7) 同前、一四六―一四七頁。
(8) 同前、一四七頁。
(9) 同前、一六一頁。
(10) 同前、一六二頁。
(11) 同前、一六七頁。
(12) 丸山眞男「偽善のすすめ」『思想』岩波書店、一九六五年一二月号および苅部直『丸山眞男――リベラリストの肖像』岩波新書、二〇〇六年参照。
(13) 藤田省三「日本における組織方法論について――地方青年団体をモデルにして」『藤田省三著作集』第一巻、二八二―二八六頁。初出は日本政治学会編『年報政治学』岩波書店、一九六〇年。
(14) 藤田前掲「一九五六年・ハンガリー問題をめぐって」一六八頁。
(15) 同前、一七〇頁。
(16) この文章は仮想の「編集者」との対話形式を取っているが、おそらく丸山の「肉体文学から肉体政治まで」(一九四九年)に影響されたものと思われる。
(17) 鬼嶋淳「溝上泰子論――『国家的母性の構造』から『日本の底辺』へ」『戦後知識人と民衆観』影書房、二〇一四年参照。
(18) 日高六郎・埴谷雄高「〔対談〕出版時評――知識人と大衆」『朝日新聞』一九五八年一一月二九日、六頁。
(19) 藤田前掲「大衆崇拝主義批判の批判」、一一九―一二〇頁。
(20) 同前、一二〇―一二一頁。
(21) 小島は松下と藤田の大衆社会論を比較しながら、藤田の理解は変革のための戦術論に限定されていると批判した(小島前掲『ハンガリー事件と日本』、六四頁参照)。
(22) 吉本隆明「海老すきと小魚すき」『吉本隆明全著作集』第四巻、勁草書房、一九六九年、五六四頁。初出は『民話』民話の会、一九五九年九月号。
(23) J・ダワー著、三浦陽一・高杉忠明訳『敗北を抱きしめて』上巻、岩波書店、二〇〇四年、二四五―二四六頁。
(24) 清水幾太郎「デモクラシーの流行」『日本の運命とともに』河出書房、一九五一年、一六―一八頁。初出は『評論』河出書房、一九四六年二月号。

(25) 同前、一八頁。
(26) 藤田省三「市民の義務」ということ――六・四統一行動に思う」『藤田省三著作集』第七巻、二〇七頁。初出は『歴史評論』春秋社、一九六〇年七月号。
(27) 佐々木基一・藤田省三・佐多稲子・橋川文三「〔共同討論〕大衆の思想と行動――五・一九から六・二二まで」『新日本文学』新日本文学会、一九六〇年八月号、二九頁。
(28) 久野収「政治的市民の成立――一つの対話」高畠通敏編『戦後日本思想大系 第一四巻 日常の思想』筑摩書房、一九七〇年、二八三頁。初出は「市民主義の成立――一つの対話」『思想の科学』一九六〇年七月号。高畠の解説によると、もともと久野がつけた原題は「政治的市民の成立――一つの対話」であった。
(29) 同前、二七三頁。
(30) 同前、二七三―二七四頁。
(31) 同前、二七五頁。
(32) 同前。
(33) 同前。
(34) 同前、二七六頁。
(35) 同前、二七五頁。
(36) 鶴見俊輔「根もとからの民主主義」同前書、二八四頁。
(37) 同前、二八七頁。
(38) 同前、二九一頁。
(39) 同前。
(40) 同前、二九五頁。
(41) 同前、二九四頁。
(42) 小熊前掲『〈民主〉と〈愛国〉』、七三一頁。
(43) 鶴見前掲「根もとからの民主主義」、二九二頁。
(44) 谷川雁・鶴見俊輔・藤田省三・吉本隆明「〔座談会〕ゼロからの出発」『藤田省三対話集成』第一巻、一三六頁。初出は「日本読書新聞」一九六〇年九月五日・一二日。
(45) 同前、一四四頁。
(46) 丸山眞男「復初の説」『丸山眞男集』第八巻、一九九六年、三五七―三五八頁。初出は『世界』一九六〇年八月号。『みすず』みすず書房、一九六〇年八月号にも掲載。
(47) 丸山眞男「八・一五と五・一九」同前書、三六二―三六三頁。初出は『中央公論』一九六〇年八月号。
(48) 都築前掲『戦後日本の知識人』、三六六頁。
(49) 丸山前掲「八・一五と五・一九」、三七二頁。
(50) 丸山前掲「日本におけるナショナリズム」、六九頁。
(51) 丸山眞男『丸山眞男講義録[第三冊]政治学一九六〇』東京大学出版会、一九九八年、一九八頁。
(52) 同前、一九九頁。
(53) 平石直昭「丸山眞男の「市民社会論」」小林正弥編『丸山眞男論――主体的作為、ファシズム、市民社会』東京大学出版会、二〇〇三年、一八二頁。
(54) 丸山眞男「福沢諭吉の儒教批判」『丸山眞男集』第二巻、一九九六年、一四一、一五〇頁。初出は東京帝国大学編『東京帝国大学学術大観』東京帝国大学、一九四二年。
(55) 丸山前掲『丸山眞男講義録[第三冊]政治学一九六〇』、二〇二頁。
(56) 同前、七〇頁。引用文中の[ ]の語句は、プリントの丸山の校閲を経ていないと思われる部分からの補充、または編者の補足である点に注意。
(57) 同前、三六頁。
(58) 吉野源三郎「[座談会]戦後の三十年と『世界』の三十年」『世界』岩波書店、一九七六年一月号、二七四頁。
(59) 清水幾太郎「いまこそ国会へ――請願のすすめ」『清水幾太郎著作集』第一〇巻、講談社、一九九三年、一三一頁。初出は『世界』一九六〇年五月号。
(60) 同前、一三二頁。
(61) 清水幾太郎「大衆社会論の勝利」同前書、一六八―一七〇頁。初出は『思想』岩波書店、一九六〇年一〇月号。
(62) 同前、一七四―一七五頁。
(63) 同前、一七六―一七八頁。
(64) 清水幾太郎「安保闘争一年後の思想――政治のなかの知識人」同前書、二〇〇頁。初出は『中央公論』一九六一年七月号。
(65) 吉本隆明「擬制の終焉」谷川雁・吉本隆明・埴谷雄高・森本和夫・梅本克己・黒田寛一著『民主主義の神話』現代思潮社、一九六〇年、六三頁。
(66) 同前、七二頁。
(67) 同前、七一頁。

(68)谷川・鶴見・藤田・吉本前掲「〔座談会〕ゼロからの出発」、一三七頁。
(69)吉本前掲「擬制の終焉」、四六頁。
(70)松山善三「この暴挙ゆるすまじ——六月一九日午前〇時 歴史の瞬間に立って」『週刊朝日』一九六〇年七月三日号、一九—二〇頁。
(71)江藤淳・藤田省三「〔対談〕運動・評価・プログラム」『藤田省三対話集成』第一巻、一二頁。
(72)藤田省三「六・一五事件 流血の渦中から——この目で見た警察権力の暴力」『藤田省三著作集』第七巻、一八五頁。
(73)藤田省三「「五・一九」前史」『藤田省三著作集』第七巻、二三七頁。初出は日高六郎編『一九六〇年五月一九日』岩波新書、一九六〇年。
(74)同前。
(75)同前、二四一頁。
(76)同前、二三九頁。
(77)同前、二三九、二四二—二四三頁。
(78)同前、二三一頁。
(79)「「五・一九」前史」は一九九六年『戦後精神の経験Ⅰ——藤田省三小論集』(影書房)への収録の際、一九六〇年版にはなかった「「戦後精神」に導かれた抵抗運動」(一一五頁)の小見出しが付け加えられ、その中に以上の内容がまとめられている。
(80)谷川・鶴見・藤田・吉本前掲「〔座談会〕ゼロからの出発」、一三二頁。
(81)安保期における江藤の立場については中央公論編集部編『中央公論特別編集 江藤淳一九六〇』中央公論新社、二〇一一年および小熊前掲『〈民主〉と〈愛国〉』六九〇—六九八頁参照。
(82)江藤・藤田前掲「〔対談〕運動・評価・プログラム」、一二頁。
(83)同前、二四—二七頁。「擬似プログラム」は座談会「擬似プログラムからの脱却」『中央公論』一九六〇年七月号における丸山の発言を指していると思われる。そこで丸山は「歴史のコースがあらかじめきまっていて、そのおしきせに従って運動が展開するような安易な考え方」を「擬似プログラム」と呼び、そうではなく「個々人が自分でそれぞれ目的を設定して行動」する運動方式が必要であると述べている(開高健・竹内好・丸山眞男「擬似プログラムからの脱却」『丸山眞男座談』第四冊、岩波書店、一九九八年、一一二—一一三頁)。
(84)江藤・藤田前掲「〔対談〕運動・評価・プログラム」、二七頁。
(85)藤田の日本共産党離党については鶴見俊輔の回想「丸山眞男と藤田省三に通底するもの 飯田泰三『戦後精神の光芒』」『論座』朝日新聞社、二〇〇六年六月号参照。

(86) 江藤・藤田前掲「〔対談〕運動・評価・プログラム」、二九頁。
(87) 同前、一一頁。
(88) 藤田前掲「「五・一九」前史」、二五二頁。
(89) 同前、二四八頁。
(90) 同前、二五一頁。
(91) 石田雄『一身にして二生、一人にして両身』岩波書店、二〇〇六年、一一九頁。
(92) 同前、一二二頁。
(93) 加藤秀俊「日常生活と国民運動」『思想の科学』中央公論社、一九六〇年七月号、二九—三一頁。
(94) 佐々木・藤田・佐多・橋川前掲「〔共同討論〕大衆の思想と行動——五・一九から六・二二まで」、二八頁。
(95) 同前、三二頁。
(96) 藤田前掲「「五・一九」前史」、二三一頁。
(97) 小熊前掲『〈民主〉と〈愛国〉』、五四八頁。
(98) 藤田の「新編へのあとがき」における一九九六年の「追記」『藤田省三著作集』第一巻、三〇九—三一〇頁参照。
(99) 谷川・鶴見・藤田・吉本前掲「〔座談会〕ゼロからの出発」、一三二頁。
(100) 思想の科学研究会「声明と討論」『思想の科学』中央公論社、一九六〇年七月号、四頁。
(101) 同前、二頁。
(102) 同前、五頁。
(103) 同前、六頁。
(104) 安藤丈将「「持ち返り」の思想のゆくえ——一九六〇年夏、帰郷運動という経験」『早稲田政治経済学雑誌』第三六一号、早稲田大学政治経済学会、二〇〇五年、四八頁。
(105) 同前、四九頁。
(106) 同前、五一—五二頁。
(107) 藤田省三「綽々大事を永遠に図らん——帰郷学生S君への手紙」『藤田省三著作集』第七巻、二一三頁。初出は『世界』一九六〇年九月号。
(108) 同前、二一八頁。
(109) 同前、二二〇頁。
(110) 藤田省三「日本における二つの会議」同前書、二五八頁。

(111) 同前、二六一―二六二頁。
(112) 藤田省三「当事者優位の原理――テロリズムと支配者への抗議」同前書、二七五頁。
(113) 同前、二七九頁。
(114) 同前、二八五頁。
(115) 同前、二七八頁。
(116) 同前、二八五頁。
(117) 初出は『月刊労働問題』日本評論社、一九六一年八月号。
(118) 藤田省三「反動化の特質と〝点〟の抵抗――政防法デモ分析」同前書、二九四頁。
(119) 同前、二九五頁。
(120) 同前、二九六―二九七頁。
(121) 同前、二九七頁。
(122) 藤田省三「自由からの逃亡批判」同前書、三二一頁。
(123) 同前、三二二頁。
(124) 同前、三二三頁。
(125) 同前、三二五頁。
(126) 萩原延壽「日本社会党への疑問」『萩原延壽集』第六巻、朝日新聞出版、二〇〇八年、六一―六二頁。
(127) 同前、五八頁。
(128) 『中央公論』は一九六一年以後実売部数一〇万弱を維持しながら一九六四年から六九年半ばまでは実売部数一一万から一二万部という躍進を見せた(竹内前掲『革新幻想の戦後史』、三二三頁)。
(129) この主張に対して坂本は、「「力の均衡」の虚構」『世界』一九六五年三月号、「権力政治を超える道」『世界』一九六六年九月号などの論説で反論した。
(130) 萩原前掲「首相池田勇人論」、八九頁。
(131) 萩原延壽「日本の保守主義」同前書、七一頁。初出は「朝日新聞」朝刊、一九六四年五月八日・九日。
(132) 萩原延壽「池田時代の遺産」同前書、一一四―一一五頁。初出は『中央公論』一九六四年一二月号。
(133) 粕谷一希『戦後思潮――知識人たちの肖像』日本経済新聞社、一九八一年、三一〇頁。
(134) 竹内前掲『革新幻想の思想史』、四二九頁。
(135) 同前、四三五頁。

(136) 藤田省三「現代における「理性」の回復」『藤田省三著作集』第七巻、三五一頁。初出は『世界』一九六二年一一月号。
(137) 同前、三五五頁。
(138) 同前。
(139) 藤田省三「イデオロギーをめぐる現在の思考状況(上)——その整理の方法についてK・マンハイムと語る」『藤田省三著作集』第三巻、一一八頁。初出は『思想』一九五八年一月号。
(140) 同前。
(141) 同前、一三〇頁。
(142) 同前、一二一頁。
(143) 久野・鶴見・藤田前掲『戦後日本の思想』、二五—二六頁。
(144) 藤田前掲「現代における「理性」の回復」、三六七頁。
(145) 同前、三七〇頁。
(146) 藤田省三「維新の精神」『藤田省三著作集』第四巻、六頁。初出は『みすず』みすず書房、一九六五年三・五・七月号。
(147) 同前、二〇頁。
(148) 同前、二一頁。
(149) 同前、二一頁。
(150) 藤田省三「維新における福沢の選択」同前書、四七頁。初出は「三田新聞」三田新聞会、一九六四年九月一五日号。
(151) 藤田前掲「維新の精神」、二二頁。
(152) 「見取図・流動する理論戦線」「日本読書新聞」一九六一年五月一五日号、一頁。
(153) 藤田省三「新しい政治的主体の出現」『藤田省三著作集』第七巻、三三一頁。初出は『新日本文学』新日本文学会、一九六二年三月号。
(154) 同前、三三一—三三二頁。
(155) 同前、三三三頁。
(156) 安東仁兵衛・井汲卓一・藤田省三「〔シンポジウム〕自主独立とは何か——「自主独立」の思想的基盤」『現代の理論』現代の理論社、一九六六年一一月号、四一頁。
(157) 四月二三日には二〇県における知事選挙と二六六七名の都道府県会議員の改選が、四月三〇日には七万名の市長と市町村役員を決める選挙が行われた。
(158) 参加者は阿利莫二・岡本正・河村望・北川隆吉・高根正昭・暉峻衆三・藤原彰・中林賢二郎・鳴海正泰・増島宏・松下圭一。松

下はその中で大阪地方の実態調査を担当した。
(159) 一九五六年に設立された「日本中小企業政治連盟」を指す。
(160) 阿利莫二他著「日本の政治的底流――国民運動と地方選挙」『中央公論』一九五九年六月号、一一五頁。
(161) 作家きだ・みのる(一八九五―一九七五)の一九四八年作『気違い部落周游紀行』(吾妻書房)に由来する表現。
(162) 阿利他前掲「日本の政治的底流」、一一六頁。
(163) 同前。
(164) 同前、一一九頁。
(165) 松下圭一「戦後農村の変容と政治」『現代日本の政治的構成』東京大学出版会、一九六二年、一二八頁。
(166) 同前、一三二頁。
(167) 同前、一三二―一三三頁。
(168) 松下圭一「保守・革新――組織の対決」同前書、一五〇頁。初出は『朝日ジャーナル』一九六〇年五月二九日号。
(169) 松下圭一「戦後政治の曲り角」『朝日新聞』一九五九年六月八日、三頁。
(170) 同前。
(171) 同前。
(172) 松下圭一・宮本常一「〔対談〕東京のムラ」『民話』未来社、一九六〇年七月号、六頁。
(173) 同前。
(174) 同前、七頁。
(175) 同前、九頁。
(176) 同前。
(177) 同前、一二頁。
(178) 同前、八頁。
(179) 同前、一二頁。
(180) 同前。
(181) 同前、一九頁。
(182) 松下圭一「戦後世代論の座標軸」前掲書『現代日本の政治的構成』、二八頁。初出は『AAA』一九六〇年四月号。「月光族」は「太陽族」とも重なる性格を持つ、夜の海岸をうろつく若者たちを指す。
(183) 同前、二九頁。

(184) 同前、三一―三二頁。
(185) 同前、三二頁。
(186) 同前、三四頁。
(187) 同前。
(188) 同前、三七頁。
(189) 同前、三八頁。
(190) 同前、四一頁。
(191) 松下はここで、宗教学者エルンスト・トレルチの宗教集団類型論における教会型とセクト型に言及し、「トレルチは組織をセクト型と教会型に分離したが、むしろセクト型は組織の発生形態、教会型は組織の発展形態としてとらえるべきである」と述べている(同前、四一―四二頁)。また、一九六八年の『現代政治学』(東京大学出版会)においては、日本における知識人の「政党ぎらい」ないし「無教会型発想」を批判しながら、政党の重要性を強調している(五五頁)。
(192) 松下前掲「戦後世代論の座標軸」、四二頁。
(193) 同前。
(194) 同前。
(195) 鶴見和子・橋川文三・松下圭一「〔座談会〕抵抗と創造の論理」『法政』法政大学、一九六〇年七月号、二四頁。
(196) 同前、二五頁。
(197) 同前。
(198) 同前。
(199) 同前、二六頁。
(200) 同前、二七頁。
(201) 同前。
(202) 同前、三〇頁。
(203) 同前、三二頁。
(204) 同前。
(205) 同前、三〇頁。
(206) 同前、三一頁。
(207) 松下前掲「保守・革新」、一四四頁。

(208) 同前、一五三頁。
(209) 松下は一九六〇年から東京都の「都政調査会」の活動に参加し、その活動の一環として一九六〇年に杉並区の地域政治に関する調査を行った。その報告書『大都市における地域政治の構造――杉並区における政治・行政・住民』(東京都政調査会、一九六〇年)には、人口や職業種別構成、家計支出、区の行政などに関する詳細な資料収集と、それに基づいた地域政治の分析が行われている。この調査は六〇年安保の直後である一九六〇年八月から九月にかけて行われ、報告書が刊行されたのは一〇月一〇日となっているが、その中で「市民」は主に「市民層」という表現として登場する。それは新中間層(ホワイトカラー職種)の人々を指す言葉として限定的に使われており、六〇年安保で提唱された「市民主義」の影響はほとんど見られない。
(210) 上田耕一郎「大衆社会論と危機の問題」『思想』一九六〇年一〇月号、一九頁。
(211) 同前、二〇頁。
(212) 同前。
(213) 同前、二三頁。
(214) 一九六二年、単行本『現代日本の政治的構成』への収録の際、「社会科学の今日的状況」に改題。
(215) 松下圭一「大衆社会論の今日的位置」『思想』一九六〇年一〇月号、一頁。
(216) 同前、三頁。
(217) 松下圭一「「安保」直後の政治状況」前掲書『現代日本の政治的構成』、一六八頁。
(218) 同前、一六九頁。
(219) 同前。
(220) 石川真澄『データ戦後政治史』岩波新書、一九八四年、一四〇―一四一頁。
(221) しかしそのようにムラを離れた有権者は社会党支持につながるのではなく棄権にまわった。その原因の一つとして、依然として社会党の持っていたイデオロギー中心の路線が指摘される。吉川洋『高度成長――日本を変えた六〇〇〇日』読売新聞社、一九九七年、一八五頁参照。
(222) 松下前掲「「安保」直後の政治状況」、一七二頁。
(223) 石堂清倫・今井則義・佐藤昇・浜川浩・一柳茂次・松下圭一「〔シンポジウム〕構造改革論批判への反批判」『経済評論』日本評論社、一九六一年三月号、一一四頁。
(224) 同前、一一五頁。
(225) 同前。
(226) 同前、一一六頁。

(227) 同前、一二四頁。
(228) この時期の論説「自治体改革と構造改革」『月刊労働問題』日本評論社、一九六一年三月号にも同様の内容が述べられている。
(229) 竹内前掲『革新幻想の戦後史』、四三五頁。
(230) 松下圭一「社会民主主義の二つの魂」『中央公論』一九五九年一二月号、八三頁。
(231) 松下前掲「大衆社会論の今日的位置」、一二頁。
(232) 松下圭一「社会党・交錯する二底流」前掲書『現代日本の政治的構成』、二一一頁。
(233) 松下前掲「習慣について」、三二一―三二二頁。
(234) 一九六〇年一月、西尾末広、片山哲、水谷長三郎らが日本社会党から離党して民主社会党を結成したことを指す。
(235) 阿利莫二・中村哲・藤田省三・松下圭一「〔座談会〕現代政治学の状況と課題」『法学志林』一九六二年三月号、一九八―一九九頁。
(236) 同前、一九九頁。
(237) 松下圭一「都会と村の未来像」『毎日新聞』夕刊、一九六三年一月五日、三頁。
(238) 同前。
(239) 藤田前掲「現代における「理性」の回復」、三五二頁。
(240) 石田雄・日高六郎・福田歓一・藤田省三「戦後民主主義の危機と知識人の責任」『藤田省三対話集成』第一巻、三一三―三一四頁。
(241) 同前、三一七頁。
(242) 武井昭夫・藤田省三「〔対談〕六・九共同行動の意味」『藤田省三対話集成』第一巻、三〇六―三〇七頁参照。初出は『新日本文学』新日本文学会、一九六五年八月号。
(243) 石原舜介・角本良平・坂本二郎・松下圭一「〔座談会〕大東京経営論――美濃部新都知事に何が期待できるか」『別冊中央公論』一九六七年夏季特大号参照。
(244) 『一億人の昭和史――高度成長の軌跡』毎日新聞社、一九七六年七月号、一九七頁。
(245) 松下圭一「巨大都市問題と自治体改革」『戦後民主主義の展望』日本評論社、一九六五年、一四五頁。初出は『経済セミナー』日本評論社、一九六四年一〇月号。
(246) 同前、一五一頁。
(247) 同前、一五一―一五二頁。
(248) 松下圭一「シビル・ミニマムの思想」『展望』筑摩書房、一九七〇年五月号、一八頁。

(249) 一九九四年、松下はこの造語の過程についてより詳しく回想している。これによると、当時都政調査会でともに活動した法学者の小林武は「シティズン・ミニマム」の案を主張したが、松下は「ナショナルあるいはインターナショナルと脚韻をつなげるために、シビル・ミニマムという言葉」を選んだという(松下圭一「解題」前掲書『戦後政治の歴史と思想』、五一三頁)。

(250) イギリスの経済学者・政治家であったウィリアム・ベヴァリッジが一九四二年に発表した「社会保険と関連サービス(Social Insurance and Allied Services)」についての報告。第二次世界大戦後、イギリス労働党はこの報告書に基づいて社会保障制度の拡充を実施した。

(251) 松下前掲「シビル・ミニマムの思想」、一七―一八頁。

(252) 同前、三〇―三一頁。

(253) 松下圭一「「市民」的人間型の現代的可能性」『思想』一九六六年六月号、一六頁。

(254) 同前、一七頁。

(255) 同前。

(256) 同前。

(257) 松下圭一「市民参加とその歴史的可能性」松下圭一責任編集『市民参加』東洋経済新報社、一九七一年、二三九頁。

(258) 松下前掲「「市民」的人間型の現代的可能性」、二五頁。

(259) 松下圭一『市民・自治体・政治――再論・人間型としての市民』公人の友社、二〇〇七年、三一頁。

第四章

(1) 一九八一年のエッセイ「新品文化――ピカピカの所与」など。なお藤田は一九八〇年の読書アンケートでもブロッホの『この時代の遺産(*Erbschaft dieser Zeit*)』を推薦している。藤田省三「一九八〇年読者アンケート」『藤田省三著作集』第八巻、四〇七頁。初出は『みすず』一九八一年一月号。

(2) M・ホルクハイマー/Th・W・アドルノ著、徳永恂訳『啓蒙の弁証法』岩波書店、一九九〇年、ix頁。

(3) George Friedman, *The Political Philosophy of the Frankfurt School*, Cornell University Press, 1981, p. 17. 原文は以下の通りである。"The concerns of the Frankfurt School were not reason as such but the rationality of the twentieth century, not equality but mass society, not the conquest of nature but its rape. This attempt to draw a distinction between a thing and its aura was the essential problematic of the Frankfurt School. This effort involved the School in an assault on philistinism."

(4) Ibid., p. 19. フリードマンは、フランクフルト学派がマルクスやヘーゲルのみならず、ニーチェ、ハイデガー、シュペングラー、そしてフロイトなどの「右」の哲学の吸収を踏まえ、ブルジョア理性の勝利としての二〇世紀文明を批判した点を強調する。

(5) Ibid., p. 15. 原文では "Auschwitz was a rational place, but it was not a reasonable one."

(6) ホルクハイマー/アドルノ前掲『啓蒙の弁証法』、三頁。

(7) 同前、五頁。

(8) 同前、三三頁。

(9) 同前、三一頁。

(10) 同前、三六頁。

(11) 同前、三四頁。

(12) 同前。

(13) Th・W・アドルノ著、三光長治訳『ミニマ・モラリア』法政大学出版局、一九七九年、一八七―一八八頁。

(14) ホルクハイマー/アドルノ前掲『啓蒙の弁証法』、三四頁。

(15) 原文は以下の通りである。"1. Critical theories have special standing as guides for human action in that:(a)they are aimed at producing enlightenment in the agents who hold them, i. e. at enabling those agents to determine what their true interests are;(b) they are inherently emancipatory, i. e. they free agents from a kind of coercion which is at least partly self-imposed, from self-frustration of conscious human action. 2. Critical theories have cognitive content, i. e. they are forms of knowledge. 3. Critical theories differ epistemologically in essential ways from theories in the natural sciences. Therories in natural sciences are 'objectifying'; critical theories are 'reflective.'"(Raymond Geuss, *The Idea of a Critical Theory: Habermas and the Frankfurt School*, Cambridge University Press, 1981, pp. 1-2.)

(16) アドルノ前掲『ミニマ・モラリア』、八九頁。

(17) M・ホルクハイマー著、山口祐弘訳『理性の腐蝕』せりか書房、一九八七年、二一五―二一六頁。

(18) マルクーゼにおいても「否定」と「哲学」は不可分の関係にある。たとえば『一次元的人間』の中でマルクーゼは「古典ギリシアの哲学においては、理性とは何が真実で何が偽りかを見分ける認識能力であるが、しかしそうであるのは、真実性(と虚偽性)が、なによりもまず存在の性質、実在の性質であるというかぎりにおいてである。そしてそのゆえにのみ、それは諸命題の属性であるわけである。真の言説、論理はほんとうに存在するものを――(ほんとうに)存在するようにみえるものとはちがうものとして――明るみに出し、表現する。そして真理と(ほんとうの)存在との間のこの等式によって、真理は価値となる。存在が非存在より善いものだからである」と述べている(H・マルクーゼ、生松敬三・三沢謙一訳『一次元的人間――先進産業社会におけるイデオロギーの研究』河出書房新社、一九八〇年、一四四―一四五頁)。

(19) 初出は『子どもの館』福音館書店、一九八一年九月号。
(20) 藤田省三「第二版へのあとがき」『藤田省三著作集』第一巻、二九四頁。
(21) もともと藤田は題名として『戦後精神の軌跡』を考えていたが、飯田泰三の提案で「経験」に改めたという。「著作集版へのまえがき――編纂による「化学変化」について」『藤田省三著作集』第七巻、i頁参照。
(22) 初出は『講座現代芸術 第五巻 権力と芸術』月報、勁草書房、一九五八年。後に『現代思想』二〇〇四年二月号(特集藤田省三)に再収録。
(23) 藤田省三「「実感」の意味」『現代思想』二〇〇四年二月号、四一―四二頁。
(24) 同前、四二―四三頁。
(25) 同前、四三頁。
(26) 藤田省三「新品文化――序章に代えて」『藤田省三著作集』第五巻、六頁。初出は『みすず』みすず書房、一九八一年二月(初出での副題は「ピカピカの所与」)。なお、この定義は藤田の諸論文に散見される。
(27) 一九八四年、藤田は「「物」とは、「物々しい」の「物」であり「大物主」の「物」であり「物語」の「物」であり「物の怪《け》」の「物」であって、変化を含み動きを含み異変をも含み未知の要素を含んだ、人間にとっての活きた他者」であると述べたことがある(藤田省三「対抗文化への一つの意志」『藤田省三著作集』第八巻、四七七頁)。
(28) 西郷信綱「《読む》という行為」『西郷信綱著作集』第八巻、平凡社、二〇一三年、八六―八七頁。初出は『古事記注釈』第一巻、平凡社、一九七五年。藤田は『古事記注釈』について「一味ちがう注釈書」という短文を一九七五年一月二七日『東京新聞』夕刊の匿名コラム「大波小波」に発表した。
(29) 龍澤武「『古典の影』について」同前書、四五三頁。
(30) 谷川雁・藤田省三「〔対談〕黙示録の響き」『藤田省三対話集成』第一巻、二四八頁。初出は『思想の科学』思想の科学社、一九六三年一月号。
(31) 藤田省三「戦後の議論の前提――経験について」『藤田省三著作集』第五巻、一八八―一八九頁。初出は『思想の科学』思想の科学社、一九八一年四月号。
(32) ベンヤミンからの影響については、市村弘正「解説――藤田省三を読むために」『藤田省三セレクション』平凡社、二〇一〇年、四二七―四三〇頁参照。たとえば、歴史を均質な時間の連続体と見る歴史主義を批判し、ベンヤミンはこのように述べる。「歴史とは構成〔構造体形成〕の対象である。その構成がなされる場は、均質で空虚な時間ではなく、今の時に充ちている時間である。かくしてロベスピエールにとっては、古代ローマが今の時をはらんだ過去だったのであり、かれは歴史の連続体を爆砕してこの過去を取りだしたのだった。フランス革命はみずからを、回帰したローマと了解したのである」(ヴァルター・ベンヤミン著、鹿島徹訳『〔新訳・評注〕歴史の概念について』未来社、二〇一五年、六二頁)。
(33) 藤田前掲「一九五六年・ハンガリー問題をめぐって」、一六〇—一六二頁。
(34) 岡本厚・藤田省三「〔対談〕戦後精神史序説 第四回 知識人について」『世界』一九九八年四月号、二四一頁。
(35) 藤田省三「ひた物を御覧ぜよ——「荒地」の中の精神」『藤田省三著作集』第八巻、二八四頁。初出は「東京新聞」一九七六年一月七日。
(36) 同前。
(37) 藤田省三「ナルシズムからの脱却——物に行く道」『藤田省三著作集』第六巻、二四頁。初出は『思想の科学』思想の科学社、一九八三年六月号。
(38) 同前、二五頁。
(39) 藤田省三「経験という本」『藤田省三著作集』第八巻、三三〇頁。初出は『EDITOR』日本エディタースクール出版部、一九七六年九月。
(40) 『精選版 日本国語大辞典』第一巻、小学館、二〇〇六年、一八六〇頁。
(41) 藤田省三「人権宣言」『藤田省三著作集』第八巻、四〇—四三頁。初出は『みすず』みすず書房、一九七〇年一月号。
(42) 宇井純『公害原論Ⅱ』亜紀書房、一九七一年参照。
(43) 藤田省三「社会と個人」『藤田省三著作集』第八巻、二一一頁。初出は「東京新聞」一九七五年二月一日。
(44) 清水幾太郎「誰か罪なき」『この歳月』中央公論社、一九七六年、三八七頁。
(45) 同前。
(46) 同前。
(47) 同前。
(48) 藤田前掲「社会と個人」、二一〇頁。
(49) 同前。
(50) 多田道太郎・なだいなだ・藤田省三「あるがままと自然」『潮』潮出版社、一九七六年五月号、一六九頁。この座談会は「大家さん」、「熊さん」、「八つぁん」という仮名を用いた形式で行なわれているが、発言内容からみてこの座談会における「大家さん」が藤田省三であると判断できる。
(51) 同前、一六九—一七〇頁。
(52) 同前、一七七頁。
(53) 藤田省三「風俗の生産関係——遊園地にて」『藤田省三著作集』第八巻、三六四頁。初出は『アサヒグラフ』朝日新聞社、一九七八年一〇月六日。
(54) 同前、三六六頁。
(55) 藤田省三「今日の経験――阻む力の中にあって」『藤田省三著作集』第六巻、一〇頁。初出は『思想の科学』思想の科学社、一九八二年九月号。
(56) 藤田省三「「安楽」への全体主義」『藤田省三著作集』第六巻、二九―三〇頁。初出は『思想の科学』思想の科学社、一九八五年九月号。
(57) 同前、三〇頁。
(58) 同前。
(59) 同前、三七頁。
(60) 同前、三九―四〇頁。
(61) 藤田前掲「今日の経験――阻む力の中にあって」、七―八頁。
(62) 藤田はまた、アレントを熟読していたにもかかわらず「共産党員であった時期[中略]にはアーレントのアの字も口にしないよう苦労した」と述べたことがある(藤田省三著、松沢弘陽・宮村治雄編「絶筆5」『みすず』みすず書房、二〇〇〇年六月号、一六頁)。
(63) 藤田省三「全体主義の時代経験」『藤田省三著作集』第六巻、四三頁。初出は「全体主義の時代経験(上)」『思想の科学』一九八六年二月号。後の『全体主義の時代経験』みすず書房、一九九五年への収録の際、修正・加筆し、「全体主義の時代経験」に改題。
(64) 同前、八二頁。
(65) 同前、六二頁。
(66) 藤田の議論について川崎修は、全体主義論の市場経済への適用が説得力を有するかについては判断を保留しながらも、「不安定性の恒久化」を「全体主義」の原理と見る藤田のアレント理解の妥当性を認めている。またこうした藤田の議論がアレントの「帝国主義」論――資本主義の論理が政治や社会制度を規定していく働きの全面化を通じて帝国主義を生み出すという議論――と共通していることを指摘している(川崎修「ハンナ・アレントと日本の政治学」『ハンナ・アレントと現代思想』岩波書店、二〇一〇年、二五二―二五三頁)。
(67) 同前、二五一頁。
(68) 一九九四年のインタビューにおいて藤田は「第三[の全体主義]は現在進行中の安楽への全体主義、あるいは市場経済への全体主義」であると述べている(藤田省三・徐京植「三つの全体主義の時代」『藤田省三著作集』第六巻、一九七頁。初出は「藤田省三さんに聞く(二)三つの全体主義の時代」『影書房通信』影書房、一九九四年一二月号。
(69) 藤田前掲「全体主義の時代経験」、九〇頁。

(70) 川崎前掲、二三三―二三四頁。
(71) バートラム・グロス著、吉野壮児・鈴木健次訳『笑顔のファシズム――権力の新しい顔』(上)、日本放送出版協会、一九八四年、三三九―三四一頁参照。
(72) 藤田・徐前掲「三つの全体主義の時代」、一九七頁。
(73) 坂本多加雄「経済的繁栄のなかの「市民」理想――『富と美徳』をめぐって」『市場・道徳・秩序』創文社、一九九一年、二三八―二三九頁。
(74) 日野啓三「「市民」のイメージ」「読売新聞」一九九七年九月一六日夕刊。
(75) 同前。
(76) 同前。
(77) 坂本前掲「経済的繁栄のなかの「市民」理想」、二三九頁。
(78) 同前。
(79) 同前、二四〇頁。
(80) 同前、二四一頁。
(81) I・ホント/M・イグナティエフ編著、水田洋・杉山忠平監訳『富と徳――スコットランド啓蒙における経済学の形成』未来社、一九九〇年。ここで紹介されている議論の中、社会的な富の増大がより広汎な人間に徳の涵養の機会を提供するとするヒュームの議論はとりわけ松下の思想との類似性が高い。
(82) 松下圭一『政策型思考と政治』東京大学出版会、一九九一年、四―五頁。
(83) 渡辺浩「「おほやけ」「わたくし」の語義――「公」「私」、“Public”“Private”との比較において」佐々木毅・金泰昌編『公共哲学1 公と私の思想史』東京大学出版会、二〇〇一年、一五〇―一五三頁参照。
(84) 苅部直「「不思議の世界」の公共哲学――横井小楠における「公論」」『秩序の夢――政治思想論集』筑摩書房、二〇一三年所収参照。
(85) 「朝日新聞」東京・朝刊、一八九八年八月二九日、一頁。
(86) 「朝日新聞」東京・朝刊、一九〇一年四月二四日、二頁。
(87) 杉田敦編『ひとびとの精神史 第六巻 日本列島改造――一九七〇年代』岩波書店、二〇一六年の「プロローグ」参照。
(88) 飛島田一雄「市民による自治体づくりの構想――横浜」松下圭一責任編集『市民参加』東洋経済新報社、一九七一年、一五五頁。
(89) 同前。一五六頁。ここでいう「カシの木の下の民主主義」は、ルソーの『社会契約論』第四篇第一章において、スイスの州単位の直接民主政に対する記述に登場する表現である。

(90) 同前、一六六頁。
(91) 同前、一五六頁。
(92) 同前、一五九―一六〇頁。
(93) 松下圭一「市民参加とその歴史的可能性」同前書、一九五頁。
(94) 一九六六年、横浜市の鶴見区から戸塚区の間に貨物専用線を建設する計画が発表された。騒音公害などを理由としてそれに反対する住民運動が起こり、当時の飛鳥田市政と対立した。この運動は一九八一年、横浜新貨物線建設訴訟で和解が成立するまで一五年間続いた。
(95) 道場親信「天皇制・総力戦・農本主義――初期藤田省三と松下圭一をつなぐもの」『現代思想』青土社、二〇〇四年二月号。
(96) 松下圭一『現代政治学』東京大学出版会、一九六八年、四頁。
(97) 同前、八頁。
(98) 同前、五四頁。
(99) 同前、五五頁。
(100) 松下前掲「市民」的人間型の現代的可能性」、二八頁。
(101) 同前、二九頁。
(102) 松下前掲『現代政治学』、一〇六―一〇八頁。
(103) 同前、一一二頁。
(104) 五百旗頭真・伊藤元重・薬師寺克行編『菅直人――市民運動から政治闘争へ』朝日新聞出版、二〇〇八年、三九―四〇頁。
(105) 松下前掲『現代政治学』、七頁。
(106) 松下圭一「政治学の新段階と新展望」『現代政治の基礎理論』東京大学出版会、一九九五年、二九一頁。
(107) 同前、二八三頁。また松下は文章の末尾において「政治学は二重の意味でヒロバの政治学たらざるをえない。第一は市民の政治への参加の経験と知恵の結集という意味、第二は理論構想相互の交流・討論という意味においてである」と述べ、この語の意味を強調している(同前、二九八頁)。
(108) 松下圭一『政策型思考と政治』東京大学出版会、一九九一年、一〇二頁。
(109) 同前、一〇三頁。
(110) 松下前掲「政治学の新段階と新展望」、二九八頁。
(111) 丸山眞男「科学としての政治学」『丸山眞男集』第三巻、一九九五年、一五〇―一五一頁。初出は『人文』第一巻二号、人文科学委員会、一九四七年。

(112) 松下圭一「政治とは何か」『別冊経済評論』一九七一年六月号、五頁。
(113) H・マルクーゼ「抑圧的寛容」R・P・ウォルフ/B・ムーア/H・マルクーゼ著、大沢真一郎訳『純粋寛容批判』せりか書房、一九六八年、一一五―一一六頁。
(114) 松下前掲「政治とは何か」、七頁。
(115) 同前。松下による福沢の引用は『福翁自伝』岩波文庫、一九五八年、一二九―一三〇頁より。
(116) 同前。
(117) 同前、一五頁。
(118) 同前、一六頁。
(119) 松下前掲「ロックにおける近代政治思想の成立とその展開(二)」、七一頁。

終章

(1) 佐藤俊樹『00年代の格差ゲーム』中央公論新社、二〇〇二年および白波瀬佐和子『生き方の不平等』岩波新書、二〇一〇年参照。
(2) Simon A. Avenell, *Making Japanese Citizens*, University of California press, 2010.
(3) 植村前掲『市民社会とは何か』、三〇〇―三〇一頁。
(4) 藤田省三「対抗文化への一つの意志――基礎から――続・不良精神の輝き――」『藤田省三著作集』第八巻、四六六頁。初出は『現代の理論』一九八四年四月号。
(5) 藤田省三「筆墨の徒」同前書、三五二頁。初出は魯迅著、竹内好訳『魯迅文集』第五巻「月報」、筑摩書房、一九七八年。
(6) 藤田省三「五人の都市」同前書、八三頁。初出は『図書』岩波書店、一九七三年一月号。
(7) 飯田泰三「解題」同前書、七二九頁。
(8) 藤田前掲「全体主義の時代経験」、八五頁。
(9) 藤田省三「『精神史的考察』(平凡社版)あとがき」『藤田省三著作集』第八巻、四二七頁。初出は『精神史的考察――いくつかの断面に即して』平凡社、一九八二年。
(10) ピエール・クラストルの一九七四年の著作『国家に抗する社会――政治人類学研究』(邦訳は渡辺公三訳、書肆風の薔薇、一九八七年)から示唆を得た。
(11) 松下前掲『市民政治理論の形成』、四一九頁。

(12) 松下圭一「市民的徳性について」『図書』岩波書店、一九七一年八月号、三九頁。
(13) 藤田省三「簾内敬司『千年の夜』推薦文」『藤田省三著作集』第八巻、五六三頁。初出は『千年の夜』帯文、影書房、一九八九年。

あとがき

本書は、二〇一四年九月東京大学大学院法学政治学研究科に提出した博士学位論文を中心に、修士論文の一部を活字化した「「高度成長」反対――藤田省三と「一九六〇年」以後の時代」(『思想』岩波書店、二〇一二年二月号)以来発表してきた諸論文および研究の成果をまとめ、修正と加筆を施したものである。

博士論文を構想していた時点では、大衆の政治としての民主主義、つまり民主主義につきまとうポピュリズムの問題がこれほど鮮明に、かつ世界的な規模において浮上するとは思わなかった。二〇一六年、イギリスは〝脱欧〟を決定し、アメリカは自国優先主義を叫ぶ指導者を選択した。世界中に衝撃を与えたこれらの決定は、それぞれの国の〝民意〟によるものであった。こうした民主的決定の意外性に直面し、多くの人々は当惑せざるを得なかった。私たちは、私たち主権者についてどれほど正確に把握しているのか。そうした疑問とともに、民主主義の政治的危険性をめぐる古典的な懸念が改めて議論されている。

無論、民主主義をあきらめない以上、政治からポピュリズムの要素を完全に除去することはできない。必要なのは、性急に絶望したり過度に悲観したりせずに、ポピュリズムを抑制しながらそれと根気強く付き合って行くための忍耐力であろう。本書で取り上げた藤田省三と松下圭一の知的格闘が、その過程で何かの参考になれば幸いである。

思えば、私が政治思想史という分野に関心を持つようになったきっかけは、韓国での学部時代に参加した西洋政治思想の授業であった。それまで大学の授業にほとんど興味を持つことができなかった私に、古典を読み、その解釈の歴史を学ぶことの楽しさを教えてくれたその授業で、学生の誰かが「丸山眞男」という名前を口にした。私としては初めて聞く名前であった。

その後、私はナショナリズムに関する様々な文献を読む学生同士の勉強会に参加することになった。そのリーディング・リストに、丸山の「国民主義の「前期的」形成」論文が入っていた。思想の道具を自在に駆使しながら歴史を解剖して行くその迫力に、私はひたすら圧倒された。後に、日本思想史を専攻する多様な国籍の研究者たちと話してみたら、こうした〝丸山経験〟が研究のきっかけとなったと述べる人が少なくなかった。つまり、丸山インパクトの範囲は終戦直後の日本における藤田や松下らの世代に止まっているのではないのである。今日においても、丸山の思想は多様な言語への翻訳を通じて、多様な人々の考え方やものの見方、生き方に影響を与えていると思う。

このようなきっかけで本格的に日本思想史の文献を読むようになった私は、すぐに戦後思想の魅力に目覚めた。特に、藤田の『転向の思想史的研究』から強烈な印象を受けた。福本和夫から清水幾太郎までを題材にしているその研究は、外部の圧力への屈服としての転向を描くものではなく、転向者の内部で行われる自己合理化や正当化、あるいは心理的な防御機制の仕組みを内在的に追跡する著作であった。

その後、六〇年安保以降の藤田をテーマにした修士論文を執筆しながら、私の関心は自然に松下へと向かった。藤田の議論の所々に、松下を意識して書いている痕跡が見えたからである。そして松下の初期の論文集『現代政治の条件』を読んで、非常に驚いた。そこには二〇世紀の思想潮流、特にマルクス主義の歴史的な変化とその意味が明瞭に提示されていた。マルクス主義を能動的に咀嚼し、その思想の直面した課題と危機、可能性と展望を語るその自由な筆致に、私は戦後思想の豊かさと面白さを感じた。それから藤田と松下が描いた双曲線を追って行く博士論文の構想が始まった。

修士論文が終わった後、私は藤田のお墓参りに愛媛県大三島を訪ねた。藤田のお墓はなかなか探し難い所にあるので、その場所を知っている当地のお寺のご住職の方に聞いた方が良いということを、飯田泰三先生に教えてもらった。実際訪ねてみた藤田家のお墓には、アジア・太平洋戦争中に戦死した彼の二人の兄が一緒に眠っていた。その周辺にも、同じ戦争で亡くなった人々の碑石が多数目に立った。

そして博士論文の審査が終わった数カ月後、松下が世を去った。その年の夏、私は彼のお墓が京都の南禅寺にあるという話を聞いた。豪華なお墓なのかなと内心思ったが、実際に訪ねてみたら、それは「みんなの墓」という名の共同墓であった。生前、みんなと議論するのが好きだからこのような形のお墓に入りたいという本人の意志があったという。その説明を聞いて、なるほど、と思った。生い立ちからお墓まで、藤田と松下の人生は極めて良い対照をなしているのである。二人は決して仲の良い同僚ではなかっただろうが、しかし二人が同時代に存在したのは、日本の戦後思想史にとって非常に幸運なことだと思う。

二〇〇八年四月、日本での留学を始めて以来、私は実に多くの方々にお世話になった。特に苅部直先生、渡辺浩先生、宇野重規先生に厚くお礼申し上げたい。八年間、私がこの先生方々から受けた学恩については、どのような表現を借りても十全に語ることができない。学問の楽しさと厳しさを、私はすべてこの方々に教わった。それだけでなく、この方々との出会いによって私は一人の人間として成長することができたと思う。研究者として、教育者として、そして知識人として、この方々は私のものの見方や考え方に甚大な影響を与えてくださった。もし本書に少しでも価値のある部分があるならば、それはすべてこの三人の先生の教えの結果である。

また藤田研究の関連で出会った加藤敬事さん(元みすず書房)、龍澤武さん(元平凡社)、大塚信一さん(元岩波書店)、熊沢敏之さん(元筑摩書房)にも格別にお世話になった。藤田と松下の著作を実際に出版する仕事をされた伝説的な出版人たちと交流することができたのは、不思議な幸運だと思う。

そして拙い原稿を書籍の形にしてくださった岩波書店の小田野耕明さんにお礼申し上げたい。ほぼリライトに近い校正の過程を含めて、実にあらゆる面において大変お世話になった。この方のおかげで、本書は世に出ることができた。

なお、一人一人名前を挙げることはできないが、これまでの八年間、東京で出会った数多くの先輩、友人たちに感謝したい。この方々との交流がなかったら、私の人生はずいぶん違う形になっていたかも知れない。

最後に、本書に藤田・松下の写真の使用を許可してくださったご遺族の方々に厚くお礼申し上げる。

＊本書には、サントリー文化財団「若手研究者による社会と文化に関する個人研究助成(鳥井フェローシップ)」およびJSPS科研費15F15002の助成を受けた研究成果が含まれている。なお本書の出版に際しては平成二八年度東京大学学術成果刊行助成を受けた。

二〇一七年四月

趙星銀

人名索引

あ 行

アヴネル，サイモン　329, 330
青野季吉　11, 338
赤尾敏　206
赤間文三　228
浅田光輝　222
浅沼稲次郎　205, 222
芦部信喜　340
飛鳥田一雄　264, 305-307, 378
麻生久　13
アドルノ，テオドール　272, 274-277, 279
荒瀬豊　221
アリストテレス　14, 40, 57, 67, 77, 325
阿利莫二　260, 340, 367
有馬学　9
アレント，ハンナ　123, 295, 296, 376
アロン，レイモン　ix
安藤丈将　203, 204
飯田泰三　374
井汲卓一　221
池田勇人　xiv, 211, 213, 214, 221, 222, 232, 252-254, 257
石上良平　21, 23
石川淳　285
石川真澄　253
石田あゆう　149, 154
石田雄　30, 31, 39, 75, 95, 196, 203, 263, 340, 351
石堂清倫　221
石原慎太郎　194, 238
石母田正　34, 35
伊藤博文　104, 105, 108, 118
伊藤宏之　72
稲葉三千男　221
犬丸義一　43-45
井上毅　118
今井則義　255
岩倉具視　110
岩永健吉郎　340
ヴァレリー，ポール　58, 113
宇井純　289
ウィリアムズ，レイモンド　4
上田耕一郎　221, 248-250
ウェッブ，シドニー　88, 142
ヴェーバー，マックス　207, 299, 311
植村邦彦　329, 330
ウォーラス，グレーアム　3, 86-88, 135
ウォルフ，ロバート　321
鵜飼信成　72, 73
梅本克己　221
江田三郎　221, 255
江藤淳　194
衛藤瀋吉　213
エンゲルス，フリードリヒ　127
大江健三郎　238
大金益次郎　100
大久保利通　109
大澤真幸　152, 153
大嶽秀夫　347
大塚久雄　34, 35, 37, 38, 145, 146, 342
大槻春彦　55, 56, 73, 74
岡田春夫　221, 255
岡本正　367
岡義達　340
小熊英二　xiii, xv, 115, 183, 197, 360
桶谷繁雄　236
尾高朝雄　73
オルテガ゠イ゠ガセット，ホセ　3, 126

か 行

柏原宏紀　340
カストロ，フィデル　vii
粕谷一希　214
片山哲　371
カッシーラー，エルンスト　111, 354
加藤節　72
加藤宣幸　221, 255
加藤秀俊　196, 358
神川信彦　340
神島二郎　340
神谷不二　213, 340
苅田とし子　34
ガルヴェ，クリスティアン　15

川崎修　376
川島武宜　145, 146
河村望　367
菅孝行　95
カント，イマヌエル　64
菅直人　314
キケロ　77
岸信介　194, 196, 201, 214, 242, 245, 249, 250
ギゾー，フランソワ　16
北一輝　49
北川隆吉　367
きだみのる　231, 368
木戸孝允　109, 219
木村毅　11
ギャディス，ジョン・ルイス　viii
京極純一　340
清宮四郎　73
久野収　30, 35, 124, 177, 178-181, 199, 201, 217, 249, 362
クラストル，ピエール　379
グラッドストン，ウィリアム　350
グロス，バートラム　297
黒田寛一　222, 248
ケネディ，ジョン・F.　vii, viii
ケルゼン，ハンス　42
ゲレ，エルネー　163
香内三郎　221
高坂正堯　213, 214
皇太子明仁　149, 152, 154-156, 208, 304
皇太子妃，正田美智子　149-154
河野康子　337
香山健一　222
小島亮　163, 361
ゴットル＝オットリリエンフェルト，フリードリヒ・フォン　117
後藤誉之助　337
小林武　372
小林直樹　340
小林杜人　344
コール，G. D. H.　87, 88, 142
コルム，ゲルハルト　178, 179
コーンハウザー，ウィリアム　4-6, 84, 126

さ 行

西郷信綱　281, 282
斎藤真　340
坂口安吾　285
坂本多加雄　297-300
坂本義和　213, 221, 340, 366
向坂逸郎　221, 255
佐藤昇　255
佐野学　16, 18, 339
サルトル，ジャン＝ポール　32, 168, 285
ジェウス，レイモンド　278
志賀義雄　45
篠原一　221, 314, 315, 340
信夫清三郎　44, 45
芝田進午　135, 136, 141-143, 162, 357
嶋崎譲　134
嶋中鵬二　206
清水幾太郎　135, 139, 140, 175, 178, 187-189, 194, 198, 202, 222, 248, 290, 291
シュパン，オトマール　117
シュペングラー，オスヴァルト　372
シュミット，カール　102, 115
シュレジンガー・ジュニア，アーサー　335
昭和天皇　100, 101, 150, 207, 208
杉田敦　87
鈴木秀勇　72
鈴木茂三郎　13
スターリン，ヨシフ　ix, xvii, 49, 129, 130, 134, 135, 149, 162, 358
スミス，アダム　15, 74
盛山和夫　358
セネット，リチャード　293
ソクラテス　330

た 行

高沢寅男　221, 255
高根正昭　367
高畠通敏　199, 202
高畠素之　7-9, 11-13, 338, 339
田口富久治　221, 347
武井昭夫　222
竹内洋　213, 215, 257, 355
竹内良知　221
竹内好　199, 202
田中角栄　262
谷川雁　183, 222, 234
ダワー，ジョン　174

丹下健三　262
チトー，ヨシップ・ブロズ　165
チャコチン，セルゲイ　135
辻清明　20, 341
津田左右吉　95
都築勉　31, 124, 146, 185
角田安正　72
鶴見和子　243-246
鶴見俊輔　30, 35, 52, 53, 124, 135, 178, 181-184, 187, 197, 199-201, 217
鶴見祐輔　11
鶴見良行　202
ディズレリ，ベンジャミン　350
デューイ，ジョン　55, 135
デュルケーム，エミール　55, 56
暉峻衆三　367
東条英機　117
藤樫準二　100
徳田球一　45
戸坂潤　136-139, 141, 143
ドブズ，マイケル　335
トラー，エルンスト　178, 179
トリアッティ，パルミーロ　142, 255
鳥井博郎　72, 73
トレルチ，エルンスト　369
トロツキー，レフ　142

な 行

永井陽之助　213, 335
長洲一二　221
中野重治　285
中野好夫　xvii, 124, 337
中林賢二郎　367
中村哲　20, 260, 261, 341, 351
ナジ，イムレ　162, 163
成田知巳　221
鳴海正泰　367
西尾末広　371
西村勝彦　125
ノイマン，フランツ・レオポルド　272
野坂昭如　285

は 行

ハイデガー，マルティン　135, 372
萩原延壽　xiv, 118, 212-214
橋川文三　31, 177, 222, 244, 245, 249
バジョット，ウォルター　155
長谷川如是閑　11-13
服部弁之助　72
羽仁五郎　18, 32, 36, 38
埴谷雄高　171
ハーバーマス，ユルゲン　272
浜林正夫　72
原芳男　201
バーリン，アイザイヤ　316
ビスマルク，オットー・フォン　60
日高六郎　21, 23, 126, 171, 199, 221
ヒトラー，アドルフ　137, 142
火野葦平　155
日野啓三　298, 299
ヒューム，デイヴィッド　15, 19, 20, 55, 56, 61, 69, 377
平石直昭　186
ファーガスン，アダム　15
深沢七郎　206
福沢諭吉　16-18, 74, 158, 159, 187, 220, 267, 300, 323, 340
福田歓一　77, 262, 340, 348
福武直　248
福田徳三　339
福本和夫　36
藤田省三　x-xii, xx, 20, 28-54, 94-124, 135, 162-225, 240, 242, 249, 260-263, 270-297, 309, 311, 330-333, 342, 351, 354, 364, 372, 374-376
藤原彰　367
フリードマン，ジョージ　273, 274, 372
フルシチョフ，ニキータ　vii-ix, xvii, 162, 358
フロイト，ジークムント　135, 278, 373
ブロッホ，エルンスト　271, 372
フロム，エーリヒ　3, 126, 135, 272
ベヴァリッジ，ウィリアム　372
ヘーゲル，G. W. F.　15, 16, 46, 51, 120, 186, 275, 276, 279, 355, 372
ベルクソン，アンリ　55, 56
ベルジャーエフ，ニコライ　355
ベンヤミン，ヴァルター　272, 285, 374
ホッブズ，トマス　15, 41, 55
ポランニー，カール　295
ホルクハイマー，マックス　272, 274, 275, 277, 279

ま 行

マキアヴェッリ，ニッコロ　115
増島宏　221, 367
升味準之輔　21, 24, 340
松浦嘉一　72
マッカーサー，ダグラス　174
松下圭一　x-xii, xx, 6, 19-21, 28, 43, 55-92, 100, 118, 123, 124-160, 167, 173, 208, 218, 221, 225-268, 270, 271, 286, 292, 297-325, 328-333, 340, 341, 347, 357-359, 369, 372, 378
松田忍　354
マッハ，エルンスト　32
松山善三　191
マルクス，カール　16, 18, 75, 85, 120, 123, 132, 135, 148, 168, 186, 216, 278, 285, 372
マルクーゼ，ヘルベルト　272, 321, 322, 373
丸山眞男　16, 17, 20, 28, 30-35, 37-42, 46, 47, 61, 69, 72, 73, 94, 102, 112, 115, 124, 135, 153, 169, 178, 184-187, 190, 197, 221, 318-320, 341, 351, 354, 359, 364
マンハイム，カール　3, 88, 135, 216, 217, 320
三浦つとむ　222
水谷長三郎　371
水田洋　61
溝上泰子　34, 171
見田宗介　xiv
道場親信　309
南博　21
美濃部亮吉　264, 265
宮川透　72
宮本常一　232, 234
ミル，ジョン・スチュアート　73, 83, 85, 89
ミルズ，チャールズ・ライト　3, 84, 126, 135
ムーア，バーリントン　321
ムッソリーニ，ベニート　137
陸奥宗光　118
村上兵衛　342, 359
メリアム，チャールズ　87
本橋正　340
森永栄悦　255

や 行

安岡道太郎　74
安田武　342
保田與重郎　51
安丸良夫　xiv
山県有朋　105
山川均　10, 11, 36, 139
山崎延吉　113
山崎正一　19, 61, 340
山代巴　171, 172
山田宗睦　222
山田竜作　3, 4
山中康雄　21
山本懸蔵　45
ユンガー，エルンスト　296
横井小楠　304
横田地弘　340
吉見俊哉　xiv
吉本隆明　173, 178, 183, 190-191, 198, 222

ら 行

ラヴェソン，フェリックス　56
ラーコシ，マーチャーシュ　162
ラスウェル，ハロルド　135, 311
ラスキ，ハロルド　87-91, 133, 148
リースマン，デイヴィッド　3, 126, 135
リップマン，ウォルター　3, 87, 135
龍澤武　282
ルクセンブルク，ローザ　142, 178, 179
ル・コルビュジェ　262
ルソー，ジャン＝ジャック　15, 73-76, 111, 158, 305, 377
ル・ボン，ギュスターヴ　3, 22
レーニン，ウラジーミル　xi, xvii, 32, 88, 115, 118-122, 127, 129, 134, 142, 148, 355
ロイド・ジョージ，デイヴィッド　86, 350
ロック，ジョン　15, 19, 55, 61-78, 80-82, 133, 146, 159, 271, 324, 346-348

趙星銀
1983年韓国忠清南道生まれ
2006年韓国延世大学政治外交学科卒業
2015年東京大学大学院法学政治学研究科博士課程修了(法学博士)
現在—明治学院大学准教授
専攻—日本政治思想史
著書—「「高度成長」反対——藤田省三と「一九六〇年」以後の時代」(『思想』第1054号，岩波書店，2012年)，「清水幾太郎と「危機」の20世紀——「流言蜚語」から「電子計算機」まで」(『思想』第1153号，岩波書店，2020年)ほか

「大衆」と「市民」の戦後思想　藤田省三と松下圭一

2017年5月26日　第1刷発行
2025年5月15日　第3刷発行

著　者　趙《ちょ》 星《さん》 銀《うん》

発行者　坂本政謙

発行所　株式会社 岩波書店
〒101-8002 東京都千代田区一ツ橋2-5-5
電話案内 03-5210-4000
https://www.iwanami.co.jp/

印刷・三陽社　カバー・半七印刷　製本・牧製本

ISBN 978-4-00-061197-8　　Printed in Japan